Das Frauenbild in den Romanen *Stiller* und *Homo faber* von Max Frisch im Lichte der analytischen Psychologie C.G. Jungs

Europäische Hochschulschriften

Publications Universitaires Européennes
European University Studies

Reihe I
Deutsche Sprache und Literatur

Série I Series I
Langue et littérature allemandes
German Language and Literature

Bd./Vol. 1648

PETER LANG
Frankfurt am Main · Berlin · Bern · New York · Paris · Wien

Chieh Chien

Das Frauenbild in den Romanen *Stiller* und *Homo faber* von Max Frisch im Lichte der analytischen Psychologie C.G. Jungs

PETER LANG
Europäischer Verlag der Wissenschaften

Die Deutsche Bibliothek - CIP-Einheitsaufnahme

Chien, Chieh:

Das Frauenbild in den Romanen *Stiller* und *Homo faber* von Max Frisch im Lichte der analytischen Psychologie C.G. Jungs / Chieh Chien. - Frankfurt am Main ; Berlin ; Bern ; New York ; Paris ; Wien : Lang, 1997
(Europäische Hochschulschriften : Reihe 1, Deutsche Sprache und Literatur ; Bd. 1648)
Zugl.: München, Univ., Diss., 1997
ISBN 3-631-32751-X

D 19
ISSN 0721-3301
ISBN 3-631-32751-X

DANKSAGUNG

Die vorliegende Arbeit wurde der Ludwig-Maximilians-Universität München im Wintersemester 1996/97 als Dissertation eingereicht. Für die Betreuung dieser Arbeit bin ich meinem Doktorvater Herrn Prof. Dr. Günter Häntzschel, der auch viel persönliches Verständnis und Ermutigung aufbringt, zu tiefstem Dank verpflichtet. Dank schulde ich ebenfalls der Friedrich-Naumann-Stiftung, welche meine Promotion durch ein Stipendium gefördert hat. Mein wärmster Dank gilt Birgit Suberg und Wolfgang Seiler für ihre wertvolle Hilfe bei Durchsicht und Korrektur des Manuskripts und für ihre unschätzbare Anteilnahme. Lin Shieh-Show verdanke ich auch für seine freundliche Unterstützung.

Den besonderen Dank an meine Eltern soll die Widmung dieser Arbeit zeigen.

»Nichts ist drinnen, nichts ist draußen:
Denn was innen, das ist außen.«
(Goethe, Epirrhema)

Inhaltsverzeichnis

0. **Einleitung** ... 13

0.1. Forschungsstand ... 13
0.2. Methodische Überlegung ... 15
0.3. Der Einfluß C. G. Jungs ... 20
0.4. Kunst- und Literaturbetrachtung C. G. Jungs und Max Frischs ... 23

1. **Entwicklungs- und Beziehungsproblematik in der Literatur und in der analytischen Psychologie** ... 32

1.1. Jungsche Beziehungsmodelle im Zusammenhang mit der Individuation ... 32
1.2. Schuldproblematik bei Max Frisch ... 41
1.2.1. Exkurs: Wesen und Wirkung von Schuld bzw. Schuldgefühl ... 41
1.2.2. Schuldverständnis und -verhältnis des Mannes bei Max Frisch ... 52
1.2.2.1. Schreiben, Leben und die Frauen ... 52
1.2.2.2. Bildproblematik und Weiblichkeitsentwurf Frischs ... 56
1.2.2.3. Die Erwiderung der Frau ... 63
1.2.2.4. Schlußfolgerung ... 66

2. **Stiller** ... 71

2.1. Existenz- und Frauenproblematik ... 71
2.2. Das Muttersymbol ... 83
2.2.1. Sehnsucht und Suche nach der Mutter ... 83
2.2.2. Textbeispielanalyse ... 87
2.2.2.1. Mexiko: Die Marktszene, die Wüste und der Vulkanausbruch ... 87
2.2.2.2. Der Todesritus auf Janitzio ... 91
2.2.2.3. Die Höhlengeschichte ... 94
2.3. Der Mutterkomplex Stillers ... 107
2.3.1. Das Mutterbild und die Mutter-Sohn-Beziehung ... 108
2.3.1.1. Stiller und seine Mutter ... 108

2.3.1.2. Die Alex-Geschichte als Parallele zu Stillers Mutterkomplex .. 112
2.3.2. Stillers Sexualität und seine Inzestwünsche 116
2.3.2.1. Stillers Sexualkonflikt 116
2.3.2.2. Textbeispielanalyse: Stillers Traum von der Mutter 124
2.3.3. Rückkehr zum Infantilismus 128
2.3.4. Größenwahn 133
2.3.5. Minderwertigkeitsgefühl 138
2.4. Anima-Problematik 140
2.5. Julikas und Stillers Beziehungsmodell: Übertragung und Gegenübertragung 153
2.6. Repräsentation und Charakterisierung der Frau 156
2.6.1. Julika 156
2.6.1.1. Position und Funktion der Figur Julika 156
2.6.1.2. Julika aus der Sicht der analytischen Psychologie Jungs 160
2.6.1.3. Julikas Kunst, Schönheit und Sexualproblematik 169
2.6.1.3.1. Die Perspektive Stillers 169
2.6.1.3.2. Die Perspektive Julikas 171
2.6.2. Sibylle 175

3. Homo faber 183

3.1. Der Drang zum Schreiben und die Jungsche Konzeption der Sychronizität 183
3.2. Antagonismus des Selbst und der Geschlechter bei Faber 194
3.2.1. Fabers psychische Inflation und geschlechtlicher Dualismus 194
3.2.2. Körperentfremdung und körperlicher Verfall 205
3.3. Fabers Regression in das Mutterreich 211
3.4. Figurencharakterisierung und psychologische Funktion der Frau 219
3.4.1. Ivy 221
3.4.2. Sabeth 227
3.4.3. Hanna 233

4. Schlußwort 243

5. Verzeichnis der Titelabkürzungen 247

6. Literaturverzeichnis 249

0. Einleitung

0.1. Forschungsstand

In der deutschsprachigen Gegenwartsliteratur hat der Name Max Frischs einen besonderen Klang. Sein Werk und seine Person gehören zu den bekanntesten Forschungs- und Kritikgegenständen. Jedoch ist das Frauenbild in seinem Werk bislang relativ wenig analysiert worden. In vielen Interpretationen erscheinen die weiblichen Gestalten entweder als nebensächlich oder sie werden unter Berücksichtigung der Helden respektive deren existentieller Problematik als Mann beleuchtet. Bis jetzt gibt es speziell zum Frauenbild Frischs nur den Artikel Mona Knapps „'Die Frau ist ein Mensch, bevor man sie liebt, manchmal auch nachher...' Kritisches zur Gestaltung der Frau in Frischtexten" (1979)[1] und die Arbeit von Doris Fulda Merrifield[2] „Das Bild der Frau bei Max Frisch" aus dem Jahre 1971. In Mona Knapps Aufsatz sind einige Punkte über Frischs in den Dramen und Romanen dargestelltes Frauenbild sehr interessant und aufschlußreich, wobei allerdings diese Punkte bedingt durch den Rahmen dieses Artikels nicht tiefergehend behandelt werden konnten. Doris Fulda Merrifield geht in ihrer Untersuchung viele bekannte Dramen und Romane Frischs inhaltlich durch, ohne dabei einen wissenschaftlich-analytischen methodischen Ansatz zu zeigen. Anschließend faßt sie in manchmal etwas vereinfachter Form einige typisch weibliche Verhaltens- und Erlebnismuster sowie typische Charakteristika der Frauengestalten Frischs zusammen.

Vier Jahre nach der Veröffentlichung der Untersuchung Doris Fulda Merrifields schrieb Frisch die autobiographische Erzählung „Montauk" (1975), in der er sich mit dem Geschlechterverhältnis und den Geschlechterdifferenzen auseinandersetzt. In „Montauk" reflektiert Frisch aus verschiedenen Erzählperspektiven seine persönlichen Erfahrungen mit dem anderen Geschlecht, die andeutungsweise auch in seinen früheren Werken, vorwiegend in den Romanen „Stiller" und „Homo faber", zu finden sind. „Montauk" ist ein Versuch Frischs, einerseits sich anzuklagen, um so die Leiden seiner Vergangenheit zu bewältigen, andererseits sich vor den meist nicht mehr gegenwärtigen Frauen in seinem Leben sowie vor sich selbst zu rechtfertigen. So macht es besonderen Sinn, im Rahmen dieser Untersuchung das Frauenbild Frischs im Spiegel der Erzählung „Montauk" zu erhellen. Folgende Fragen werden zu beantworten sein: Welches Frauenbild zeigt Frisch in seinem Spätwerk „Montauk" und ob sich dieses Frauenbild weiter entwickelt hat als das in den beiden zu analysierenden Romanen.

---

1 In: Gerhard Knapp (Hrsg.), Max Frisch. Aspekte des Bühnenwerks. Bern/Frankfurt am Main/Las Vegas: Peter Lang, 1979, S. 73 - 105. (= Studien zum Werk Max Frischs, Bd. 2.)

2 Doris Fulda Merrifield, Das Bild der Frau bei Max Frisch. Freiburg im Breisgau: Becksmann, 1971. 150 S.

In der Sekundärliteratur über Max Frisch und C. G. Jung versuchen darüber hinaus viele Interpreten[3] einen Zusammenhang zwischen den beiden Autoren herzustellen, ohne jedoch einen direkten Beweis bzw. eine tiefergehende Interpretation dafür vorlegen zu können. Doris Fulda Merrifield ist vermutlich die erste, die auf die psychologische Verwandtschaft Frischs mit Jung aufmerksam gemacht hat. Sie interpretiert zu Recht, wenn auch knapp, Frischs Drama „Graf Öderland“ anhand der Jungschen Anima-Konzeption[4]. Manche für die analytische Psychologie wesentlichen Schlüsselbegriffe sind zwar von Doris Fulda Merrifield aufgenommen worden, aber nicht genauer bzw. nicht entsprechend der Jungschen Forschung definiert worden[5]. Reinhard Meurer[6] deutet eine innere Verbindung zwischen den beiden Schweizern an, ohne eine genauere Erläuterung zu geben. Fritz Gesing[7] und Martin Balle[8] versuchen Frischs Romane gemäß der Freudschen Psychoanalyse zu untersuchen, wobei Fritz Gesing sich der Jungschen Lehre der Symbole der Wandlung bedient und Martin Balle sich den Jungschen Konzeptionen von Persona, Bewußtsein, Unbewußtem, Träumen und Individuation zuwendet. Doch geht es beiden Wissenschaftlern mehr um eine psychoanalytische Interpretationsmöglichkeit der Literatur als darum, Jungs Einfluß auf Frisch respektive Frischs Beschäftigung mit Jungscher analytischer Psychologie aufzuzeigen. Informativ erscheinen die Hinweise Helmut Naumanns und Walter Schmitz', die auf Jungs Einwirken auf Frisch und dessen Interesse an den Betrachtungen Jungs eingegangen sind. Helmut Neumann erläutert Stillers Höhlengeschichte, die er als „ein Gleichnis für das kollektive Unbewußte des Menschen“[9] bezeichnet, mit Hilfe der Jungschen Archetypenlehre. Als einer von verschiedenen methodischen Ansätzen wird die

---

3 Vgl. Helmut Naumann, Max Frischs „Stiller“ oder das Problem der Kommunikation. Berlin: Schäuble, 1991, S. 40, 47, 196 und 198. (= Theater unserer Zeit; Bd. 24) Genannt sind hier Herbert Werner, Thorbjörn Lengborn, Eduard Stäuble, Karlheinz Braun, Kurt Marti und Flr.

4 Doris Fulda Merrifield, Das Bild der Frau bei Max Frisch, S. 28 f. Vgl. auch S. 58 und S. 61, hier wird Jung kurz erwähnt.

5 Z.B. verwendet Doris Fulda Merrifield die Begriffe Urerfahrung und Urerlebnis ohne genauere Erklärung, während Urerfahrung und Urerlebnis bei C. G. Jung latente »Möglichkeiten typischer Grunderlebnisse« bedeuten, die sich mit den archetypischen Inhalten des kollektiven Unbewußten decken. Siehe hierzu Jolande Jacobi, Die Psychologie von C. G. Jung. Eine Einführung in das Gesamtwerk. Mit einem Geleitwort von C. G. Jung. Frankfurt am Main: Fischer, 1994, S. 54.

6 Meurer, Reinhard, Max Frisch. Homo faber. 2., überarb. u. erg. Aufl. München: Oldenbourg, 1988. (= Oldenbourg-Interpretation; Bd. 13.)

7 Fritz Gesing, Die Psychoanalyse der literarischen Form: „Stiller“ von Max Frisch. Würzburg: Königshausen & Neumann, 1989. Siehe z.B. S. 307.

8 Martin Balle, Sich selbst schreiben - Literatur als Psychoanalyse. Annäherung an Max Frischs Romane „Stiller“, „Homo faber“ und „Mein Name sei Gantenbein“ aus psychoanalytischer Sicht. [Diss.] München: Iudicium, 1991. Siehe z.B. S. 124 ff.

9 Helmut Naumann, Max Frischs „Stiller“ oder das Problem der Kommunikation, S. 43.

Jungsche Forschung bei Helmut Naumann recht unsystematisch, manchmal auch willkürlich, aufgenommen. Hingegen befaßt Walter Schmitz sich ausführlicher mit Jung und Frisch. Der Interviewer Walter Schmitz bietet eine Reihe von Informationen über Frischs Beschäftigung mit der Jungschen Lehre: Der junge Student Frisch nahm damals im Wintersemester 1938/1939 nicht nur an der Vorlesung Jungs „Einführung in die Psychologie des Unbewußten" teil, sondern befaßte sich auch mit einem in „Montauk" (Mon 688) erwähnten Sammelband „Auswahl aus den Schriften von C. G. Jung", der von Jungs Mitarbeiterin Jolande Jacobi bearbeitet und herausgegeben worden war. Frischs mündlichen Angaben zufolge unterzog er die Jungsche »Archetypenlehre und die Theorie des kollektiven Unbewußten« sowie fernerhin das Buch „Psychologie und Alchemie" und Jungs Auffassungen bezüglich der Integrations- und Individuationsprozesse ebenfalls einer genauen Analyse[10]. Auch Walter Schmitz geht auf diese von Frisch intensiv gelesenen Werke ein und stellt deren Bedeutung für das Verständnis der männlichen Protagonisten heraus. In dieser Hinsicht kann die Arbeit von Walter Schmitz für die vorliegende Untersuchung als Orientierung dienen. Außerdem haben manche Interpreten[11] zwar angedeutet, daß die weiblichen Figuren in Frischs Werk eigentlich seine Anima-Figuren sind, dennoch hat keiner von ihnen die Deutung und den Sinn der Anima-Imago bei Frisch in dieser Richtung tiefergehend thematisiert. Diese Thematik ist demnach noch Neuland in der Frisch-Forschung. Daraus läßt sich schließen, daß es noch viele Forschungsmöglichkeiten in bezug auf die Thematisierung des Frauenbildes in den beiden zu untersuchenden Romanen Frischs gibt.

0.2. Methodische Überlegungen

Wie alle anderen literarischen Werke, geht das Werk Frischs über die bewußte inhaltliche oder formal-ästhetische Thematik hinaus. Bei Frisch handelt es sich wesentlich auch um den männlichen Ausdruck einer unbewußt wirkenden Tiefenschicht. Die Darstellung und Deutung der psychischen Welt Frischs bzw. seiner Protagonisten müssen mit ihrer Auseinandersetzung mit dem eigenen Geschlecht und ihrer Beziehung zur Frau verknüpft werden. Vor allem die beiden zu untersuchenden Romane handeln dem Anschein nach hauptsächlich von der Mann-Frau-Beziehungsproblematik. Jedoch muß dieser Anschein modifiziert werden, denn in Wirklichkeit erzählen Frischs Romane, um mit Marcel Reich-Ranicki zu sprechen, „nicht von Adam und Eva heute, sondern letztlich nur von Adam."[12] Im Grunde genommen stellt Frisch in seinem Werk hauptsächlich ein asymmetri-

---

10 Walter Schmitz, Max Frisch. Das Werk (1931 - 1961), S. 107 ff.

11 Vgl. z.B. Helmut Naumann, Max Frischs „Stiller" oder das Problem der Kommunikation, S. 154, S. 166 und S. 171 ff. Dieser Punkt wird im Hauptteil der Untersuchung eingegangen werden.

12 Marcel Reich-Ranicki, Max Frisch. Aufsätze. Zürich: Amann, 1991, S. 44.

sches Geschlechterverhältnis dar, das stets mit der Existenzproblematik seiner Person als Mann bzw. der männlichen Protagonisten verflochten und nur vor dieser Folie zu betrachten ist. Die offen bzw. latent patriarchalischen Eigenschaften der männlichen Helden sind im Zusammenhang gleichzeitiger persönlicher, soziologischer, psychologischer und kulturhistorischer Ereignisse und Phänomene dargelegt.

Die vorliegende Interpretation ist hauptsächlich auf den psychologischen Aspekt der Frischschen Problemkomplexität gerichtet. Sie wendet sich argumentativ ganz auf das Verständnis der Frischschen Aussagen über das Gegengeschlecht und dessen geschlechtlichen und existentiellen Zusammenhang mit den Protagonisten und kann deshalb viele andere Aspekte des Werkes Frischs nur streifen. Hier werfen sich viele Fragen auf: Welche Frauenbilder und Mann-Frau-Beziehung zeigt Frisch in den zu behandelnden Romanen? Welche Rolle spielen sie für den Schriftsteller bzw. die Protagonisten der Romane? Was und wie kann die Jungsche Forschung zum Verständnis der Frischschen Frauenbilder und der Mann-Frau-Problemtaik beitragen? Welche Jungschen Konzeptionen kommen als wissenschaftliche bzw. empirische Begründungen in Frage?

Da die vorliegende Untersuchung sich notwendigerweise beschränken muß, kommt es hier weniger auf den ästhetischen Aspekt des Werkes Frischs und dessen dichterische Schöpfungskraft an. Dies bedeutet keineswegs, daß die Jungschen Methoden die Ästhetik und Überzeugungskraft des Schriftstellers ausschließen. Ganz im Gegenteil können die Jungschen symbolischen Archetypentheorien die Denotationen und Konnotationen der bildlichen Sprache Frischs formal und inhaltlich interpretierend bereichern.

Die Jungsche analytische Psychologie legt mehrfach den Forschungsakzent auf die Figurationen des Weiblichen in bezug auf den männlichen Individuationsprozeß, der verschiedene Aspekte des Weiblichen in sich einschließt. Durch das Weibliche sowie mit dessen besonderen Qualitäten und Wertvermögen wird das Augenmerk der Individuation des Mannes von der Außenwelt auf die Innenwelt geleitet. Die bewußte Differenzierung und Geistigkeit der weiblichen Komponenten entspricht in der Jungschen Schule der bewußten Differenzierung und Geistigkeit des Eros im Selbst. Dazu sei eine Auflösung der Bilder der Mutter- und Anima-Archetypen vorausgesetzt, die der Mann im allgemeinen auf die Bezugspersonen, wie z.B. die personale Mutter und die Partnerin, projiziert. Durch die bewußte Trennung der eigenen inneren Bilder des realen Mitmenschen entwickelt sich sowohl eine Brücke zum Selbst als auch eine Brücke zum Mitmenschen. In diesem Sinne gleicht die Anima-Problematik einer Schicksalsproblematik des Mannes. In dieser Untersuchung werden verschiedenartige Konfrontationen der Protagonisten mit verschiedenen Aspekten und Stufen des Weiblichen im Sinne der Jungschen Psychologie an Hand der Frischschen Texte illustriert und interpretiert. Im folgenden ersten Kapitel werden die dazu notwendigen Termini sowie Forschungs- und Systematisierungsansätze aus der Jungschen Begriffswelt eingeführt und kurz vorgestellt. In den anschließenden Kapiteln werden dann übereinstimmend mit den Archetypentheorien[13] der analytischen Psychologie C. G. Jungs, d.h. dem Großen Weiblichen, der Großen Mutter und der Anima[14], die weiblichen Charaktermerkmale in den beiden zu behandelnden Romanen wie augenfällig paradoxe Phantasie- bzw. Zerrbilder des Weiblichen dargestellt[15]. Diese Bilder entsprechen den allegorisch personifizierten Animaprojektionsinhalten der Helden, die noch mit den archetypischen Elementar- und Wandlungscharakteren der „Großen Mutter" bzw. dem „Großen Weiblichen" vermischt und deshalb verwechselt sind. Im Laufe der Analyse wird die These entwickelt und vertreten, daß die zentrale Problematik der Frischschen Helden

---

13 Für die Jungianer sind die Archetypentheorien im psychischen Individuationsprozeß von wirksamster Bedeutung. Die Freudianer hingegen richten sich nach den individuellen faktischen Erfahrungen des einzelnen, auf die die Freudschen Psychoanalytiker als ätiologische Wurzel späterer psychischer Phänomene zurückgreifen. Daß die Doppeldeutigkeit der Jungschen hermeneutisch-amplifikatorischen Methode der Archetypen stets ihre faszinierenden Aspekte zeigt, gleichzeitig auch viele Streitpunkte in der Psychologie bewirkt, kann hier in dieser Untersuchung nicht berücksichtigt werden. Im allgemeinen unterscheidet sich die analytische Psychologie von anderen psychologischen Schulen hauptsächlich durch ihre Beschäftigung mit dem kollektiven Unbewußten, vor allem der psychologischen Strukturanalyse der Archetypen, die in Träumen, Mythen, Riten, Phantasien und allen als bildlichen, emotional gefärbten Symbolgruppen bzw. Symbolkanons erscheinenden Gestaltungsformen des menschlichen Unbewußten auftreten. Vgl. hierfür C. G. Jung, Symbole der Wandlung (urspr. 1952) (= G.W., Bd. 5). Olten und Freiburg im Breisgau: Walter, [6]1991, S. 497 f. Vgl. ebenfalls Erich Neumann, Die Große Mutter. Eine Phänomenologie der weiblichen Gestaltungen des Unbewußten. Olten und Freiburg im Breisgau: Walter, [8]1988, S. 19, 25 & 27. Jung fundiert seinen archetypischen Gedanken empirisch; seine Argumente liegen auch in der allgemeinmenschlichen Erfahrungsempirie; er unterstreicht, daß die Archetypen weder theoretische Hypothese oder Erfindung von ihm seien, noch reine Mythologie sind. Vgl. hierzu C. G. Jung, Über den Archetypus mit besonderer Berücksichtigung des Animabegriffes (urspr. 1936). In: Ders., Die Archetypen und das kollektive Unbewußte (= G.W., Bd. 9/I). Olten und Freiburg im Breisgau: Walter, [8]1992, S. 71. Vgl. auch C. G. Jung, Die psychologischen Aspekte des Mutterarchetypus (Urspr. 1938). In: Ders., Die Archetypen und das kollektive Unbewußte, S. 107.

14 Wenn man sich die Entwicklungsstadien der männlichen Psyche nach der Jungschen analytischen Psychologie vergegenwärtigt, ist festzustellen, daß sich die psychische Entwicklung des Mannes vor allem anderen durch verschiedene symbolische Erfahrungen und Konfrontationen mit den weiblichen und mütterlichen Archetypen abspielt, also dem Großen Weiblichen, der Großen Mutter und der Anima. Sie charakterisieren in der Jungschen Komplexenpsychologie die Ganzheit des Unbewußten, sind zuerst in der männlichen Psyche vermischt. Ihre Ausdifferenzierung, Loslösung voneinander sowie die Anerkennungen ihrer archetypischen Charaktereigenschaften als eigene innere Psyche des Mannes signalisieren verschiedene Entwicklungsphasen der männlichen Selbstwiedergewinnung. Durch ihre symbolische Funktion treten sie im Leben des Mannes als psychischer Wandlungskatalysator auf. Zusammenfassend geht es hier also um psychische Umsetzung unbewußter Komponenten in Symbole. Vgl. z.B. Erich Neumann, Die Große Mutter, S. 42, S. 46 & S. 49.

15 Die geistige Verwandschaft zwischen dem schweizerischen Schriftsteller Max Frisch und seinem Landsmann, dem Tiefenpsychologen C. G. Jung, ist unbestreitbar, wie die folgenden Kapitel zeigen werden.

gerade in ihrem Nicht-Differenzieren-Können zwischen diesen in der männlichen Psyche wesentlichsten weiblichen Archetypen sowie in dem Lernprozeß der Aus-Differenzierung dieser Archetypen liegt. Die Konfrontation und Integration dieser archetypischen Inhalte werden sich für die Psyche Frischs und die der Protagonisten als bedeutsam erweisen, weil sie Frischs Bild der Frau sowie das Frauenbild seiner Helden bestimmen und die Grundlage aller Änderungsmöglichkeiten ihres Beziehungsmodells bilden.

Aus der psychologischen Sicht problematisieren die Frischschen Protagonisten ausschließlich ihre eigene persönliche Gleichung als Mann, d.h. zugleich ihre persönliche Psyche, ihre unbewußten Eingeschränktheiten, ihre Vorurteile etc. Die Aussagen der Helden hängen stets mit ihren manchmal voreingenommenen Einstellungen gegenüber dem Gegengeschlecht zusammen, das lediglich aus der männlichen Perspektive der Helden beobachtet, erlebt und verstanden wird und fernerhin als allegorischer Projektionsträger fungiert. Mit anderen Worten können die Erfahrungen der Helden an ihrer gegengeschlechtlichen psychischen Instanz, d.h. der weiblichen Teilpsyche der Helden (in der Sprache Jungs: der Anima) erst durch die realen Frauen ermöglicht werden. Vice versa können die Erfahrungen der Helden an der Frau erst durch das Vorhandensein und Bewußtwerden dieser gegengeschlechtlichen Instanz in der männlichen Psyche verarbeitet und integriert werden. In dieser Hinsicht verursachen die unzulänglichen Kenntnisse der Protagonisten über ihre eigene Tiefenpsyche fragwürdige Äußerungen über das Gegengeschlecht und hindern somit das Durchdringen zur realen Frau und zu deren Erfahrung von Geschlechtlichkeit und letztlich auch die Eigenerfahrung des Selbst. Das wirkliche Verhältnis zur Frau und das Zusammenleben mit ihr können sich nicht durchsetzen, weil die Protagonisten in der Mann-Frau-Beziehung nur sich selbst erleben. Sie begreifen die Frau nicht als ebenbürtiges Gegenüber bzw. als Du, sondern als reines Bezugs- bzw. Projektionsobjekt. Eine derartige Charakterisierung der weiblichen Gestalten entspricht einer von außen her deutenden Betrachtungsweise, die zu einem Fehlurteil des Wesens der Frau verleitet.

Ebenfalls will sich diese Arbeit als ein Versuch zeigen, psychische archetypische Bilder im Sinne der analytischen Psychologie aus dem zeitgenössischen kulturellen Zusammenhang Frischs herauszulösen. Der Literat und seine Leser sind von den unbewußten eingeschriebenen Bildern sowie den Wandlungszügen fasziniert und identifizieren sich spontan mit ihnen. Daher besteht der Sinn Frischscher Literatur bzw. der Literatur im allgemeinen auch darin, verschiedene menschliche Phänomene zu betrachten und in Worte zu fassen, um damit eine wichtige tiefenpsychologische Orientierung zu gewinnen; denn Literatur ist eine Fundgrube aller kollektiven psychischen Fundamente der Menschheit. Zu dieser Erkenntnis gelangt der Mensch v.a. dank der Jungschen Forschung über das kollektive Unbewußte, dessen Beziehung mit dem Bewußtsein entscheidend alle Kulturformen prägt.

Das Anliegen dieser Untersuchung besteht weniger darin, die Psychologie der Frau zu veranschaulichen - weil vollständige Eigenschaften als Person, psychische Entwicklung und psychischer Hintergrund der weiblichen Geschöpfe im Frischschen Werk fehlen -, als vielmehr die Psychologie des Mannes zu zeigen und darzustellen, wie Frisch und auch Jung[16] das andere Geschlecht betrachten, erfahren, erkennen und analysieren. Nur in diesem Rahmen erfolgt die Analyse der weiblichen Gestalten. Die psychischen Züge, die inneren Bedürfnisse der Frau und die sozial-kulturelle Ungleichheit, der die Frau ausgesetzt ist, werden im Frischschen Werk aber eher beiläufig behandelt, nur die Analyse des Mannes verleiht ihr Kontur. Deshalb liegt es der Untersuchung fern, die weibliche Psychologie der Frischschen Frauengestalten ausführlich zu definieren und ihren etwaigen hysterischen oder wahnsinnigen Symptomen nachzugehen; die Züge der weiblichen Figuren bieten vielmehr einen Blick in die männliche Psyche des Erzählenden.

Dabei sei noch daran erinnert, daß die Terminologie der Psychologie selbst (die Jungsche analytische Psychologie eingeschlossen) sowie die psychologischen Theoriekonzeptionen stark vom patriarchalischen System geprägt sind. Man ist deshalb gezwungen, eine sprachbewußte, kritische Stellung gegenüber den übernommenen traditionellen Männlichkeits- und Weiblichkeitsbegriffen einnehmen zu müssen. In dieser Untersuchung dienen die beiden Begriffe ausschließlich als Kennzeichnung psychischer Elemente bzw. Stufen, denen symbolische Inhalte der Psyche jedes einzelnen und nicht konkrete geschlechterliche Charaktermerkmale innewohnen.[17] Der Akzent dieser Untersuchung liegt also nicht auf den Weiblichkeits- und Männlichkeitsdiskussionen der Psychologie in der Literatur, sondern auf einer Betrachtung der beiden Romane Frischs unter Berücksichtigung der Jungschen analytischen Psychologie.

Zuletzt sei noch zu betonen, daß die vorliegenden Ausführungen zwar hauptsächlich auf das Verständnis des Frischschen Werkes mit Hilfe der analytischen Methode der Jungschen Psychologie gerichtet sind, deshalb aber andere Untersuchungsmethoden nicht ausgeschlossen werden. In vielfältiger Hinsicht kann eine einzige Methode nicht die Vielzahl aller Bereiche fassen. In Anbetracht der Dynamik und Symbolhaftigkeit der Poetologie, die meistens das Erfassungs- und Gefühlsvermögen des einzelnen überschreitet, ist das Ganze der Literatur schwer zu erfassen. Um dieses Problem einzuschränken, müssen die Texte deshalb ne-

---

[16] Frisch und Jung setzen beide den Eros mit dem Weiblichen und den Logos mit dem Männlichen gleich. Vgl. z.B. Tg I., S. 622 ff. Vgl. z.B. C. G. Jung, Aion. Beiträge zur Symbolik des Selbst(urspr.: 1951) (= G.W., Bd., 9/II). Olten und Freiburg im Breisgau: Walter, [8]1992, S. 30; C. G. Jung, Mysterium Coniunctionis (urspr.: 1955/56). (= G.W., Bd. 14/I). Olten und Freiburg im Breisgau: Walter, [5]1990, S. 110 & S. 210 f. Zu betonen sei, daß Eros und Logos für Jung ausschließlich als begriffliche Hilfsmittel dienen, um die Charakterskala des Männlichen und Weiblichen zu zeigen. Beide Geschlechter besitzen bei Jung Eros und Logos zugleich, jedoch im unterschiedlichen Ausmaß. Solche Gleichsetzung gehört heutzutage zum Streitpunkt der feministischen (Literatur-)Kritik. Dieses Thema kann hier leider nicht berücksichtigt werden.

[17] Vgl. C. G. Jung, Symbole der Wandlung, S. 543: „[...] die Geschlechtsunterschiede sind im Grunde genommen sekundärer Natur und spielen psychologisch nicht die Rolle, wie man etwa bei oberflächlicher Betrachtung vermuten könnte."

benbei bzw. je nach Situationen unter Berücksichtigung anderer wissenschaftlicher Überlegungen ergründet werden, da Literatur, Psychologie und viele andere Wissenschaften bzw. Nichtwissenschaften heutzutage simultan sowie vieldimensional ineinander eingedrungen bzw. integriert sind. Die Verabsolutierung irgendeiner Methode bzw. Wissenschaft schließt jede andere Möglichkeit bzw. Freiheit der Interpretation aus. Fernerhin erschwert sie den Zugang bzw. Eingang zur Literatur, so daß sich die grundlegenden Werte der Literatur vermindern bzw. verfälschen.

0.3. Der Einfluß C. G. Jungs

Wie bekannt, lebten Frisch und Jung in derselben politischen, gesellschaftlichen und kulturhistorischen Umgebung. Walter Schmitz zitiert aus einem Zeitungsartikel, der jenes intellektuelle Zürich Anfang der 30er Jahre gut beschreibt, ein Milieu, in dem Frisch studierte und das sehr stark vom Einfluß Jungs geprägt war: „Aber im Vordergrund und sozusagen an der Straße liegen natürlich die 'Seelenprobleme der Gegenwart', zumal Jung es ist, der sich des diesjährigen Literaturpreises der Stadt Zürich erfreut.“[18] Auch Frederik Alfred Lubich hat darauf aufmerksam gemacht, daß Frisch sich mit den 1939 im von Jung gegründeten *Eranos-Jahrbuch* publizierten Artikeln sowie mit der matriarchalen Forschung des bekannten Jungianers Erich Neumann beschäftigte[19]. Daraus läßt sich schließen, daß Jung ab Anfang der 30er Jahre Herr über ein kleines Königreich in Zürich war.

Wenn man das Werk Frischs durchgeht, fällt auf, daß der Tiefenpsychologe dort namentlich viermal erwähnt ist: zuerst in einem Brief vom 6. Oktober 1946[20], dann zweimal im Roman „Stiller“ (St 535 und 705), und zuletzt in der autobiographischen Erzählung „Montauk“ (Mon 688). Im „Stiller“ hebt der Schriftsteller Jungs Analyse der Mordinstinkte hervor (St 535)[21]. Jungs Werk ist fester Bestandteil der Bibliothek Stillers (St 705)[22]. In „Montauk“, 20 Jahre später verfaßt, deutet Frisch an, daß er den Vorlesungen Jungs an der Hochschule beigewohnt habe. Sich erinnernd schreibt der Schriftsteller in Er-Form:

---

18 Walter Schmitz, Max Frisch: Das Werk (1931 - 1961), S. 343, Anm. 14; S. 375, Anm. 12.

19 Frederik Alfred Lubich, Max Frisch: „Stiller“, „Homo faber“ und „Mein Name sei Gantenbein“. München: Fink, [2]1992, S. 126, Anm. 38.

20 Max Frisch, „Wo spielt unser Stück? Brief an die Darstellerin einer Nebenrolle“. In: Ders., G.W. Bd. 2, S. 217 ff.

21 Vgl. Helmut Naumann, Max Frischs „Stiller“ oder das Problem der Kommunikation, S. 41 und S. 196, Anm. 127.

22 Vgl. ebd., S. 40 und S. 196, Anm. 126. Vgl auch Doris Fulda Merrifield, Das Bild der Frau bei Max Frisch, S. 144, Anm. 8.

> Was hält er von Psychiatern? Man kann nicht sagen, er habe C. G. Jung persönlich gekannt; er ist nur in seinen Vorlesungen gewesen. Das muß, wie Lynn sich ausrechnen kann, ziemlich lang her sein. Eigentlich hätte er davon nicht reden sollen. (Mon 688)

Frisch hatte sein zweites Studium, das der Architektur, an der Eidgenössischen Technischen Hochschule Zürich im Jahr 1936 begonnen, wo er 1941 das Abschlußdiplom erhielt[23]. Zwischen 1933 und 1942 hatte Jung einen akademischen Lehrstuhl an derselben Hochschule inne. 1935 wurde er zum Titularprofessor bestimmt, mußte jedoch 1942 aus gesundheitlichen Gründen das Amt verlassen[24]. Diesbezüglich hat Walter Schmitz, darauf hingewiesen, daß Frisch seit dem »Wintersemester 1938/39 an der Eidgenössischen Technischen Hochschule das Freifach „Einführung in die Psychologie des Unbewußten" belegt« und daß »die frühe Vorlesung ungedruckt blieb [...]«[25].

Aufschlußreich erscheint der Brief Frischs vom 6. Oktober 1946. Hier zitiert Frisch nicht nur den zeitgenössischen Landsmann Jung, sondern interpretiert das Dramenstück „Santa Cruz" (1946) auch im Sinne der Jungschen analytischen Psychologie:

> Er [ein Darsteller des Stückes bei der Aufführung im Frühjahr 1945] hatte, wie ein erschreckter Traumwandler, plötzlich sein ganzes Gleichgewicht verloren, weil er nur noch die eine Seite seiner Seele anerkennen wollte, die rechte Seite, nämlich den Verstand, und da wollte er nun wissen, und zwar genau, ob diese und jene Szene, die er voll Leidenschaft spielte, wirklich sei oder nur geträumt. Dabei war die Geschichte so einfach, nichts anderes als die Erfahrung, die jedermann macht: daß wir ein Wunschleben haben, das uns begleitet, ein Angstleben, und daß eben dieses Leben, das wir nur ersehnen und erfürchten, aber nicht äußerlich leben, unser täglicher Gegenspieler ist. Wir nannten ihn Pelegrin, eine Gestalt, die in dem Sinne wirklich ist, als sie unsere täglichen Entschlüsse bestimmt, ob wir es wissen oder nicht, und *Wirkung hat auf unser sogenannt wirkliches Leben*. Und ich sehe auch nichts Unerhörtes daran, daß dieser Gegenspieler zuweilen auf die Bühne tritt, leibhaftig und sichtbar; dieses Theater spielt unsere Seele ja täglich. Der Psychologe, soviel ich weiß, nennt es *Projektion*, wenn ein Mensch auftritt, irgendein andrer, und wir behaften ihn mit unserem Wunsch-Ich, mit unserem Angst-Ich. Ganze Völker, die Angst haben vor ihren schlechten Eigenschaften, wollen sich damit helfen, daß sie diese beispielsweise in den Juden projizieren: damit sie ihrem Angst-Ich einmal leibhaftig begegnen, damit sie es quälen und schlagen und töten können auf eine Manier, die ihnen selber nicht wehtut, aber dafür auch nicht hilft. Das

---

23 Siehe Volker Hage, Max Frisch. Hamburg: Rowohlt, 1983, S. 139.

24 Aniela Jaffé (Hg.), Erinnerungen, Träume, Gedanken von C. G. Jung. Olten und Freiburg im Breisgau, erweiterte Auflage 1987, S. 197. (Erste Ausgabe im Englisch: New York 1961)

25 Walter Schmitz, Max Frisch: Das Werk (1931 - 1961), S. 107. Diese Tatsache bemerkt Helmut Naumann auch, wobei er die betreffende Auskunft von der Eidgenössischen. Technischen Hochschule Zürich am 18. Januar 1974 erhielt. Vgl. Helmut Naumann, Max Frischs „Stiller" oder das Problem der Kommunikation, S. 41 und S. 196, Anm. 129

> alles, wie Sie sehen, sind äußerst bekannte Wirklichkeiten. (SC 217 f.; Hervorhebung d. Verf.)[26]

In diesem Zusammenhang zitiert Frisch Jung:

> »Ich bin der Meinung« heißt es in einem Sammelbuch von Jung, »daß die Psyche die mächtigste Tatsache in der Menschenwelt sei. Sie ist die Mutter aller menschlichen Tatsachen, der Kultur und des menschenmordenden Krieges. All dies ist zunächst psychisch und unsichtbar. Solange es ›bloß‹ psychisch ist, so ist es zwar nicht durch die Sinne erfahrbar, aber trotzdem unleugbar wirklich.«[27]

Im Artikel „Nachträgliches zu »Don Juan«" führt Frisch den Konflikt Don Juans auf dessen problemhafte Insistenz auf „Männlichkeit" bzw. „Nur-Mann" zurück. Hier unterstreicht der Schriftsteller die Angst des Mannes, „sich selbst zu täuschen, sich selbst zu verlieren - *seine wache Angst vor dem Weiblichen in sich selbst.*"[28] (Hervorhebung d. Verf.) Ohne den Terminus „Anima" der Jungschen Forschung zu verwenden, spricht Frisch dieses Thema an. Weiterhin weist er auf den Begriff „Projektion" hin, ohne diese wörtlich zu erwähnen, wenn er meint, „daß die Legende [Don Juan], womit er die Welt zum Narren hält, nur *die Ausdrucksfigur seines tatsächlichen, seines inneren und anders nicht sichtbaren, doch ausweglos-wirklichen Endes ist.*"[29] (Hervorhebung d. Verf.) Vergleicht man diese Aussage mit dem Werk Jungs, so fallen Ähnlichkeiten bzw. Parallelitäten stark auf. Über die Anima-Konzeption, die heute so bekannt geworden ist, daß sie fast wie ein Klischee wirkt, schreibt C. C. Jung wie folgt:

> Kein Mann nämlich, daß er nichts Weibliches in sich besäße. [...] Die Verdrängung weiblicher Züge und Neigungen führt natürlich zu einer Anhäufung dieser Ansprüche im Unbewußten. Die Imago der Frau (die Seele) wird ebenso natürlich zum Receptaculum dieser Ansprüche, weshalb der Mann in seiner Liebeswahl öfters der Versuchung unterliegt, jene Frau zu gewinnen, die der besonderen Art seiner eigenen unbewußten Weiblichkeit am besten entspricht, eine Frau also, welche die Projektion seiner Seele möglichst anstandslos aufnehmen kann. Trotzdem eine solche Wahl des öfteren als ein Idealfall ange-

---

[26] Vgl. C. G. Jung, Wirklichkeit und Überwirklichkeit (urspr.: 1932). In: Ders., Die Dynamik des Unbewußten. (=Bd. 8). Olten und Freiburg im Breisgau: Walter, [6]1991, S. 421: „[...] wirklich ist, was wirkt.". Vgl. hierzu auch C. G. Jung: „[...] *man* hat keine Imagination im Bösen, aber *sie hat uns*. Die einen wollen das nicht wissen, und die anderen sind identisch damit." Siehe Aniela Jaffé (Hg.), Erinnerungen, Träume, Gedanken von C. G. Jung, S. 334. Helmut Naumann hat darauf aufmerksam gemacht, daß nach Jungscher Auffassung das Bewußtsein der rechten Seite, das Unbewußte der linken entspricht. Siehe C. G. Jung, Symbole der Wandlung, S. 207: „In der allgemeinen Symbolgeschichte wurde Rechts stets mit der bewußten, Links mit der unbewußten Seite parallel gesetzt." Vgl. dazu Tg I 217.

[27] Max Frisch, Wo spielt unser Stück, S. 218. Das genannte Sammelbuch ist vermutlich vergriffen. Dieses Buch ist wahrscheinlich mit jenem in „Montauk" erwähnten Werk Jungs identisch.

[28] Max Frisch, Nachträgliches zu »Don Juan«. In: Ders., G.W., Bd. 3, S. 169

[29] Ebd., S. 175.

sehen und empfunden wird, so kann es auch ebensogut seine eigene schlimmste Schwäche sein, die der Mann auf diese Weise sichtbar heiratet.[30]

Später - bezugnehmend auf den Roman „Mein Name sei Gantenbein" - präzisiert der Autor im Artikel „Ich schreibe für Leser. Antworten auf vorgestellte Fragen" die Rollenfunktion Lilas als Animaprojektionsträger: „[...] Lila ist überhaupt keine Figur. [...] Lila ist *eine Chiffre für das Weibliche, das andere Geschlecht, wie das Buch-Ich es sieht, seine Chiffre, von der er nicht loskommt.* Drum gibt es nur sie, die es nicht gibt." (G 333 f.; Hervorh. d. Verf.) An dieser Stelle ist die Jungsche Auffassung der Anima und der Projektion zweifelsohne zu erkennen.

Das sich häufig wiederholende Thema „Abenteuer" bzw. „Reisen" ist bei Frisch zum Topos geworden, indem es sich nicht nur um reale geographische Reisen, sondern hauptsächlich um Reisen ins Innere, um das Abenteuer der Selbstfindung handelt. Während der Lektüre wird man stets an die Jungsche Individuationskonzeption und die Beziehung des Individuums zum Selbst erinnert. Marie-Louise von Franz, eine Mitarbeiterin Jungs, bemerkt in diesem Sinne: *„Das einzig lebenswerte Abenteuer kann für den modernen Menschen nur nach innen zu finden sein."*[31] Als Musterbeispiele für solche Innenreisen bei Frisch können Stillers Abenteuer in Amerika, vor allem die Höhlengeschichte, und Fabers Reisen im Dschungel, nach Athen und Cuba etc. genannt werden.

Abschließend läßt sich daraus schließen, daß die Einwirkung des 36 Jahre älteren Tiefenpsychologen auf den jungen Schriftsteller nicht zu bestreiten ist.

0.4. Kunst- und Literaturbetrachtung C. G. Jungs und Max Frischs

Hier stellt sich die Frage, welche Übereinstimmung der analytischen Psychologie mit Frischs Werk besteht. In der Jungschen Psychotherapie werden stets zwei Dimensionen des Dialogischen hervorgebracht: Der Dialog zwischen dem Ich und dem Unbewußten einerseits, und der zwischen dem Ich und dem Du bzw. dem Es andererseits. Jung fragt nicht so sehr nach dem Was des Dialogischen, sondern nach dem Wie und Wozu.[32] Die Kunst- bzw. Literaturanalyse betreffend

---

30 C. G. Jung, Die Beziehungen zwischen dem Ich und dem Unbewußten (urspr.: 1928). In: Ders., Zwei Schriften über analytische Psychologie (= G. W., Bd. 7). Zürich und Stuttgart: Rascher, 1964, S. 208. Weiter heißt es dort: »So setzt das ganze Wesen des Mannes die Frau voraus, körperlich sowohl wie geistig. Sein System ist a priori auf die Frau eingestellt, ebenso wie es auf eine ganz bestimmte Welt, wo es Wasser, Licht, Luft, Salz, Kohlehydrate usw. gibt, vorbereitet ist. [...] Es besteht ein ererbtes kollektives Bild der Frau im Unbewußten des Mannes, mit dessen Hilfe er das Wesen der Frau erfaßt.« Ebd., S. 209.

31 Marie-Louise von Franz, Der Individuationsprozeß. In: C. G. Jung u.a., Der Mensch und seine Symbole. Solothurn/Düsseldorf: Walter, [13]1993, S. 212. (Sonderausgabe)

32 Vgl. C. G. Jung, Psychologie und Alchemie (urspr.: 1944/1952) (= G.W., Bd. 12). Solothurn und Düsseldorf: Walter, [7]1994, S. 46 f.: „Für die Sozietät allerdings ist zunächst das *Was* der Tat von größerer Wichtigkeit, weil unmittelbar einleuchtend. [...] Der Seelenarzt hat [...]

versucht sich Jung bereits in einer gründlichen Untersuchung der „Beziehungen der analytischen Psychologie zum dichterischen Kunstwerk". Sein Augenmerk richtet sich diesbezüglich nicht auf das Wesen oder die Ästhetik der Kunst, bzw. auf das schöpferische Talent des Künstlers, sondern vielmehr auf den *„Teil der Kunst, welcher im Prozeß der künstlerischen Gestaltung besteht"*[33]. Den Tiefenpsychologen interessieren eher der Sinn des Werkes und dessen Deutung, die hinter der stilistischen Gestaltung der Objekte stehen und über das persönliche Schicksal des Künstlers hinausgehen[34]. Ganz ähnlich legt auch Frisch großen Wert auf den schöpferischen Prozeß des Schreibens. Seine Thematisierung der Identiätsproblematik gleicht einem dynamischen Vorgang der werdenden inneren Entwicklung im weiteren Sinne Jungs. Auch bei Frisch handelt es sich eher um geistig-schöpferische Experimente, um neue Wege der Innenschau zu finden, als um einen neuartigen unbekannten Stil oder eine künstlerisch-ästhetische Gestaltungsweise. Als Autor lenkt Frisch die Aufmerksamkeit mehr auf die Ebene des Ich und des Werkes selbst als auf den Leser und die Gesellschaft[35]. Beim Schreiben setzt der Schriftsteller zwar stets einen Adressaten voraus, doch wird dieser meist mit dem distanzierten objektiven Ich des Dichters oder einem im Alltag fehlenden und hier beim Schreiben vorgestellten Kommunikationspartner identifiziert. Diesbezüglich bezieht Frisch unmißverständlich Stellung:

> Verantwortung des Schriftstellers gegenüber der Gesellschaft und das ganze Gerede, die Wahrheit ist, daß ich schreibe, um mich auszudrücken. Ich schreibe für mich. Die Gesellschaft, welche auch immer, ist nicht mein Dienstherr, ich bin nicht ihr Priester oder auch nur Schulmeister. Öffentlichkeit als Partner? Ich finde glaubwürdigere Partner. Also nicht weil ich meine, die Öffentlichkeit belehren oder bekehren zu müssen, sondern weil man, um sich überhaupt zu erkennen, ein imaginäres Publikum braucht, veröffentliche ich. Im Grunde schreibe ich aber für mich selbst... (Mon 635 f.)

Sein schriftstellerisches Kommunikationsbedürfnis entspringt dem Drang der Selbstfindung und Selbstregulierung sowohl im Leben als auch im Geiste. Um

---

sein Augenmerk nicht auf das Was, sondern auf das *Wie* der Tat gerichtet, weil darin das ganze Wesen des Täters beschlossen ist." Auch in bezug auf Traumdeutung schenkt C. G. Jung stets seine Aufmerksamkeit der Fragestellung des Wozu, der Zielstrebigkeit bzw. des Zwecksinns. Vgl. dazu C. G. Jung, Allgemeine Gesichtspunkte zur Psychologie des Traumes (urspr.: 1916). In: Ders., Die Dynamik des Unbewußten (= G.W., Bd. 8), S. 271. Vgl. auch C. G. Jung, Das Liebesproblem des Studenten (urspr.: 1924). In: Ders., Zivilisation im Übergang (= G.W., Bd. 10). Olten und Freiburg im Breisgau: Walter, [4]1991, S. 133: Man sollte nicht fragen, *„was* einer tut, sondern *wie* er es tut." Vgl. dazu ebenfalls Kapitel I.

33 C. G. Jung, Über die Beziehungen der analytischen Psychologie zum dichterischen Kunstwerk (urspr.: 1922). In: Ders., Über das Phänomen des Geistes in Kunst und Wissenschaft (= G.W., Bd. 15). Olten und Freiburg im Breisgau: Walter, [5]1990, S. 75.

34 Vgl. C. G. Jung, Über die Beziehungen der analytischen Psychologie zum dichterischen Kunstwerk, S. 82.

35 Vgl. Max Frisch, Der Autor und das Theater. Rede auf der Frankfurter Dramaturgie 1964. In: Ders., G.W., Bd. 5, S. 350 f.

mit Jung zu sprechen, schlägt Frisch hier einen Weg der Individuation ein, um so die Beschränktheit des bewußten Denkens und Fühlens durch die introspektive Empfindung und Intuition während des künstlerischen Prozesses zu kompensieren bzw. zu korrigieren[36]. Anders formuliert: Der Impuls des Schreibens erfolgt immer aus dem inneren Antrieb Frischs heraus.[37] In diesem Zusammenhang schreibt er:

> Was sich nicht verbraucht, ist das Bedürfnis (ebenso ursprünglich wie der Spieltrieb) nach Kommunikation. [...] Also, *ich schreibe aus Bedürfnissen nicht der Gesellschaft, sondern meiner Person.* Möglicherweise aus jener Angst, die schon die Höhlenbewohner zu Bildnern machte: *man malt die Dämonen an die Wand seiner Höhle, um mit ihnen leben zu können*, es brauchen nicht Büffel zu sein, oder man malt an die Wand (wie in den Gräbern von Tarquinia) die Freude, die sonst so sterbliche Freude.[38]

Hier drängen also die unbewußten Phänomene in den Bereich des Bewußtseins durch; das Selbst des Schriftstellers bzw. die inneren Bilder des Textes offenbaren sich selbst, wie es auch Jung im Fall des Kunstwerkes beschreibt[39]. Bei Frisch klingt die Funktion des Dialogisierens des Ich mit dem Unbewußten, hier vor allem als Schatten dargestellt, eindeutig an. Wohl von Jung beeinflußt, erkennt er ebenfalls, daß der einzelne „die Dämonen" des Inneren nicht vertreiben kann, sondern sie in sich annehmen und mit ihnen im Gleichgewicht kooperieren soll. Diese „Dämonen" können den archetypischen Bildern bzw. Vorstellungen des nicht direkt beobachtbaren kollektiven Unbewußten im Sinne Jungs gleichgesetzt werden[40]. Über das persönliche Interesse Frischs hinaus, sich mit sich selbst auseinanderzusetzen, ergibt sich gleichzeitig auch die Offenbarung der archetypischen Erlebnisse und Erfahrungen. Das dichterische Schaffen überschreitet somit die Grenze des Wissens bzw. des Bewußtseins des Schriftstellers. Es manifestiert mannigfaltige archetypische Sinngehalte, die in akausaler Konsequenz auftreten.

Auch im Aufsatz „Unsere Gier nach Geschichten" (1960) weist der Schriftsteller darauf hin, daß „das Erzählen von Vorfällen, also von Geschichten", für ihn ausschließlich ein „Mittel, um Erfahrung auszudrücken", bedeute. (GnG 263) Geschichten seien bloß Erfindung, „Spiele der Einbildung, Entwürfe der Er-

---

[36] Vgl. C. G. Jung, Psychologische Typen (urspr.: 1921). München: dtv, 1990, S. 23 ff.

[37] Vgl. H. Bienek, Werkstattgespräche mit Schriftstellern. ^{2}1969 München, S. 31: „Ich habe keine bewußte Wahl. Ich muß mich an die Einfälle halten". Dazu siehe Gunda Lusser-Mertelsmann, Selbstflucht und Selbstsuche. *Das »Psychoanalytische« in Frischs »Stiller«.* In: Walter Schmitz (Hrsg.), Materialien zu Max Frisch ›Stiller‹. Frankfurt am Main: Suhrkamp, 1987, S. 607.

[38] Siehe Max Frisch, Der Autor und das Theater, S. 350 f. Hervorhebung der Verfasserin.

[39] C. G. Jung, Über die Beziehungen der analytischen Psychologie zum dichterischen Kunstwerk, S. 84.

[40] Vgl. hierzu ebd., S. 94: „Der Archetypus nämlich ist die sogenannte participation mystique des Primitiven mit dem Boden, den er bewohnt und der nur seine Ahnengeister enthält."

fahrung, Bilder, wahr nur als Bilder" (GnG 263), während Erfahrungen sich als „Ahnung", „Einfall", „eine Angst, die tausend Bilder entwirft, und anderthalb Hoffnungen, die nicht abzutragen sind, Gefühle, die sich wie ein Rosenkranz wiederholen" offenbaren (GnG 262). Weiterhin hebt Frisch hervor, daß nur die erfundenen Geschichten über sich selbst zum Erlebnismuster des Selbst und zur „Ich-Erfahrung" führen können (GnG 263). Ohne Zweifel läßt sich feststellen, daß die von Frisch als „Eröffnung" und „Zeitlosigkeit" bezeichneten Erfahrungen (GnG 264), die sich immer wiederholenden Gefühle, die nicht zu bewältigende Angst und die Lebensenergie spendende Hoffnung und das Erlebnismuster des Selbst den archetypischen Inhalten der Urerfahrungen und Urerlebnisse entsprechen. Kunst dient hier als Mittel zum Zweck, als Möglichkeit, durch Bewältigung der Außenwelt die innere Not und Angst zu kompensieren oder zu übertönen. Diesbezüglich ergibt sich wiederum ein Zusammenhang zwischen Frischs Kunstwerk und Jungs Kunst- und Literaturanalyse:

> Das ist das Geheimnis der Kunstwirkung. Der schöpferische Prozeß, soweit wir ihn überhaupt zu verfolgen vermögen, besteht in einer unbewußten Belebung des Archetypus und in einer Entwicklung und Ausgestaltung desselben bis zum vollendeten Werk. Die Gestaltung des urtümlichen Bildes ist gewissermaßen eine Übersetzung in die Sprache der Gegenwart, wodurch es sozusagen jedem ermöglicht wird, wieder den Zugang zu den tiefsten Quellen des Lebens zu finden, die ihm sonst verschüttet wären. Darin liegt die soziale Bedeutsamkeit der Kunst [...] Aus der Unbefriedigung der Gegenwart zieht sich die Sehnsucht des Künstlers zurück, bis sie jenes Urbild im Unbewußten erreicht hat, welches geeignet ist, die Mangelhaftigkeit und Einseitigkeit des Zeitgeistes am wirksamsten zu kompensieren. Dieses Bild ergreift sie, und indem sie es aus tiefster Unbewußtheit emporzieht und dem Bewußtsein annähert, verändert es auch seine Gestalt, bis es vom Menschen der Gegenwart nach seinem Fassungsvermögen aufgenommen werden kann. Die Art des Kunstwerkes gestattet uns einen Rückschluß auf den Charakter des Zeitalters, in dem es entstanden ist.[41]

Diese Urerlebnisse und Urerfahrungen sind wirkliche Symbole der psychischen Realität, Inhalte der unbewußten Natur des Menschen, die in grenzenlosen Ausdrucksvarianten und mit gefühlsmäßigen Werten auftreten können[42]. Die „Mythologie ist ein Relikt frühester Stufen solcher Erfahrungen."[43] Hier geht es „um typische Haltungen, Handlungsweisen, Vorstellungsarten und Impulse", „welche als das für den Menschen typische instinktive Verhalten angesprochen

---

41 Ebd., S. 95. Vgl. dazu auch Albert M. Reh, Literatur und Psychologie. Bern/Frankfurt am Main/New York 1986, S. 191: „Unter visionärer Dichtung versteht Jung demnach literarische Werke, in denen der Dichter die sich in sein Bewußtsein drängenden archetypischen Bilder 'angenommen' hat."

42 Vgl. hierzu C. G. Jung, Über die Archetypen des kollektiven Unbewußten, S. 15: „Der Archetypus stellt wesentlich einen unbewußten Inhalt dar, welcher durch seine Bewußtwerdung und das Wahrgenommensein verändert wird, und zwar im Sinne des jeweiligen individuellen Bewußtseins, in welchem er auftaucht."

43 C. G. Jung, Psychologie und Dichtung, S. 110.

werden müssen."[44] Die mythologischen Figuren begleitet stets eine gefühlsbetonte affektive Intensität. Wird der einzelne mit ihnen konfrontiert, so fühlt er sich entfesselt von einer starken Urgewalt einerseits, andererseits sieht er sich gezwungen, sich anzupassen[45]. Die Literarisierung bzw. Poetologisierung der archetypischen mythologischen Vorstellungen hat daher zwei variante Funktionen: einerseits sich selbst zu analysieren sowie andererseits den Zeitgeist zu ergänzen bzw. korrigieren. Diese beiden Funktionen erkennt der Schriftsteller Frisch ebenfalls an:

> Schilderung - muß aber nicht die Schilderung einer vorhandenen Welt sein; es kann auch eine entworfene Welt sein. Im Anfang ist es das immer; die Sage. Und am Ende, gleichsam als letzte epische Chance, steht die Phantastik./(Homer, Balzac, Kafka.)/Hinter der homerischen Lust, zu schildern, steht das schöpferische Bedürfnis, sich eine Welt zu geben. Die Epik, die homerische, als Mutter unsrer Welten: erst dadurch, daß eine Welt erzählt wird, ist sie da. Und erst wenn sie da ist, kann sie erobert werden, wie es heute noch die amerikanische Epik tut. Und erst wenn sie erobert ist, kann die Auseinandersetzung mit ihr beginnen -. (Tg I 554)

Die subjektiv erfahrenen psychischen Bilder werden nicht nur dargestellt, die hinter ihnen stehende, unerkennbare Wirklichkeit muß in vertiefter Hinsicht bewußt gemacht werden, denn sie komplementiert die Erfahrungen durch deren Deutungen.

Wie bereits erwähnt, bevorzugt Frisch eher die erstere ichbezogenere Funktion des Schreibens. Es fällt auf, daß sich die Selbstfindung bzw. das Kommunizieren mit sich selbst als Zweck des künstlerischen Schaffens wie ein roter Faden durch sein Werk zieht. Bereits im Tagebuch 1946 - 49 richtet Frischs Augenmerk sich auf das Reich des Inneren:

> Räume unbekannten Lebens, unerfahrene Räume, Welt, die noch nicht geschildert worden ist, nennenswert als Fakt, das ist der Raum der Epik. Europa hat sich in allen landschaftlichen, in allen historischen, aber auch in fast

---

44 Zitiert nach Aniela Jaffé, Der Mythus vom Sinn im Werk von C. G. Jung. Olten und Freiburg im Breisgau: Walter, 1978, 23, Anm. 20. Vgl. C. G. Jung, Die Schizophrenie (urspr.: 1958). In: Ders., Psychogenese der Geisteskrankheiten (= G.W., Bd. 3). Olten und Freiburg im Breisgau: Walter, ^{4}1990, S. 301.

45 C. G. Jung, Analytische Psychologie und dichterisches Kunstwerk, S. 94. Vgl. hierzu auch S. 93: „Das urtümliche Bild oder der Archetypus ist eine Figur, sei sie Dämon, Mensch oder Vorgang, die sich im Laufe der Geschichte da wiederholt, wo sich schöpferische Phantasie frei betätigt. Es ist daher in erster Linie mythologische Figur. Untersuchen wir diese Bilder des näheren, so entdecken wir, daß sie gewissermaßen die formulierte Resultante unzähliger typischer Erfahrungen der Ahnenreihe sind. Sie sind gewissermaßen die psychischen Residuen unzähliger Erlebnisse desselben Typus. Sie schildern Millionen individueller Erfahrungen im Durchschnitt und geben dergestalt ein Bild des psychischen Lebens, zerteilt und projiziert in die vielfachen Gestalten des mythologischen Pandämoniums. Aber auch die mythologischen Gestalten sind für sich selbst schon Elaborate schöpferischer Phantasie, und sie harren noch ihrer Übersetzung in eine begriffliche Sprache, wovon erst mühsame Anfänge existieren."

> allen gesellschaftlichen Räumen schon oft genug, meisterhaft genug, mehr als genug geschildert; die epische Eroberung, die die Dichtung junger Völker beherrscht, ist so weit noch möglich, wie es etwa in der Schweiz noch einzelne unbestiegene Nebengipfel geben mag; eine ganze Welt aber, eine entscheidend andere, eine Terra incognita, die unser Weltbild wesentlich verändern könnte, haben unsere Epiker nicht mehr abzugeben. (Tg I 554.)[46]

Der faktischen objektiven Außenwelt steht eine dialektische subjektive Innenwelt gegenüber, die hier »terra incognita« an anderer Stelle »die Kontinente der eigenen Seele, das Abenteuer der Wahrhaftigkeit«[47] genannt wird. Diese Beschreibung Frischs findet bei der Jungianerin Aniela Jaffé ihr Pendant: „Die Wirklichkeit, welche das Bewußtsein transzendiert und als geistiger Hintergrund der Welt erscheint, ist, in psychologischer Terminologie, das Unbewußte."[48] Durch ihre Thematisierung der Suche nach der inneren transzendentalen unerfaßlichen Wirklichkeit weist sich die schriftstellerische Absicht als Individuationsprozeß im Terminus Jungs aus. Das Argumentieren und die analytische Beschäftigung mit sich selbst entspringt dem Nicht-Akzeptieren-Können des Soseins des Ich in der Welt. In seinem Schaffen stellt Frisch eine noch nicht gefundene Wirklichkeit[49] vor die äußere, unzulängliche, nicht überzeugende Realität. Die Selbstreflexion entsteht nicht nur aus dem „Muß" des Schreibens, sondern vielmehr aus dem Zwang der inneren Triebe, weil das Nicht-Akzeptieren-Wollen des Soseins den Schriftsteller konflikthaft im Gleichgewicht seiner

---

46 Vgl. dazu auch Helmut Naumann, Max Frischs „Stiller" oder das Problem der Kommunikation, S. 47.

47 Max Frisch, Die chinesische Mauer. In: Ders., G.W., Bd. 2, S. 184. Hier führt Don Juan ein Gespräch mit Columbus: „Da gab es noch Inseln, die niemand betreten, Länder, von keinem Menschen entdeckt, Küsten der Hoffnung. [...] Es gab die Hoffnung noch. Es gab, was meine Sehnsucht lohnt: Früchte, die niemand gehören, Paradiese, die noch nicht verloren sind. Noch gab es das Unbekannte, das Abenteuer. Noch gab es das Jungfräuliche. [...] Ihre ganze Welt, und all die Räume, die Euch noch eine Hoffnung waren, verwandeln sich in Zeit, die uns nichts nützt, denn wir, wir haben keine Hoffnung mehr für sie: wir haben kein Drüben! - wenn Sie es uns nicht wiedergeben, Kapitän." Fernerhin sagt Columbus: „»Auch Euch, mein junger Mann, verbleiben noch immer die Kontinente der eigenen Seele, das Abenteuer der Wahrhaftigkeit. Nie sah ich andere Räume der Hoffnung.«" Vgl. hierzu auch Helmut Naumann, Max Frischs „Stiller" oder das Problem der Kommunikation, S. 46. Dazu auch den Brief Max Frischs „Wo spielt unser Stück? Brief an die Darstellerin einer Nebenrolle", S. 219: Frisch legt seine Meinung in den Mund der Dramenfigur Columbus: „»Es bleiben uns nur noch die Kontinente der menschlichen Seele; das Abenteuer der Wahrhaftigkeit - ich sehe keine anderen Räume der Hoffnung.«" Weiterhin schreibt Frisch über die Notwendigkeit der Suche nach Innen, wie die Morgenländer sie bereits erkannt haben; man solle mit den Figuren des Inneren dialogisieren. Siehe dazu auch Tag I 487.

48 Aniela Jaffé, Der Mythus vom Sinn im Werk von C. G. Jung, S. 17.

49 Vgl. Gunda Lusser-Mertelsmann, Max Frisch. Die Identitätsproblematik in seinem Werk aus psychoanalytischer Sicht. Stuttgart 1976, 113. (=Reihe: Stuttgarter Arbeiten zur Germanistik, Bd. 15). Vgl. auch Martin Balle, Sich selbst schreiben - Literatur als Psychoanalyse, S. 21.

seelischen Kräfte bedroht[50]. Beim Schreiben sucht Frisch über die Dimension der Außenwelt hinaus in die Dimension der dunklen Innenwelt zu gelangen, damit die der Außenwelt widersprechenden und unverstandenen Widerstände bearbeitet werden und fernerhin deren unbewußte Gefühlskomponente ans Tageslicht gebracht werden können. Sein Hauptanliegen besteht darin, die unbewußte Dimension aufzudecken und sie (kognitiv) zu begreifen. Die unbewußten Motivationen und Variierungen stehen bei ihm im Mittelpunkt des Interesses. Er versucht der kontemplativen, intuitiv erfaßten Wirklichkeit, die nicht unmittelbar erlebt werden kann, aber entscheidend in Kohärenz mit dem Seelischen wirkt, nachzugehen und sie gegen seine wahrnehmbare, vorhandene Realität auszuloten[51]. In diesem Sinne betont Frisch wie folgt:

> Schriftsteller [...] als Forscher in einer manchmal fast erbitterten Suche nach der Wirklichkeit. Ihre Resultate sind nicht Erzählung, sondern Texte (oder wie immer man es von Jahr zu Jahr nennt), und daß Genuß nicht aufkommt, spricht nicht dagegen; es geht um mehr, nicht um Vergnügungsreisen, sondern um Testflüge. Und daß Testflüge gefährlich sind, weiß man; manch einer endet ohne Landung, wertvoll auch so. Ich weiß. Ich glaube sogar, daß ich's verstehe.[52]

Das künstlerische Interesse und das bewußte Engagement werden von den inneren unbewußten Bildern durchdrungen. Ziellose Testflüge, manchmal ohne Landungsmöglichkeit, symbolisieren stets die risikoreichen überraschenden Abenteuer des Seelischen. Im Gegensatz zur Landung, die sich mit dem alltäglichen Leben deckt, bedeuten Testflüge bei Frisch das Imaginieren bzw. Fabulieren. So gesehen steht hier das rollenspielende Ich dem „vitalen“[53] Ich gegenüber. Parallel zu dem fingierten, manchmal zufälligen, widersprüchlichen

---

50 Vgl. Max Frisch, Der Autor und das Theater. Rede auf der Frankfurter Dramaturgentagung 1964, S. 350. Vgl. hierzu auch C. G. Jung, Psychologie und Dichtung (urspr.: 1930). In: Ders., Über das Phänomen des Geistes in Kunst und Wissenschaft, S. 119: „Verirrt sich aber das Bewußtsein in eine einseitige und darum falsche Einstellung, so werden diese »Instinkte« belebt und senden ihre Bilder in die Träume der Einzelnen und die Gesichter der Künstler und Seher, um damit das seelische Gleichgewicht wieder herzustellen.“

51 Vgl. C. G. Jung, Wirklichkeit und Überwirklichkeit, S. 421: „Wirklichkeit enthält alles, was man wissen kann, denn wirklich ist, was wirkt. Wirkt es nicht, so merkt man nichts und kann daher auch gar nicht darum wissen.“ Vgl. dazu auch Aniela Jaffé, Der Mythus vom Sinn im Werk von C. G. Jung, S. 1978, S. 25 f.: „Das Erlebnis des Sinnes beruht auf dem Innewerden einer transzendentalen oder geistigen Wirklichkeit, die zur äußeren Wirklichkeit des Lebens tritt und mit ihr ein Ganzes bildet. [...] Psychologisch ist es das Erkennen oder die Erfahrung zeitloser Archetypen als verborgene Anordner des Lebens. - Jung spielt [...] auf den zentralen Archetypus des «Selbst», der menschlichen Ganzheit, an. Er ist es, der «das Subjekt in seinen Bann zieht» und schließlich das Gefühl der Sinnerfülltheit weckt. Vor allem dann, wenn dieser Archetypus nicht nur als transzendentale Macht erkannt, sondern wenn das Leben in den Dienst seiner Verwirklichung gestellt wird.“

52 Max Frisch, Ich schreibe für Leser, S. 328.

53 Ebd., S. 329.

Handlungsverlauf der äußeren Wirklichkeit entsteht im Werk Frischs jeweils zusätzlich ein Prozeß der inneren psychischen, von Zeit und Raum uneingeschränkten Wirklichkeit. Darin besteht das Charakteristische im Werk Frischs. Die beiden beschriebenen Wirklichkeitsebenen weisen eindeutige Berührungspunkte mit Jungs Synchronizitätslehre auf: Dem wissenschaftlichen Kausalprinzip stellt Jung das synchronistische Prinzip der Psychologie des Unbewußten gegenüber, in welcher sich gewisse Phänomene nicht nach dem logischen Prinzip erklären lassen:

> Ich fand nämlich zuerst, daß es psychologische Parallelerscheinungen gibt, die sich kausal schlechterdings nicht aufeinander beziehen lassen, sondern in einem andern Geschehenszusammenhang stehen müssen. Dieser Zusammenhang erschien mir wesentlich in der Tatsache der relativen Gleichzeitigkeit gegeben, daher der Ausdruck «synchronistisch». Es scheint nämlich, als ob die Zeit nichts weniger als ein Abstraktum, sondern vielmehr ein konkretes Kontinuum sei, welches Qualitäten oder Grundbedingungen enthält, die sich in relativer Gleichzeitigkeit an verschiedenen Orten in kausal nicht zu erklärendem Parallelismus manifestieren können, wie zum Beispiel in Fällen von gleichzeitigem Erscheinen von identischen Gedanken, Symbolen oder psychischen Zuständen.[54]

Während Frisch danach strebt, das Gelebte und Nichtgelebte des einzelnen auf den verschiedenen Wirklichkeitsebenen zu vergleichen bzw. veranschaulichen, gerät er in einen Konflikt seiner Wirklichkeits- und Sprachauffassungen. Die Unaussprechbarkeit der Wirklichkeit und Wahrheit wird zum Problem der Protagonisten. So läßt er Stiller erkennen:

> Das ist es: ich habe keine Sprache für die Wirklichkeit. [...] Wie soll einer denn beweisen, was er in Wirklichkeit ist? Ich kann's nicht. Weiß' ich denn selbst, wer ich bin? Das ist die erschreckende Erfahrung dieser Untersuchungshaft: ich habe keine Sprache für meine Wirklichkeit! (St 435 f.; vgl. auch St 416 ff.)

Über dieses Problem beklagt sich Frisch auch in seinem Tagebuch:

> Was wichtig ist: das Unsagbare, das Weiße zwischen den Worten, und immer reden diese Worte von den Nebensachen, die wir eigentlich nicht meinen. Unser Anliegen, das eigentliche, läßt sich bestenfalls umschreiben, und das heißt ganz wörtlich: man schreibt darum herum. Man umstellt es. Man gibt Aussagen, die nie unser eigentliches Erlebnis enthalten, das unsagbar bleibt; sie können es nur umgrenzen, möglichst nahe und genau, und das Eigentliche, das Unsagbare, erscheint bestenfalls als Spannung zwischen diesen Aussagen./[...] Es dürfte uns insofern nicht erschrecken, daß alles, was einmal zum Wort wird, einer gewissen Leere anheimfällt. Man sagt, was nicht das Leben ist. Man sagt es um des Lebens willen. (Tg I 378 f.)

Wirklichkeit und Wahrheit gleichen einem Ideal oder Symbol. Sie sind eine Prägung des vital Wirkenden der menschlichen Seele. Sie gehören zum transzenden-

---

[54] C. G. Jung, Zum Gedächtnis Richard Wilhems. In: Ders., Über das Phänomen des Geistes in Kunst und Wissenschaft, S. 66.

talem Seinsbereich, dessen Wirkungen, Geltungen und Kräfte nur indirekt verstehbar sind. Sie können in verschiedenen Ausdrucksvarianten erscheinen, denn für sie gibt es keinen Wortbegriff. In diesem Sinne stimmt das obige Zitat mit dem folgenden Hinweis Frischs überein:

> Man kann die Wahrheit nicht erzählen. Das ist's. Die Wahrheit ist keine Geschichten, sie hat nicht Anfang und Ende, sie ist einfach da oder nicht, sie ist ein Riß durch die Welt unseres Wahns, eine Erfahrung, aber keine Geschichte. (GnG 263)

Dies betreffend meint Martin Balle zu Recht: „Die Wahrheit läßt sich also nicht willentlich oder dauerhaft in eine ganz konkrete Form bringen, sondern sie taucht, in vielfältiger Form sichtbar, für einen Augenblick auf und wird erkennbar."[55] Da die Möglichkeit, die Wirklichkeit bzw. die Wahrheit vollständig zu enträtseln, nicht besteht, regt der Wunsch, sie auszudrücken, den Dichter und den Leser um so mehr an. Die Enträtselung ist unerreichbar, der Genuß des Schreibens und des Lesens ist auch infolgedessen reizvoll.

Zusammenfassend gesagt, spiegelt das Verhältnis Frischs zu seiner Umwelt die Beziehungen zu seinem eigenen Unbewußten wider, die sich nicht unmittelbar ausdrücken lassen. Aus den Darstellungen der sozialen Bezüglichkeit Frischs und seiner Deutung des kollektiven Unbewußten erweist sich schließlich auch die soziale Funktion seines Dichtens, den Zeitgeist zu ergänzen oder zu korrigieren[56]. In seinem Werk hat Frisch sich zwar nicht explizit mit den Theorien der analytischen Psychologie auseinandergesetzt, aber er hat sich der analytischen Psychologie bedient und deren Erkenntnisse angewandt.

---

55 Martin Balle, Sich selbst schreiben - Literatur als Psychoanalyse, S. 18. Vgl. dazu C. G. Jung, Die Psychologie der Übertragung (ursp.: 1946). In: Ders., Praxis der Psychotherapie (= G.W., Bd. 16). 5. vollständig revidierte Aufl. Olten und Freiburg i.Br.: Walter, 1991, S. 208: „Die ewige Wahrheit bedarf der menschlichen Sprache, die sich mit dem Zeitgeist ändert. Die Urbilder sind unendlicher Wandlung fähig und bleiben doch stets dieselben, aber nur in neuer Gestalt können sie aufs neue begriffen werden. Immer erfordern sie neue Deutung [...]."

56 Vgl. C. G. Jung, Über die Beziehungen der analytischen Psychologie zum dichterischen Kunstwerk, S. 95.

1. Entwicklungs- und Beziehungsproblematik in der Literatur und in der analytischen Psychologie

Wie anfangs bereits betont, sind die Entwicklungs- und Beziehungsproblematik bei Frisch nicht voneinander zu trennen. In diesem Kapitel wird über die Verflochtenheit dieser Thematik, über die Beziehungsmuster und das Scheitern der geschlechtlichen Beziehung sowie deren Wirkung auf den Helden bei Frisch unter Berücksichtigung der analytischen Psychologie Jungs diskutiert. Bei jeder gestrandeten Zweierbeziehung präsentieren sich Frisch bzw. die Protagonisten als Leidende, die sich auf ein bestimmtes Leitbild der Liebe zwischen den Geschlechtern ausgerichtet haben, an dem ihr Sein sich prospektiv orientieren kann. Es erheben sich die Fragen, was Liebe für die Protagonisten und für Frisch bedeutet und welchen Ausdruck sie in der Literatur findet. Bedeutet Liebe bei Frisch auch echte Begegnung? Auch diese Frage wird im Verlauf dieses Kapitels aufgeworfen und untersucht werden.

Bevor diese Diskussion vor dem Hintergrund der Jungschen Psychologie beginnen kann, muß zuerst theoretisch auf die Jungschen Beziehungsmodelle und deren Zusammenhang mit der Persönlichkeit eingegangen werden. Denn in der analytischen Psychologie werden gerne verschiedenartige Orientierungsmuster bemüht, welche teils auf unterschiedliche Problematisierung sowie Bewältigung vergleichbarer Konflikte zwischen den Geschlechtern, teils auf Wieder-Herstellung der Verbindlichkeit abzielen. Der theoretische Ansatz der Jungschen Psychologie bietet die Möglichkeit, konsequent problemorientierte Konfliktkonstellationen der Zweierbeziehung durch Erfahrungen und auf Überzeugungen beruhende Problemlösung vergleichbarer Dilemmata zu erklären und erweist sich damit für die uns beschäftigenden Fragen als besonders operabel.

1.1. Jungsche Beziehungsmodelle im Zusammenhang mit der Individuation

Die theoretische Untersuchung dieser Thematisierung geht in erster Linie von den umfangreichen psychotherapeutischen Schriften[1] und den psychologischen Aufsätzen[2] Jungs aus. Mit der Ehe-Konzeption und der zentralbegrifflichen Ganzheitstheorie, ergänzt durch die Deutung der mitmenschlichen bzw. psychotherapeutischen Beziehung, hat Jung zwei eng miteinander zusammenhängende Beziehungsdimensionen entwickelt: die geschlechtliche Mann-Frau-Beziehung und die innere Beziehung von männlichen und weiblichen Komponenten der

---

1 Die wichtigsten Schriften C. G. Jungs im Hinblick auf diese Thematik befinden sich im gesammelten Werk Bd. 16 „Praxis der Psychotherapie". Darunter zeichnet sich das im Jahre 1946 in Buchform erschienene Werk „Die Psychologie der Übertragung" als das wesentlichste hinsichtlich der Beziehungsverfassung aus.

2 Darunter sind die folgenden für diese Thematik erheblich: „Die Ehe als psychologische Beziehung" (1925), „Das Liebesproblem des Studenten" (1924) und „Die Frau in Europa" (1927).

Psyche in einem Menschen. Beide Dimensionen sind ineinander verstrickt und fördern einander, „denn die Beziehung zum Selbst ist zugleich die Beziehung zum Mitmenschen“[3]. Während der Mensch den Prozeß der Desintegration aus dem ursprünglichen, vollständig potentiellen Zustand des Lebens erkennt, strebt er nach neuen Formen der psychischen und physischen Reintegration mit dem Ziel, die Ganzheit in differenzierteren Gestaltungsmöglichkeiten wiedergewinnen zu können. So richtet sich das gemeinsame höchste Ziel der beiden Beziehungsdimensionen auf eine Rückkehr in die Ganzheit in optimaler Vollständigkeit, anstatt Vollkommenheit[4]. Im Spektrum der beiden Beziehungsdimensionen verbindet Jung den Begriff Ganzheit mit dem der Coniunctio, der nicht nur den alchemistischen Prozeß der Vereinigung differenzierter Stoffe, sondern auch die Verehelichung der geschlechtlichen Gegensätze und vor allem den psychischen Prozeß eines Individuums versinnbildlicht. Die Coniunctio gilt aus Jungs Sicht als Synthese zweier gegensätzlicher Pole, deren vollständige Vereinigung auch einer Art Ganzheit gleicht. Ganzheit und Coniunctio werden bei Jung zwar als Symbole eines unrealisierbaren Zieles betrachtet, dennoch ist das Ziel „nur als Idee wichtig, wesentlich aber ist das *opus*, das zum Ziele hinführt: es erfüllt die Dauer des Lebens mit einem Sinn.“[5]

In der früheren Phase seiner psychologischen Forschung akzentuierte Jung vorwiegend die Bedeutung der inneren Persönlichkeit und deren Entwicklung. Der Individuationsprozeß bedeutet ihm eine langzeitige vorwärtslaufende Wandlung der Persönlichkeit in Richtung Ganzheit und Selbstverwirklichung mit Hilfe der Kontroverse zwischen Bewußtsein und Unbewußtem, zwischen Ich[6]

---

3 C. G. Jung, Die Psychologie der Übertragung, S. 234.

4 Ebd., S. 239: „*Die Ganzheit ist keine Vollkommenheit, sondern eine Vollständigkeit.*“ Vgl. auch C. G. Jung, Die Frau in Europa (ursp.: 1927). In: *Ders.*, Zivilisation im Übergang (= G.W., Bd. 10). Olten und Freiburg i. Br.: Walter, ^{4}1991, S. 151: „Die Unvollkommenheit des Menschen ist immer ein Mißton in der Harmonie unserer Ideale. Leider lebt niemand in der Welt, wie sie wünschenswert wäre, sondern in der wirklichen Welt, wo Gutes und Böses vernichtend aufeinanderprallen, wo die Hände, die schaffen und aufbauen wollen oder müssen, das Schmutzigwerden nicht vermeiden können.“

5 C. G. Jung, Die Psychologie der Übertragung, S. 202. Vgl. hierzu auch C. G. Jung, Vom Werden der Persönlichkeit (ursp.:1932). In: Ders., Über die Entwicklung der Persönlichkeit (= G. W., Bd. 17). Olten und Freiburg i. Br.: Walter, ^{7}1993, S. 196: „Die Persönlichkeit, als eine völlige Verwirklichung der Ganzheit unseres Wesens, ist ein unerreichbares Ideal. Die Unerreichbarkeit ist aber nie ein Gegengrund gegen ein Ideal; denn Ideale sind nichts als Wegweiser und niemals Ziele.“ Vgl. außerdem auch ebd., S. 193 und 195.

6 Die Psychoanalyse, deren wesentlichster Vertreter Sigmund Freud ist, bezeichnet das Ich definitionsgemäß als Teilbewußtsein und als psychische Instanz des einzelnen. Hingegen betrachtet Jung das Ich als Zentrum des Bewußtseins, als Objekt möglicher Wahrnehmung. Aus Jungs Sicht steht das Ich unter dem Selbst und wird vom Selbst abhängig. Das Selbst kennzeichnet sich sowohl als die Gesamtheit des einzelnen als auch einen im Mittelpunkt stehenden Archetypus der seelischen Ganzheit, indem es das Bewußtsein und das Unbewußte enthält. Das Selbst charakterisiert sich durch seine Numinosität der Seele und sein vollständiges Potential im einzelnen. Während seine Funktion wesentlich darin liegt, die

und Selbst. Aufgrund der Undurchschaubarkeit und Unerschöpflichkeit des persönliche und kollektive Inhalte umfassenden Unbewußten, das nach Jungscher Konzeption das ganze Leben des Individuums bestimmt, erscheint die Assimilationsaufgabe des Bewußtseins mit dem Unbewußten so problematisch, daß der einzelne sich ihm ausgeliefert fühlt. Jungscher Auffassung nach kann das Individuum bei dem Individuationsprozeß nur versuchen, das Unbewußte möglichst vollständig aus der Tiefe ins Bewußtsein zu bringen und zu integrieren, um dessen starke Mächte in positive Lebensenergie umzuwandeln, fernerhin mit ihnen umzugehen und dementsprechend zu leben. Dem Bewußtsein gegenüber verhält sich das Unbewußte kompensatorisch, es zeigt der gegenüberstehenden äußeren Situation eine entsprechende ihr angepaßte Reaktion. Das Individuum, das niemals Herr seiner Person wird, muß erkennen und akzeptieren, daß sein Ich dem überwiegend überlegeneren, persönliche und archetypische Inhalte umfassenden Selbst unterworfen und zugehörig ist. Erkennt und akzeptiert das Individuum diesen Kernpunkt, läßt es seine Person und sein Schicksal von seinem Selbst determinieren. Mit dem Festigen des Selbst wird die Harmonie zwischen innerer und äußerer Wirklichkeit realisierbar, die der Existenz bzw. dem Dasein einen Sinn gibt. Dennoch soll das Ich seine Arbeit in Vertretung des Selbst im Bereich des Bewußtseins vollziehen. Demgemäß differenziert die Jungianerin und enge Freundin Jungs, Aniela Jaffé, das funktionelle Verhältnis zwischen dem Ich und dem Selbst:

> Trotz der offensichtlichen Abhängigkeit vom Selbst behält es [das Ich] ein unabweisbares Freiheitsgefühl, das menschliche Würde begründet und die notwendige Grundlage moralischer Verantwortlichkeit bildet. Vor allem aber ist das Ichbewußtsein Träger jeglicher Erfahrung: ohne es wäre nichts und niemand vorhanden, an dem oder durch den Individuation wahrnehmbar und wirklich würde. In diesem Sinn steht das Selbst sogar in einem relativen Abhängigkeitsverhältnis zum Ich: Das Ich erschafft es gewissermaßen durch Bewußtmachen und Verwirklichen unbewußter Inhalte.[7]

Durch die Unterscheidungs- und Entscheidungsfähigkeit des Bewußtseins sowie durch die Freiheit und die Verantwortung des Ich ist der Mensch mit seiner Umwelt bzw. seinen Mitmenschen, seine Persönlichkeit mit dem realen Leben und seine Vorstellung mit dem Handeln verknüpft.

Während Jung sich bemüht, ein festes Bollwerk des möglichst vollständigen Ich bzw. Selbst aufzubauen, vernachlässigt er dabei nicht die Wesentlichkeit der

---

ganze Persönlichkeit zu bestimmen, hat das Ich die Aufgabe, das Selbst im realen Leben nicht nur zu repräsentieren, sondern auch zu überprüfen, erkennen, differenzieren, integrieren und zu verwirklichen. Vgl. C. G. Jung, Traumsymbole des Individuationsprozesses (ursp.: 1936). In: Ders., Psychologie und Alchemie (= G. W., Bd. 12). Olten und Freiburg i. Br.: Walter, [7]1994, S. 59: „Das Selbst ist nicht nur der Mittelpunkt, sondern auch jener Umfang, der Bewußtsein und Unbewußtes einschließt; es ist das Zentrum dieser Totalität, wie das Ich das Bewußtseinszentrum ist".

7 Aniela Jaffé, Der Mythus vom Sinn im Werk von C. G. Jung. Olten und Freiburg im Breisgau: Walter, 1978, S. 100 f.

Interaktion des Individuums mit den Mitmenschen und der Außenwelt, wie manche Interpreten bzw. Psychologen behaupten[8]. Ganz im Gegenteil lehnt der Tiefenpsychologe die Reduktion des Lebens auf ein psychisches ab; in seiner späteren Forschungsperiode, in der er seine Beziehungskonzeption Schritt um Schritt erweitert und in der er die Individuation des Menschen sowie die Ich-Du-Beziehung für gleich wichtig hält, hebt Jung unmißverständlich die Notwendigkeit des Bezugs zur Außenwelt hervor. Seine Sorge, die der Fährnis der isolierten Individuation ohne Verbindung zur Außenwelt gilt, spiegelt sich zuerst in „Die Probleme der modernen Psychotherapie" (1929)[9] und später in „Die Psychologie der Übertragung" (1946) wider, wo er den Fehler unterstreicht,

> daß das Subjekt die durch die Auseinandersetzung mit dem Unbewußten gebotenen geistigen Entwicklungsmöglichkeiten dazu benützt, sich gewissen tieferen menschlichen Verpflichtungen zu entziehen und eine ‹Geistigkeit› zu affektieren, welche der moralischen Kritik nicht standhält [...][10]

---

8 Vgl. Arie Sborowitz, Beziehung und Bestimmung. Die Lehren von M. Buber und C. G. Jung in ihrem Verhältnis zueinander. In: Psyche. Heidelberg 1948. Vgl. Hans Trüb, Heilung aus der Begegnung. Eine Auseinandersetzung mit der Psychologie C. G. Jungs. Mit einem Geleitwort von Martin Buber. Stuttgart: Ernst Klett, ^{2}1962. Vgl. Martin Balle, Sich selbst schreiben - Literatur als Psychoanalyse, S. 99. C. G. Jung wird auch von Arie Sborowitz vorgeworfen, daß der psychologische Mechanismus der Projektion stets im Mittelpunkt seiner Psychologie stehe und C. G. Jung ihn damit unterstütze. Siehe Arie Sborowitz, Beziehung und Bestimmung, S. 12 und S. 18. In der Jungschen „Beziehungs"-Psychologie steht zwar oft der Begriff „Projektion" im Mittelpunkt der Beziehungsproblematik, sie gleicht aber im alltäglichen menschlichen Verhältnis, vor allem zwischen den Geschlechtern, einer normalen Erscheinung der menschlichen Psyche. Dieser Mechanismus wird von C. G. Jung stets als Hindernis einer menschlichen Begegnung erklärt; er befürwortet nicht die Aktion dieses Mechanismus. C. G. Jung erkennt im praktischen Sinne die allgemein geschehenen problematischen Phänomene und die psychisch-funktionelle Unvermeidbarkeit dieses Mechanismus zwischen realen Menschen, er apostrophiert gleichzeitig auch die Notwendigkeit der Rücknahme der Projektion als Fortschritt zum Individuationsprozeß des Individuums. C. G. Jungs Anliegen besteht darin, vor falschen Entwicklungen der menschlichen Beziehung zu mahnen, damit das Hinaustreten aus den psychischen Bedingtheiten möglich wird. Wie C. G. Jung betont Martin Buber auch die Unvermeidbarkeit der Ich-Es-Beziehung.

9 C. G. Jung, Die Probleme der modernen Psychotherapie (urspr.: 1929). In: Ders., Praxis der Psychotherapie (= G.W., Bd. 16). 5. vollständig revidierte Aufl. Olten und Freiburg im Breisgau: Olten, 1991.

10 C. G. Jung, Die Psychologie der Übertragung, S. 234. Vgl. hierzu Aniela Jaffé, Der Mythus vom Sinn im Werk von C. G. Jung, S. 107: Diesbezüglich „mißt Jung dem Gewissen und der menschlichen Verantwortung entscheidende Bedeutung bei. Die in der Analyse erlebte Konfrontation mit der eigenen Dunkelheit kann ohne äußerste Wachheit des Gewissens nicht geleistet werden." Weiter heißt es dort: „Pflichtenkollisionen sind Marksteine auf dem Wege der Individuation; denn «nichts steigert mehr die Bewußtwerdung als diese innere Gegensatzkonfrontation». Sie setzt ein Verantwortungsbewußtsein voraus, das differenzierter ist, als die gehorsame Befolgung vorgeschriebener Gesetze es erfordert [...] im Verhalten und Entscheiden bei Pflichtenkollisionen werden Bewußtheit und Ethos des

Die Außenwelt funktioniert wie ein „Gerichtshof“[11], indem die Aufgaben des Lebens bzw. die Verantwortung des Menschen dem anderen gegenüber das Innere des Individuums überprüfen und herausfordern.

Bei der Ich-Du-Beziehung agieren und reagieren beide Partner als Subjekte; die Bestimmungen gehen vom Selbst der beiden aus. In Analogie zur Ich-Du-Beziehung läßt sich Jungs Forderung der gleichmäßigen reziproken Kommunikation zwischen Arzt und Patient während einer psychotherapeutischen Analyse demzufolge übertragen:

> Der entscheidende Punkt ist, daß ich als Mensch einem anderen Menschen gegenüberstehe. Die Analyse ist ein Dialog, zu dem zwei Partner gehören. Analytiker und Patient sitzen einander gegenüber - Aug in Auge. Der Arzt hat etwas zu sagen, aber der Patient auch.[12]

Darüber hinaus hat Jung darauf aufmerksam gemacht, daß die mitmenschliche Beziehung ein „dialektischer Prozeß“[13] sei, währenddessen zwei Partner ihre Anteilnahme zeigen und gegenseitig die innere Förderung zwischen ihnen durchführen. Die Persönlichkeitsentwicklung der jeweiligen Partner bestimmt das Beziehungsmodell, das wiederum dieser Entwicklung den Ausschlag gibt. Beide Partner sollen ihre eigene psychische Wirklichkeit begreifen und sich ihr bewußt

---

Menschen erprobt. Hier ist er als Ganzer und einsam herausgefordert.“ Ebd., S. 109 f. Siehe hierzu auch ebd., S. 111: „Die individuelle Verantwortung gilt ebenso gegenüber der Welt außen wie gegenüber der Welt innen und ihrer höchsten Instanz, dem Selbst.“

11 Aniela Jaffé, Erinnerungen, Träume, Gedanken von C. G. Jung. Erweiterte Auflage. Olten und Freiburg i. Breisgau: Walter, 1987, S. 348.

12 Ebd., S. 137.

13 C. G. Jung, Grundsätzliches zur praktischen Psychotherapie (ursp.: 1935). In: Ders., Praxis der Psychotherapie, S. 20: „Die Forderung, daß der Analytiker selber analysiert sein müsse, gipfelt in der Idee des dialektischen Verfahrens, wo der Therapeut nämlich sowohl als Fragender wie als Antwortender in Beziehung zu einem anderen psychischen System tritt, nicht mehr als Übergeordneter, Wissender, Richter und Ratgeber, sondern als ein Miterlebender, der ebensosehr im dialektischen Prozeß sich befindet wie der nunmehr sogenannte Patient.“ Wenn dieses Beziehungsmodell im übertragenen Sinne zwischen Mann und Frau verwirklicht werden kann, wird somit die konventionelle patriarchalische Schablone destrukturiert bzw. durchbrochen. Mann und Frau betrachten einander als subjektive Individuen, die auf dem gleichen Horizont stehen und entre nous einander konfrontieren. Das dialektische Denken beruht auf zwei abwechselnd im Gegensatz stehenden Wesenszügen, die nicht als antagonistische Dualismen, sondern als Ganzheit gegenseitig wirkend und bedingend aufeinander bezogen bleiben. Diese auf These-Antithese-Synthese basierende Denkweise begründet ein geschlossenes Analysesystem, das zutreffend dem analytischen Verfahren des einzelnen Menschen bzw. dem Beziehungsmodell der im Gegensatz stehenden Mann-Frau-Beziehung C. G. Jungs entspricht. Der Tiefenpsychologe betont stets den Gesamtzusammenhang aller potentiellen Teile der Psyche in einer Person bzw. beider Geschlechter in einer Beziehung. Vgl. auch C. G. Jung, Einleitung in die religionspsychologische Problematik der Alchemie. In: Psychologie und Alchemie, S. 45: „Die dialektische Auseinandersetzung im Prozeß der psychischen Behandlung führt konsequenterweise zur Konfrontation des Patienten mit seinem Schatten [...]“.

anzupassen suchen, so daß sich eine Realbeziehung zwischen ihnen auf der besten Basis entfalten kann, ansonsten tendiert die Beziehung zu einem „primitive[n] Niveau“[14]. Dazu offenbart Jung wie folgt:

> Der bewußte Vollzug der inneren Einigung hält an der menschlichen Beziehung als an einer unerläßlichen Bedingung fest, denn ohne bewußt anerkannte und akzeptierte Bezogenheit auf den Nebenmenschen gibt es überhaupt keine Synthese der Persönlichkeit [...] Denn die Beziehung zum Selbst ist zugleich die Beziehung zum Mitmenschen, und keiner hat einen Zusammenhang mit diesem, er habe ihn denn zuvor mit sich selbst [...] Der Individuationsprozeß hat zwei prinzipielle Aspekte: einerseits ist er ein interner, subjektiver Integrationsvorgang, andererseits aber ein ebenso unerläßlicher, objektiver Beziehungsvorgang. *Das eine kann ohne das andere nicht sein, wenn schon bald das eine, bald das andere mehr im Vordergrund steht* [...][15] (Hervorh. d. Verf.)

Soweit dieser Individuationsprozeß des Individuums und die real etablierte Ich-Du-Beziehung zusammentreffen, wird der Gipfel der geschlechtlichen Hingabe und Vereinigung, somit auch die Ganzheit des Selbst beider Subjekte erreicht, indem die ambivalenten Höchsterfahrungen des Selbstwertes und der Selbstlosigkeit zugleich bzw. ineinander erfolgen.

Im Lichte dieser beiden Beziehungsdimensionen stellt Jung nicht nur ein ideales, der Ganzheit bzw. Coniunctio ähnelndes Beziehungsmodell, d.h. der Ich-Du-Beziehung im Buberschen Terminus und Sinn, heraus, sondern weist auch auf ein allgemein geschehenes, gehemmtes bzw. symbiotisches Beziehungsmodell hin, das der Buberschen Ich-Es-Beziehung entspricht[16], bei der zwei Menschen als agens und patiens, Subjekt und Objekt zueinander im Verhältnis stehen, wobei das Subjekt stets den bestimmenden bzw. entscheidenden Ton angibt, in der Erwartung, daß das Objekt sich dementsprechend verhält. Die Eigen-

---

14 C. G. Jung, Die Psychologie der Übertragung, S. 234.

15 Ebd., S. 233 f.

16 Martin Buber unterscheidet eine lebenswesentliche Ich-Du-Beziehung, die durch das Dazwischen zwischen Akteuren als lebendige Verbindung zwischen zwei zentralen Bezugspersonen gekennzeichnet ist, von einer Ich-Es-Beziehung, deren einer Pol sich für den anderen als Mittel zum Zweck sachlich interessiert, so daß daraus nicht eine echte Begegnung sondern Zweckdienlichkeit entsteht. Nur eine Ich-Du-Beziehung besitzt die Verwandlungsmöglichkeit während der wirkenden wirklichen Interaktion, wenn das tiefe Erlebnis des Ich und des Du als Voraussetzung des Daseins bewertet wird. Bei so einem idealen Beziehungsakt würden subjektive Reaktionen beider Seiten hervorgerufen, die Charaktere und deren Sinn würden erlebt und durch sich selbst verwandelt, so daß eine Numinosität im Dazwischen sich ereignet. Vgl. Martin Buber, Ich und Du. Heidelberg: Lambert Schneider, 1958. Wenn Buber hervorhebt, „daß die Herausbildung des Verhältnisses Ich-Es [Subjekt-Objekt] in einem sehr weiten Umfang sowohl im persönlichen wie im menschheitlichen Prozeß unumgänglich und unvermeidlich ist“, folgt daraus, daß Bubers Forschung der Ich-Du-Beziehung im Grunde als utopische Idealentwicklung der zwischenmenschlichen Beziehung zu interpretieren ist. Zitiert nach Arie Sborowitz, Beziehung und Bestimmung. Die Lehren von M. Buber und C. G. Jung in ihrem Verhältnis zueinander. In: Psyche. Heidelberg 1948, S. 22.

ständigkeit des Objektes wird nicht nur nicht erkannt und angenommen, sondern dem Gebrauch des Subjektes überlassen. Nach Jungscher „Beziehungs"-Psychologie liegt solch einer mißglückten bzw. symbiotischen Beziehung einerseits die Widersprüchlichkeit hinsichtlich der Beanspruchung der Beziehung, andererseits die innere Entzweiung beider Partner zugrunde. Während eine Beziehung im Beziehungsaspekt zwischen Mann und Frau nur auf bewußter Differenzierung zwischen Ich und Nicht-Ich basiert[17], kann sich hingegen eine solche Unterscheidung auf dem Gebiet der unbewußten Psyche nicht ereignen, so daß keine psychologische Beziehung Fuß fassen kann[18]. Aus diesem Grunde vermag der normale Mensch seine eigene Psyche, die er nicht vollständig erkennen und annehmen kann, nicht von der des anderen bzw. des Gegenübers zu unterscheiden, die für ihn manchmal fremd bzw. unerkennbar erscheint. In dieser Situation steht die „primitive[] Identität des Ichs" dem des anderen gegenüber[19], so daß entweder „eine vollständige Beziehungslosigkeit"[20] oder eine Beziehung auf „primitive[m] Niveau"[21] stattfindet. In solch einem Fall muß ein ununterbrochener kritischer Konfrontationsprozeß aufgegriffen werden, um die Hemmung- bzw. die Entstellungsprobleme zu bewältigen. Die Wendung zur inneren Psyche und die gleichzeitige unmittelbare Konfrontation mit der Bezugsperson ermöglichen es, die Probleme aufzuheben, wobei „gewaltsame Erschütterungen" bzw. große „Schmerzen" sich nicht ersparen lassen[22].

Bei der Ich-Es-Beziehung charakterisiert Jung die beteiligten psychologischen Faktoren der Partnerschaft als zwei Gegenpole: der eine Partner mit komplizierter Persönlichkeit, als Enthaltender gekennzeichnet, steht dem anderen mit einfacher Persönlichkeit als Enthaltenem gegenüber[23]. Die beiden Partner fesseln einander mit ihren eigensinnigen oder ichbezogenen Abhängigkeitswünschen[24]. Die Scheinharmonie der Beziehung kann nur zeitweise täuschen[25]. Dennoch verursacht auch diese bis zur Unerträglichkeit führende Hörigkeit die Trennung. Während der Enthaltende sich seines unbewußten Wunsches, mit sich selbst identisch zu sein, d.h. sich selbst zu enthalten, nicht bewußt ist, hofft er in-

---

17 C. G. Jung, Die Ehe als psychologische Beziehung, S. 215.

18 Ebd., S. 216.

19 Ebd.

20 Ebd.

21 C. G. Jung, Die Psychologie der Übertragung, S. 234.

22 C. G. Jung, Die Ehe als psychologische Beziehung, S. 219. Vgl. dort: „Es gibt keine Bewußtwerdung ohne Schmerzen."

23 Ebd., S. 221.

24 Ebd., S. 221 f.

25 Ebd., S. 224.

nerlich von seinem Partner geweckt oder inspiriert zu werden[26]. Da dieser Wunsch nicht in Erfüllung geht, sucht er sich experimentell durch den unbewußten Mechanismus der Projektion zu täuschen, die somit den Partner insgeheim mit den projizierten Inhalten festbindet[27]. Wenn das Gegenüber den Inhalt dieser Projektion abweist oder nicht dementsprechend darauf antwortet, sieht sich der Enthaltende gezwungen, dieselbe Aktion bei anderen Menschen zu versuchen[28]. Hingegen bindet der Enthaltene sich mit dem Enthaltenden aus dem Grund, erlöst zu werden. Dieser unbewußte Wunsch regt den Enthaltenden an, so daß er sich anstrengt, diese Aufgabe zu erfüllen, ohne zu wissen oder ohne darüber zu reflektieren, daß eine solche Aufgabe sein Wesen übersteigt. Der Anziehungskraft der beiden bzw. der Abhängigkeitsfessel zwischen beiden liegen im wesentlichen ihre gemeinsamen Phantasiebilder zugrunde, die jeweils auf verschiedene Art zum unbewußten Teilcharakter der beiden gehören und deswegen psychische Wirkungen ausüben. Diese Phantasiebilder bestimmen die Erwählung der Partner, sie werden zu einem gestalteten, bindenden Bestandteil der Partnerschaft, wie Jung darstellt:

> Je größer der Umfang der Unbewußtheit ist, desto weniger handelt es sich bei Verheiratung um freie Wahl, was sich subjektiv bemerkbar macht durch den in der Verliebtheit deutlich wahrnehmbaren *Schicksalszwang*. Wo keine Verliebtheit vorhanden ist, kann trotzdem der Zwang existieren, allerdings in weniger angenehmer Form.[29]

Hier decken sich diese Phantasiebilder normalerweise mit den archetypischen Inhalten des gegengeschlechtlichen Gegenübers, d.h. den Anima- und Animusbildern, deren Personifikationen stark durch die Eltern in der Kindheit bzw. die gegengeschlechtlichen Bezugspersonen geprägt sind. Da die Anima- und Animusbilder, welche infolge ihrer archetypischen Aspekte meistens durch kollektiv

---

26 Ebd., S. 221 f. Vgl. ebd., S. 225.

27 Ebd., S. 224. Die persönliche Projektion beinhaltet nicht nur die Beziehungsaspekte des Projizierenden zu den vergangenen Bezugspersonen, die er nun auf das Gegenüber projiziert, sondern auch sein eigenes psychisches Potential. Die Projektionsträger enthalten für ihn seine Teilpsyche, deren Entwicklung entweder noch nicht zustande kommen kann, oder mit denen er sich nicht konfrontieren will. Fernerhin liegen die archetypischen Inhalte der Projektion nicht den persönlichen Erfahrungen des Projizierenden mit der Umwelt zugrunde. In Anbetracht dessen wird den Bezugspersonen unbewußt drohende Macht angehängt. Vgl. C. G. Jung, Über den Archetypus mit besonderer Berücksichtigung des Animabegriffes (urspr.: 1936). In: Ders., Die Archetypen und das kollektive Unbewußte (= G.W., Bd. 9/I) Olten und Freiburg im Breisgau: Walter, [8]1992, S. 75: „Die Projektion ist [...] ein unbewußter, automatischer Vorgang, durch welchen sich ein dem Subjekt unbewußter Inhalt auf ein Objekt überträgt, wodurch dieser erscheint, als ob er dem Objekt zugehöre. Die Projektion hört dagegen in dem Augenblick auf, in welchem sie bewußt wird, das heißt wenn der Inhalt als dem Subjekt zugehörig gesehen wird."

28 Ebd., S. 222.

29 Ebd., S. 216.

personifizierte Gestalten verkörpert werden und als Hilfsmittel der Individuation des Individuums funktionieren[30], ursprünglich sowohl von den persönlichen Eltern bzw. den psychisch bedingten Bezugspersonen als auch von den archetypischen Inhalten der Großen Mutter und des Großen Vaters geprägt sind, können die Eltern bzw. die wichtigen Bezugspersonen in einem unbewußten Ausmaß die Wahl der Partner beeinflussen und bestimmen. Solche unbewußt erzwungene Partnerwahl und Partnerschaft verhindert nicht nur das reale Leben, sondern auch die echte Begegnung zwischen Partnern. In diesem Fall entspricht das unbewußtfixierte Verhältnis der von der Natur her unpersönlichen bzw. kollektiven Beziehung, die das Gegenüber bloß als Mittel zum Zweck in eine bestimmte vorgestellte Rolle zwingt, indem die aus diesem Rollenzwang entstandenen Vorurteile und Gewohnheiten die Beziehung beherrschen und erstarren lassen[31]. Die unbewußte tiefergreifende Bindung mit den wesentlichen Bezugspersonen erschwert die Anpassungsfähigkeit und verursacht die zwangsmäßige Gefangenheit von unbewußten Motiven. Auf diese Weise kann nur eine Beziehung mit „biologischer" bzw. „kollektiver" Wesentlichkeit anstatt einer „individuelle[n] Beziehung" stattfinden[32]. Der Inhalt der Anima- oder Animusprojektion wird oft mit den Charakteristika des Gegenübers, der stets emotionale Leidenschaften oder Affekte anregt, verwechselt, so daß der Projizierende seine unbewußte Teilpsyche als die des Gegenübers versteht[33]. Auf diese Weise identifiziert das Subjekt unbewußt seine personifizierte Teilpsyche mit dem Gegenüber im realen Leben. Der dringende Wunsch nach einer undissoziierten Liebe spielt im wesentlichen auf das besondere Bedürfnis, mit sich selbst eins zu sein, an[34]. Die Uneinigkeit im Inneren, welche Unbehaglichkeit verursacht, wird nur erkannt als Beziehungs- bzw. Lebensprobleme im außen. Während der Projizierende sich selbst im anderen sucht, der stets als Pendant bzw. Bestätigung betrachtet wird,

30 Die Ausdifferenzierung und das Erkennen der eigenen Psyche und der Bereiche der Syzygie, Anima und Animus, welche als fundamentale Formen den weiblichen Zügen des Mannes sowie den männlichen Zügen der Frau zugrunde liegen, schaffen den Menschen nicht nur die Schöpfungs- bzw. Unterscheidungsfähigkeit, sondern auch die Beziehungsfähigkeit. Sie wirkt aus dem Unbewußten heraus in Beziehung zum dominanten psychischen Prinzip des Mannes oder der Frau. Wenn sie nicht anerkannt wird, spielt sie die Rolle des Destruktiven bzw. Zerstörers, hingegen wenn sie erkannt und angenommen wird, erscheint sie als Seelenführer.

31 Vgl. ebd., S. 217 f.

32 Ebd., S. 218 & S. 226.

33 Ebd., S. 224. Vgl. W. v. Siebenthal, Schuldgefühl und Schuld bei psychiatrischen Erkrankungen. Zürich: Rascher, 1956, S. 42: „Die an sich bestehende Beziehung ist vielmehr verrückt auf ein sachlich unwirkliches bzw. nicht zutreffendes Objekt, auf etwas nur im Bewußtsein [...] Bestehendes, das sich «in Wahrheit» eben nicht so verhält."

34 C. G. Jung, Die Ehe als psychologische Beziehung, S. 222. In diesem Sinne sagt H. Müller-Eckhard: Sein Ich sei „auf der Suche nach einer Begegnung mit seinem Selbst"! Zitiert nach W. v. Siebenthal, Schuldgefühl und Schuld bei psychiatrischen Erkrankungen, S. 288.

versucht der Projektionsträger entweder wider Willen sich ihm anzupassen oder sich dagegen zu wehren[35]. Die Anpassung des Projektionsträgers verdrängt einerseits dessen Teilpsyche, andererseits etabliert sie vorläufig eine Scheinharmonie der Partnerschaft[36]. Die Zurückweisung bzw. unerwartete Antwort verschärft nicht nur die Beziehung, sondern zwingt den Projizierenden sich entweder in sich zurückzuziehen, oder in die Außenwelt zu fliehen bzw. einen anderen Projektionsträger zu suchen, so daß ein Teufelskreis stattfindet[37]. Somit wird auch die innere Psyche des Menschen mit der Außenwelt verknüpft und weiterhin verflochten. In einer in Projektionen verstrickten Partnerschaft kann sich die „kollektive" bzw. „biologische" Beziehung erst dann in eine individuelle Beziehung verwandeln, wenn dieser Mechanismus zurückgenommen wird[38].

Abschließend sei noch zu erinnern, daß die Ich-Du-Beziehung und das vollständige Selbst durch Individuation nach Jung nur als Ziel bzw. Ideal anzustreben sind. Bei praktischer Anwendung sind sie technisch gesehen undenkbar. In der Praxis bestehen stets individuelle Entwicklungs- und Beziehungsprobleme, da die Menschen existentiell beschränkt sind. Der Sinn des Lebens liegt hier darin, daß man sich bei seiner gegebenen Problemlage ein Ideal gibt, und sich demgemäß bemüht, sich und seine Beziehungen zu anderen sukzessiv zu verbessern.

1.2. Schuldproblematik bei Max Frisch

In der Frischschen Literatur sind die Schuldphänomene nicht zu übersehen; hier stellt sich die Schuldproblematik überdies als ein zentrales Motiv dar, welches zweifelsohne im Mittelpunkt der Individuations- und Beziehungsproblematik steht, wie sich im folgenden herausstellen wird. Es gibt im Werk Frischs zwar keine tiefergehende Darstellung darüber, wie und woraus Schuld bzw. Schulderfahrung entsteht, aber daß die persönliche bzw. unpersönliche Schuld ein wichtiges Thema im Werk Frischs darstellt, ist belegbar und eindeutig. Um dieser Argumentation gerecht zu werden, richtet sich hier das Augenmerk hauptsächlich auf das Verständnis der Schuldproblematik bei Frisch. Ein vorläufiger Exkurs über den Inhalt und die Form von Schuld bzw. Schuldgefühl ist zwingende Voraussetzung für die weitere Untersuchung.

1.2.1. Exkurs: Wesen und Wirkung von Schuld bzw. Schuldgefühl

Die Analyse der Thematisierung des begrifflichen Wesens und der Wirkung von „Schuld" bzw. „Schuldgefühl" gehört für Psychologen sowie Psychotherapeuten

---

35 Vgl. C. G. Jung, Die Ehe als psychologische Beziehung, S. 224.

36 Vgl. ebd., S. 224.

37 Vgl. ebd., S. 222.

38 Ebd., 226.

zum Teilgebiet der Untersuchung menschlicher emotionaler Entfaltung, welche für Jung nicht nur ein psychologisches Anliegen bedeutet, sondern auch mit anderen Wissenschaftsrichtungen verflochten ist, wie z.B. mit der westlichen und östlichen Philosophie, Anthropologie, Soziologie, sowie den Religionen etc. Denn Schuld bzw. Schuldgefühl läßt sich nur pluralistisch und vieldimensional erhellen.

Zu diesem Thema stellt Jung keine systematisch ausgebaute, detaillierte Analyse zur Verfügung. Man findet zu dieser Thematisierung in seinem Werk nur einige umfangreiche Abschnitte, die manchmal auch mythologische oder alchemistische Deutungen berücksichtigen. Gleichwohl zeigt Jung einige wesentliche relevante Merkmale der Schuldproblematik auf, die eine Ergänzung in der psychotherapeutischen Forschung des Jungianers Mario Jacoby findet.

Im Umgang mit den Begriffen Schuld und Schuldgefühl, welche im Grunde als vorausgesetzte Hypothesen zu verstehen sind, nähert sich Jung definitionsgemäß den psychologischen Phänomenen und deren Wirkungen in Ideen der individuellen Persönlichkeitsentwicklung und deren Bezug zu den Mitmenschen; Jung hat sich weniger mit dem individuell-lebensgeschichtlichen, faktischen Hintergrund und der Entstehungsgeschichte von Schuld und Schuldgefühl auseinandergesetzt, vielmehr argumentiert er stets in bezug auf die phänomenologischen und funktionellen Aspekte beider Begriffe.

Jung unterscheidet zwei gegenbegriffliche Schuldformen: persönliche Schuld und Kollektivschuld, wobei beide gleichzeitig miteinander verquickt vorkommen können, so daß die persönlichen Faktoren nicht mehr von den archetypischen getrennt zu analysieren sind. Das heißt: Genau wie die beiden eingangs erwähnten Beziehungsdimensionen miteinander verknüpft sind, wirken die archetypischen Faktoren der Schuld und des Schuldgefühls im Bereich der psychischen Kategorie mit den persönlichen zusammen.

Vom rein psychologischen Standpunkt aus gesehen gibt es bei Jung „das irrationale Vorhandensein eines subjektiven Schuldgefühls (oder einer Schuldgewißheit) oder einer objektiv zugemuteten Schuld (oder einer imputierten Teilnahme an einer Schuld)"[39]. Es gibt also in bezug auf die Schuldproblematik neben der subjektiven Seite der Schuld bzw. des Schuldgefühls auch objektive Merkmale, die mitmaßgeblich sind. Da man meistens Schuld bzw. Schuldkomplex[40] auf den Bereich mitmenschlicher Interaktionen begrenzt, können beide entweder aus gescheiterten mitmenschlichen Beziehungen entstehen oder führen beide die

39 C. G. Jung, Nach der Katastrophe (ursp.: 1945). In: Ders., Zivilisation im Übergang, S. 220.

40 Wenn Schuld oder Schuldgefühl psychologische Störungen hervorbringen, wirken sie dann als Schuldkomplex, welcher meistens nicht von den anderen verbundenen Komplexen getrennt zu ergründen ist. Denn in der modernen Zeit umfaßt der Schuldkomplex verschiedene inhaltlich und formal sehr komplizierte, äquivalente Teilkomplexe. Infolgedessen erscheint die Ausdifferenzierung der Schuldkomplexe schwer. Vgl. C. G. Jung, Experimentelle Untersuchungen (= G.W., Bd., 2). Olten und Freiburg im Breisgau: Walter, [3]1991, S. 477, 506 & 616 f.

mitmenschlichen Beziehungen zum Scheitern. Falls sich der Schuldkomplex auf bestimmte Bezugspersonen richtet, werden sie von diesen unter gewissem Zwang mit gefühlsbetontem Affekt erwidert werden.

Kollektivschuld stützt sich bei Jung im wesentlichen auf die kollektiven Phantasiebilder des archetypischen Unbewußten. Im realen Leben werde diese ständig als menschliches „Schicksal", „Fluch" oder „Verseuchung" verstanden[41], da diese Phantasieinhalte den ethisch-moralischen oder religiösen Prinzipien entgegentreten. Kollektivschuld kann nur bewältigt werden, wenn der einzelne seine Mitschuld zur Kenntnis nimmt und verarbeitet. Da Kollektivschuld bei der Interpretation von Frischs Werk keine Anwendung findet, wird sie hier nicht weiter theoretisch berücksichtigt.

Was die persönliche Schuld betrifft, so weist Jung auf zwei verschiedene Schuldverhältnisse hin: Es handelt sich um die Beziehung zwischen dem Individuum und dem Unbewußten einerseits, und um die Beziehung zwischen dem Individuum und dem Kollektiv respektive den Mitmenschen andererseits. Beide Arten von Schuldverhältnis werden von Jung im wesentlichen unter Bezugnahme auf das Ethisch-moralische und das Religiöse betrachtet, wobei sein Interesse am Religiösen weniger dem Glauben an Gott als vielmehr der Göttlichkeit des individuellen Selbst gilt[42].

Jung stellt fest, daß die allgemein postulierte menschliche Fähigkeit zur Unterscheidung von „Gut" und „Böse", d.h. das kausale Erkenntnisvermögen des Gewissens als Unterscheidungsinstanz, genau die individuelle Fähigkeit zum Gefühl der Schuld darstellt, zu der auch die menschliche Ängstlichkeit gehöre[43]. Daran schließt sich der Jung-Schüler Mario Jacoby an und bekräftigt, daß das Gewissen als „diejenige innerseelische Instanz" die Aufgabe der Unterscheidung zwischen „Gut" und „Böse" zu erfüllen habe[44].

Da die Entstehung des Gewissens und der menschlichen Würde stets mit den Archetypen zusammenhängen[45], läßt sich feststellen, daß das Schuldgefühl im Grunde meistens zuerst unbewußt bleibt. Weil „Gut" und „Böse" auf der höheren Stufe zusammengehören und einander komplementieren, kann man sie nur aus der Relation zwischen beiden definieren. In diesem Sinne erklärt der schweizeri-

---

41 Andrew Samuels, Bani Shorter & Fred Plaut, Wörterbuch Jungscher Psychologie. [Übers. aus d. Engl.: Matthias von der Tann]. München: Kösel, 1989, S. 196. Vgl. dazu C. G. Jung, Die Psychologie der Übertragung, S. 262: „Die Begegnung mit dem kollektiven Unbewußten ist ein schicksalshaftes Geschehen, von dem der natürliche Mensch nichts ahnt, bis er drin steht.". Siehe C. G. Jung, Mysterium Coniunctionis (= G.W., Bd. 14/III). Olten und Freiburg i. Br.: Walter, [4]1990, S. 207.

42 Vgl. Mario Jacoby, Scham-Angst und Selbstwertgefühl. Ihre Bedeutung in der Psychotherapie. Olten und Freiburg im Breisgau: Walter, 1991, S. 20.

43 C. G. Jung, Der Geist Mercurius (ursp.: 1942). In: Ders., Studien über alchemistische Vorstellungen (= G.W., Bd. 13). Solothurn und Düsseldorf: Walter, [4]1993, S. 217.

44 Mario Jacoby, Scham-Angst und Selbstwertgefühl, S. 13.

45 Vgl. ebd.

sche Psychologe und Psychotherapeut einleuchtend: „Das Böse will ebensosehr erwogen sein wie das Gute; denn Gut und Böse sind schließlich nichts als ideelle Verlängerungen und Abstraktionen des Handelns, welche beide zur hell-dunkeln Erscheinung des Lebens gehören." Weiter heißt es dort: „Es gibt ja schließlich kein Gutes, aus dem nicht Übles, und kein Übel, aus dem nicht Gutes hervorgehen könnte"[46]. „Ohne Schuld", so Jung, gebe es „kein moralisches und ohne wahrgenommene Unterschiedenheit überhaupt kein Bewußtsein"[47], dessen Entwicklung für den menschlichen Individuationsprozeß unabdingbar und unentbehrlich ist.

Hier charakterisiert Jung die affektive Verfassung des Menschen, welche entweder subjektiv-kognitiv den Gewissensbissen oder dem Sollen von Tun oder Nicht-tun aus persönlicher Würde entspringt[48]; es handelt sich hauptsächlich um die verinnerlicht persönliche oder unpersönliche Figur und die ethisch-moralischen oder religiösen Wertnormen. So ist zum Schuldgefühl auch die Affektion des Selbstvorwurfs bzw. der Selbstentwertung zu zählen, welche durch Aufgespaltenheit zwischen inneren und äußeren Instanzen gekennzeichnet ist. Jedoch kommt es nach Jung bei der Qualität und der Intensität des „Tatbestandes" „vom Guten oder Bösen" auf das „subjektive[] Urteil" jedes einzelnen an[49]. Mit anderen Worten determiniert die individuell-subjektive Psyche die Wertskala der Schuld und damit des Schuldgefühls; es gibt keine absoluten Prinzipien. Die Möglichkeit der Rechtfertigung besteht nicht, stattdessen ist aber die Wiedergutmachung und dadurch der Freispruch zu erhoffen.

An dieser Stelle muß vom „Schuldverhältnis" zwischen „Individuation und Kollektivität" gesprochen werden. Als Mitglied der Gesellschaft unterzieht sich das Individuum zwischen den Gegensatzpolen von „Individuation und Kollektivität" der Pflicht, entweder die kollektiven Werte zu introjizieren und sie als seine eigenen Leitlinien anzuwenden, oder seine eigenen, von der Sozietät akzeptierten sowie deren Forderung imitierenden „äquivalenten Werte" vorzuzeigen[50].

Die Persona, die in der analytischen Psychologie einer Maske respektive einer Rolle des Menschen in der Sozietät entspricht, versinnbildlicht im Grunde genommen die Anpassung und Anpassungsfähigkeit des Menschen nach außen, d.h. die Fähigkeit, die Wertmaßstäbe der Kollektivität als seine eigenen zu

---

46 C. G. Jung, Einleitung in die Religionspsychologische Problematik der Alchemie, S. 47.

47 Siehe Anmerkung 42.

48 Vgl. Mario Jacoby, Scham-Angst und Selbstwertgefühl, S. 13.

49 C. G. Jung, Gut und Böse in der Analytischen Psychologie (ursp.: 1958). In: Ders., Zivilisation im Übergang, S. 498.

50 C. G. Jung, Anpassung, Individuation und Kollektivität (ursp.: 1916). In: Das symbolische Leben (= G.W., Bd. 18/II). Solothurn und Düsseldorf: Walter, ²1993, S. 483. Vgl. ebd., S. 485: „Durch Imitation werden die eigenen Werte reaktiv belebt. Durch Abschneidung der Imitation werden sie im Keime erstickt. Es entsteht daraus die hilflose Angst."

übernehmen[51]. Die Persönlichkeitsentwicklung soll gemäß der Jungschen Forschung über die rollenhafte Persona zum integrierten Selbst hinleiten. Zerstörte das Individuum die auf Anpassung basierende Bindung mit der Kollektivität, belüde es sich dadurch mit Schuld[52], weil die kollektiven Werte, d.h. die Wertinhalte des Über-Ich, welches mit dem ethisch-moralischen oder religiösen Ideal gleichgesetzt wird, dadurch in Frage gestellt würden, solange das Individuum keine äquivalenten Werte, welche seine Existenz ethisch-moralisch oder religiös sanktionieren könnten[53], hervorbringen kann[54]. Andernfalls muß das Individuum sich wieder an die Werte der Kollektivität anpassen, damit es keine fortdauernde innere und äußere Schuldspannung erleiden muß[55]. Gleichwohl unterliegt das Individuum unter diesen Umständen der Gefahr, weder in sich selbst noch in der Gesellschaft Fuß fassen zu können, wie D. W. Winnicott in diesem Zusammenhang hervorhebt: „Wo das persönliche moralische Empfinden fehlt, ist der eingeprägte Moralkodex notwendig, aber die daraus resultierende Sozialisation ist instabil.“[56] Schließt sich das Individuum in seiner eigenen Welt ein, ohne die seiner inneren Wirklichkeit und der äußeren Realität gleichzeitig entsprechenden Werte schaffen zu können, so wird es von der Sozietät ausgeschlossen, „verachtet“ oder je nach dem Schuldverhältnis bestraft[57]. Je höher die Individuation ohne ersetzbare bzw. anerkannte Werte geleistet wird, desto stärker wird die Schuld, die sich stufenweise erneuert und intensiviert[58]. Die Schuld bzw. die Strafe von außen ist das Alarmsignal für die drohende Anpassungsschwierigkeit zwischen innen und außen. Das Erleiden der sozialen Verachtung bzw. des Schuldgefühls, das einerseits aus Angst (z.B. vor dem Isoliert- und Weggestoßenwerden) hervorgeht, da Schuldgefühl stets eine Urangst mit latenter oder intensiver Qualität voraussetzt, welche dem menschlichen Dasein inhärent ist, und andererseits die positive Anregung zur Progression einleitet, muß durchgehalten werden, bis das Individuum objektiv akzeptable Werte wiedergewinnt, damit sich die menschliche Beziehung erneut aufbaut. Mit dem Prozeß dieses Werteaufbaus

---

51 Vgl. ebd.: „Das Unbewußte ist als Kollektivpsyche die psychologische Repräsentation der Sozietät. Die Persona kann keine Beziehung zum Unbewußten haben, denn sie ist kollektiv-identisch damit, weil sie selber kollektiv ist. Darum muß die Persona ausgelöscht respektive dem Unbewußten zurückgegeben werden. Daraus entsteht die Individualität als ein Pol, der das Unbewußte ebenfalls polarisiert, woraus der Gegenpol entsteht, der Gottesbegriff.“

52 Ebd., S. 483.

53 Vgl. ebd.

54 Ebd.

55 Ebd.

56 D. W. Winnicott, Reifungsprozesse und fördernde Umwelt. [aus dem Eng. übers. von Gudrun Theusner-Stampa]. München: Kindler, 1974, S. 32.

57 C. G. Jung, Anpassung, Individuation und Kollektivität, S. 483 f.

58 Vgl. ebd., S. 483.

ändern sich die Maßstäbe der Schuld bzw. des Schuldgefühls, wobei die Denk- und Verhaltensweise des Individuums sich kongruent zu diesen neuen Maßstäben verändert. Dann stehen die kollektiven ethisch-moralischen Prinzipien und die selbstakzeptierten, bewußt reflektierten, individuierten Gewissensprinzipien nicht mehr antagonistisch zueinander, vielmehr ergänzen sie einander und die letzteren können sogar die ersteren mit Modifikationen wiederbeleben.

Da die gelungene Persönlichkeitsentwicklung des Individuums im möglichst vollständigen Bewußtwerden des Selbst besteht, spielt das Schuldgefühl eine Rolle bei diesem Prozeß. Denn das Schuldgefühl ermöglicht dem Individuum die Reflexion über das Gewissen und dessen Werte, die während der ersten Entwicklungsphase des Individuums durch das Befestigen des Über-Ich und der persönlichen Identifikation mit ihm gebildet werden.

Fernerhin beschreibt Jung das Schuldverhältnis zwischen dem sich an seinem Bewußtsein orientierenden Individuums und seinem (kollektiven) Unbewußten, das sich als psychologischer Vertreter der Kollektivität demonstriert[59]. Nach Jung werden Schuld und Schuldgefühl dem einzelnen solange anhängen, wenn er nicht danach strebt, sie durch Individuation zu überwinden. Das Schuldgefühl resultiert laut Jung nicht aus realer Schuld, die mit der bewußten Beeinträchtigung einer kollektiven ontischen Norm zu tun hat, sondern aus Fehlschlag und Kummer[60], deren Entstehung für das Subjekt zunächst nicht direkt wahrnehmbar ist. Daher neigt es anfangs nicht zur Selbstbezichtigung bzw. Selbstverachtung, welches zur bewußten Entzweiung des Menschen führt, sondern zur unbestimmten interpsychischen Spannung.

Wird der Prozeß der Selbstfindung gefährdet, vor allem durch die psychische Inflation sowie durch das Bezwungensein von der Kollektivpsyche und vom Schatten[61], sieht sich das Individuum meistens gezwungen, aus Angst vor Konflikten und vor dem Nihilsein der Existenz die psychologischen Mechanismen „Verdrängung", „Projektion" oder „Flucht" als Gegenmaßnahmen anzuwenden, so daß sich das Schuldgefühl, bewußt oder unbewußt, rational oder irrational,

---

59 Ebd., S. 485 f.

60 Vgl. J. Laplanche & U.-B. Pontalis, Das Vokabular der Psychoanalyse. Frankfurt a.M.: Suhrkamp, ^{11}1991, S. 458.

61 Vgl. C. G. Jung, Die Psychologie der Übertragung, S. 262: „Wer immer sich auf dem Weg zur Ganzheit befindet, kann jener eigentümlichen Suspension, welche die Kreuzigung darstellt, nicht entgehen. Denn er wird unfehlbar dem begegnen, was ihn *durchkreuzt*, nämlich erstens dem, was er nicht sein möchte (Schatten), zweitens dem, was nicht *er*, sondern der andere ist (individuelle Wirklichkeit des Du), und drittens dem, was sein psychisches Nicht-Ich, nämlich das kollektive Unbewußte ist. [...] («Du bist dir nur des einen Triebs bewußt, O lerne nie den andern kennen!»)" Vgl. hierzu auch C. G. Jung, Psychologie und Religion. In: Zur Psychologie westlicher und östlicher Religion (= G.W., Bd. 11). Olten und Freiburg i. Br.: Walter: ^{6}1992,S. 93 f. Vgl. dazu ebenfalls C. G. Jung, Über die Archetypen des kollektiven Unbewußten (ursp.: 1934). In: Ders., Die Archetypen und das kollektive Unbewußte, S. 30. Der Begriff „psychische Inflation" wird im „Homo-faber"-Kapitel eingegangen werden.

dem Individuum gleichzeitig manifestiert. Diese Mechanismen verkörpern die Abwehr gegen die bedrohliche Spannung zwischen innen und außen und schaffen selbst wieder eine schuldhafte Situation zwischen außen und innen sowie eine Aufspaltung der individuellen Persönlichkeit[62]. Anfänglich haben sie die Aufgabe, die Angst bzw. den Konflikt auszugleichen, damit das Selbst sich vorläufig erhalten kann. Späterhin bewirken sie aber einerseits Freiheitsverlust und Affektbesessenheit, andererseits Selbstentfremdung und Selbsttäuschung des Individuums. In dieser Situation zieht das Individuum nicht nur neue Schuld auf sich, so daß die Angst vor einem diffusen Sich-Bedroht-Fühlen sich steigert, sondern auch seine Entscheidungsfreiheit wird gefährdet.

Obwohl das Individuum durch Projektion der Schattenseite seine Persönlichkeit bedroht, da „man alles dunkle Schuldhafte, alles Minderwertige bei den anderen sucht“[63] anstatt bei sich selbst, ziehe jeder normale Mensch es jedoch vor, so Jung, die Schuld an einem „Mißstand“ „räumlich und zeitlich möglichst von sich wegzuschieben“, statt „bei sich selber zu suchen“[64]. Das Verheimlichen des Schuldhaften entspringe von Grund auf der Absicht des Selbstschutzes[65]. Mit der „Projektion des nicht eingesehenen Bösen in die «anderen»“, so meint Jung, „stärkt man die gegnerische Position aufs wirksamste, denn mit der Projektion des Bösen wandert auch die Angst, die wir vor dem eigenen Bösen zwar unwillig und heimlich empfinden, zum Gegner über und erhöht das Gewicht seiner Drohung um ein Vielfaches.“[66] So gesehen belädt sich das Individuum mit Schuld gegenüber sich selbst und dem anderen. Um diese Schuld aufheben zu können, ist nicht nur die Bewußtmachung der Projektion erforderlich, sondern auch die Wiederherstellung der Fähigkeit zum Schuldgefühl. Abgesehen davon klingt hier ein dem Schuldgefühl äquivalenter Affekt, d.h. die Angst, an, die in der Einbildung die vorausgeahnte Situation vorzeichnen kann. Gleich wie beim Schuldgefühl bedeutet der Projektionsvorgang der Angst einen Versuch, diesen Affekt bei Objekten zu konkretisieren, so daß man Angst vor ihnen bekommt. Die einzige Möglichkeit, die Angst oder das Schuldgefühl kreativ zu bewältigen, liegt in der Bewußtwerdung der eigenen „Licht- und Schattenseiten“.

Als Gegenmaßnahme kann der Mensch das Schuldgefühl durch Scham ersetzen, die als Selbstschutzvorgehen zu betrachten ist, um der Verantwortung und

---

62 Vgl. C. G. Jung, Mysterium Coniunctionis. Ergänzungsband (= G.W., Bd. 14/III). Olten und Freiburg im Breisgau: Walter [4]1990, S. 207.

63 C. G. Jung, Nach der Katastrophe, S. 228.

64 C. G. Jung, Analytische Psychologie und Erziehung (ursp.: 1924). In: Ders., Über die Entwicklung der Persönlichkeit (= G.W., Bd. 17). Solothurn und Düsseldorf: Walter, [7]1993, S.130.

65 C. G. Jung, Die Probleme der modernen Psychotherapie (ursp.: 1929). In: Ders., Praxis der Psychotherapie (= G.W., Bd. 16). 5. vollständig revidierte Aufl. Olten und Freiburg im Breisgau: Walter, 1995, S. 69.

66 C. G. Jung, Gegenwart und Zukunft (ursp.: 1957). In: Ders., Zivilisation im Übergang, S. 327 f.

der Notwendigkeit der Reflexion zu entgehen, vor allem „wenn Schuldgefühle mit Bestrafungsängsten verknüpft sind."[67] Mit dieser Unterwerfungsgeste bezweckt der Mensch, Selbstmitleid respektive Mitleid vom anderen zu erwecken[68]. In einem solchen Fall trägt das Schamgefühl Merkmale des Minderwertigkeitsgefühls; es geht dann um Verlust der Selbstachtung und des Selbstwertgefühls[69].

An dieser Stelle ist weiterhin zu betonen, daß Verdrängung und Projektion der Schuldproblematik eigentlich nur Verschiebung der Schuldproblematik bedeutet. Schuldverdrängung intensiviert nicht nur die Angst sowie die Schuld, sondern erschwert vielmehr auch den Individuationsprozeß. Denn mit diesem psychologischen Mechanismus wird das Schuldempfinden nicht beseitigt, „sondern vielmehr die das Schuldgefühl erklärende Phantasie"[70]. Auch bei der Projektion des Schuldgefühls nach außen und seiner Inkarnierung in einem Objekt ergeben sich die beiden folgenden psychischen Reaktionen: 1) der Mensch negiert seine Schuld, somit „werden die Not und das Leiden des Partners und die eigenen nicht akzeptiert, vertuscht [...] Damit führt das Schuldgefühl zur Selbstverfehlung [...]"[71]; 2) der Mensch rechtfertigt bzw. verteidigt sich gegen die Außenwelt durch eine aggressive Tat oder Haltung. Relevant ist vor allem eine solche aggressive Einstellung, welche die Selbstfindung des Individuums und dessen verbale Begegnung mit dem Gegenüber unterbindet. Die Aggression, welche auf affektive Triebhaftigkeit zurückzuführen ist, verschlimmert die ethisch-moralische bzw. „existenzielle Schuld", soweit sich die Angst infolge des Schuldgefühls intensiviert und echte Liebe als Lösung fehlt. Gleichwohl kennzeichnet das Signal des Schuldgefühls einen Anfang des Schuldverständnisses, denn eine Ablösung von der Triebhaftigkeit führt zur Objektivierung und Distanzierung. So richtet sich die Aggression nicht nur auf den Projektionsträger, sondern vorwiegend auf sich selbst. Die Aggression kann sich in Haß auf sich selbst und in verzweifelte Zerstörungswut auf das Gegenüber wandeln. In dieser Situation ist der Mensch unfähig zu lieben bzw. eine reale Beziehung einzugehen, da er die Aufforderung des Gegenübers nicht wahrnimmt, so daß er keine Entgegnung erbringen bzw. dem Du nicht entgegenkommen kann. Außerdem hat er Angst in vielfältiger Hinsicht, sich und seine wirkliche innere Lage zu verraten. Selbst wenn er gemäß der Aufforderung des Du einen Dialog zu führen versucht, entsteht daraus nur ein einseitiger Monolog, denn eine Interaktion hervorbrin-

---

67 Mario Jacoby, Scham-Angst und Selbstwertgefühl, S. 15 f. Dieses Schuld-Scham-Dilemma hat faktorisch nichts mit der anderen Form der Scham zu tun, die auf Grund einer Kränkung des Ichideals bewirkt wird. Dennoch sind die psychologischen Phänomene beider Formen schwer voneinander zu trennen. Außerdem ist eine Ausdifferenzierung zwischen Ichideal und Selbstüberhebung relativiert.

68 Vgl. ebd., S. 16.

69 Vgl. ebd., 17 f.

70 W. D. Winnicott, Reifungsprozesse und fördernde Umwelt, S. 34.

71 W. v. Siebenthal, Schuldgefühl und Schuld bei psychiatrischen Erkrankungen, S. 75.

gende Antwort resultiert nur unter der Voraussetzung der Verantwortung, welche er aber nicht auf sich nimmt. Deshalb kann er sich auf keine echte Beziehung zum Gegenüber einlassen. Daraus folgt die Angst vor der Begegnung mit dem personalen Du sowie vor dem Individuationsweg, die wiederum den circulus vitiosus der Schuld gebiert.[72]

In diesem Zusammenhang erklärt Jung, daß der „Gottesbegriff" im kollektiven Unbewußten gegenüber der Individualität entstehe[73]. Je stärker sich das Individuum mit seinem Bewußtsein bzw. seinem Ich identifiziert, desto weiter ist es von Gott bzw. der Göttlichkeit seines Selbst entfernt, so daß es Schuld auf sich zieht[74]. Nach Jung hat das Individuum zwei Möglichkeiten, seine Kollektivfunktion durchzusetzen: Entweder gibt es der Seele seine Liebe, um seine Schuld an der menschlichen Sozietät zu tilgen, oder es liebt die Menschen, um sich dadurch Gott und der Göttlichkeit des Selbst zu nähern[75]. Von diesem Ausgangspunkt führt Jung weiter aus:

> Um diese Schuld zu begleichen, gibt es [das Individuum] sein Gut der Seele, die Seele bringt es vor Gott (das polarisierte Unbewußte), und Gott gibt ein Geschenk (produktive Reaktion des Unbewußten), welches die Seele dem Menschen bringt und welches der Mensch der Menschheit gibt. Oder der Weg kann auch anders sein: um die Schuld zu begleichen, gibt der Mensch sein Gut, seine Liebe nicht der Seele, sondern einem Menschen, der ihm für seine Seele steht, und aus diesem Menschen geht es zu Gott, und durch diesen Menschen kommt es wieder dem Liebenden zu, und zwar so lange, als ihm dieser Mensch für seine Seele steht. Also reicher geworden, beginnt der Liebende das empfangene Gut auch seiner Seele zu übergeben und wird es wieder empfangen von Gott, insofern es seine Bestimmung ist, so hoch hinaufzugelangen, daß er in der Einsamkeit stehen kann vor Gott und der Menschheit.[76]

Vom rein psychologischen Standpunkt aus interpretiert, ist die hier gekennzeich

---

72 In bezug auf Schuldgefühl weist D. W. Winnicott darauf hin, wie daraus ein Teufelskreis entstehen kann. Wie eine Kette folgen die Konstitutionskomponenten des Schuldgefühls, d.h. „Trieberlebnis", „Übernahme der Verantwortung", „Durcharbeiten" sowie eine echte „Wiedergutmachungsgeste" neben- und nacheinander. Gerät ein Glied von ihnen in problematische Konstellation, wiederholt sich der Zirkel, indem die Fähigkeit zum Schuldempfinden sich auflöst. Unter diesen Umständen ergibt sich entweder Triebstockung oder psychologisch-mechanischer Widerstand, wobei das Gegenüber in den Augen des Ich ambivalente Züge trägt, die eine Koexistenz von Gut und Böse, Liebe und Haß zugleich in sich haben. Dazu siehe W. D. Winnicott, Reifungsprozesse und fördernde Umwelt, S. 29. Vgl. auch S. 19: „Auf Ich und Es bezogen, ist das Schuldgefühl nicht sehr viel mehr als *Angst mit einer besonderen Qualität*, die wegen des Konflikts zwischen Liebe und Haß empfunden wird. Schuldgefühl setzt ein Ertragen von Ambivalenz voraus."

73 C. G. Jung, Anpassung, Individuation und Kollektivität (urspr.: 1916). In: Ders., Das symbolische Leben (= G.W., Bd. 18/II). Solothurn und Düsseldorf: Walter, [2]1993, S. 485.

74 Vgl. ebd.

75 Vgl. ebd., S. 486.

76 Ebd., S. 485 f.

nete Widersprüchlichkeit zwischen dem Bewußtsein und dem Unbewußten genau gleichzusetzen mit derjenigen zwischen Individuum und Kollektiv. Richtet sich die Libido[77], die bei Jung den Sinn von Lebensenergie hat, nach dem Unbewußten, dann zieht sich das Individuum mehr vom Kollektiv zurück; nähert sich dagegen das Individuum den Mitmenschen mit wahrer Liebe, so repräsentiert der Partner sein Unbewußtes[78]. Daraus läßt sich schließen, daß die Ich-Du-Beziehung mit wahrer Liebe im Grunde dem Gipfel der Numinosität des Selbst entspricht.[79]

Hilfreich ist auch die diesbezügliche Analyse W. v. Siebenthals. Wie W. v. Siebenthal psychologisch-anthropologisch belegt, liegt dem Schuldgefühl auch die „existenzielle Schuld" zugrunde[80]. Diesbezüglich bemüht sich W. v. Siebenthal fernerhin den Begriff „Schuld" zu präzisieren: „Die Schuld bezieht sich also genau auf jenen möglichen Bestand *verwirklichten* Seins, der faktisch nicht verwirklicht ist. Schuld ist der Fingerzeig auf das Nichts innerhalb des Seins, wo Verwirklichtes stehen sollte «an Stelle» der Leere. Das ist etwas ganz allgemein Gültiges."[81] Überdies heißt es dort: *„Dem verbleibenden Seinsbestand wird also die Schuld auferlegt*, er schuldet das fehlende Sein. [...] Der verbleibende Restbestand des menschlichen Seins wird also voll verantwortlich gemacht für das, was er nicht ist bzw. für das, was er »nur« ist."[82] Mit anderen Worten gleicht „existenzielle Schuld" einer Verantwortlichkeit vor dem Absoluten.

Hinter der Schuld steht eigentlich immer die Angst des Menschen vor der Selbstentfremdung, vor der Leere des Daseins und vor dem Tod. Mit der Erkenntnis und Anerkennung des Sollens sowie des Soseins wird das Individuum sich seiner „existenziellen Schuld" bewußt, es macht somit auch in der Individuation einen Schritt nach vorne.[83]

Hinsichtlich der funktionellen Relevanz der Schuld bzw. des Schuldgefühls vertreten Sigmund Freud und Jung ganz verschiedene Meinungen; desgleichen heben Andrew Samuels, Bani Shorter und Fred Plaut die Abweichung des ehemaligen Freudschen Schülers Jung von seinem Meister hervor: Der Schweizer er-

---

77 C. G. Jung definiert Libido im weitesten Sinne der menschlichen Naturbedürfnisse, anstatt im engsten Sinne der Sexualität, wie Sigmund Freud sie darstellt. Nach Jung wirkt das Unbewußte auf der Ebene des Bewußtseins wie ein Zwang, wenn die Libido der menschlichen Psyche ins Unbewußte, also in die Welt der Archetypen, abgesunken ist und dort eingefangen wird. Vgl. C. G. Jung, Versuch einer Darstellung der psychoanalytischen Theorie (urspr.: 1913). In: Ders., Freud und die Psychoanalyse (= G.W., Bd. 4). Olten und Freiburg im Breisgau: Walter, ^{4}1990, S. 135 ff. Vgl. auch C. G. Jung, Symbole der Wandlung, S. 295 f.

78 Ebd., S. 486.

79 Vgl. ebd.

80 W. v. Siebenthal, Schuldgefühl und Schuld bei psychiatrischen Erkrankungen, S. 49.

81 Ebd., S. 98.

82 Ebd.

83 Vgl. ebd., S. 95 f.

kannte, daß die Unentbehrlichkeit des Schuldgefühls „zur Vermeidung der Neurose“ erforderlich sei[84]. Ebenfalls führt Jung die positive Funktion des Schuldgefühls im Hinblick auf die Persönlichkeitsentwicklung ein. Er schreibt: „Wo die Schuld groß ist, kann sich auch eine noch größere Gnade dazugesellen. Ein solches Ereignis bewirkt innere Wandlung [...]“[85]. Anderswo nennt er sogar solche Schuld eine „felix culpa“, glückverheißende Schuld. So schreibt er: „Er [der Arzt] weiß, daß man nicht nur sein Glück, sondern auch seine entscheidende Schuld versäumen kann, ohne welche ein Mensch seine Ganzheit nicht erreichen wird.“[86] Daran anschließend fügen Andrew Samuels, Bani Shorter und Fred Plaut hinzu: „Ein Schuldgefühl kann erforderlich sein, um die Projektion von Schatteninhalten nach außen zu vermeiden; sonst trifft mich nämlich des anderen Schuld und reizt zur moralischen Verurteilung.“[87] Anders formuliert heißt es hier: Im funktionellen Aspekt kann die Bewußtwerdung der Schuld bzw. des Schuldgefühls sowohl als Ansporn des Lebens zur Umwandlung, Erweiterung und Wiederbelebung des Selbst als auch als Kontrolleur zwischen innen und außen dienen, indem eine Wiedergutmachungsmöglichkeit durch Schulderkenntnis anzustreben ist[88].

Die Durchsetzung dieser Funktion postuliert das Festigen des Gewissens und das Verantwortungs- und Verpflichtungsgefühl des Menschen. Sowohl das Gewissen als auch die Verpflichtung und die Verantwortung gegenüber allen Möglichkeiten der Persönlichkeitsentwicklung sind dem Dasein gegeben, indem sie nicht nur als Grundbestand des Schuldgefühls erforderlich sind, sondern auch als Überwindungskraft eben dieses Schuldgefühls. Darüber hinaus postuliert die Erfüllung dieser Funktion ein relativ hohes Niveau der Persönlichkeitsentwicklung und der physischen und psychischen Stabilität.

Die negative Funktion der Schuld bzw. des Schuldgefühls hingegen kann sich durchsetzen, wenn beide nicht weiter als Wächter zwischen innen und außen fungieren, und wenn der einzelne sich seiner Verantwortung gegenüber sich selbst und der Umwelt entzieht. Schuld und Schuldgefühl können zerstörerisch sein, begleitet von der zu Zerstörungen disponierenden Angst, falls das Ich des Individuums nicht stark oder reif genug ist, die Verantwortung für die unbewußten triebhaften Affekte auf sich zu nehmen. Unerträgliches Schuldgefühl gleicht einer speziellen ambivalenten Form der Angst vor Zerstörungsgefahr, Ausgeliefertsein, Unsicherheit und unfaßbarem Dasein. Trifft die Angst respektive das Schuldgefühl den einzelnen übermächtig, tritt eine Beeinträchtigung oder sogar Zerstörung seines Selbst auf. Überdies kann das Schuldgefühl als destruktive Kraft den Menschen sozusagen in die Unendlichkeit des Nichts abstürzen

---

[84] Andrew Samuels, Bani Shorter & Fred Plaut, Das Vokabular der Psychoanalyse, S. 196.

[85] C. G. Jung, Nach der Katastrophe, S. 243.

[86] C. G. Jung, Einleitung in die religionspsychologische Problematik der Alchemie, S. 46.

[87] Andrew Samuels, Bani Shorter & Fred Plaut, Das Vokabular der Psychoanalyse, S. 196.

[88] Vgl. Mario Jacoby, Scham-Angst und Selbstwertgefühl, S. 15.

lassen[89], wodurch eine Wiedergutmachung völlig undenkbar wird und das Schuldgefühl quasi gestockt wird, so daß sich der Widerstand gegen dieses Gefühl in psychischer oder psychosomatischer Form ausdrücken muß.

Zusammenfassend gesagt handelt es sich bei der Thematisierung von Schuld bzw. Schuldgefühl hauptsächlich um die paradoxe Simultaneität von Konstruktion und Destruktion, Herstellen und Vernichten, Haß und Liebe. Einesteils weist Schuld bzw. Schuldgefühl auf das Verantwortungs- und Verpflichtungsgefühl und die Fähigkeit hierzu sowie auf den Entwicklungs- und Gesundheitszustand des Individuums hin, andernteils versteckt sich das Fehlen der Grundbestände des Schuldgefühls meistens hinter psychologischen Mechanismen, d.h. die Vernachlässigung des Gewissens, der Verpflichtung, der Verantwortung und die Fahrlässigkeit respektive die Unstabilität der Persönlichkeitsentwicklung des Individuums, wodurch es zu bösen Gedanken oder Taten verführt werden kann. Bei dieser Thematisierung hat Jung auf die Tendenz des Individuums zur Schuld bzw. zum Schuldgefühl als unterscheidende Charakteristik sowie auf deren Verbindung mit einer generellen Ängstlichkeit hingewiesen. Sein Anliegen liegt stets darin, die verdrängte, projizierte persönliche und unpersönliche Schuld durch direkte Gegenüberstellung sowie Bewußtwerdung des unbewußten Schattens, des unentwickelten archetypischen kollektiven Unbewußten anzuerkennen und positiv aufzubereiten.

1.2.2. Schuldverständnis und Schuldverhältnis bei Max Frisch

1.2.2.1. Schreiben, Leben und die Frauen

Zur Ergründung des Frischschen Schuldverständnisses und Schuldverhältnisses wäre eine autobiographisch orientierte Erhellung notwendig, welche die Tagebücher und die autobiographische Erzählung „Montauk" zugrunde legt.[90] Sicher ist Frischs literarisches Schaffen zu einem gewissen Grad auch Darstellung seiner eigenen Person:

> Ich habe irgendeine Öffentlichkeit bedient mit Geschichten. Ich habe mich in diesen Geschichten entblößt, ich weiß, bis zur Unkenntlichkeit. [...] Es stimmt nicht einmal, daß ich immer nur mich selbst beschrieben habe. Ich habe mich selbst nie beschrieben. Ich habe mich nur verraten. (Mon 720)

Dabei geben die fabulierten Werke aber überwiegend seine innere Lage und sein Verständnis des Beziehungsgeflechts[91] wieder, (worauf in der nachstehenden Untersuchung jeweils eingegangen wird,) anstatt seines äußeren Lebens.

---

[89] Vgl. W. v. Siebenthal, Schuldgefühl und Schuld bei psychiatrischen Erkrankungen, S. 100.

[90] Vgl. Mon 679: „MEINE FEHLER WIRD MAN HIER FINDEN".

[91] In diesem Sinne antwortet Max Frisch auf eine Frage während eines Interviews, ob seine erste Ehefrau Constanze Frisch, geb. von Meyerburg, Modell für die Hauptheldin im

In „Montauk“ tritt die Schuldproblematik in bezug auf die Mann-Frau-Beziehung überall auf; diese Erzählung bedarf keiner „Erfindung“, sie entlarvt die realen Bezugspersonen namentlich als in der Außenwelt real geschehene Vorkommnisse (Mon 719). Frischs ständige Bewertung der Gegenwart anhand des Vergleiches mit der Vergangenheit: „Lynn [seine vorläufige Liebesgefährtin während des kurzen Aufenthalts in Amerika] wird kein Name für eine Schuld.“ (Mon 742), expliziert ausdrücklich, daß alle Liebesgeschichten in seiner Vergangenheit im Grunde genommen schuldbeladen sind. Bezüglich Schuld bzw. Schuldgefühl gibt der Dichter keine Erklärung ab, sondern nur Erwähnungen am Rande: „Sie wird gebraucht, unsere Schuld, sie rechtfertigt viel im Leben anderer.“ (Mon 652); „Gefühle von Schuld, ohne daß ich weiß, was ich unter Schuld verstehe.“ (Mon 661) Deuten diese Zitate darauf hin, daß Frischs Schuld bzw. Schuldgefühl nicht bewußt konkretisiert werden kann? Oder daß er zu seiner Gefühlsverarbeitung nicht Stellung nimmt, so daß ihm Schuld und Schuldgefühl unmöglich und unglaubwürdig vorkommen? Fernerhin stellen sich folgende Fragen: Bleibt diese Schuldproblematik nur an der Oberfläche des Beziehungsgeflechts? In welchem Zusammenhang steht sie eventuell mit der Persönlichkeitsproblematik des Dichters? Da Schuld bzw. Schuldgefühl stets nur gemäß den konkreten Verhältnissen und Bedingungen erläutert werden kann, ist hier eine Annäherung an die Problematik zwischen Schreiben, Leben und den Frauen bei Frisch notwendig.

Wie in der Einleitung angeführt, versucht der Dichter Frisch immer wieder die Entwicklungsmöglichkeiten der erfundenen Geschichten in ihren verschiedenen Varianten auszuformulieren, in der Hoffnung, seine inneren Erfahrungen möglichst verständlich und zugänglich zu machen (GnG 263). In der autobiographischen Erzählung „Montauk“ und in den beiden hier zu untersuchenden Romanen beschäftigt sich Frisch überwiegend mit denselben Thematisierungen des Mann-Frau-Beziehungsgeflechts, welchem variable Ausdrucksformen verliehen werden. Im Kernpunkt der gesamten Frischschen Literatur stehen stets das Erfahren der Frau und das Scheitern der Mann-Frau-Beziehung. Mit anderen Worten ist Frischs Erfahrung des Selbst mit seiner

„Stiller“, Julika, gestanden habe. Er erwidert, daß diese Frauengestalt im Roman bloß eine Erfindung sei. Dennoch gesteht er gleichzeitig ein, daß er die Stimmungslage bzw. solche innere Erfahrung der im Roman beschriebenen Zweierbeziehung erlebt habe. Siehe dazu Heinz Ludwig Arnold (Hrsg.), Gespräche mit Schriftstellern. München: Beck, 1975, S. 18: „[...] der Konflikt zwischen Stiller und dieser Frau ist ein selbst erlebter Konflikt, der hier auf andere Figuren übertragen worden ist.“ Außerdem antwortet der Schriftsteller auf Arnolds Frage wie folgt: „Sie haben recht, wenn Sie denken, daß in den Romanen viel Autobiographisches ist. Merkwürdig ist natürlich immer, daß der Leser das Autobiographische dort vermutet, wo die bare Fiktion ist und umgekehrt - also das ist ein sehr täuschender Steckbrief. Autobiographisch ist eigentlich das Klima, aber nicht die Aktionen, nicht Personen.“ Ebd. Vgl. hierzu auch Doris Fulda Merrifield, Das Bild der Frau bei Max Frisch, S. 51 - 63; Frederik Alfred Lubich, Max Frisch: »Stiller«, »Homo faber« und »Mein Name sei Gantenbein« S. 11. Vgl. auch Helmut Naumann, Max Frischs „Stiller“ oder das Problem der Kommunikation, S. 224, Anmerkung 227.»

Geschlechtserfahrung eng verflochten. In dieser Hinsicht gesteht Frisch durch den Ich-Erzähler in „Montauk" ein: „Ich möchte wissen, was ich, schreibend unter Kunstzwang, erfahre über *mein Leben als Mann*." (Mon 633; Hervorh. d. Verf.) So bedeutet ihm die Frau angeblich auch Sinn und Gehalt des Daseins (vgl. St 565 f.). Auch die Frischsche Aussage - er habe immer wieder das „irre Bedürfnis nach Gegenwart durch eine Frau" (Mon 709) - klingt so, als ob die Frau als Schicksal über Wert und Unwert seines Lebens bzw. seiner Person entschiede. Dennoch werden diese Äußerungen durch ein anderes Zitat als Täuschung entlarvt: „Leben ist langweilig, ich mache Erfahrungen nur noch, wenn ich schreibe" (Mon 624).

Hinter dem Begriff Schreiben steht, wie in der Einleitung beschrieben, eigentlich die grundsätzliche Angst vor dem Dasein sowie der individuellen Verantwortung dafür. In der Züricher Rede von 1958 gesteht Frisch: „Ich gebe Zeichen von mir, Signale [...] Ich schreibe aus Angst, ich singe aus Angst vor meinem Alleinsein im Dschungel der Unsagbarkeiten."[92] Daraus folgt, daß das Schreiben für Frisch den Sinn hat, diese Angst zu überwinden[93]. Von dieser Angst animiert kündet sein Werk von der Sehnsucht nach Ferne, Liebe bzw. Vollständigkeit des Selbst. Hinter der Angst, nicht zu genügen, sowie die Möglichkeiten des Daseins nicht realisieren zu können, enthüllt sich sinngemäß die bereits theoretisch angeführte „existenzielle Schuld"[94].

Daraus läßt sich schließen, daß die Kunst als der wirkliche Sinn und Inhalt des Schriftstellers sukzessiv das reale Leben dämpft[95], welches ihm immer wieder Fesseln anlegt. Die Literatur, welche sich als Sinnbild der Wahrheit niederschlägt, bedeutet für ihn nicht nur heilsame Distanzierung zum Leben, sondern sie bestimmt auch den Sinn seines Seins. Anders formuliert dringt die Kunst in sein lebendiges Leben, seine Erfahrungen und Anschauungen ein, indem ein Zugleich und Ineinander von Wirklichkeit und Vorstellung daraus entsteht. Seinem Empfinden nach wartet die Erfahrung der Liebe und der Beziehung zwischen den Geschlechtern stets auf ihre Poetologisierung in der Sprache. Wenn Frisch die Wahrheit nur in den Vorstellungen davon bzw. im Fabulieren zu finden sucht und sein Leben als Mann in der „unausprechbaren" Wirklichkeit zu erfahren versucht, während die Realität in Hinsicht auf sein Geschlecht und seine Beziehung zum anderen Geschlecht bloß als äußerer Anstoß für die Erfindung

---

92 Marchel Reich-Ranicki, Max Frisch, S. 14.

93 Marcel Reich-Ranicki, Max Frisch, S. 16.

94 Vgl. W. v. Siebenthal, Schuldgefühl und Schuld bei psychiatrischen Erkrankungen, S. 105: „Die Angst vor der Verantwortung ist eben gerade die Angst vor dem Nichts in der Schuld, ist die Angst vor der Leere, dem Loch, wo «eigentlich» Sein sein sollte. Gerade diese aus dem Nichts gähnende Angst verführt so leicht zur Flucht vor diesem Nichts, die aber das Nichts nur vergrößert, den Seinsbestand vermindert."

95 Vgl. Walter Schmitz, Max Frisch: Das Spätwerk. (1962 - 1982). Eine Einführung. Tübingen: Francke, 1985, S. 115. Vgl. auch Lore Toman, „Bachmanns 'Malina' - und Frischs 'Gantenbein': Zwei Seiten des gleichen Lebens". In: Literatur und Kritik, 12 (1977), S.107.

dienen, kann der Schriftsteller dem anderen Geschlecht nicht als realer Person begegnen und die Wesenszüge der Frau nicht erkennen, er erfährt nur die Frau seiner Vorstellungen, deren bildliche Inhalte er auf die reale Frau projiziert. So lebt und wirkt die Frau in Frischs Literatur größtenteils in Zitaten[96].

Das wird besonders deutlich in „Montauk", wo er ein Abenteuer mit der jungen amerikanischen Journalistin Lynn erlebt, erzählt. Hier dient die Frau als Anlaß zum Schreiben und Erinnern. Die Lynn gegenüber gezeigte Zärtlichkeit und Liebe gelten nicht wirklich ihr, sondern anderen Frauen aus seiner Vergangenheit. So gleicht die gegenwärtige Geschichte mit Lynn einem Liebesresümee. Die Gegenwart wird stets von der Vergangenheit überschattet. Dieses Beziehungsmodell wiederholt sich in seinem Gesamtwerk und geht über „Montauk" hinaus, wo der Beginn und das vorgetäuschte Ende seiner letzten Liebe zum Ausdruck kommen.

Mit Recht bemerkt Marcel Reich-Ranicki, daß die realen Lebensgefährtinnen Frischs Modell für die weiblichen Gestalten in den zwei zu behandelnden Romanen gestanden haben:

> Die Erinnerungen betreffen weniger die Charaktere als vor allem die Konstellationen, weniger Vorgänge oder Entwicklungen als Zustände. Mit anderen Worten: Frisch beschreibt nicht seine Geliebten und Ehefrauen, wohl aber verdeutlicht er die zwischen ihm und ihnen jeweils bestehenden Beziehungen.[97]

Frisch akzentuiert in „Montauk" hauptsächlich Spannungen, Konflikte, Krisen, Hemmungen, Selbstrechtfertigung, Verzweiflung, unbewußte Schuldgefühle sowie Abhängigkeiten in der Mann-Frau-Beziehung. Beleuchtet wird hier die gefühlsbetonte innere Wirklichkeit anstatt der realen Bezugspersonen sowie der faktischen Vorkommnisse. Infolgedessen läßt sich feststellen, daß seine Erfahrung an seinem eigenen Geschlecht und an der Frau im Grunde auf dem Erlebnismuster basiert, das sich im facettenreichen Zusammenspiel der Fabulierung offenbart. Änderte sich das Erlebnismuster nicht, so verliefe das Leben im Kreis.

In dieser Situation spaltet sich der Schriftsteller in der Innenwelt in zwei Personen: die eine erlebt, die andere poetologisiert[98]. Dabei wird die innere Spaltung Frischs nur durch die ebenfalls gespaltenen Wesenszüge der realen Frau, die als Spiegelbild des Dichters fungiert, erkennbar. In diesem Sinne kommt die Psyche des Dichters mit den Mitmenschen und ihrem Verhalten zur Deckung, denn der äußere, sinnlich unwahrnehmbare Vorgang wird hier als innerer Vorgang erfahren; mit anderen Worten repetiert sich die innere Wirklichkeit in der äußeren wie in einem Spiegel.

---

[96] Vgl. Mon 685: „Leben im Zitat." Vgl. hierzu Marcel Reich-Ranicki, Max Frisch, S. 85: In „Montauk" spiegele sich „Liebe als Erinnerung und Reflex, als Wiederholung und Zitat" wider.

[97] Marcel Reich-Ranicki, Max Frisch, S. 85 f.

[98] Vgl. Walter Schmitz, Max Frisch: Das Spätwerk, S. 106.

1.2.2.2. Bildnisproblematik und Weiblichkeitsentwurf Frischs

Wie die Forschungen über Frisch zeigen, haben bereits viele Interpreten ihr Augenmerk auf die Bildnisproblematik und deren Korrelation mit der Existenzproblematik in Werk und Person Frischs gerichtet. In diesem Abschnitt konzentriert sich die Analyse ausschließlich auf die Komplexität von Bildnisproblematik und Frauenproblematik bei Frisch.

Es ist bekannt, daß sich der Schriftsteller und seine Protagonisten stark mit dem Zwang der Bildnisse von außen auseinandersetzen und immer wieder versuchen, sich davon zu befreien. Ironischerweise fixieren sie bewußt oder unbewußt ihre Bildnisse der Frau auf ihre Partnerinnen. Indem Frisch beim Schreiben versucht, verschiedene Bildnisse aus seinen eigenen Vorstellungen über seine Erfahrung als Mann herauszulösen, läßt er diese Bildnisse von ihm und vom anderen Geschlecht Zeugnis geben. Daraus entstehen verschiedene Entwürfe über das andere Geschlecht und über sich selbst als Mann, anhand derer jede reale Frau überprüft wird. Darüber äußert sich Frisch als Erzähler von „Montauk" in Ich-Form: „Manchmal meine ich sie zu verstehen, die Frauen, und im Anfang gefällt ihnen meine Erfindung, mein Entwurf zu ihrem." (Mon 695) Nach diesem Entwurf des Weiblichen male er sich die Verhaltensweisen der Frau und deute sie, wobei es ihn erfreue, wenn er diesen Entwurf bestätigt finde; er sei tief überzeugt, daß die Frau von solchem Spiel des „Orakel[s]" (Mon 695) fasziniert sei (Mon 695 f)[99]. Um die Frage, ob sein Entwurf der Frau der Wirklichkeit entspricht, kümmert sich Frisch nicht, denn es handelt sich hier ausschließlich um eine egozentrische Selbstüberzeugung des männlichen „Wahn[es]" (Mon 696), wie es in „Montauk" skizziert ist: „Ob es mich peinigt oder beseligt, was ich um die geliebte Frau herum erfinde, ist gleichgültig; es muß mich nur überzeugen." (Mon 696)[100] Selbstkritisch ist Frisch sich darüber im klaren, daß dieser Entwurf eine reine Erfindung von ihm ist, und so schreibt er: „[...] alles, was in meinen Entwurf paßt, bietet sich als Beobachtung an. [...] Ich muß es mir vorstellen; nicht ungefähr, sondern genau." (Mon 696) Mit der Haltung des Schöpfers als Schriftsteller und Mann tritt er der Frau gegenüber, die unter dem Zwang des Entwurfs rollenfunktionsgemäß zu seinem Geschöpf verwandelt wird. Dabei ist er sich durchaus der Lieblosigkeit dieses Weiblichkeitsentwurfs bewußt. Er reflektiert später über das Scheitern seiner zweiten Ehe und sein „Laster: MALE CHAUVINISM" (Mon 679): „Offenbar habe ich mich von Anfang an verhalten, als sei ich Gottvater

---

99 Auf diesen Punkt hat Ulrich Ramer ebenfalls aufmerksam gemacht. Siehe Ulrich Ramer, Max Frisch. Rollen-Spiele. Frankfurt am Main: R.G. Fischer, 1993, S. 373.

100 Diese Frischsche Bekundung kann man eigentlich auf Minderwertigkeitsgefühl und unsicheres Selbstwertgefühl des Schriftstellers zurückführen, das sowohl in „Montauk" als auch in den zwei zu behandelnden Romanen ein zentrales Motiv ist. Das Thema Minderwertigkeitsgefühl und deren psychischer Hintergrund kann hier nicht berücksichtigt werden, da es sonst den Rahmen der Untersuchung sprengen würde. Dazu kann aber im Kapitel 2 dieser Arbeit eine Analyse des Minderwertigkeitsgefühls Stillers verglichen werden.

oder mindestens Adam, das Weib aus seiner Rippe gemacht: KOMM, FOLGE MIR, ICH LEITE DICH! Die Frau ist [...] verzweifelt." (Mon 679) Erscheint diese Äußerung wie eine Schuldbekenntnis, so wird sie doch im Text von einem begleitenden Ton der Ironie übertüncht. Angeblich kann der Mann der Feder nicht umhin, die Erfahrungen der Vergangenheit auf die gegenwärtige Partnerin zu übertragen[101], obwohl er unter diesem Zwang der Wiederholung leidet. Mit der Ursache und Wirkung dieser bewußten Widersprüchlichkeit wird der Schriftsteller konfrontiert; er kommt zu der Erkenntnis, daß der Fehler, dem der Beigeschmack des Selbstbemitleidens innewohnt, an und für sich in ihm liege (Mon 696). Er bemerkt: „Es sind nicht die Frauen, die mich hinters Licht führen; das tue ich selber." (Mon 696) Wenn man diese Frischsche Aussage als eine Art Schuldbekenntnis betrachtet, dann ist sein dringender Wunsch, „daß die andere Seite, die Frau, sich ausdrückt" (Mon 676), sich als Sehnsucht nach dem Heraustreten der Frau aus dem Entwurf respektive nach der Erweiterung des männlichen Beobachtungshorizonts zu verstehen. Dennoch fragt man sich, ob er sich die „Darstellung des Mannes durch die Frau" und „Selbstdarstellung der Frau" (Mon 676) nicht tatsächlich zunutze macht, um seine vorgestellte Überzeugung zu modifizieren, wenn er stets nach Selbstüberzeugung anstatt nach Wahrheit bzw. Wirklichkeit trachtet.

Wie die Frischschen Bildnisse der Frau in „Montauk" und seinen Tagebüchern aussehen, wird hier berücksichtigt. Im Tagebuch 1946 - 1949 notiert Frisch unmißverständlich, daß die Frau „schauspielerisch von Natur" sei. (Tg I 622) Darüber hinaus kritisiert er verachtungsvoll die weibliche Passivität und Anpassungfähigkeit, die er nicht nur mit der Schauspielkunst der Frau assoziiert, sondern aus der männlichen Perspektive auf der sexuellen Ebene interpretiert. So heißt es im Tagebuch 1946 - 1949:

> Das Widermännliche: das scheinbar Uneigene des Weibes, das sich formen läßt von jedem, der da kommt, das Widerstandslose, Uferlose, Weiche und Willige, das die Formen, die der Mann ihm gibt, im Grunde niemals ernst nimmt und immer fähig ist, sich anders formen zu lassen: das ist es, was der Mann als das Hurenhafte bezeichnet, ein Grundzug weiblichen Wesens, das Weiblich-Eigene, dem er niemals beikommt. Man könnte es auch das Schauspielerische nennen. Das Spiel der Verwandlung, das Spiel der Verkleidung. (Tag I 622)[102]

Die Paradoxie dieser Behauptung und die männliche Geringschätzung gegenüber der Frau sind in diesem Passus vollkommen unverkennbar.

---

101 Mon 695 f.: Er wisse, daß solche Übertragung der Frau nicht gerecht werde, und merkt an: „Es muß an mir liegen, wenn ähnliche Verhaltensweisen wiederkehren, oft sogar haargenau. Dabei fehlt es [...] nicht an Fantasie; ich erfinde für jede Partnerin eine andere Not mit mir. [...] Sie selber verhalten sich danach, wenigstens in meiner Gegenwart. Wenn ich sehe, daß sie leiden, so sage ich, woran sie leiden, oder ich sage es auch nicht; ich meine es aber zu wissen."

102 Diese Passage hat Frisch im Jahre 1948 verefaßt.

Ähnliche Darstellungen sind im Roman „Mein Name sei Gantenbein" (1964) zu finden. In ca. 16 Jahren nach der Niederschrift des obigen Zitats sind seine Frauenbilder kaum verändert. Im „Gantenbein"-Roman legt Frisch dieselben Meinungen über das andere Geschlecht in den Mund des Arztes Burri, der ein Zwiegespräch mit Enderlin führt: „Was Männer hörig macht: ihre Verachtung der Frau, die sie sich selbst nicht eingestehen [...] Was man verachtet: ihre Passivität, ihre Koketterie noch da, [...] die Permanenz ihrer Frau-Mann-Position, alle andern Interessen entlarven sich als Vorwand oder Tarnung oder Zwischenspiel [...]" (G 208). Des weiteren kritisiert Burri die männliche und weibliche Sexualität bloß auf der biologischen Ebene, wobei Frisch hier die im Tagebuch unterstrichenen Behauptungen über „das Hurenhafte" des weiblichen Wesens und dessen (sexuelle) Passivität und Anpassung wiederholt: „Der biologische Unterschied: die Frau kann in einer Nacht mit zehn Männern zusammensein, der Mann nicht mit zehn Frauen; er muß Begierde haben, sie kann es geschehen lassen auch ohne Begierde; deswegen ist die Hure möglich, aber nicht das männliche Gegenstück." (G 208 f.) Daraus wird deutlich, daß für Frisch und seine männlichen Figuren nur die biologische Existenz der Frau eine Rolle spielt. Aus diesem Grund wirft die Frauengestalt Lila ihren ersten Ehemann Svoboda vor, daß er sie ausschließlich als Weib betrachtet habe. (G 232) Svobodas Behauptung über die Frau trifft sich genau mit der des Tagebuchschreibers Frisch und der männlichen Gestalt Burri: „[...] der Mann [weiß] keineswegs, wie eine Frau, wenn sie weg geht, in der Umarmung mit einem andern ist [...] Die Frau ist ungeheuer durch ihre fast grenzenlose Anpassung [...] sie [muß] sich verstellen [...]" (G 284).[103]

---

103 Walter Schmitz, der Ende 1975/Anfang 1976 den Schriftsteller interviewte, hat darauf hingewiesen, daß der „Malina"-Roman Ingeborg Bachmanns, deren vierjähriges Zusammenleben mit Frisch in Rom in Frischs autobiographischer Erzählung „Montauk" rekonstruiert wird, als Erwiderung auf den „Gantenbein"-Roman Frischs zu lesen sei. Diese Meinung wird durch den kurzen Aufsatz Lore Tomans „Bachmanns 'Malina' und Frischs 'Gantenbein': zwei Seiten des gleichen Lebens" und die Arbeit der Bachmann-Expertin Monika Albrechts „Die andere Seite: Untersuchungen zur Bedeutung von Werk und Person Frischs in Ingeborg Bachmanns 'Todesarten'" unterstützt. In dieser Hinsicht kann Ingeborg Bachmanns „Malina"-Roman als Wiederspiegelung (im Sinne eines nochmaligen Zurückwerfens des Bildes), als Ergänzung bzw. als Pendant des „Gantenbein"-Romans einer genauen Analyse unterzogen werden. Die Gespräche zwischen Walter Schmitz und Max Frisch sind unveröffentlicht. Aus dem Interview sind Tonbänder und handschriftliche Protokolle erhalten, die sich im Max Frisch-Archiv befinden. Siehe hierzu Walter Schmitz, Max Frisch: Das Spätwerk.., S. 115. Vgl. Lore Toman, „Bachmanns 'Malina' - und Frischs 'Ganteinbein', S. 274 - 278. Die erwähnte Anklage des Mannes im „Gantenbein", daß die Frau sich aus Natur bei verschiedenen Männern gleich verhalte, weist die Ich-Erzählerin im „Malina" Ingeborg Bachmanns zurück. Voller Wut macht sie darauf aufmerksam, „daß eine Frau sich natürlich ganz anders verhalten muß mit einem andern kranken Mann". (M 269) Weiterhin betont sie, daß die Frau kein festgelegtes Erlebnismuster bzw. Schablonen hinsichtlich der Mann-Frau-Beziehung hat. Scharfsinnig hat die Ich-Erzählerin das Erlebnismuster des Mannes und dessen Bildniszwang erkannt. In Parallele zur Kleider-Metaphorik im „Gantenbein" versucht sie, auch metaphorisch die Rollen-Probe sowie die Rollenzuschreibung des

Die Autonomie der Frau und ihre Bedürfnisse nach Freiheit werden nicht nur mißachtet, sondern der Mann betrachtet dieses Verhalten als Verantwortungslosigkeit und „Geheimnistuerei", die ihn zu Eifersucht, zum heimlichen Öffnen ihrer Briefe und sogar zu geheimen Aufnahmen auf Tonband führt, wenn er nicht in ihrer Gesellschaft ist, um hinter die Geheimnisse der Frau zu kommen. (G 189) Psychologisch enthalten seine Taten und sein Verhalten gegenüber dem anderen Geschlecht die Züge narzißtischer Selbstüberschätzung und von Minderwertigkeitsgefühlen. Denn der Mann fühlt sich von der Welt der Frau ausgeschlossen und findet keinen Zugang zu ihr. Um seine Fehltaten zu rechtfertigen, problematisiert er eher ihr Verhalten und ihre Haltung. In zynischer und satirischer Weise charakterisiert er die Frau: Einerseits möchte sie geschützt und geliebt werden, andererseits hält sie Liebe nicht für etwas ewig Gültiges und sucht nach Abenteuern und Sexualität, um sich einen Spielraum der Autonomie zu verschaffen; für ihn hat die Frau einen „Hang zum Vorwurf", „Schweigen", „Dulden" und zur „Flirt-Anfälligkeit" (G 208). Er spricht nie von Liebe[104] und bedarf keiner interaktiven Kommunikation. Dennoch ist der Mann im „Gantenbein" sich dessen bewußt, daß seine Aussagen über die Frau weniger die Frau selbst, sondern den Mann und dessen Angst vor dem anderen Geschlecht entlarven. (G 208)

Bei Frisch sucht der Mann zuerst, die Frau nach seiner Bildnisschablone zu gestalten, um sie in sein Inventar einzuordnen, da ihm ihre Eigenschaften fremd und unfaßbar sind. Dabei verachtet er ihre Passivität und Anpassungsfähigkeit, die er aber zur Bestätigung seiner Schöpfungskraft braucht, andererseits fühlt er sich nicht ernst genommen, wenn sie sich ihm ohne Widerstände anpaßt. Dann beängstigt ihn diese unheimliche Passivität und Anpassungfähigkeit des Weiblichen.[105] Zu diesen negativen Bildnissen der Frau gibt der Urteilende an anderer Stelle ein Pendant. Im Tagebuch 1946 - 1949 zeichnet Frisch das Bild einer Frau, die frei von Schablonen denken und fühlen kann. (Tg I 536 f.) Seiner Meinung nach sind viele Frauen fähiger als die Männer, sich von Schablonen zu befreien (Tg I 537), sie seien „heiler als die Männer, wirklicher, in ihrem Grunde minder

---

Mannes zu widerlegen. So meint sie metaphorisch, sie habe kein Kleid anzuziehen. (M 330) Im Kontrast zu der anscheinend lieblosen Frau Lila im „Gantenbein" wird im „Malina"-Roman die Leidenschaft der liebenden Frau herausgestellt. Als Erwiderung auf die männliche Fragestellung im „Gantenbein" in bezug auf die grenzenlose Anpassung der Frau versucht die Ich-Erzählerin zu verifizieren, daß die Frau leidend aus großer Liebe zum Mann sich ihm anpassen muß. Bei jeder neuen Beziehung versucht die Frau, sich von den vorherigen Erfahrungen sowie Verhaltens- und Denkweisen zu befreien, um sich dem gegenwärtigen Du zu widmen. Sie ist bereit und fähig, immer wieder neu umzulernen.

104 Im „Malina" beklagt die Ich-Erzählerin sich über die Lieblosigkeit des Mannes, dessen Gefühlslosigkeit der Sprache gegenüber. Sie hat Sehnsucht nach einer kommunikativen Liebesbeziehung, von der der Mann nichts verstehen will. Vgl. G 209: „Die Frau ist ein Mensch, bevor man sie liebt, manchmal auch nachher; sobald man sie liebt, ist sie ein Wunder, also unhaltbar -".

105 Diese männliche Paradoxie findet sich in seinem gesamten Werk, vor allem im „Gantenbein"-Roman.

verwirrt.“ (Tg I 537) Im Gegensatz zum Mann kann die Frau sich selbst und dem Gegengeschlecht mehr freien Spielraum geben. Mit dieser Idealisierung der Frau stellt er die Unberührtheit und Mütterlichkeit der Frau heraus, bildet somit ein Bildnis der hohen Frau.

Daraus dürfte klar sein, daß Frischs Auseinandersetzung mit der Bildnisproblematik paradox und ichbezogen ist. Einerseits sucht er die Frau in seine Schablone einzuordnen, andererseits ist er fasziniert von ihr, die sich selbst und dem Mann keine Schablone anhaftet. Wenn man Frischs Aussage - „[...] ich sehe sie [die Frau] nicht simpel, sondern voller Widersprüche.“ (Mon 695) - Beachtung schenkt, ist daraus zu schließen, daß nicht die Charakteristika der Frau selbst ambivalent sind, sondern die männliche Beobachtungsperspektive und deren tiefenpsychische Hintergründe. Solche zugleich misogyne und faszinierte Frauenbildnisse sind in seinem gesamten Werk zu finden. Nach seiner Schilderung bewegt sich die Frau zwischen diesen beiden kontroversen Polen. Mit solcher Beobachtungsweise sieht er z.B. Lynn in „Montauk“: Sie sei „Undine“ und „Nurse“ zugleich; manchmal sei sie mehr „Undine und wenig Nurse“, manchmal wenig „Undine“ und mehr „Nurse“. (Mon 635 & 683 z.B.)

Wenn man der Forschung Jungs folgt, kann man die Frischschen gegensätzlichen Frauenbilder auf den Mutterkomplex zurückführen.[106] Die Symptome und relevanten Komplexe, wie z.B. Größenwahn (Mon 695 f.) und Minderwertigkeitskomplex (Mon 672, 678 f. & 680 f.), werden erst im Kapitel zwei betrachtet werden, hier ist zu erwähnen, daß Frisch in „Montauk“ tatsächlich gesteht, er liebe seine Mutter sehr und habe keine gute Beziehung mit seinem Vater. (Mon 696 & 690 f.)

Außerdem ist noch darauf hinzuweisen, daß Frisch und seinen Protagonisten trotz der heftigen Auseinandersetzung mit den Entwürfen des Weiblichen, des Männlichen und ihrer Beziehung zueinander immer wieder dieselben Fehler der Bildnisproblematik unterlaufen. Frischs Stellungnahme - „Mein Entwurf hat etwas Zwingendes.“ (Mon 695) - bekundet ohne Zweifel sein Schuldbewußtsein gegenüber sich selbst und der Frau. So leiden Frisch und seine Protagonisten unter ihren eigenen Vorurteilen:

> Du sollst Dir kein Bildnis machen, heißt es, von Gott. Es dürfte auch in diesem Sinne gelten: Gott als das Lebendige in jedem Menschen, das, was nicht erfaßbar ist. Es ist eine Versündigung, die wir, so wie sie an uns begangen wird, fast ohne Unterlaß wieder begehen - Ausgenommen wenn wir lieben. (Tg I 374)[107]

Wenn einem die Gefahr droht, vom Unbewußten überwältigt zu werden, so

---

106 Vgl. C. G. Jung, Über den Archetypus mit besonderer Berücksichtigung des Animabegriffes (urspr.: 1936). In: Ders., Die Archetypen und das kollektive Unbewußte (= G.W., Bd. 9/I). Olten und Freiburg im Breisgau: Walter, ^{8}1992, S. 84.

107 An dieser Stelle deckt sich die Frischsche Gottesfassung mit der Jungschen. Beide unterstreichen die Göttlichkeit bzw. Numinosität des menschlichen Selbst, das nach außen auf Christus projiziert ist.

offenbaren sich die eigenen Bildnisse, Vorurteile als irrationale Projektionen auf das Gegenüber. Dieses wiederum droht dadurch in seiner Handlungs- und Entscheidungsfreiheit beeinträchtigt zu werden. Werden die Entwürfe von sich selbst und von der Frau zu Schablonen der Geschlechter stereotypisiert, so wird der Bildnis-Schaffende den anderen Part stets in diesem Rahmen sehen und behandeln, indem er auch seinen Bildern gemäß agiert und reagiert, so daß er selbst allmählich zum Opfer dieser Fesseln wird, denn Ich-Bezogenheit hängt stets mit Selbsteinschränkung und Freiheitsverlust zusammen. Dem Projizierenden ist es nicht nur unmöglich, den zwingenden Griff des Bildnisses zu sprengen; erfahrungsgemäß hat er auch selbst unter Umständen das Gefühl, verfolgt zu werden. Anders formuliert formt das Bildnis, welches der einzelne von der Beziehung zur Frau entwickelt, die Grundlage seiner späteren Einstellung zum Selbst und zum Unbewußten. Auch wenn Frisch und seine Hauptfiguren diesen Fehler erkennen, versuchen sie immer wieder, sich selbst und diesem Fehler auszuweichen, indem sie auf eine ferne befreiende Liebe als Er-Lösung hoffen. Die Befreiung vom Bildnis kann in ihren Augen nur durch die Liebe erreicht werden. Dergestalt ersehnt der Dichter:

> Überwindung des Vorurteils; die einzig mögliche Überwindung in der Liebe, die sich kein Bildnis macht. In diesem besonderen Fall [„Als der Krieg zu Ende war" - 1948]: erleichtert durch das Fehlen einer Sprache. Es wäre kaum möglich gewesen, wenn sie sich sprachlich hätten begegnen können und müssen. Sprache als Gefäß des Vorurteils! Sie, die uns verbinden könnte, ist zum Gegenteil geworden, zur tödlichen Trennung durch Vorurteil. Sprache und Lüge! Das ungeheuere Paradoxon, daß man sich ohne Sprache näherkommt. (Tg I 536 f.)

Nicht nur „in diesem besonderen Fall", sondern in allen Werken Frischs erscheint die Sprache als Hindernis der mitmenschlichen Beziehung. Von der Liebe ohne Sprache[108], d.h. ohne Rolle, verspricht sich der Schriftsteller eine Lösung des Lebens im Sinne einer Erlösung des Mannes durch die Frau. An dieser Stelle stellt sich die Frage, was Frisch unter Liebe versteht. Im Tagebuch von 1946 offenbart der Dichter Frisch ausdrücklich, daß Liebe für ihn ein unbeschreibbares schwebendes Behagen sei, also ein bezauberndes Gefühl:

> Es ist bemerkenswert, daß wir gerade von dem Menschen, den wir lieben, am mindesten aussagen können, wie er sei. Wir lieben ihn einfach. Eben darin besteht ja die Liebe, das Wunderbare an der Liebe, daß sie uns in der Schwebe des Lebendigen hält, in der Bereitschaft, einem Menschen zu folgen in allem seinen möglichen Entfaltungen. Wir wissen, daß jeder Mensch, wenn man ihn liebt, sich wie verwandelt fühlt, wie entfaltet, und daß auch dem Liebenden sich alles entfaltet, das Nächste, das lange Bekannte. Vieles sieht er wie zum ersten Male. Die Liebe befreit es aus jeglichem Bildnis. (Tg I 369.)

Der Schriftsteller konkretisiert nicht die Liebe, sondern läßt sich von seinen imaginierten, in der Luft schwebenden Gefühlen der Liebe tragen. Kann die ge-

---

108 Vgl. Mon 675: „Es ist nie gesagt worden:/I LOVE YOU".

meinte erlösende Liebe nicht im Alltag konkretisiert werden, so bleibt sie laut Frisch ein vom wirklichen Leben entferntes Ideal, etwas das man erträumen aber nicht erwerben kann. Solche Liebe kann auch bei einer kurzen harmonischen Beziehung ohne Sprache als Pseudo-Erlösung gefunden werden, wenn Liebe für unsanktioniert in der Realität erklärt und aus Abenteuerlust verstanden wird; sie existiert dann lediglich im Raum zwischen Vorstellungen und Realität. Insofern Frisch der Liebe eine Funktion der „Überwindung des Vorurteils" zuschreibt, zeichnet er sich bereits ein Bildnis der Liebe vor, somit auch ein Bildnis der Frau und ein Bildnis von sich selbst als Mann. Dieses existiert nur in seiner Phantasie oder kann im realen Leben nur nach außen projiziert werden, so daß die Überwindungsmöglichkeit des Vorurteils in der Liebe in den circulus vitiosus des Bildnisses gerät. Die Fixierung auf verhängnisvolle Bildnisse und Rollen erstickt somit auch einen Teil der Wahrheit.

Fernerhin kann Liebe zwischen zwei Individuen nur realisiert werden, wenn sie dieselbe Auffassung von Liebe sowie gegenseitige Selbsthingabe aufweisen, die wiederum lediglich durch verbale mitfühlende Kommunikation ermöglicht werden kann. Liebe ohne kommunikative Interaktion durch Sprache trennt Mann und Frau in zwei Individuen, die autokommunikativ in sich selbst leben, so daß keine echte interaktive Liebe, sondern allenfalls ein symbiotisches Verhältnis ohne Begegnung oder eine Schein-Beziehung erlebt wird. Ohne verbale Kommunikation wird „der Mensch, den man liebt" „unfaßbar" (Tg I 369). Die Unfaßbarkeit des Gegenübers, die ihn einerseits fasziniert und seine Gefühle animiert, andererseits ihm droht, erschwert logischerweise seine oben erwähnte Überzeugung, der er für Ergründung seines Selbstbewußtseins und Selbstwertgefühls als Mann bedarf. Eigentlich stammen diese ambivalenten Gefühle aus seinem Inneren, wenn für ihn das Gegenüber nur als Beobachtungsgegenstand (Mon 696) fungiert. Die psychische Ambivalenz wird auf die Partnerin derart projiziert, daß sie ihm unfaßbar erscheint und nicht in seine stereotypischen Bildnisse paßt. Unfaßbar sind in Wirklichkeit seine eigenen narzißtischen Gefühle, die nach einem Objekt suchen. Man könnte sagen, daß es hier nicht um die Liebe zum Gegenüber geht, sondern zu sich selbst.

Zur Liebe gehört im wesentlichen nicht nur verinnerlichtes Gefühl, sondern auch Tiefe und Treue, Extravertierung des Gefühls und Selbsthingabe, da wahre Liebe die Verantwortlichkeit, Freiheit und das Einfühlen gegenüber dem Du in Anspruch nimmt. In diesem Zusammenhang bekundet sich die Jungsche Liebesauffassung dadurch:

> Sie [Liebe] braucht die Freiheit nur zur Wahl, nicht aber zur Durchführung. Jede wahre, tiefe Liebe ist ein Opfer. Man opfert seine Möglichkeiten, oder sagen wir besser, die Illusion seiner Möglichkeiten. Bedarf es dieses Opfers nicht, so werden unsere Illusionen das Zustandekommen des tiefen und verantwortlichen Gefühls verhindern, wodurch uns aber auch die Möglichkeit

der Erfahrung der wahren Liebe entzogen ist.[109]

Eingebildete, autokommunikative Liebe wird bei Frisch in der Realität durchgängig mit Sexualität verwechselt, die allmählich in furchtbare Vergänglichkeit, Erinnerung und Wiederholung gerät. Darüber ist sich der Schriftsteller völlig im klaren: „Jedes erste Mal mit einer Frau ist wieder das erste Mal; die Verwunderung ohne Erinnerung." (Mon 683) Mit solcher Verwechslung von Liebe und Sexualität brandmarkt Frisch die Frau zur „Undine" (Mon 683 & 635), zum „unerlöste[n] *Naturwesen*", das „nie erweckt werden" wird[110].

Infolgedessen wird das reale Leben zur Wiederholung des Erlebnismusters. Das schon einmal in der Vergangenheit Geschehene nimmt nicht nur die Zukunft vorweg, sondern es ist die Zukunft selbst; zwischen Vergangenheit und Zukunft liegt nicht eine die Realität erlebende Gegenwart, sondern die reine Wiederholung. Insofern wird Vergangenheit, auch die realen Vorkommnisse mit Ortsnamen und Daten, „die als Ursache anzugeben wären" (GnG 264)[111], für den Schriftsteller lediglich mit Erfindung gleichgesetzt. Frisch kann die Realität nicht als Gegenwart erleben, denn er lebt einzig und allein in seinen Vorstellungen der zeitlosen, archetypischen Erfahrungen. Die Frauen seines Lebens haben zur Prägung dieser Erfahrungen beigetragen.[112] Was sich nicht wiederholt, sind bloß „einige Eindrücke auf der Netzhaut, so daß die Welt zum Muster der Erinnerung wird" (GnG 262).

1.2.2.3. Die Erwiderung der Frau

Aus den vorangehenden Abschnitten wird ersichtlich, daß die Frau für Frisch in Wirklichkeit sowohl als vergegenständlichter literarischer Stoff dient, mit Hilfe dessen Frisch sich über seine Erfahrung als Mann klar wird[113], als auch als „Prüfstein" (St 752) seiner Vorstellungen. Während die reale Frau nicht realistisch gesehen und behandelt wird, wird das Leben fiktiv charakterisiert. Parallel zu Frischs Selbstvorwurf seiner Selbstentblößung und seines Selbstverrates (Mon 720) vor der Öffentlichkeit durch sein Schaffen schlägt sich die Reaktion der Frau auf seine Thematisierung der Frau sowie seinen Weiblichkeitsentwurf auch

---

109 C. G. Jung, Das Liebesproblem des Studenten (ursp.: 1924). In: Zivilisation im Übergang, S. 132.

110 Walter Schmitz, Max Frisch: Das Spätwerk..., S. 110 f. Vgl. C. G. Jung, Das Liebesproblem des Studenten, S. 133: „Die Sexualität, als Sexualität erledigt, ist tierisch. Als Ausdruck der Liebe aber ist die Sexualität geheiligt."

111 Vgl. Mon 665: „Er mag keine Fotos."

112 Vgl. Mon 676: „[...] ich erfinde für jede Partnerin eine andere Not mit mir. [...] Sie selber verhalten sich danach, wenigstens in meiner Gegenwart."

113 Ulrich Ramer, Max Frisch, S. 381: Die Frau bei Frisch fungiert als „eine Hilfe zur literarischen Selbstfindung".

in „Montauk" nieder, wo eine Spannung zwischen Bildnis und Realität, Nicht-Gegenwärtigsein und Gegenwärtigsein auf ästhetische Weise entsteht.

An einer Stelle erwähnt Frisch in „Montauk": „DAS IST DEINE INTERPRETATION, sagen die Frauen; sie selber brauchen keine." (Mon 696) Diese Bemerkung der Frau besagt zum einen die weibliche Gleichgültigkeit gegenüber der männlichen Sucht Frischs, sich einseitig mit der Bildnisschablone zu identifizieren und die Geschlechter demnach zu interpretieren, zum anderen die Tendenz der weiblichen Unabhängigkeit von der männlichen Bildnisdefinition und -fixierung. Frischs Mutter mahnt den fünfundfünfzig Jahre alten Sohn: „Du solltest nicht immer über Frauen schreiben, denn du verstehst sie nicht." (Mon 688)

Weiterhin beschreibt der Schriftsteller in „Montauk" ebenfalls den heftigen Widerstand der Frau gegen seine Tendenz, die gemeinsame private Beziehung, ihre Person und ihr Leben als Gegenstand der Literatur zu verwenden, sowie gegen seine Verflechtung von Leben und Schreiben. Die Frau sagt: „Ich habe nicht mit dir gelebt als literarisches Material, ich verbiete es, daß du über mich schreibst." (Mon 686)[114] Hier handelt es sich um Marianne Oellers, Frischs zweite Ehefrau. Diese Äußerung könnte auch von Ingeborg Bachmann stammen, die Max Frischs Tagebücher gelesen hat, in denen die Beziehung zwischen ihnen dargestellt wurde, und die sie daraufhin verbrannte (Mon 717). Mehrmals erhebt die gekränkte Schriftstellerin Bachmann heftigen Einspruch gegen Frischs Literarisierung sowie „Profanisierung"[115] ihrer Privatangelegenheiten während der Beziehung und nach ihrer Trennung. Vor allem im „Mein Name sei Gantenbein" wird Bachmanns Person als Modell der Figur Lila literarisch benutzt. Das in „Montauk" erwähnte geheimnisvolle Telegramm für Bachmann, das angeblich von einem Mann sei (Mon 714), und ihre vermeintlichen (Liebes-)Briefe von einem Mann, die der Sich-betrogen-fühlende hinter ihrem Rücken liest (Mon 189 f.), tauchen auch im „Gantenbein"-Roman wieder auf (G 172 & 716). Auf solche Frischsche Indiskretion reagiert sie mit „Wut und Tränen, mit Rachsucht, mit Nievergessen, erniedrigt und beleidigt"[116], und sucht ihre Leiden als Frau und Mensch, fernerhin als mißbrauchtes Opfer des männlichen Schaffens in ihrer Romantrilogie „Todesarten" zu verarbeiten.[117]

---

114 Vgl. dazu Mon 695: Marianne Oellers, die neun Jahre mit Frisch verheiratet war, weigert sich, vom Deutschen Fernsehen als Frau Frisch gefilmt zu werden.

115 Monika Albrecht, »Bitte aber keine Geschichten«. Ingeborg Bachmann als Kritikerin Max Frischs in ihrem »Todesarten«-Projekt. In: Text + Kritik. Hg. von Heinz Ludwig Arnold. Heft 6 (1995), S. 137.

116 Zitiert nach Monika Albrecht. Ebd., S. 137.

117 Monika Albrecht, Die andere Seite: Untersuchungen zur Bedeutung von Werk und Person Max Frischs in Ingeborg Bachmanns „Todesarten". Würzburg: Königshausen und Neumann, 1989.

118 Monika Albrecht, Ingeborg Bachmann als Kritikerin Max Frischs, S. 147. Vgl. ebd., S. 146: Bachmann betont in einem Interview Anfang 1965: „[...] in den neueren Arbeiten

Gegen Frischs Weiblichkeitsentwurf und Bildnisschablone ergeben sich in der Bachmannschen Literatur auch Einwände. Vollkommen diskret kritisiert sie indirekt Frischs Person. Wie Monika Albrecht zeigt, unterstreicht Bachmann mit ihrer Kritik, „daß man »Personen nicht zu Ende definieren darf«, daß ein Mensch eben nicht »dort auf(hört)«, wo die eigene beschränkte Sichtweise ihn ›aufhören läßt‹."[118] Im weiteren gibt Monika Albrecht noch einen Hinweis auf Bachmanns literarische Reaktion auf Frischs Bildnisproblematik in ihrem „Franza"-Roman. Dort betont die Hauptfigur: „[...] ich war immer typisch etwa, eine Schablone, mit der sich operieren ließ, über die er verfügte, ich hatte zu fühlen, was er befahl [...]".[119] Diese weiblichen Widerstände haben Frisch sehr wahrscheinlich getroffen und zur Selbstreflexion und Selbstkritik angeregt. In seinem Tageburch 1966 - 1971 fragt er sich:

> Warum also nicht die Namen und Personalien aller Leute, die den Tagebuchschreiber beschäftigen? Es braucht ja keine üble Nachrede zu sein, aber auch das Gegenteil wäre indiskret. Woher nehme ich das Recht, die andern auszuplaudern? (Tg II 289)

Es scheint, daß Frisch mit dieser Passage dem Leser ein Schuldbekenntnis vorlegt. Gleichwohl wird der Leser aber der Wiederholung seiner alten Gewohnheit inne, wenn er die autobiographische Erzählung „Montauk" liest. Hier wiederholt er sogar mit den genauen Namen der Bezugspersonen dieselbe Indiskretion, die er als „sein Laster" bezeichnet. Auf diese Weise weicht Frisch der Wahrheit aus.

Fernerhin beschreibt Frisch in „Montauk" die Forderung der Frau an den Mann, die ihm eine Zumutung erscheint. Frisch schildert hier, wie Marianne ihm zum Schluß der zweiten Ehe vorwirft, daß er zu ihrer „Selbstverwirklichung" nicht beigetragen habe (Mon 679). Frisch selbst sagt aus, er weigere sich einerseits, die Verantwortung für ihre „Selbstverwirklichung" zu übernehmen, andererseits empfinde er doch ein latentes Schuldgefühl und habe späterhin diese Schuld auf sich genommen, wobei sein ironischer Ton zu bemerken ist. So schreibt er:

> Zuerst finde ich es grotesk, ihr Fazit: daß ich in zehn Jahren nichts zu ihrer Selbstverwirklichung beigetragen habe. [...] Ich habe sie auf Händen getragen: die bequemste Art, umzugehen mit einer Frau, und die schlimmste Art. [...] Offenbar habe ich mich von Anfang an verhalten, als sei ich Gottvater oder mindestens Adam, das Weib aus seiner Rippe gemacht [...] Die Frau ist nicht undankbar, sondern verzweifelt. [...] Nur mein Verhalten von Anfang an und von Tag zu Tag hat eine kluge Frau verleiten können zu der Meinung, ihre Selbstverwirklichung sei Sache des Mannes, der Männer. (Mon 679)

Mariannes Wut weist eigentlich darauf hin, daß sie die Notwendigkeit der kommunikativen Interaktion und Hingabe beider Geschlechter für die Ich-Du-

---

glaub' ich, daß ich etwas dazugelernt habe [...], daß man Personen nicht zu Ende definieren darf, so wie einem auch über Personen, die es gibt, keine endgültigen Urteile zustehen. Man muß ihnen einen Spielraum lassen."

119 Zitiert nach Monika Albrecht, Ingeborg Bachmann als Kritikerin Max Frischs.

Beziehung erkennt, welche auch Selbstentfremdung und Entfremdung des Gegenübers auslösen kann, so daß die kommunikative Interaktion und beiderseitige Selbsthingabe die Selbstverwirklichung von Mann und Frau ermöglichen. Frisch hingegen kann dieses Verlangen der Frau nicht verstehen. Immer wieder verweist er auf seine Zärtlichkeit und Behutsamkeit gegenüber der Frau, ein Verhalten, welches er als höchste Liebe ohne Sprache bezeichnet. Bei ihm ist Liebe von Beschützen und Bevormunden gefärbt. Seine Antwort auf die Frau ist ambivalent: Einesteils beklagt er sich über die Unverstehbarkeit bzw. Unberechenbarkeit der weiblichen Natur, andernteils bekennt er sich zur Schuld, die wiederum doppeldeutig interpretiert werden kann. Es läßt sich fragen, ob diese Schuld aus wirklichem Bekenntnis und wirklicher Erkenntnis des Problems resultiert oder ob es sich um eine Schuld aus männlichem Minderwertigkeitsgefühl bzw. aus männlicher Großmut handelt. Diese Problematik durchzieht sein ganzes Werk.

1.2.2.4. Schlußfolgerung

Denkt man über die Frischsche Aussage: seine „krankhafte Empfindlichkeit" sei „als Kehrseite der Selbstbezichtigung, die eine Kehrseite der Selbstherrlichkeit ist" (Mon 723), nach, resultiert daraus die erhebliche Einsicht, daß in der Zweierbeziehung sowohl Größenwahn als auch Minderwertigkeitsgefühle zum Ausdruck kommen, welche nach W. v. Siebenthals Ansicht im Zusammenhang mit der „existenziellen Schuld" des Menschen stehen[120]. Nach W. v. Siebenthal verschlüsselt der Größenwahn sinngemäß als Abwehr im kompensatorischen Vorgang entweder die innerseelische „*Nichtigkeitserfahrung*" oder „*Verschleierung* der faktischen Bedrohung im Bewußtsein"[121]; mit anderen Worten beinhaltet die Tendenz zum Größenwahn an und für sich die Machtbefestigung des Selbst gegen das Gefühl des Nichtsseins in der „existenziellen Schuld". Gemäß der Jungschen Schuldauffassung handelt es sich hier um einen Versuch, sich entweder den kollektiv-ausgeprägten Wertnormen mit unbewußt-ängstlicher Anstrengung anzupassen, oder der Umwelt eine falsche aber äquivalente Wertestruktur zu zeigen, jeweils um Schuld bzw. Schuldgefühl gegenüber dem Außen zu vermindern. Das Gefühl der Minderwertigkeit liegt auch nach W. v. Siebenthals Interpretation sachlich dem vom Schuldgefühl beladenen Sein zugrunde[122]: Auf Grund des Nicht-Etablieren-Könnens der individuellen Wertfülle werde die Selbstverwirklichung des Individuums, welche zur „Seinserfüllung und Seinserweiterung" führen könne, gestockt, denn die Selbstverwirklichung sei sinn-

---

120 Vgl. W. v. Siebenthal, Schuldgefühl und Schuld bei psychiatrischen Erkrankungen, S. 227 ff. & 234 ff.

121 Ebd., S. 234.

122 Ebd., S. 229.

gemäß auch „Wertverwirklichung“[123]. Daher reflektieren Frischs Verwöhnung der Frau und sein gesamtes Verhalten gegenüber der Frau in der Tat teils seine Selbstbezichtigung, teils seinen männlichen Größenwahn (Vgl. Mon 724). Sein Schuldgefühl sowie seine Angst, sich selbst nicht verwirklichen zu können und keine Anteilnahme an der Welt zu haben, verursachen eine unbewußte projektive Verschiebung dieses Gefühls auf die Frau. Diese Ambivalenz spiegelt sich in „Montauk“ wider:

> Ich verletze mich an einem Wahn. [...] ich bemerke meine Fehlleistungen jeden Tag. Das macht unsicher und aggressiv. Meine Furcht davor, daß das Hirn mich im Stich läßt, und meine Emotionalität: labil, exaltiert, fragil. [...] die Welt entrückt in ihre Zukunft ohne mich, und so die Verengung auf das Ich, das sich von der Gemeinsamkeit der Zukunft ausgeschlossen weiß. Es bleibt das irre Bedürfnis nach Gegenwart durch eine Frau. Ich kenne das Vakuum [...] (Mon 709 f.)

Zusammenfassend sei festgestellt, daß sich Frisch durch den Mißerfolg in der Liebe mit Schuld gegenüber der Frau belädt, die wiederum mit der „existenziellen Schuld“ verkoppelt ist. Solches Schuldverhältnis hängt im wesentlichen mit der patriarchischen Tradition zusammen. Dazu betreffend meint W. v. Siebenthal mit Recht:

> Die Haltung des Mannes steht der Selbstverwirklichung der Frau innerhalb der Ehe entgegen, denn sie ist als Frau degradiert und nicht der von der vorgegebenen Ordnung der Ehe her geforderte Bezugspunkt der personalen Liebe. Damit ist die Ehe uneigentlich, damit stößt der Mann sie selbst in eine existenzielle Schuld, die sich im Schuldgefühl meldet. Der Ehemann aber wird seiner Schuldgefühle innerhalb seiner religiösen Gemeinde auf seine Weise Herr, versteht seine Machtposition im Namen der Liebe zu begründen und wird in seinem glatten moralischen Glanz unangreifbar.[124]

Fernerhin akzentuiert W. v. Siebenthal, „daß er [der Mann] nicht allein ist, sondern Teil des Eheorganismus“[125]. In diesem Sinne demonstriert Mariannes Wut die männliche Lieblosigkeit und Ichbezogenheit Frischs. Diese Wut und ihr Widerstand zeigen sich jedoch als direkte Meinung anstatt als Projektion. Als Frau bekundet sie den Wunsch nach Vertiefung der Bindung, die schließlich verfehlt wird. Sie fordert das Ganze der Partnerschaft, das ihr mehr als das individuelle Mitglied bedeutet; außerdem versteht sie unter Partnerschaft eine Schicksalsgemeinschaft, an die Frisch sich nicht anschließt. Die Anklage Mariannes reflektiert seine männliche Egozentrik und Überlegenheit, die ihn daran hindern, den weiblichen Ansprüchen entgegenzukommen. Um mit W. v. Siebenthal zu sprechen, gerät Marianne in eine existentielle Schuldproblematik, die sich später im Ehebruch als aggressive Protesthaltung äußert. Die weibliche

---

123 Ebd., 228.

124 W. v. Siebenthal, Schuldgefühl und Schuld bei psychiatrischen Erkrankungen, S. 71.

125 Ebd.

Selbstverwirklichung kann sich nicht durchsetzen, da ihre Wertenormen konventionsgemäß vom Mann bestimmt werden. Infolgedessen wird „Wertverwirklichung" bei ihr nicht der Selbstverwirklichung entsprechen, sondern sie wird mithin noch intensiver von dem Mann abhängen und verachtet werden.

Anhand der in diesem Kapitel angeführten Beispiele gibt Frisch nicht nur seiner empfundenen männlichen Superiorität gegenüber der weiblichen Inferiorität Ausdruck, sondern auch seiner Abhängigkeit von der Frau, und noch mehr von der Paradoxie seines Denkens und Verhaltens, die in den beiden zu analysierenden Romanen jeweils thematisiert wird. Schuldgefühl und Verachtung treten zweifelsohne zur gleichen Zeit auf und führen später sogar zur Destruktion, die das Versagen seiner Liebe dokumentiert. Solche Ambivalenz, welche die Grenze des kausalen oder logischen Erkenntnisvermögens im Bereich des Bewußtseins übertritt, ist nur psychologisch-dialektisch zu erklären. Das Gleichzeitig- und Ineinandersein dieser Paradoxie ist der Kern der unerfaßbaren, ambivalenten Leiden des Dichters.

Die Empfindlichkeit, Vorstellungskraft, Anschauungen und geistigen Tätigkeiten Frischs bzw. der Helden seines Werkes bestimmen das subjektive Maß der Schuld und des Schuldgefühls. Die Maßstäbe und die Qualität der Schuld werden subjektiv gewertet. Frisch ist sich anfangs weder seiner Schuld noch seiner Angst vor derselben bewußt. Jedoch ahnt er diffus, worin die Schuld liegt. Er besteht auch nicht auf seiner Unschuld. Mit der Zeit gelangt sein Schuldverhältnis zwar teilweise zum Bewußtsein, aber er erkennt die näheren Umstände oder Umrisse nicht. Daß er so ist, wie er ist, will er nicht wahrhaben und kann er nicht ertragen. Dennoch kann er sich nicht davon befreien; unglücklicherweise kann er nicht umhin, dieselbe Schuld immer wieder auf sich zu laden.

Als Frisch 1954 einen kurzen Artikel über sein eigenes Geschöpf Stiller im gleichnamigen Roman verfaßte und an Stiller schuldig sprach, bezog er dieses Urteil jedoch nicht direkt auf sich. Er schreibt: „Er [Stiller] erlebt den Tod der Frau, die in der Zeit zu lieben er versäumt hat, und damit die Schuld, die seine Wirklichkeit ausmacht."[126] Selbsttäuschend bemüht er sich, sich durch Verdrängung oder Projektion der Schuld einer Reflexion über die Wahrheit zu entziehen. Die Schuld, die sich nicht auf Raum oder Zeit beschränken läßt, wächst an; sie verfolgt ihn wie die Erinnyen bis jenseits des Bewußtseins. Erst in seinem Prosawerk „Blaubart", 1982 erschienen, läßt sich das Schuldbekenntnis eines Mannes gegenüber der Frau eindeutig erkennen: Der Protagonist gesteht den Mord an einer seiner Exfrauen ein, die nach der Scheidung als Prostituierte tätig gewesen ist, deren Tod aber von einem Fremden verursacht worden war. Der von Schuldgefühl besessene Held fühlt sich zwar schuldig gegenüber der Frau, er geht aber nicht auf die Ursache, den Entstehungsvorgang und die Wirkung der Schuld-Definition ein.

---

126 Max Frisch, Konfrontation. *Aus dem Roman »Stiller, Aufzeichnungen im Gefängnis«*. In: Walter Schmitz (Hrsg.), Materialien zu Max Frisch ›Stiller‹. Frankfurt am Main: Suhrkamp, 1978, S. 35.

Frischs Schuldgefühle stehen nicht mit konkreten Einzelfällen in Zusammenhang, sondern werden diffus, allgemein und darum als umso verwirrender erlebt. Bei ihm steht die affektive Situation im Vordergrund, nicht ein engerer, konkreter Tatbestand. Die Frau hingegen reagiert im allgemeinen nicht mit Emotionen auf ihn, noch macht sie kritische Gesten. Selbst wenn der Mann seine Affekte, wie z.B. Aggressionen, auf die Frau abzuladen versucht, läßt sie sich angeblich nicht davon beeinflussen. So versucht er zwangsläufig ihre unpassende Reaktion mit einem noch stärkeren Affekt zu beantworten.

Auf der realen Ebene stehen Schuld und Schuldgefühl einerseits in Relation zur Wirklichkeit des Individuums, die bei Frisch stets gesucht wird, andererseits zur Leere des Daseins, die ursprünglich menschheitlich bereits im Dasein existiert, aber nicht akzeptiert wird. Seine Schuld resultiert daraus, daß er sich nicht als Teil der Liebesgemeinschaft betrachtet, sondern als das Ganze der Partnerschaft, und daß er aus dem ursprünglichen Bedürfnis als Mann die Liebesmöglichkeit für sich selbst und für die Frau nicht verwirklichen kann, also aus kollektiver Selbstüberforderung des Mannes handelt. Abgesehen davon kann Frisch dem Anruf der Frau mit keiner Antwort entgegenkommen. Einer wirklichen Auseinandersetzung weicht er aus, da er ihre Beziehung nicht verantworten will. Dadurch bringt er sich in neue Schuld. Das Schuldgefühl besteht in seinem Wissen um die Verantwortungen für das andere Geschlecht und fernerhin für das individuelle Dasein. Diese beiden Verantwortungen sind nicht aneinander gekoppelt, wie sein Leben und Schreiben, sondern sie stehen vielmehr in Konflikt zueinander. In diesem Sinne gibt W. v. Siebenthal zu bedenken:

> [...] wird etwas verantwortet, das keine Schuld nach sich zieht, dann ist die Antwort ein volles und unvermindertes Antwort*sein*, mit dem ganzen vorhandenen Daseinsbestand, in seiner ganzen Fülle. Diese Antwort ist bewahrt und erfüllt von Sein, ist ganz von ihm getragen, steht in Seinsfülle da.[127]

Die Identität als Schriftsteller und sein Schöpfungserfolg symbolisieren im vielfältigen Sinne Frischs individuelle „äquivalente Werte", die in der zeitgenössischen Sozietät nicht nur Unterstützung, sondern auch Resonanz finden. Frisch, der eigentlich für sich selbst schreibt, bekundet jedoch seine Verantwortung gegenüber der Gesellschaft als „nachträglich"[128], denn er beabsichtigt durch diese seine „nachträgliche" Verantwortlichkeit seine Schuld gegenüber der Sozietät zu begleichen, die seine Literatur beeinflußt und auf die er nun gleichfalls Wirkung ausübt. Abgesehen davon sieht Frisch auch seine schriftstellerische Verantwortung gegenüber der Gesellschaft als Hilfsmittel, Kollektivschuld ans Tageslicht zu bringen und sie zu begleichen:

> Überhaupt bleibt es fraglich, ob sich die künstlerische und die menschliche Aufgabe trennen lassen. Zeichen eines Geistes, wie wir ihn brauchen, ist nicht

127 W. v. Siebenthal, Schuldgefühl und Schuld bei psychiatrischen Erkrankungen, S. 104.

128 Max Frisch, Der Autor und das Theater. Rede auf der Frankfurter Dramaturgentagung 1964. In: Ders., G.W., Bd. 5, S. 339 - 354.

> in erster Linie irgendein Talent, das eine Zugabe darstellt, sondern die Verantwortung. Gerade das deutsche Volk, dem es nie an Talenten fehlte und an Geistern, die sich der Forderung des gemeinen Tages enthoben fühlten, lieferte die meisten oder mindestens die ersten Barbaren unseres Jahrhunderts. Müssen wir davon nicht lernen? (Tg I 1946)[129]

Zusammenfassend ausgedrückt, bedeutet Schreiben für Frisch Sinn und Inhalt des Lebens. Die Kunst bietet dem Schriftsteller sowohl einen Weg zur Selbsterfahrung, einschließlich der Geschlechtererfahrung als auch eine Art Fluchtmöglichkeit aus dem realen Leben. Das heißt, echte Konfrontation mit sich selbst kann auf diese Weise durch einen schuldbeladenen Umweg vermieden werden. Er braucht die Literatur auch, weil die Tragfähigkeit des erkennenden und Änderung bewirkenden Ich dem inneren Irrationalen nicht entgegenzustehen vermag. Anders formuliert heißt es: 1) Durch Poetologisierung dialogisiert das Schriftsteller-Ich mit sich selbst und seinem Unbewußten, in der Hoffnung, von Selbstentfremdung zur Wandlung des Selbst zu gelangen, indem sich Schuldgefühl bzw. Schuld in eine Art „felix culpa" zu wandeln vermag; hier wird das Unbewußte des Schriftstellers zum Gegenüber, d.h. zum Es des Selbst im Sinne Jungs; 2) Die Literarisierung der Mann-Frau-Beziehung verhindert die Ich-Du-Beziehung zwischen den Geschlechtern, somit kommt ihm Schuld zu, da er dem anderen Geschlecht nicht gerecht wird. Auch wenn er ständig konstatiert, daß er sich nach einer Ich-Du-Beziehung zwischen Mann und Frau sehnt, handelt es sich eigentlich um eine Ich-Du-Beziehung ohne Sprache, die nicht realisierbar ist. Die Frau ist im geschlechtlichen Verhaltensmuster und Beziehungswesen Frischs sowie der Protagonisten zu ihrem Gegenüber stets als Gegenstand im Sinne Martin Bubers in objektiven Kategorien festgehalten. Sie dient als ständiges Mittel zum Zweck der inneren Notwendigkeit des Mannes, so daß eine echte Begegnung zwischen Mann und Frau verfehlt wird. Denn eine lebendige Verbindung zwischen Mann und Frau in der Seele kann so nicht entstehen und richtig funktionieren. Abgesehen davon reflektiert das gehemmte Beziehungsmodell zwischen Mann und Frau bei Frisch die Selbstentfremdung des Mannes, die eine Entfremdung der mitmenschlichen Beziehung verursacht. Selbstentfremdung und Entfremdung der Mitmenschen vermengen sich miteinander, so daß Ursache und Folge nicht mehr voneinander unterschieden werden können.

---

129 Marcel Reich-Ranicki hat bereits darauf hingewiesen. Vgl. Marcel Reich-Ranicki, Max Frisch, S. 58 f.

2. Stiller

2.1. Existenz- und Frauenproblematik

Wie im ersten Kapitel bereits angesprochen, gehört die Bildnis-Problematik zu einem der wichtigsten Themen im Werk Max Frischs. Aus der Bildnis-Problematik leiten sich wiederum Existenz- und Frauenproblematik ab, denn die Protagonisten seines Werkes stellen - wie auch Frisch selbst - ein Bildnis von sich selbst her, auf dem ihre Existenz beruht, und zugleich ein Bildnis von der Frau, die eng mit ihrer Existenzproblematik verbunden ist.

Im „Stiller"-Roman thematisiert Max Frisch offensichtlich auch dieselbe Bildnis-Komplexität[1], die sich parallel und querverbindend auf zwei Ebenen im Sinne der Individuation sowie des Erlebnismusters zwischen den Geschlechtern entwickelt. Schlüsselpunkt sowie Stellenwert des Romans liegen in der diskursiven Problemstellung um Ursache und Wirkung dieser Komplexität. Mit der Behauptung des Protagonisten „Ich bin nicht Stiller!" (St 361) hebt Stillers Bildnis- und Rollen-Problematik an, die das Hauptgerüst des Romans bildet. Mit dieser Behauptung negiert er sowohl seine eigene vergangene Existenz als auch die Zweierbeziehung, deren bisheriges Scheitern er als Beweis für sein männliches Versagen begreift und nicht als Wirklichkeit annehmen möchte. Offensichtlich erhofft er damit auch ein neues Leben ebenso wie eine neue Beziehung zur Umgebung, vor allem zu seiner Partnerin zu gewinnen.

Wichtig erscheint hier die extravertierte Ichbezogenheit Stillers. Anstelle einer zur Individuation führenden Introspektion projiziert er seine Sehnsucht nach Wandlung auf die Umwelt und glaubt, seine Mitmenschen zur Akzeptanz seiner neuen Rolle überreden zu müssen, um sein Selbst zu bestätigen.[2] Vor al-

---

1 Im „Stiller" ist die Bildnis-Problematik mit der Thematik des Rollenzwangs verbunden. Durch das Auftauchen James Larkin Whites und seine rückblendende Beschreibung im Gefängnis werden Stillers Vergangenheit, seine Charakteristika sowie seine Beziehung zur Umgebung distanziert und sachlich von außen rekonstruiert. Im Gegensatz zu Stiller, der zwar unter dem äußeren Rollenzwang leidet, ihn trotzdem aber noch akzeptiert, weigert sich White, die Rolle der Persona zu spielen. Mit der Ablehnung der Persona entflieht Stiller de facto nicht der Rollen-Problematik, sondern fällt in eine andere neue Rolle. Indem er den anderen zu überzeugen versucht, spielt er bereits eine Rolle. Vgl. Rolfs Kritik an Stillers Rollen-Problematik: „Solange ja ein Mensch nicht sich selbst annimmt, wird er stets jene Angst haben, von der Umwelt mißverstanden und mißdeutet zu werden; es ist ihm viel zu wichtig, wie wir ihn sehen, und gerade mit seiner bornierten Angst, von uns zu einer falschen Rolle genötigt zu werden, macht er zwangsläufig auch uns borniert. Er möchte, daß wir ihn frei lassen; aber er selbst läßt uns nicht frei." (St 750) Vgl. auch Walter Schmitz, Max Frisch: Das Werk (1931 - 1961), S. 249.

2 Stiller glaubt eine neue Identität gewonnen zu haben und zwingt die Umwelt diese anzunehmen. Dieser Zwang, die Gesellschaft seine Vorstellung als Wahrheit bzw. Wirklichkeit glauben zu lassen, bedeutet eigentlich seinen Größenwahn, der in ihm Schuld gegenüber der Gesellschaft hervorruft, während er die ganze Gesellschaft als schuldig verurteilt, weil sie ihn nicht akzeptiert, wie er ist. Siehe dazu Fritz Gesing, Die Psychoanalyse der

lem liegt es ihm am Herzen, Julika von seinem neuen Ich zu überzeugen, als ob sie seine Schicksalsgöttin wäre. Auf diese Weise schiebt er die Verantwortung für sich selbst sowie für die Mitmenschen auf Julika, die angeblich die Entscheidung seines Selbst und ihrer Zweierbeziehung im Griff hat. Somit ordnet er je nach Stimmung Julika eine bestimmte Rolle und Verhaltensweise zu. Vor der Folie dieser Zweierbeziehung Stillers wird augenfällig, daß das Gewicht mehr auf bestimmte Positionen der Geschlechter gelegt wird, anstatt auf ihre Relationen zueinander. Die Konstruktion und die Funktionalisierung solcher Verhaltens- und Denkweisen des Helden sind in dieser Analyse wesentlicher Forschungsgegenstand. Außerdem besteht ein Schwerpunkt dieser Untersuchung darin, die psychischen Strukturen des Protagonisten sowie die von ihm festgelegten Funktionen der weiblichen Figuren aufzudecken und zu erörtern.

Der Schriftsteller selbst gibt einen aufschlußreichen Hinweis auf das Verhältnis Stillers zu Julika und bezeichnet die verhängnisvolle Konfrontation Stillers mit Julika als Existenzproblematik. Er notiert: „Unstimmigkeit unserer Existenz durch irgendeine Art von Selbstüberforderung, die zur Selbstentfremdung führt und schließlich zur Sterilität, weil es uns nicht gelingt, uns selbst anzunehmen - das ist, psychologisch gesprochen, das Problem."[3] Ganz deutlich bekundet sich durch diese Passage, daß im „Stiller" die männliche „Selbstüberforderung",, den entscheidenden Punkt für die Niederlage der Persönlichkeitsentwicklung sowie der Mann-Frau-Beziehung darstellt. Dieselbe Ansicht legt der Schriftsteller auch dem Staatsanwalt Rolf, der Kritik an Stiller übt, in den Mund:

> [...] du hältst dich für einen Zauberer, der diese Frau Julika in ihr Gegenteil verzaubern kann. [...] Du als Erlöser eurer selbst! [...] diese Frau hat dich nie zu ihrer Lebensaufgabe gemacht. Nur du hast so etwas aus ihr gemacht [...] du wolltest es sein, der ihr das Leben gibt und die Freude. (St 764 f.)

Darüber hinaus urteilt Rolf über Stillers Verhaltens- und Denkweise und bezeichnet dessen Beziehung zu Julika als Bewährungsprobe sowie als seinen „letzte[n] Prüfstein" um sein Selbst festzuhalten (St 752). Zugleich deutet Rolf darauf hin, daß Stiller in der Vergangenheit seine Umgebung und seine Partnerin ständig „als Projektionen seines Selbst" benutzt hat (St 752)[4].

Daraus dürfte ersichtlich sein, daß die Frau für den Protagonisten über eine besondere psychologische Funktion verfügt. Während der innere Prozeß der

---

literarischen Form: „Stiller" von Max Frisch. Würzburg: Königshausen & Neumann, 1989 (= Epistemata: Reihe Literaturwissenschaft; Bd. 42)

3 Frisch, Max, Konfrontation mit Julika. *Aus dem Roman »Stiller, Aufzeichnungen im Gefängnis«* In: Schmitz, Walter (Hrsg.), Materialien zu Max Frisch ›Stiller‹. Frankfurt am Main: Suhrkamp, 1978, S. 35.

4 Vgl. Max Frisch, Ich schreibe für Leser, S. 333 f.: „Lila [die weibliche Figur im 'Gantenbein'-Roman] ist eine Chiffre für das Weibliche, das andere Geschlecht, wie das Buch-Ich es sieht; seine Chiffre, von der er nicht loskommt."

männlichen „Selbstüberforderung" charakteristischerweise seine „Selbstentfremdung" bewirkt, ist die Frau ebenfalls aufgefordert, sich zweckgebunden in verschiedene Funktionalisierungen des Weiblichen zu fügen und ihr Rollenverhalten genötigterweise zu expandieren. Julikas psychologische Funktion, ihr Rollenverhalten sowie ihr figürlicher bzw. persönlicher Stellenwert für Stiller ändern sich im Zuge seines differenzierten Rollenspiels und seiner Identitätssuche. Der Protagonist ist der Rolle verhaftet, die sein männliches Geschlecht als Identität konstruiert. Eine Rolle bedeutet eine Maske, hinter jeder Maske steht die Identitätsfrage. Während er seine Rolle und seine Ansicht über die Identitätsproblematik ändert, verlangt er auch von der Frau, die ihre erneut zu situieren. Dem Nachkommen dieser Resituierungsaufforderung von seiten des Mannes bedeutet für die Frau aber Verzicht auf ihr Selbst respektive ihre Selbstsubversierung, wenn sie diese seine Anforderung unbewußt bzw. unreflektiert akzeptiert. Anstatt subjektiv, selbsttranszendierend zu sein, hängt sie am männlichen Subjekt, das sie mit ihrem eigenen verwechselt. Deshalb kann man die Frau als Schatten sowie Spiegel von Stillers Persönlichkeit betrachten. Paradoxerweise trägt sie gleichzeitig negative und positive Potenz in sich, erscheint defiguriert, verstümmelt, deformiert. Die Figur Julika ist dem Protagonisten unheimlich, fremd, weil er in ihr nicht nur das andere, den Gegensatz, sondern auch die Opposition seiner Identität sieht[5].

In diesem Sinne hängt die zentrale psychologische Identitätsfrage des Romans, im Jungschen Terminus die Individuationsfrage, nicht nur mit der Frau, vor allem Julika, zusammen, vielmehr ist diese Identitätsfrage aus der Perspektive des Protagonisten betrachtet von ihr, der Frau, abhängig.[6] Denn der Held sublimiert sie zum Sinn seines Lebens. Anders formuliert sieht er in Julika sein Werk[7], das er nach seiner Einbildungskraft gestaltet; Stiller ist fest davon überzeugt, daß sie ihm das Gefühl für die Sinnhaftigkeit des Lebens geben kann, indem er sich vornimmt, das Glück, das Blühen Julikas als sein eigenes zu be-

---

5 Vgl. Barbara Vinken, Dekonstruktiver Feminismus oder Frauenforschung? In: Frankfurter Rundschau, 1991, S. 5.

6 Vgl. ebd., S. 3 f.: „Das klassische, männliche Subjekt kann sich nur als ein mit sich selbst identisches begründen, indem es 'das Weibliche' als zu ihm Anderes auslöscht und als Differenz der männlichen Identitätsfindung nutzbar macht. Das männliche Subjekt wird mit sich selbst identisch also nur durch das Weibliche. Dieses muß als Differentes aufgehoben werden, im Männlichen spurlos zum Verschwinden gebracht werden. Das Weibliche wird funktionalisiert zur Konsolidierung des Männlichen, zur Bestätigung des Identischen, indem es als 'das Andere' verdrängt und zum negativen Spiegelbild des Mannes wird."

7 Vgl. hierzu St 604 f.: Sibylle besucht Stiller ohne Voranmeldung in seinem Atelier, wo er ihr sein Werk „Julika" zeigt: „Es war ein Kopf auf einem langen, säulenhaften Hals, eher eine Vase als eine Frau, seltsam [...]". Sibylles Äußerung dazu impliziert bereits Stillers Verfälschung des weiblichen Wesens, die aus seiner Imagination entsteht und daher gar keinen Zusammenhang mehr mit der realen Frau hat; sie sagt: „»Ist das nicht furchtbar für deine Frau?« [...] »ich fände es furchtbar, wenn du mich so in Kunst verwandeln würdest!«"

trachten.[8] Seinem Vorhaben liegen dennoch nicht Selbsthingabe und Opfermut zugrunde, da er sich selbst aus egozentrischen Gründen in einer anderen Person sucht, anstatt in sich selbst. Diese Art der Sublimierung der Frau erweist sich für die eigene Identität des männlichen Protagonisten wesentlich als paradoxe Funktionalisierung des Weiblichen. Einerseits wird die Frau als imaginiertes Ziel des Lebens aufgewertet, andererseits werden ihre Unterlegenheit bzw. Schwäche an dieser Stelle als Voraussetzung seiner Erlösungsidee angesprochen. In diesem Sinne fungieren die weibliche Hauptfigur Julika sowie die anderen Frauengestalten zweckgebunden als Anima-Projektionsobjekt, anstatt als ebenbürtiges Du in der Mann-Frau-Beziehung. Hier ist zu fragen, warum Stiller die Frau zu seiner Lebensaufgabe macht; woher der Gedanke stammt, die Frau zu erlösen; warum er immer wieder Julika braucht, sich seiner eigenen Existenz zu vergewissern.

In den oben zitierten Passagen sind die Widersprüche und Kontroversen der männlichen Psyche bzw. der asymmetrischen Zweierbeziehung zwischen Mann und Frau bereits angesprochen. Die Identitätssuche des Protagonisten in der Zweierbeziehung entspricht einem Vorgang der individuellen Etablierung der „äquivalenten Werte“ im Individuationsprozeß, denn „Ohne das Äquivalent ist jeder Versuch zur Übereinstimmung zum Scheitern bestimmt.“[9] Für Stiller vertritt das Gegenüber die Außenwelt bzw. die Gesellschaft. So sucht er in der Frau und in der Liebe zu einer Frau das Äquivalent, das er aber nur auf sein Ich bezieht und damit zum Scheitern verurteilt ist. Infolgedessen entsteht eine Schuldbeziehung zum Gegenüber und zu sich selbst. Gerade in dieser Hinsicht urteilt der Schriftsteller selbst, daß der Protagonist gegenüber Julika schuldig sei, weil er sich selbst und seine Beziehung zu Julika verfehlt habe.[10] Der ganze Text handelt vom Umgang mit dem Verlust sowie von der Wiedergewinnung der Fähigkeit zu Schuldgefühlen.[11] Die in verschiedenartigen Konfliktkonstellationen und Tendenzwenden ausgeprägten Wertnormen im Roman werden entweder wieder vom Protagonisten in Frage gestellt oder sie werden von der Außenwelt nicht akzeptiert. Die Art der Umwälzung des Schuldverständnisses

8 Diese Verhaltensweise Stillers, in der der Mann die Frau als sein Geschöpf ansieht und gestaltet, deckt sich mit der Max Frischs, die bereits im Kapitel 1.2.2. untersucht wurde.

9 C. G. Jung, Anpassung, Individuation und Kollektivität, S. 484 f. Es heißt dort noch: „Die Forderung der Sozietät ist die Imitation oder die bewußte Identifikation, das heißt ein Beschreiten anerkannter autoritärer Wege. Davon ist nur der befreit, der ein Äquivalent leistet.“

10 Max Frisch, Konfrontation mit Julika. Aus dem Roman *»Stiller, Aufzeichnungen im Gefängnis«*, S. 35. Vgl. St 436: An dieser Stelle reflektiert Stiller auch über seine „Schuld durch Versäumnis“. Weiterhin legitimiert Frisch die Position des Staatsanwaltes Rolf als Richter und somit dessen Kritik an Stiller.

11 Hier soll Erwähnung finden, daß die Untersuchung der Schuldproblematik Stillers ohne das Eingestehen der Interferenz anderer Komplexe, wie z.B. Männlichkeitswahn, Größenwahn, Weiblichkeitsimago, Minderwertigkeitsgefühl, Erlösungswahn usw., nicht möglich ist.

und Schuldverhältnisses wird von der unterschiedlichen Konfrontationsweise der sich überlagernden Spannungen bestimmt. Stillers Versuch, durch Flucht Schuld und Schuldgefühl zu verdrängen sowie zu projizieren, erscheint zwar als Schuldverschiebung, aber seine Gewissensbisse, seine leidende Konfrontation mit sich selbst sowie seine Rückkehr beweisen allseits sein Bemühen und seine Absicht, seine Schuld verstehen und begleichen zu wollen. Anders ausgedrückt: Sein Schuldgefühl in Verbindung mit seinem Verantwortungs- und Pflichtgefühl treibt ihn auf die Suche nach anderen individuellen einheitlich-festgelegten „äquivalenten Werten", die er schließlich nicht finden kann. In dieser Verzweiflung erhofft er nur noch eine Lösung für Julika respektive durch Julikas Liebe, was in Wirklichkeit eine Überforderung hinsichtlich seiner und Julikas Persönlichkeit bedeutet.

Besonders aufmerksam gibt der Protagonist selbst einen erhellenden Kommentar zu der Komplexität der Frauen- und Existenzproblematik. Verbittert merkt er an, daß er nicht allein sein könne, und immer eine Frau benötige, um seine Existenz zu bestätigen.[12] So berichtet er verzweifelt von sich selbst: „[...] ich kann nicht allein sein, genau genommen, und ich habe es noch kaum eine Stunde in meinem Leben gekonnt! Und meistens war da, genau genommen, ein Weib. Angefangen bei meiner lieben und guten Mutter." (St 681)[13] In Stillers Klage klingt an, daß seine Person ohne die Frau sich nicht zur Ganze finden bzw. synthetisch werden kann.[14] Diese Stillersche Bemerkung kündigt eigentlich schon die Jungsche hermaphroditische Ganzheitstheorie an, die im ersten Kapitel dieser Untersuchung vorgestellt wurde: Der Mann enthält die Frau in sich, die Frau den Mann; Mann und Frau brauchen einander, um ein Ganzes zu sein.

Die extravertiert eingestellte Bezogenheit Stillers auf die Mutter und die Frau ist psychologisch gesehen das entscheidende Hindernis auf der Suche nach der individuellen Identität, die stets die Fähigkeit zur Introspektion bzw. Introversion, also zum Allein-Sein-Können, voraussetzt.[15] Hinter solcher Extraversion verbirgt

---

12 Vgl. Hans Jürg Lüthi, Max Frisch. München: Francke, 1981, S. 68. (= UTB 1085)

13 Vgl. St 683: „Es ist lächerlich, ja, aber wahr: Immer war da ein Weib, womit ich mich täuschen konnte. [...] in den Stunden des Grauens aber, in den Stunden meiner Unfähigkeit, allein zu sein, war stets nur ein Weib, Erinnerung oder Hoffnung um ein Weib, womit ich meinem Alleinsein entschlüpfte." Vgl. auch St 687: In der Rolle als White gesteht Stiller ein: „[...] Ich bin nicht fähig, allein zu sein, ich habe es versucht, jedoch vergeblich. Und offen heraus: daß ich sie [Julika] vermißt habe."

14 Vgl. Gunda Lusser-Mertelsmann, Max Frisch. Die Identitätsproblematik in seinem Werk aus psychoanalytischer Sicht. Stuttgart: Hans-Dieter Heinz, 1976, S. 54. (= Stuttgarter Arbeiten zur Germanistik, Nr. 15)

15 Vgl. hierzu C. G. Jung, Symbole der Wandlung, S. 484 f. Ebd., S. 485: „Durch die Introversion wird man [...] befruchtet, begeistert, wieder erzeugt und wieder geboren." Er fährt fort: „Die Vertiefung in sich selbst (Introversion) ist ein Eingehen in das Unbewußte [...]". Vgl. dazu ebd., S. 427 f.: „Wenn die Regression nur scheinbar, in Wirklickeit aber eine zielgerichtete Introversion der Libido ist, dann wird jener endogame Zusammenhang, der sowieso durch das Inzesttabu verboten ist, vermieden, und der Anspruch aufs Ernährtwer-

sich in Wirklichkeit, nach Jung, „eine Angst vor unterminierenden Wahrheiten, gefährlichen Erkenntnissen, unangenehmen Konstatierungen, in summa vor all den Dingen, welche so viele Menschen veranlassen, das Alleinsein mit sich selbst wie die Pest zu fliehen."[16]

Stillers Bedürfnisse nach der Mutter sowie der Frau, die im psychologischen Aspekt miteinander verquickt und gleichgesetzt werden, binden ihn immer stärker an beide, bis zur Besessenheit. Äußerlich und innerlich ist der Held immer mit ihnen verbunden. Er möchte sich von diesen Bedürfnissen lösen, was aber immer wieder scheitert. Sein Wunsch nach Selbstbefreiung ist auch im oben zitierten Passus unverkennbar. Die paradoxe innere Situation Stillers, einerseits der Gegenwart der Frau bzw. der Mutter zu bedürfen, andererseits sich von ihnen lösen zu wollen, erlangt einen besonderen tiefenpsychischen Sinn, dessen Deutung die Aufgabe dieser Untersuchung ist.

Die Trennung von Julika und Sibylle sowie die Wiederbegegnung mit beiden, die Flucht ins Ausland, das Absteigen in die mystische Höhle in Texas, die Urnatur-Erlebnisse in der mexikanischen Wüste und im mexikanischen Dschungel, der Vulkanausbruch, die Geschichten über Florence, Helen und die Katze „Little Grey", die Träume von Julika und der Mutter, der Selbstmordversuch etc., all diese Ereignisse bzw. Geschichten sind im großen und ganzen genommen symbolische Konfrontationen mit der Frau.

Die gescheiterte Mann-Frau-Beziehung führt zur infantilen Regression Stillers, die durch sein Herumreisen in der Fremde symbolisch vergegenständlicht wird. Die Suche nach sich selbst beginnt, wie der Roman zeigt, mit der Suche nach der Mutter. Zu solch einem Prozeß kann Jung eine passende Erläuterung geben:

> Wenn ein Mann zu seiner Frau keine wirkliche Beziehung hat, so sucht er naturgemäß einen anderen Ausweg. Wenn sich der Mann dessen nicht bewußt ist oder Phantasien dieser Art verdrängt, dann regrediert sein Interesse auf der einen Seite zu dem Erinnerungsbild der Mutter [...].[17]

---

den wird durch absichtliches Fasten [...] ersetzt. Durch eine derartige Haltung wird die Libido gezwungen, auf ein Symbol oder ein symbolisches Äquivalent der «alma mater» auszuweichen, nämlich auf das kollektive Unbewußte. Einsamkeit und Fasten sind daher die seit alters bekannten Mittel, um jene Meditation, welche den Zugang zum Unbewußten eröffnen soll, zu unterstützen." Mit diesem Prozeß konzentriert sich das Individuum auf seine innere Landschaft anstatt seine äußeren Erlebnisse. Auch Erich Neumann ist der Meinung, daß die Einsamkeit „das principium individuationis" sei. Siehe Erich Neumann, Die Große Mutter, S. 76.

16 C. G. Jung, Die Beziehungen zwischen dem Ich und dem Unbewußten (urspr.: 1928). In: Ders., Zwei Schriften über analytische Psychologie (= G.W., Bd. 7). Olten und Freiburg im Breisgau: Walter, 4. vollständig revidierte Auflage 1989, S. 211. (Diese Ausgabe wird in der Untersuchung als „1989-Ausgabe" gekennzeichnet.)

17 C. G. Jung, Analytische Psychologie und Erziehung (urspr.: 1924). In: Ders., Über die Entwicklung der Persönlichkeit (= G.W., Bd. 17). Solothurn und Düsseldorf: Walter, [7]1993, S. 144.

Die Denotationen und Konnotationen der Mutter beruhen nach den Jungschen Forschungen auf dem Mutterarchetypus, der das mütterlich-weibliche Wertsystem vertritt.

Daß der Wiedergewinnungsprozeß des Selbst mit der Wiederbelebung der mütterlich-weiblichen Welt in der Psyche beginnt, kennzeichnet die neurotische Problematik Stillers (Vgl. St 460), die auch ein zeitgenössisches Phänomen ist.[18] In dieser Hinsicht macht Rolf während eines Zwiegesprächs mit Stiller unmißverständlich auf die symptomatische Selbstentzweiung des modernen Menschen aufmerksam, unter der Stiller und Rolf ebenfalls leiden. So spricht Rolf davon:

> »Unser Bewußtsein hat sich im Laufe einiger Jahrhunderte sehr verändert, unser Gefühlsleben sehr viel weniger. *Daher eine Diskrepanz zwischen unserem intellektuellen und unserem emotionellen Niveau.* Die meisten von uns haben so ein Paket mit fleischfarbenem Stoff, nämlich Gefühle, die sie von ihrem intellektuellen Niveau aus nicht wahrhaben wollen. Es gibt zwei Auswege, die zu nichts führen; wir töten unsere primitiven und also unwürdigen Gefühle ab, soweit als möglich, auf die Gefahr hin, daß dadurch das Gefühlsleben überhaupt abgetötet wird, oder wir geben unseren unwürdigen Gefühlen einfach einen anderen Namen. Wir lügen sie um. [...] Die meisten von uns [...] haben selbst bei gutem Willen bereits die allergrößte Mühe herauszufinden, welcher Art ihre tatsächlich vorhandenen Gefühle sind. Sarkasmus allem Gefühl gegenüber ist das klassische Symptom dafür [...]«. (St 668 f.)

Mit diesem Passus wird im Roman eine andere Dimension der Existenz- und Frauenproblematik eröffnet. In die Jungsche psychologische Sprache übersetzt heißt das: Stiller sowie Rolf leiden beide an einem objektivierten transpersonalen Tatbestand, dem das kollektive Unbewußte zugrundeliegt. Mit anderen Worten: Sie leiden am Geist ihrer Zeit. Insofern ist es vielleicht nicht verwunderlich, daß Rolf und Stiller miteinander gut auskommen.

Auch Jung gewährt diesem Problem der Gegenwart Aufmerksamkeit; er bemerkt: „Die Überleitung der Libido aus dem Nur-Rationalen und Nur-Realistischen ist heutzutage so nötig wie nur je.“[19] An anderer Stelle erörtert er weiter:

---

18 Vgl. C. G. Jung, Die Beziehungen zwischen dem Ich und dem Unbewußten (1989-Ausgabe), S. 28: Jung akzentuiert, „daß der krankmachende Konflikt [der Neurose] zwar wohl ein persönliches Moment ist, aber zugleich auch ein im Individuum offenbar werdender Konflikt der Menschheit, denn das Uneinssein mit sich selbst ist überhaupt ein Kennzeichen des Kulturmenschen. Der Neurotiker ist nur ein Spezialfall des mit sich selber uneinigen Menschen, welcher Natur und Kultur in sich vereinigen sollte.“

19 C. G. Jung, Symbole der Wandlung, S.290. Vgl. C. G. Jung, Über die Archetypen des kollektiven Unbewußten, S. 39. Vgl. ebenfalls C. G. Jung, Appendix. In: Ders., Zwei Schriften über analytische Psychologie, S. 284. Darüber hinaus meint Jung: „Die vernünftige Berücksichtigung anderer Triebe ist uns zur Selbstverständlichkeit geworden; mit der Sexualität ist es aber anders, sie ist uns noch problematisch, das heißt, in diesem Punkte sind wir noch nicht zu jener Bewußtheit gelangt, die es uns ermöglichte, dem Trieb völlig gerecht zu werden, ohne eine empfindliche moralische Einbuße.“ Wenn man diese Passage mit Rolfs Rede vergleicht, ist die Analogie beider Bemerkungen ersichtlich. Wie Rolf bzw.

> Das pathologische Element [der Neurose] liegt [...] in der Dissoziation des Bewußtseins, welches das Unbewußte nicht mehr beherrschen kann. In allen Fällen von Dissoziation erhebt sich deshalb die Notwendigkeit der Integration des Unbewußten ins Bewußtsein. Es handelt sich um einen synthetischen Vorgang, den ich als «Individuationsprozeß» bezeichnet habe.[20]

Es ist ohne weiteres ersichtlich, daß Jung ebenso wie Frisch die „psychische Erkrankung" des einzelnen im Patriarchat thematisiert, das einseitig am Bewußtsein orientiert ist und das in der analytischen Psychologie als matriarchal gekennzeichnete Unbewußte, also die menschlichen Gefühle abwertet.[21] Frisch und Jung setzen sich beide auf ihre eigene Weise mit der agonalen Folge der zeitgenössischen Alleinherrschaft des Bewußtseins auseinander und versuchen darzustellen, daß die angebliche Omnipotenz des Bewußtseins im Grunde zur Fixierung auf das Unbewußte führt. Deshalb findet in der männlichen Psyche sowie im „Stiller"-Roman hauptsächlich ein Kampf um die Abtrennung des Bewußtseins von der lähmenden Verhaftung an das Unbewußte statt, d.h. um den „Verzicht auf alle Bande und Beschränkungen, welche die Seele aus der Zeit der Kindheit mit ins erwachsene Alter herübergenommen hat."[22]

Auch der Jungianer Erich Neumann ist auf die psychische Entwicklung des einzelnen im Patriarchat, von der im „Stiller"-Roman gesprochen wird, eingegangen und hat sich damit auseinandergesetzt. Gemäß der Neumannschen Forschung, deren Ergebnisse bereits zu allgemein zeitgenössischen Erkenntnissen geworden sind, tendiert die männliche Psyche bereits im frühen Stadium dazu, sich vom Archetypus des Urmütterlich-Weiblichen loszulösen, um die individuel-

---

Frisch verneint Jung das zeitgenössische Phänomen der Unterschätzung bzw. Verdrängung der Sexualität. Vgl. C. G. Jung, Ein moderner Mythus, (urspr.: 1958). In: Ders., Zivilisation im Übergang (= G.W., Bd. 10). Olten und Freiburg im Breisgau: Walter, [4]1991, S. 380: Ausdrücklich hebt Jung hier hervor, „daß *jede Instinktäußerung sorgsam beachtet werden muß, da sie mit zum Bild der Ganzheit gehört und für das Gleichgwicht des Menschen unerläßich ist.*" Vgl. ebenfalls C. G. Jung, Über die Energetik der Seele (urspr.: 1928). In: Ders., Die Dynamik des Unbewußten (= G.W., Bd. 8). Olten und Freiburg im Breisgau: Walter, [6]1991, S. 67 ff. Vgl. dazu auch C. G. Jung, Psychotherapeutische Zeitfragen. Ein Briefwechsel zwischen C. G. Jung und R. Loy (urspr. 1914). In: Ders., Freud und die Psychoanalyse (= G.W., Bd. 4). Olten und Freiburg im Breisgau: Walter, [4]1990, S. 329 f.: „Wir haben nämlich heutzutage bloß eine legale Bewertung der Sexualität, nicht aber eine eigentliche Sexualmoral [...], sondern nur Vorurteile und legale Bewertungen." Vgl. ebenfalls C. G. Jung, Analytische Psychologie und Erziehung (urspr.: 1924). In: Ders., Über die Entwicklung der Persönlichkeit (= G.W., Bd. 17). Solothurn und Düsseldorf: Walter, [7]1993, S. 100.

20 C. G. Jung, Über die Archetypen des kollektiven Unbewußten, S. 49.

21 Erich Neumann, Die psychologischen Stadien der weiblichen Entwicklung. In: Ders., Zur Psychologie des Weiblichen. Zürich: Rascher, 1953, S. 39: „Da sich die Patriarchatssymbiose auf einer psychischen Spaltung, d.h. auf der Isolierung eines einseitig gerichteten Bewußtseins von einem in Opposition zu ihm stehenden Unbewußten aufbaut, entsteht hier auch die Gefahr einer psychischen Erkrankung."

22 C. G. Jung, Symbole der Wandlung, S. 390.

len Bewußtseinsqualitäten, also das individuell Männliche zu entwickeln.[23] Während dieser Bewußtseinswandlung entfernt sich der Mann extrem vom Matriarchalen ebenso wie vom Unbewußten.[24] Es ist bekannt, daß im Patriarchat das Matriarchale und das Unbewußte als verheerendes Hindernis der Bewußtseinsentwicklung gelten und daher degradiert werden müssen. Erich Neumann erörtert dieses zeitgenössische Problem folgendermaßen:

> Die in der Ursprungsgeschichte dargestellte Bewußtseinsentwicklung vollzieht sich in einem Spannungsgegensatz des Ich zum Unbewußten, durch den das Ich sich stärken, das Bewußtseinssystem sich bilden und die Domäne des Persönlichen sich gegen die des Unpersönlichen abgrenzen kann. Aus diesem Grund kommt es bei dieser Auseinandersetzung zu einer Entwertung des Weiblichen, das für das Männliche mit den Kräften des Unbewußten verbunden und identisch zu sein scheint.[25]

Die Entwertung oder Negierung der mütterlich-weiblichen Elemente der Psyche führt in der späteren psychischen Individuationsphase dann, nach Erich Neumann, „zu einer Umkehrung", „wenn das Patriarchat sich erfüllt oder ad absurdum geführt und die Verbindung zum Mutterboden verloren hat [...]"[26]. Diese Umkehrung zum Unbewußten bzw. zum Mütterlich-Weiblichen erweist sich im weitesten Sinne als ein psychischer Zwang, die Verbindung zwischen dem Bewußtsein und Unbewußten herzustellen[27], wobei sich die Urbilder dieser Notlage nur durch Archetypen ausdrücken[28]. Jung zufolge handelt es sich hier um

---

23 Erich Neumann, Die psychologischen Stadien der weiblichen Entwicklung, S. 28.

24 Die Jungianer identifizieren das Männliche mit dem Bewußtsein und das Weibliche mit dem Unbewußten. Vgl. C. G. Jung, Symbole der Wandlung, S. 538: „Die Mutter stellt als Ursprungswesen dem Bewußtsein gegenüber das Unbewußte dar." Vgl. Erich Neumann, Die Große Mutter, S. 42. In der analytischen Psychologie wird die Ganzheit des Unbewußten „durch eine weibliche Symbolik charakterisiert". Dies hat Erich Neumann in seinem Werk „Die psychologischen Stadien der weiblichen Entwicklung" ausführlich untersucht. Vgl. dazu z.B. Erich Neumann, Die Große Mutter, S. 42, 147 & 148 und Erich Neumann, Die psychologischen Stadien der weiblichen Entwicklung, S. 6: „Innerhalb der Menschheitsgeschichte gehört die Differenzierung von Mann und Frau zu den frühesten und eindringlichsten Gegensatzprojektionen, und Männlich und Weiblich gelten dem Frühmenschen als Prototyp des Gegensatzes überhaupt. Deswegen nimmt jede Gegensatzposition archetypisch leicht die Symbolik von männlich und weiblich an, und so wird auch das Gegensatzprinzip von bewußt und unbewußt unter dieser Symbolik erfahren, wobei das Männliche mit dem Bewußtsein, das Weibliche mit dem Unbewußten identifiziert wird."

25 Erich Neumann, Die psychologischen Stadien der weiblichen Entwicklung, S. 28.

26 Erich Neumann, Über den Mond und das matriarchale Bewußtsein, S. 119.

27 C. G. Jung, Symbole der Wandlung, S. 387.

28 Ebd., S. 377 f. Weiter heißt es da: „Die archetypische Struktur des Unbewußten entspricht den durchschnittlichen Vorkommnissen und dem allgemeinen Ablauf der Dinge. Die dem Menschen zustoßenden Veränderungen sind nicht von unendlicher Mannigfaltigkeit, son-

den Libidoverlust des bewußten Lebens. Diese psychische Phase beleuchtet Jung im folgenden Passus:

> Wenn die Libido die lichte Oberwelt verläßt [...], so sinkt sie in die eigene Tiefe zurück, in die Quelle, aus der sie einst geflossen, und kehrt zurück zu jener Bruchstelle, dem Nabel, durch den sie einst in diesen Körper eingetreten ist. Diese Bruchstelle heißt Mutter, denn aus ihr kam uns der Strom des Lebens.[29]

Mit dieser einleuchtenden Deutung verweist Jung darauf, daß sich in einer solchen psychischen Notlage entweder ein freiwilliger Introversionsvorgang abspielt oder ein Regressionsprozeß[30] in die Kindheit stattfindet, in die ursprüngliche Beziehung mit dem Unbewußten, also dem Mütterlich-Weiblichen, auf deren Archetypen die Libido des Individuums übertragen ist[31]. Nach Jung geschieht dieser Prozeß im allgemeinen zweckgebunden „durch rituelle Handlungen“[32], vor allem in dem Augenblick, „wo eine neue Orientierung und Anpassung sich als notwendig herausstellt“[33]. Dazu meint Jung,

> daß die Regression der Libido Wege und Weisen der Kindheit und vor allem die Beziehung zur Mutter wiederbelebt; was dem Kinde aber einst natürlich und nützlich war, bedeutet für den Erwachsenen eine seelische Gefahr, welche durch das Symbol der Inzestes ausgedrückt wird. Weil das Inzesttabu der Libido entgegentritt und diese auf ihrem regressiven Wege aufhält, kann sich

---

dern stellen Varianten gewisser Typen des Geschehens dar. [...] Tritt nun eine Notlage ein, so wird ein dieser Notlage entsprechender Typus im Unbewußten konstelliert."

29 Ebd., S. 376. Vgl. ebd., S. 375: „[...] die Libido sinkt in ihre «eigene Tiefe» [...] und findet dort unten in der Dunkelheit den Ersatz für die Oberwelt, die sie verlassen hat, nämlich die Welt der Erinnerungen [...], worunter die stärksten und einflußreichsten die frühen Erinnerungsbilder sind. Es ist die Welt des Kindes, jener paradiesische Zustand frühester Kindheit, aus dem uns das Gesetz der rollenden Zeit vertrieben hat. In diesem unterirdischen Reich schlummern Heimatgefühle und die Hoffnungen alles Werdenden."

30 Mit dem folgenden Passus definiert Jung den Begriff „Regression“: „Die Regression ist [...] eine unwillkürliche Introversion, als Vergangenheit eine Reminiszenz und damit ein psychischer Inhalt, ein endopsychischer Faktor ist. Regression ist ein Abgleiten in die Vergangenheit, verursacht durch eine Depression in der Gegenwart. Die Depression ist als ein unbewußtes Kompensationsphänomen zu betrachten, dessen Inhalt, um volle Wirksamkeit zu erreichen, bewußtgemacht werden müßte. Dies kann dadurch geschehen, daß man der depressiven Tendenz folgend bewußt regrediert und dadurch die belebten Reminiszenzen dem Bewußtsein integriert." Siehe C. G. Jung, Symbole der Wandlung, S. 513.

31 Vgl. ebd., S. 387.

32 Ebd., S. 378. Im Roman „Stiller“ sind die „rituellen Handlungen“ durch Stillers Flucht, seine Naturerlebnisse, seine Schilderung des Todesritus, die Höhlenfahrt, seinen Selbstmordversuch, die Rückkehr in die Heimat etc. symbolisch dargestellt. Im Text schließen die psychologischen Aspekte dieser Erlebnisse, die je nach Situationen psychische Veränderungen affizieren können, auch ästhetische Erlebnisgestaltungen in sich ein.

33 C. G. Jung, Symbole der Wandlung, S. 377. Vgl. ebd., S. 420.

> letztere auf die vom Unbewußten produzierten Mutteranalogien überleiten lassen. Damit wird die Libido wieder progressiv, und zwar auf einer gegenüber der früheren etwas erhöhten Bewußtseinsstufe.[34]

Anders formuliert heißt das: Jung ist der Meinung, daß die Verbindung zum Unbewußten mit dem regressiven bzw. introversiven Verfahren im ursprünglichen Status wiederbelebt und bewußtgemacht werden kann. Dabei werden die archetypischen Inhalte des psychischen Urzustandes, vor allem die Inzestwünsche und Inzestangst, sowie deren Polyvalenz erneut symbolisch erlebt und möglicherweise überprüft, um zur bewußten Ausdifferenzierung der archetypischen Bilder zu gelangen. Die Inzestwünsche werden bei Jung nicht wie bei Freud[35] als wirkliche psychische Tendenz des Mannes zu seiner Mutter verstanden, sondern sie bedeuten für ihn in der Tat „einen Anspruch des Unbewußten, berücksichtigt zu werden"[36].

Des weiteren hebt Jung hervor, daß die infantile Verbundenheit durch eine Bindung an existentiell Äquivalentes, eine „Mutteranalogie" ersetzt werden soll. Damit meint Jung, daß man die Sehnsüchte nach der Mutter zwar bewußt erleben, nicht aber beseitigen kann. Der Mann benötigt daher ein äquivalentes Surrogat, um die Libido von der Mutter auf einer anderen seelisch-geistigen Ebene zu sublimieren, und um die „biologischen Triebtendenzen" bewußt und freiwillig zu opfern[37]. Verzichtet der Mann bewußt in eigener Verantwortung auf den verschlingenden Urzustand, vollendet sich damit seine psychische Wandlung.[38]

Jung weist jedoch auf die Gefahr hin, daß der einzelne sich dem Konfrontationsprozeß mit dem Unbewußten entzieht: „Die Abweisung desselben pflegt ungünstige Folgen zu haben: seine instinktiven Kräfte treten, wenn nicht berücksichtigt, in Opposition [...] Je ablehnender die Einstellung des Bewußtseins zum Unbewußten ist, desto gefährlicher wird letzteres."[39] An anderer Stelle bezieht sich Jung nochmals darauf: „Bleibt die Libido im Wunderreich der inneren Welt hängen, so ist der Mensch für die Oberwelt zum Schatten geworden, er ist so gut

---

34 Ebd., S. 270.

35 Es ist längst bekannt, daß der Inzestwunsch für Freud bzw. die Freudianer stets als Symptom für „einen in die Kindheit zurückweisenden Wunsch nach Kohabitation" aufzufassen ist. Siehe Liliane Frey-Rohn, Von Freud zu Jung. Eine vergleichende Studie zur Psychologie des Unbewußten. 2. überarb. Aufl. Zürich: Daimon, 1969, S. 344.

36 C. G. Jung, Symbole der Wandlung, S. 378 ff.

37 Ebd., S. 550. Vgl. ebd., S. 455.

38 Aus dieser Schlußfolgerung ergibt sich, daß es die bewußte Trennung vom uranfänglichen Zustand ist, die die psychische Entwicklung vorantreibt, anstatt der moralischen Verbote, wie z.B. des Inzestverbots. Kann sich der Mann von der Großen Mutter befreien, dann können sich sein Ich und sein eigener Wille wandeln. Dieser Prozeß gleicht einer Ablösung von der psychischen Urbeziehung, entsprechend einer Objektivierung, die zur Selbstkonsolidierung und Selbstfindung des Mannes führen kann. Vgl. Liliane Frey-Rohn, Von Freud zu Jung, S. 215.

39 C. G. Jung, Symbole der Wandlung, S. 380.

wie tot oder wie schwerkrank."[40] Damit wird deutlich, daß es sich an dieser Stelle um ein Problem von Leben und Tod handelt.

Es läßt sich hier also der Verlust des Mutterarchetypus in der Kultur feststellen, den Jung als „ein ungeheueres «Unbehagen in der Kultur»" bezeichnet[41], da in der Familie der zeitgenössischen Kultur die Mutter absent ist. Im Patriarchat, wo nur der Vater zuhause ist, werden die Gefühle immer wieder verdrängt, vernachlässigt und unterdrückt, was selbstverständlich sowohl eine Selbstentzweiung als auch eine Lähmung der Geschlechterbeziehung zur Folge hat. Infolgedessen ist Selbstentfremdung stets mit der Entfremdung vom Gegenüber verbunden, wie bereits im vorangegangenen Kapitel erörtert.

Aus dieser Jungschen Erläuterung wird klar, warum Rolf bzw. der Erzähler des Romans sowie Max Frisch nicht bloß die symptomatische Wirkung der patriarchalen Entwicklung auf die menschliche Psyche problematisieren. Vielmehr offenbaren sie ihre Sehnsucht nach psychischem Ausgleich durch die matriarchale Essenz, die literarisch-symbolisch im Vordergrund des Romans steht.

Jung ist der erste Tiefenpsychologe, der dieses zeitgenössische Symptom der Selbstentzweiung erkannt und die matriarchalen Charakterelemente sowie ihre Bedeutung in der psychischen Ganzheit des einzelnen ans Licht gebracht hat.[42] Im Gegensatz zu den damaligen psychologischen Schulen[43] unterstreicht er die Doppelgeschlechtlichkeit der Psyche. Seiner Ansicht nach ist das Gegengeschlechtliche im Unbewußten enthalten, welches das Zu-Sich-Selbst-Kommen des einzelnen bestimmt und das für dessen Synthese mit anderen Persönlichkeitskomponenten von besonderer Bedeutung ist. Gemäß der Jungschen Forschung sind Mann und Frau aufeinander bezogen und angewiesen; sie sind im Gegenpart enthalten und der Gegenpart wohnt auch ihnen inne. Der eine Part bedarf stets des anderen, um zur Ganzheit zu werden. In diesem Sinne sind die Jungschen Theorien von Animus und Anima zu verstehen. Für Jung haben die Synthese des einzelnen mit dem Gegengeschlechtlichen in sich und die der individuellen Psyche mit der kollektiven einen sehr wesentlichen Sinn. Bei Jung setzt

---

40 Ebd., S. 376.

41 C. G. Jung, Über den Archetypus mit besonderer Berücksichtigung des Animabegriffes, S. 84 f. Vgl. C. G. Jung, Die Beziehungen zwischen dem Ich und dem Unbewußten (1989-Ausgabe), S. 198. Vgl. ebd., S. 206: „Der Schutz gegen das Unbewußte, den ihm [dem Menschen] die Mutter bedeutete, ist dem Modernen nicht ersetzt worden [...]".

42 Esther Harding hat darauf aufmerksam gemacht, daß C. G. Jung zu seinen Lebzeiten der einzige Psychologe gewesen sei, welcher in Anbetracht des männlichen Frauenbildes die subjektive Bedeutung der Frau für den Mann von objektiver Wirklichkeit der Frau unterscheide. Als Mann könne Jung für seine Gattung feststellen, daß die Frau der Teilpsyche, den unbewußten Werten des Mannes entspreche. Siehe dazu Harding, Esther: Der Weg der Frau. Zürich: Rhein, [5]1962, S. 16.

43 Es ist z.B. bekannt, daß Freuds Behauptung des „Penisneids" des Weiblichen nicht nur die patriarchale Kultur unterstützt hat, sondern auch die Zweitrangigkeit des Weiblichen. Dadurch hat er sowohl die Frau als auch den gegengeschlechtlichen Part der Psyche entwertet.

die Wiedergewinnung des Selbst im Wandlungsprozeß voraus, daß das Eigene am bzw. im anderen erlebt wird. Die Anerkennung und Annahme der Kongruenz zwischen dem Selbst und dem Anderen im psychischen Entwicklungsprozeß weist den Weg zur Selbstfindung des einzelnen.

Insgesamt hat dieser Abschnitt gezeigt, daß die Frischsche bzw. Stillersche Frauen- und Identitätsproblematik, seine Sehnsucht nach dem Matriarchat sowie sein innerer patriarchaler Konflikt mit Hilfe der Jungschen analytischen Psychologie eine einleuchtende Explikation finden und aus einem neuen Blickwinkel betrachtet werden.

2.2. Das Muttersymbol

2.2.1. Sehnsucht und Suche nach der Mutter

Im Roman „Stiller" ist der Begriff Heimatland von paradoxer, tiefenpsychologischer Bedeutung. Der Protagonist verläßt sein geographisches Heimatland, die Schweiz, weil er sich dort nicht verstanden fühlt. Auf der Suche nach einem neuen Heimatland reist er, wirklich oder imaginär, ziellos in ein neues Land, Amerika.

Laut Jung bezieht sich das subjektive Phänomen der Verständnislosigkeit mit der Umwelt auf psychologischer Ebene andeutungsweise auf die Sehnsucht nach der Mutter[44]. Zugleich gewinnt bei Jung der Prozeß des anscheinend ziellosen Herumreisens und -wanderns einen tieferen, symbolischen Sinn. Jungs Auffassung zufolge zielt das Herumziehen psychologisch-interpretatorisch betrachtet stets auf die unbewußte Suche nach der Mutter ab, die der wesentlichste „Hauptgegenstand der unbewußten Sehnsucht" ist[45]. Diese unbewußte Sehnsucht nach der Mutter ist psychologisch gesehen die Sehnsucht nach Rückkehr in den wiedergebärenden Mutterleib, in dem der Sohn psychisch wiederauferstehen und wieder schöpferisch tätig werden kann.

Gleichzeitig weist Jung darauf hin, daß diese heimliche Sehnsucht nach der mütterlichen Tiefe eine Sehnsucht des ins Bewußtsein eindringenden Unbewußten ist[46]. Wiederum setzt Jung hier aus der psychologischen Perspektive die Mutter mit dem Unbewußten gleich.[47] Auch Gunda Lusser-Mertelsmann

---

44 C. G. Jung, Symbole der Wandlung, S. 556.

45 Ebd., S. 394. Weiterhin akzentuiert Jung, daß „das Suchende männlichen und das Gesuchte weiblichen Geschlechtes" sei. Siehe ebd., S. 393 f. An anderer Stelle hebt Jung hervor: „Das Wandern ist ein Bild der Sehnsucht, des nie rastenden Verlangens, das nirgends ein Objekt findet, des Suchens nach der verlorenen Mutter." Ebd., S. 258.

46 Ebd., S. 258.

47 Vgl. ebd., S. 538: „Die Mutter stellt als Ursprungswesen dem Bewußtsein gegenüber das Unbewußte dar."

deutet darauf hin[48], daß die Mutter das persönliche sowie kollektive Unbewußte hypostasiert, das Jung im Unterschied zu Freud repräsentativ geprägt hat.[49] Die von Jung respektive Gunda Lusser-Mertelsmann gemeinte Mutter ist nicht die persönliche, personale oder menschliche Mutter, sondern die archetypische transpersonale Mutter, die magna mater, die Große Mutter[50]. Dieser Mutterarchetypus ist ein Symbol, das Jung mit der hermeneutisch-amplifikatorischen Methode im Dienste der schöpferischen Entwicklung des individuellen Unbewußten als dynamische, auf Ausgleich der gegensätzlichen Pole basierende Energie bezeichnet.[51]

In der psychischen Entwicklung des einzelnen kennzeichnet die Große Mutter nach C. G. Jung und Erich Neumann ein Stadium, in dem das Bewußtsein des

---

48 Gunda Lusser-Mertelsmann, Die Höhlengeschichte als symbolische Darstellung der Wiedergeburt. In: Walter Schmitz (Hrsg.), Materialien zu Max Frisch ›Stiller‹. Frankfurt am Main: Suhrkamp, 1978, S. 594 - 616. Siehe hierzu auch Frederik Alfred Lubich, Max Frisch: „Stiller", „Homo faber" und „Mein Name sei Gantenbein". München: Fink, ²1992, S. 33.

49 Vgl. C. G. Jung, Symbole der Wandlung, S. 421.

50 Der Terminus Große Mutter ist ein spezieller Aspekt bzw. ein „Derivat des Mutterarcheytpus", der von der Religionsgeschichte abstammt. Siehe dazu C. G. Jung, Die psychologischen Aspekte des Mutterarchetypus (urspr.: 1938). In: Ders., Die Archetypen und das kollektive Unbewußte (= G.W., Bd. 9/I). Olten und Freiburg im Breisgau: Walter, ⁸1992, S. 91. In der Jungschen Schule verkörpert der Archetypus „die Große Mutter" im großen und ganzen genommen das Unbewußte der menschlichen Psyche. Dieser Mutterarchetypus besitzt einen Elementar- und Wandlungscharakter, die beide nebeneinander und ineinander stehen, wobei der Wandlungscharakter höher als der Elementarcharakter eingestuft wird. Jung unterteilt den Elementarcharakter der Großen Mutter in den positiven und den negativen Elementarcharakter. Aus diesem positiven und negativen Elementarcharakter des Mutterarchetypus kann dessen Wandlungscharakter abgeleitet werden, der die verborgenen Eigenschaften und Talente des Individuums hervorrufen kann, wenn sich die psychische Wandlung durch den Mutterarchetypus vorwärts vollendet. Vgl. C. G. Jung, Symbole der Wandlung, S. 429. Es heißt dort z.B.: „Das Mysterium der «Mutter» ist göttliche Schöpferkraft [...]". Vgl. ebd., S. 447 ff., S. 457 ff. & S. 496. Die positiven Elementarattribute der Großen Mutter sind nach Jung: „die Weisheit und die geistige Höhe jenseits des Verstandes; das Gütige, Hegende, Tragende, Wachstum-, Fruchtbarkeit- und Nahrungspendende; die Stätte der magischen Verwandlung, der Wiedergeburt; der hilfreiche Instinkt oder Impuls". Die negative Seite der „Großen Mutter" hingegen beinhaltet bei Jung folgende Grundzüge: „das Geheime, Verborgene, das Finstere, der Abgrund, die Totenwelt, das Verschlingende, Verführende und Vergiftende, das Angsterregende und Unentrinnbare." Siehe C. G. Jung, Die psychologiscen Aspekte des Mutterarchetypus, S. 97.

51 Im Gegensatz zu Jung bedeutet das Symbol für Freud ein konstantes, abgekürztes, kausal zu interpretierendes, symptomatisches Zeichen. Jung betont über solche Freudsche Konsequenzen hinaus vor allem den verborgenen tieferen Sinne des Symbols. Siehe dazu C. G. Jung, Psychologische Typen (= G.W., Bd. VI). 17. vollständig überarbeitete Auflage. Solothurn und Düsseldorf: Walter, 1994, S. 516 ff. Vgl. hierzu Liliane Frey-Rohn, Von Freud zu Jung, S. 342 f.

Ich „kindlich“ und weniger entwickelt ist als das Unbewußte.[52] Da in diesem psychischen Stadium die Libido im Unbewußten verankert ist, ändern sich die Motivation und Notwendigkeit des einzelnen, zur Großen Mutter zurückzukehren. Die Rückkehr zur Großen Mutter, deren Hauptgrund nach Jung die im Unbewußten verankerte Libido ist, wird mißverständlicherweise meistens mit den Inzestwünschen des Regressiven verwechselt. Dazu Jung:

> Was in Wirklichkeit bei der Inzest- und Mutterleibsphantasie geschieht, ist ein Versinken der Libido ins Unbewußte, in welchem sie einerseits persönliche infantile Reaktionen, Affekte, Meinungen und Einstellungen provoziert, andererseits aber auch Kollektivbilder (Archetypen) belebt, welchen kompensierende und heilende Bedeutung, die der Mythus von jeher hatte, zukommt.[53]

Genau in dieser Hinsicht wird im Roman „Stiller“ besonders auf die Sehnsucht nach dem Mütterlichen bzw. auf dessen Mythos aufmerksam gemacht[54]; der Weg Stillers auf der Suche nach der seelischen Wurzel gleicht einer Reise zum Mütterlichen, zur „Mutter unserer Welten“, um mit Frisch zu sprechen, zum Reich des Unbewußten (Tg I 554). Wie bereits eingangs (Kapitel 0.4.) ausführlich erläutert, identifiziert Frisch in seinem Tagebuch 1946 - 1949 Europa mit der Zivilisation und Amerika[55] mit der „Terra incognita“ (Tg I 554; vgl. Tg I 555). Hier im „Stiller“-Roman nimmt der Romanprotagonist bzw. der Erzähler dieselbe Metaphorik und Symbolik wieder auf. Im Gegensatz zu Stillers Heimatland, also dem europäischen Zivilisationskontinent, repräsentieren im Text die Höhle in Texas, Mexiko, der Todesritus, Vulkanausbrüche, Dschungel und Wüsten (St 378) sowie überhaupt der ganze amerikanische Kontinent charakteristischerweise die Vergegenständlichung des urmütterlichen Reiches[56]. Die Erfahrungen in die-

---

52 Siehe hierzu Erich Neumann, Über den Mond und das matriarchale Bewußtsein, S. 69: [...] die Konstellation dieser psychischen Situation ebenso wie ihre Ausdrucks- und Projektionsformen bezeichnen wir als «Matriarchat» [...]“.

53 C. G. Jung, Symbole der Wandlung, S. 532.

54 Vgl. Frederik Alfred Lubich, Max Frisch: »Stiller«, »Homo faber« und »Mein Name sei Gantenbein«, S. 29 ff. Frederik Alfred Lubich hat bemerkt, daß Frischs Vorstellungswelt des Unbewußten, des Mütterlichen bzw. des Weiblichen von der Jungschen analytischen Psychologie beeinflußt worden ist, „deren Archetyp des Weiblichen wesentlich vom Bachofenschen Mythologem der Magna Mater geprägt ist.“ Siehe Frederick Lubich, Max Frisch: »Stiller«, »Homo faber« und »Mein Name sei Gantenbein«, S. 31. Frederik Alfred Lubich gebührt der Dank, die Jungsche Auffassung der Großen Mutter in die Frisch-Forschung eingebracht zu haben.

55 Vgl. Tg I 555: „(Was mich an der amerikanischen Epik am meisten erregt: das Hinnehmende, die urteilsfreie Neugierde, das aufregende Ausbleiben der Reflexion.)“

56 Vgl. Frederik Alfred Lubich, Max Frisch: »Stiller«, »Homo faber« und »Mein Name sei Gantenbein«, S. 30. Auch Erich Neumann bezeichnet phänomenologisch die matriarchale Welt in Amerika als einen der archetypischen Symbolbezirke des Weiblichen. Siehe Erich Neumann, Die Große Mutter, S. 174. Zu erwähnen sei noch die Bemerkung Fritz Gesings, daß die Beschreibung über Mexiko respektive die Erlebnisse in Mexiko im Roman „Stiller“ auf Frischs „Orchideen und Aasgeier. *Ein Reisealbum aus Mexiko*“, 1951 er-

sem mystischen Reich der Mutter werden im Roman ausdrücklich symbolisch anhand der fabulierten bzw. wirklichen Naturerlebnisse des Protagonisten abgebildet und als entscheidender Wendepunkt der tiefenpsychologischen Entwicklung interpretatorisch akzentuiert. Durch konkrete Objekte, die entsprechend der archetypischen Struktur visuelle Bilder darstellen, spiegelt sich der abstrakte archetypische Inhalt lebendig wider.[57]

Auch Jung interpretiert die Hinwendung des einzelnen zu Naturerlebnissen auf der psychologischen Ebene. Er spricht vom psychologischen Hintergrund der Naturvorgänge, die nicht nur als allegorische Objekterfahrungen gedeutet werden können, sondern als Projektionsobjekt auch die Sprache des menschlichen Unbewußten widerspiegeln.[58] Jung präzisiert diesen Gedanken und begründet die Zusammenhänge der Naturerlebnisse mit dem Verlust der Libido. So meint er, „daß entweder ein großer Libidobetrag, der bisher unbewußt gewesen war, nun plötzlich auf die Natur übertragen oder von ihr weggenommen wird."[59] Überdies merkt Jung an:

> Er wendet sich noch weiter weg, zurück in jene frühe Jugendzeit [...], wo er die Mutterlaute in den Lauten der Natur hören lernte. In dieser Wiederbelebung des Natureindruckes erkennen wir ein Wiedererstehen jener frühesten und stärksten Natureindrücke, die nur noch von jenen stärkeren Eindrücken, die das Kind von der Mutter empfing, überboten werden. Der Glanz ihres Gefühles wird übertragen auf die Gegenstände der kindlichen Umgebung, von denen dann später jene magisch-seligen Gefühle ausgehen, wie sie frühesten Kindheitserinnerungen eigentümlich sind.[60]

In diesem Sinne wandelt sich die Sehnsucht des einzelnen nach der Rückkehr in den Mutterleib, der in der Realität nicht möglich ist, symbolisch in die Flucht in den „Schoß der Natur"[61] um. Diese psychische Genese richtet sich nach Jung auf eine psychische Wiedergeburt. Mit folgenden Worten gibt er diesen Gedanken wieder:

> [...] so [d.h. mit der Rückkehr in die Mutternatur] ist dies etwas wie ein Wiedererwachen der Beziehung zur Mutter und zu Jenem, das älter ist als die

---

schienen, basiert. Siehe Fritz Gesing, Die Psychoanalyse der literarischen Form: „Stiller" von Max Frisch, S. 258. Siehe auch Max Frisch, G.W., Bd. 3, S. 196 ff.

57 Vgl. Frederik Alfred Lubich, Max Frisch: »Stiller«, »Homo faber« und »Mein Name sei Gantenbein«, S. 30.

58 C. G. Jung, Über die Archetypen des kollektiven Unbewußten (ursp.: 1934). In: Ders., Die Archetypen und das kollektive Unbewußte (= G.W., Bd. 9/I). Olten und Freiburg im Breisgau: Walter, [8]1992, S. 16.

59 C. G. Jung, Symbole der Wandlung, S. 426.

60 Ebd., S. 427.

61 Ebd. Vgl. Frederik Alfred Lubich, Max Frisch: »Stiller«, »Homo faber« und »Mein Name sei Gantenbein«, S. 34 f.

> Mutter, und es ist daher zu erwarten, daß er wiederum in irgendeiner Form neugeboren hervorgehen wird.[62]

In dieser Hinsicht hat die Verwandlung der Natur, die in sich Tod und Wiedergeburt einschließt, nur dann einen Sinn für den Beobachtenden bzw. Erlebenden, wenn die psychologischen Vorgänge dieser natürlichen Veränderung eine seelische Verwandlung induzieren können.

2.2.2. Textbeispielanalyse

Für Stillers Naturerlebnisse lassen sich leicht Beispiele aus dem Text anführen. In den nächsten Abschnitten werden hierfür die wesentlichsten Episoden gezeigt: Anhand der Beschreibungen über Mexiko, einschließlich der Wüste, des Todesritus auf Janitzio und des Vulkanausbruches, sowie der Höhle in Texas werden Stillers äußere und innere Erfahrungen in der Natur analysiert[63], indem die psychische Funktion der literarischen Naturdarstellungen auf der symbolischen Interpretationsebene, einschließlich der multiperspektivischen Strukturen, der semantischen Aspekte und der Denotationen und Konnotationen der Bilder herausgearbeitet wird.

2.2.2.1. Mexiko: Die Marktszene, die Wüste und der Vulkanausbruch

Im Roman „Stiller" erlangt Mexiko eine besondere Wertstellung für den Individuationsprozeß des Protagonisten. Die Beschreibungen verschiedener Betrachtungsperspektiven Mexikos erscheinen zwar sehr bildlich und lebendig, doch sind sie sehr wahrscheinlich Stillers eigene Halluzinationen. So. z.B., wenn er berichtet: „Ich sitze in meiner Zelle, Blick gegen die Mauer, und sehe Mexiko [...]" (St 380). An anderer Stelle deutet er an: „[...] die Eroberung von Mexiko halte ich nach wie vor für eine der faszinierendsten Geschichten." (St 419) Außerdem werden die Erinnerung an Julika und der Gattin-Mord tiefenpsychisch nicht zufällig hier während der Beschreibung von Mexiko eingeschoben.[64] Diese

---

62 C. G. Jung, Symbole der Wandlung, S. 427. Vgl. dazu auch ebd., S. 506: „Dort [im Mutterschoß der Natur] ist ein ewiges Keimen und Wiedererneuern, ein potentielles Leben, das alles vor sich hat, noch alle Möglichkeiten der Verwirklichung in sich enthält, ohne der Mühsal ihrer Gestaltung unterworfen zu sein."

63 Die Geschichten in der Wüste und der Höhle sind sehr wahrscheinlich Imaginationen Stillers, die nur in dessen Psyche, anstatt in der Realität vorhanden und von Bedeutung sind. Im Zusammenhang mit der Wüste berichtet Stiller: „Ich sitze in meiner Zelle, Blick gegen die Mauer, und sehe die Wüste. Beispielsweise die Wüste von Chihuahua." (St 378) Diese Passage deklariert nicht eindeutig, ob es sich hier wirklich um eine Imagination handelt. Dennoch sind seine Darstellungen über die Entdeckung und Erlebnisse in der Grotte ohne Zweifel seine eigenen Vorstellungen, wie die Untersuchung zeigen wird.

64 Fritz Gesing, Die Psychoanalyse der literarischen Form: „Stiller" von Max Frisch, S. 267.

Einschiebungen repräsentieren die gemeinsamen inhaltlichen Charakterelemente der Psyche. Aus diesen Bemerkungen läßt sich vermuten, daß Mexiko für den Protagonisten ein symbolischer psychologischer Tatbestand ist, dessen tiefenschichtiger Sinn Gegenstand dieses Untersuchungsabschnittes ist.

Die analytische Psychologie verfügt ebenfalls über Untersuchungen über die Symbolik Mexikos. Die mexikanische Natur und Kultur ist nach Erich Neumann mit der Symbolik des Unbewußten kontaminiert.[65] In diesem Symbolreich charakterisiert die Omnipotenz respektive Dominanz der Großen Mutter den psychischen Zustand, in dem das Unbewußte, also das Weibliche, das Bewußtsein, also das Männliche, übertrifft, dessen Selbständigkeit noch fehlt.[66] In Mexiko sind Aspekte des negativen und positiven Unbewußten zugleich enthalten. Hier werden Leben und Tod eins. Der Wechsel von Leben und Tod in der Natur entsprechen der furchtbaren und fruchtbaren Seite der Großen Mutter, wobei die Zerstörung als notwendige Voraussetzung der Befruchtung bzw. des Wiederauflebens gilt.

Auch Stiller erlebt in Mexiko die Zusammengehörigkeit und den Wechsel dieser Gegensätze, die sich in der folgenden Schilderung Stillers beispielhaft spiegeln:

> Der See ist später versumpft, vertrocknet bis auf diese bescheidene Pfütze, wo nun die sonntäglichen Gondeln, halb echt und halb kitschig, gerade noch an den Untergang eines wunderbaren Volkes erinnern, und das moderne Mexiko, die City mit ihren schlechten und ihren guten Hochhäusern, steht buchstäblich auf einem Morast, man sieht es, wie ihre Bauten in den Boden versinken, unaufhaltsam, einige Zentimeter jedes Jahr ... (St 381)

Durch diese Beschreibung - möglicherweise geht es hier um eine Fabulation - werden matriarchale Bilder von Tod und Wiedergeburt zusammen im paradoxen Sinne besonders lebendig wiedergegeben. In diesem Mexiko entspringt, wie Erich Neumann darstellt, Neues und Lebendes aus Tod und Verrottung. An die Ambivalenz dieses Prinzips erinnert besonders die Marktszene in Mexiko[67]:

> Markt in Mexiko! Man erinnert sich an Farbfilme, und genau so ist es, malerisch, sehr malerisch, und doch, in Wirklichkeit, gibt es Augenblicke, wo man sich plötzlich fürchtet. Es stinkt nach einem toten Hund. Kinder sitzen mit nacktem Hintern auf dem Unrat, auf der Fäulnis alter Früchte. [...] Ein Schreiner nebenan zimmert Kindersärge, stapelweise, roh und billig. [...] man muß sich zusammennehmen, daß man den Ekel nicht auf die Menschen überträgt. [...] ein schöner Markt, nicht traurig nur unheimlich. Die Verrotzung hat

---

65 Erich Neumann, Die Große Mutter, S. 181.

66 Erich Neumann, Über den Mond und das matriarchale Bewußtsein. In: Zur Psychologie des Weiblichen, S. 70.

67 Fritz Gesing hat darauf aufmerksam gemacht, daß besonders die Sinne des Lesers bei der Marktszene in Mexiko geweckt werden. Vgl. Fritz Gesing, Die Psychoanalyse der literarischen Form: „Stiller" von Max Frisch, S. 259.

> etwas Dämonisches, etwas von einem Fluch, der alles, was da blühen und duften könnte, in Gestank verwandelt, in Fäulnis und Verwesung. (St 381 f.)

Mit diesem Passus zeigt Frisch, daß das Malerische, das Schöne unter der Macht und Übergewalt der mater natura steht, die es im Nu ins „Unheimliche", „Dämonische" verwandeln kann[68]. Dabei fragt man sich nicht: „Wo ist das Unheimliche?" (St 382) oder „Was ist los?" (St 382), denn „nichts ist los" (St 382), die Natur will es so.

Die im mexikanischen Himmel herumkreisenden Aasgeier, „die Vögel von Mexiko" (St 383) sind auch Symbol der Muttergottheit, die die Ambivalenz von Tod und Wiedergeburt beinhaltet[69].

Parallel zu dieser lebendigen Welt der Marktszene schildert Stiller die verlassene Welt der Wüste; beide symbolisieren gleichzeitig vielschichtig und mehrdeutig die Todes- und Wiedergeburtsmysterien der mater natura sowie der magna mater. Die mexikanische Wüste[70] wird ebenfalls der europäischen Zivilisation gegenübergestellt.[71] Das symbolische Spektrum der Wüste erscheint ohne weiteres ersichtlich, wenn man die Naturphänomene genauer beobachtet. Dort werden die beiden gegensätzlichen Weltprinzipien des weiblich-mütterlichen und männlich-väterlichen metaphorisch wie symbolisch in der sprachlichen Gestaltung der Natur gekennzeichnet. Die assoziativ geschilderten Bilder der breiten goldenen Wüste, der Oase, der Kakteen, der Agaven, der Palmen (St 379) sowie der „Pflanzen [...] wie Architektur" (379)[72] erinnern an die biologischen Organe von Mann und Frau.

Das Wüstensymbol umfaßt auch polyvalente Ambivalenz: Einerseits enthält die Wüste chthonisch lebenspendendes Wasser, das eine „schmale[] Oase" (St

---

68 Vgl. Erich Neumann, Die Große Mutter, S. 178.

69 Nach Erich Neumann sind Geier bekannte Symbole der Muttergottheit. Siehe ebd., S. 141, Anm. 66. Dazu siehe auch Fritz Gesing, Die Psychoanalyse der literarischen Form: „Stiller" von Max Frisch, S. 262.

70 Die Texteinschiebung des Wüsten-Abschnitts (St 378 ff.; St 378: „Ich sitze in meiner Zelle, Blick gegen die Mauer, und sehe die Wüste.") hat einen besonderen psychologischen Sinn, wenn man die davor beschriebene Stelle über Julikas Verlangen nach den Photos Stillers (St 378) vor ihrer Wiederbegegnung mit ihm genauer betrachtet. Während Julika wie einst auf der äußeren Wirklichkeit der Sache, die sich allegorisch in den Photos vergegenständlicht, verharrt, unterstreicht der Protagonist hier die Wesentlichkeit der psychischen Wirklichkeit, die nur unzureichend beschreibbar ist, aber durch die symbolischen Bilder der mütterlich-weiblichen Natur wiedergegeben werden kann.

71 Vgl. dazu C. G. Jung, Vom Werden der Persönlichkeit (urspr.: 1932). In: Ders., Über die Entwicklung der Persönlichkeit (= G.W., Bd. 17). Solothurn und Düsseldorf: Walter, [7]1993, S. 208: „Ginge er [der Mensch] in die Wüste mit sich selber und hörte er in der Einsamkeit nach innen, so möchte er vielleicht vernehmen, was die Stimme des Inneren sagt. Aber in der Regel ist der verbildete Kulturmensch ganz unfähig, die doktrinär nicht gewährleistete Stimme wahrzunehmen."

72 Vgl. Fritz Gesing, Die Psychoanalyse der literarischen Form: „Stiller" von Max Frisch, S. 266 f.

379) ermöglicht, die „wie die Gnade“ (St 379) der Mutter-Natur erscheint[73], andererseits droht sie auch mit Verschlingen, unheimlicher Gefahr, Destruktivität, Lebenslosigkeit, Monotonie, Einsamkeit etc.[74]

Auch Erich Neumann setzt die Wüsten-Symbolik mit dem lebenspendenden und zerstörenden Elementarcharakter der Großen Mutter gleich. Vorwiegend betont er den psychologischen Sinn dieser Symbolik: Hier trete „die *Einsamkeit*, das principium individuationis, als Negativ des Enthaltenseins auf, welches das Grundprinzip der participation mystique, des Verbunden- und nicht Einsamseins, bedeutet.“[75] Diese Neumannsche Auffassung expliziert, daß die furchtbare Große Mutter die psychische Wandlung in Richtung der Individuation ermöglichen kann.

Daß hier in der Stillerschen Wüste das Bewußtsein der männlich-väterlichen Welt dem Unbewußten der weiblich-mütterlichen Welt unterworfen ist, verdeutlicht sich durch folgenden Passus:

> Wir fuhren [...] und dabei nicht ohne jenes feierliche Bewußtsein, daß unsere Augen durchaus die einzigen sind, die all dies sehen; ohne sie, ohne unsere sterblichen Menschenaugen [...], gab es keine Sonne, nur eine Unsumme blinder Energie, ohne sie keinen Mond; ohne sie keine Erde, überhaupt keine Welt, kein Bewußtsein der Schöpfung. Es erfüllte uns, ich erinnere mich, ein feierlicher Übermut; kurz darauf platzte der hintere Pneu. (St 379 f.)

Zeigt die Wüsten-Symbolik die stärkere Macht des mütterlich-weiblichen Unbewußten als die des väterlich-männlichen Bewußtseins, so ist der Vulkanausbruch in Mexiko das symbolische Bild des völlig tranceartigen Überwältigtsein des Bewußtseins vom Unbewußten. In höchster Ekstase profiliert der Held die Szene des Vulkanausbruchs (St 398f f.)[76], die seine eigene psychische Lage reflektiert, ähnlich den Mysterienkulten:

---

73 Sowohl in der Jungschen Psychologie als auch in der Mythologie symbolisiert das Wasser auch die Mutter Vgl. C. G. Jung, Symbole der Wandlung, S. 276: „Die mütterliche Bedeutung des Wassers gehört zu den klarsten Symbolbedeutungen auf dem Gebiet der Mythologie [...] Aus dem Wasser kommt das Leben [...]“. Siehe auch Gunda Lusser-Mertelsmann, Die Höhlengeschichte als symbolische Darstellung der Wiedergeburt, S. 169.

74 Vgl. Fritz Gesing, Die Psychoanalyse der literarischen Form: „Stiller“ von Max Frisch, S. 267. Fritz Gesing, der den symbolischen Sinn der Wüste semantisch und syntaktisch ausführlich herausgearbeitet hat, bemerkt, daß „die Wüste der Grenzort einer existenziellen Begegnung mit sich selbst und dabei mit den 'Objekten' einer frühen Zeit“ ist. Fritz Gesing deutet die Wüste „als Schöpfungsfrühe“ an, die mythologisch-psychologisch der „mater aeterna“ entspricht, in welcher „das Subjekt auch die eigene Frühzeit erleben“ könne. Nach Fritz Gesing handelt es sich hier um eine „Tiefenregression und Wiedergeburtshoffnung“, eine neue Konfrontation mit der zur Trauma gewordenen Mutter, vor allem deren fressender und destruktiver Seite. Siehe ebd., S. 266 f.

75 Erich Neumann, Die Große Mutter, S. 76.

76 Siehe z.B. St 400: „Es ist ein Feuerwerk erster Klasse [...] Vor allem aber die Lava! Mitten aus einer Finsternis von toten Schlacken, die der Mond bescheint, ohne ihre Schwärze til-

»[...] In unserer Seele [...] erwacht ein Jubel, wie er sich bloß im Tanz entspannen könnte, im wildesten aller Tänze, ein Überschwang von Entsetzen und Entzücken, wie er die unbegreiflichen Menschen, die sich das warme Herz aus dem Leibe schnitten, erfaßt haben mag.« (St 400)

Der Vorgang des Vulkanausbruches verläuft parallel zu Stillers innerem Konflikt. Während das Gefäß der Mutter Erde birst, zerbricht gleichzeitig die nicht mehr haltbare Spannung seines animalischen Inneren. Sowohl von innen als auch von außen droht Gefahr. Hier erscheint die magna mater als todesbrüllende Handelnde, die keine Annäherung an sich erlaubt, dort erscheint sie als die Lebenspendende. Im Inneren findet die Affekteruption des Protagonisten genauso statt; außen und innen sind identisch. In seiner Psyche herrscht die Sehnsucht, im Rausch vernichtet zu werden. Halluzinatorisch empfindet der Protagonist in diesem Augenblick Angst und Lust zugleich. Im großen und ganzen ist der Protagonist völlig der Angst vor seinem aufgespaltenen Inneren, das zur Explosion tendiert, und der äußeren Bedrohung durch den eruptierenden Vulkan ausgeliefert. Die Erfahrung des Vulkanausbruches wird hier mit der Selbsterfahrung gleichgesetzt. Wie der Mutterleib ist auch der seine ein potentieller Vulkan.

Ein Analogon dazu stellt C. G. Jung in seinem Werk „Symbole der Wandlung" dar. Von besonderer Bedeutung ist, wie Jung hervorhebt: „Der Einbruch des Unbewußten ist nämlich dann eine wirkliche Gefahr für das Bewußtsein, wenn dieses nicht imstande ist, die eingebrochenen Inhalte mit Verständnis aufzufangen und zu integrieren."[77] Es ist ohne weiteres ersichtlich, daß Stiller seine psychische Lage und den Symbolgehalt dieser Bilder nicht mehr erfassen kann. Da er von der unbeschränkten Größe dieser mystischen Macht des Mütterlich-Weiblichen überwältigt ist, liegt es ihm fern, sie ans Licht zu bringen. Infolgedessen zeigt sein Unbewußtes später beim Selbstmordversuch fast eine fatale Wirksamkeit. Beim Selbstmord überschreitet sein Selbst seine inneren Grenzen. Das Bewußtsein ist völlig aufgelöst. Stiller verfällt dem Vergnügen der Selbstbestrafung, wird Opfer seines inneren Prozesses.

2.2.2.2. Der Todesritus auf Janitzio

Im „Stiller"-Roman zeigt auch die Schilderung des nächtlichen Todesrituals auf Janitzio in Mexiko (St 666 ff.), dem nur Frauen und Kinder beiwohnen dürfen, wie in den Mysterienkulten, ein matriarchal-religiöses Abbild des Wiederverschmelzens von Tod und Leben, Zeugung und Zerstörung, „Fruchtbarkeit und Furchtbarkeit"[78], also des mütterlich-weiblichen Prinzips, einem „Stirb-und-

---

gen zu können, schießt sie hervor als ein hellichter Purpur, stoßweise wie das Blut aus einem schwarzen Stier."

77 C. G. Jung, Symbole der Wandlung, S. 504.

78 Vgl.Erich Neumann, Die Große Mutter, S. 100 f., 191 f., 257, 259 & 273 f..

Werde-Gesetz“[79] entspricht. Dieser Todesritus, der an die Mysterienkulte der alten Kultur erinnert, ist folgendermaßen skizziert:

> *Nur Frauen und Kinder* kommen auf den *nächtlichen* Friedhof; die Männer beten in der Kirche. Die Frauen [...] lassen sich nieder wie zu einer langen Rast, schwingen den Schal um ihren Kopf, so daß Frau und Kind, beide unter dem gleichen Schal, *wie ein einziges Wesen* erscheinen. [...] *Es gibt, angesichts der Tatsache von Leben und Tod, gar nichts zu sagen.* [...] die Frauen zerrupfen gelbe Blumen, streuen sie gegen die Toten, eine Verrichtung, wie man etwa Gemüse rüstet [...] *Es ist überhaupt nicht gemeint, sondern einfach gemacht.* [...] Nichts geschieht. *Die Frauen knien nicht, sondern sitzen auf der Erde, damit die Seelen der Verstorbenen aufsteigen in ihren Schoß. Das ist alles [...] eine Hingabe an das unerläßliche Stirb und Werde* - (St 667 f.; Hervorhebung d. Verf.)

Nach Stiller haben alle Frauen beim Todesritual ihre „festlichen Trachten“ an, „sorgsam gekämmt wie für die Hochzeit“ (St 666). Tod und Hochzeit werden hier gleichgesetzt.

Symbolisch sind Frauen und Kinder miteinander durch einen Schal verbunden, der in metaphorischer Deutlichkeit den Charakter der Nabelschnur trägt, wie bei einem zusammengehörenden Wesen[80]. Über die physiologische Symbiose hinaus veranschaulicht das Verschmelzen von Mutter und Kind zugleich jenen Augenblick der Wiedervereinigung von Mutter und Kind, wo, nach Jung, das „Zusammenfließen von Subjekt und Objekt im Unbewußten“ vorgeht[81]. Die Welt des „Einssein[s] mit der Mutter“ ist die Welt des Unbewußten[82].

In dieser rituellen Zeremonie sitzen Frauen und Kinder direkt auf dem Boden, damit die Seelen der Toten symbolisch in den Schoß der Frauen steigen und wieder geboren werden können. Denn das Mütterlich-Weibliche ist, laut Erich Neumann, „die zu befruchtende schwarze Erde“, „die irdisch gebärenden unteren Kräfte der Welt“[83]. Erich Neumann betont weiter:

> Das Große Weibliche wird häufig sitzend, und zwar auf der Erde sitzend, dargestellt. Diese «Seßhaftigkeit», bei der das Gesäß den Gegensatz zu den Füßen bildet, den Symbolen des Sich-frei-Bewegens auf der Erde, stellt eine besonders enge Verbindung zur Erde dar [...] Im Ritual und Brauchtum hat das Sich-auf-etwas-Setzen die Bedeutung von «in Besitz nehmen».[84]

Charakteristischerweise vertreten die Frauen die mütterliche Symbolik der der

---

79 Ebd., S. 240.

80 Vgl. ebd., S. 231. Erich Neumann weist noch darauf hin, daß in Mexiko „die Gestalt der Großen Muttergöttin und die ihres Sohnes ineinander übergehen.“

81 C. G. Jung, Symbole der Wandlung, S. 417.

82 Ebd.

83 Erich Neumann, Die Große Mutter, S. 229.

84 Ebd., S. 102.

Erde entsprießenden Nahrung.[85] Immer wieder wird in den Mysterienkulten und in der Jungschen Schule gezeigt, daß der Todesritus ebenso wie das Fruchtbarkeitsritual mit der irdischen sexuellen Vereinigung zusammenhängt[86].

Auch das im „Stiller“-Roman besonders metaphorisch und symbolisch dargestellte Ritual des Streuens von zerkleinerten gelben Blumen gegen die Toten gleicht dem Säen der Naturalien. In diesem Bild wird der Todesritus nochmals mit dem Fruchbarkeitsritus der Erde verbunden.[87]

Das Äquivalent zur Besamung wird im Text durch zwei Bilder symbolisch geschildert: Einerseits durch die symbolische Begattung der auf dem Boden sitzenden Mutter, andererseits durch die rituelle Befruchtung der Erde.

Insgesamt kann man den tiefenpsychologischen Sinn des Todesritus mit der Jungschen psychologischen Sprache folgendermaßen zusammenfassen: Während des Todesrituals in der Nacht herrscht das Unbewußte, wohin psychologisch gesehen die Libido geflossen ist; das Bewußtsein hingegen ist völlig ausgelöscht. Das Erwarten der Dämmerung symbolisiert eine Erneuerungsaussicht der Psyche, in der das Bewußtsein Herr des Tages ist. Mit den todesrituellen Bildern wird also gesagt, daß die Wiedergeburt eigentlich im Tode, im Absterben wurzelt[88].

Für den Protagonisten Stiller ist diese Wandlungsprozedur eine von außen eingeleitete[89]; die Zeremonie erweckt in ihm auch magische Wirkung, indem, um mit Jung zu sprechen, „eine objektive Substanz oder Existenz oder Lebensform in einem an und für sich bestehenden Vorgang sich rituell wandelt“[90]. In diesem Todesritus beobachtet und erlebt Stiller „die Permanenz und Kontinuität des Lebens, welches alle Veränderung der Erscheinungsformen überdauert“[91]. Es ist „eine Anteilnahme an einer alle Schranken von Raum und Zeit überwindenden

---

85 Vgl. dazu C. G. Jung, Symbole der Wandlung, S. 263 f.: „Die Idee, daß der Boden weiblich sei, schließt den Gedanken vom beständigen Zusammensein mit dem Weibe, einem körperlichen Ineinanderleben, in sich.“

86 Erich Neumann, Die Große Mutter, S. 286.

87 Laut Jung, der alchemistische Verfahren psychologisch interpretiert, kann Erneuerung nur aus Untergang entstehen: „Sie [die Alchemisten] vergleichen die Kunst mit der Tätigkeit des Sämanns, der das Weizenkorn in die Erde versenkt, wo es stirbt, um zu neuem Leben zu erwachen. Sie ahmen daher mit ihrer mortificatio, interfectio, putrefactio, combustio, incineratio, calcinatio usw. das Werk der Natur nach. Ebenso vergleichen sie auch ihr Werk mit dem Sterben des Menschen, ohne welches das neue, ewige Leben nicht erlangt werden kann.“ Siehe C. G. Jung, Die Psychologie der Übertragung, S. 257.

88 C. G. Jung, Die Psychologie der übertragung, S. 257: „Kein neues Leben kann entstehen [...], ohne daß zuvor das alte gestorben ist.“

89 Vgl. C. G. Jung, Über Wiedergeburt (urspr. 1940). In: Ders., Die Archetypen und das kollektive Unbewußte, S. 129.

90 Ebd., S. 131.

91 Ebd., S. 132.

Transzendenz des Lebens. Es ist ein Ewigkeitsmoment in der Zeit."[92]

Die Symbolik des Todesritus wird an einem besonderen tiefenpsychischen Zustand Stillers dargestellt: Vor der erzählenden Einschiebung dieser Zeremonie erkennt er allmählich, daß die Rolle als White in Wirklichkeit „eine Sisyphos-Arbeit" (St 666) sei; nach der Erzählung des Todesritus führt er das bereits erwähnte Zwiegespräch mit Rolf über die individuelle und zeitgenössische Diskrepanz zwischen Bewußtsein und Unbewußtem, zwischen intellektueller und emotionaler Problematik der menschlichen Psyche (St 668). Reflektiert das Warten auf die Morgendämmerung eine psychische Phase des Vor-Bewußtseins, so erweist sich sein Berichten von diesem Zwiegespräch mit Rolf als ein Vor-Stadium der bewußten Konfrontation mit seinem Inneren. Während er beim Todesritus die magische Wirkung noch von außen erlebte, bedeutet dagegen die Wiedergabe dieses Zwiegesprächs distanzierte Introspektion bzw. Introversion.

2.2.2.3. Die Höhlengeschichte

Auch die Höhlengeschichte ist als Überschreitung aller sprachlichen Grenzen zu verstehen. Analog zu Mexiko hat die Höhlenerfahrung Stillers einen besonderen Stellenwert in seiner psychischen Entwicklung.

Der Protagonist gesteht dem Gefängniswärter Knobel, daß er nicht der Abenteuerer Jim White persönlich sei, der in die Grotte eingedrungen und als Entdecker dieser Carlsbad-Kaverne ausgezeichnet worden ist. Doch besteht er Knobel gegenüber darauf, daß das, was er innerlich erlebt habe, genau das gleiche sei (St 521). Auch aus seiner Schilderung des müßigen ziellosen Umherreitens vor der unerwarteten Entdeckung der Höhle läßt sich wortwörtlich erkennen, daß die Höhlengeschichte eine Imagination[93] ist: „Ich ritt sozusagen in

---

92 Ebd. Alle im „Stiller"-Roman geschilderten Naturerscheinungen und -erlebnisse können auch als rituelle Anteilnahme am Mütterlich-weiblichen interpretiert werden. Das Ziel dieser Teilhaftigkeit besteht in einer Verwandlung des Wesens.

93 Hier findet ein fiktiver Prozeß statt, der an die psychotherapeutische „aktive Imagination" der Jungschen Schule erinnert. „Aktive Imagination" dient als eine „Methode der Introspektion". Siehe dazu C. G. Jung, Zum psychologischen Aspekt der Korefigur (urspr.: 1941). In: Ders., Die Archetypen und das kollektive Unbewußte, S. 206 f.: Hier „handelt es sich keineswegs um Halluzinationen oder um ekstatische Zustände, sondern um spontane, visuelle Phantasiebilder oder um sogenannte *aktive Imagination* [...] nämlich [die] Beobachtung des Flusses innerer Bilder [...]". Im Rahmen von Therapien wird aktive Imagination von Jung und den Jungianern eingesetzt, damit der Analysand mit Hilfe seiner eigenen Vorstellungsfähigkeit seine seelische Lage ohne bewußte Einschränkung emotionell und instinktiv besser erfassen kann. Durch die Anwendung der aktiven Imagination kann eine Überprüfung der inneren und äußeren Wirklichkeit des einzelnen durchgeführt werden, um festzustellen, ob beide miteinander übereinstimmen. So bedeutet aktive Imagination ein grundlegendes Prinzip bzw. ein innerer Vorgang der menschlichen Verarbeitung von unbewußtem Material und von Emotionen. Durch Annäherung an das unbewußte Material bzw. die Emotionen werden die archetypischen Bilder und das Wandlungspotential des einzelnen bearbeitet, indem sie dann eine persönliche Färbung beinhalten. Siehe hierzu

Gedanken (welcher Art diese Gedanken gewesen sind, interessiert meinen Zuhörer nicht) und ohne ein bestimmtes Ziel." (St 507) Stiller, der angebliche Cowboy[94], ist davon überzeugt, „daß diese Grotte einen märchenhaften Schatz verbarg [...]" (St 509) Zugleich erwägt er etwas von „historische[m] Wert[]" oder „Edelsteine der Indianer, der ganze Schatz eines ausgestorbenen Stammes" (St 509) als möglich. Allein diese Hinweise resümieren erleuchtend den tieferen symbolischen Sinn der Höhlengeschichte.

Wenn man Jungs Auffassungen über das Höhlen- und Mutter-Symbol bei der Analyse des Romans „Stiller" anwendet, findet man nicht nur eine Parallelität zwischen seinen Theorien und Frischs Darstellungen, sondern diese Theorien können auch Frischs Höhlengeschichte sinnvoll erklären, wie die folgende Untersuchung zeigt.

Die Höhle wird bei Jung im psychologisch-mythologischen Aspekt stets mit dem Mutter-Symbol in Zusammenhang gebracht[95]. Nach Jung versinnbildlicht die Höhle das „Reich der Mütter", das die „Beziehung zur Gebärmutter, zur matrix, welche als solche häufig das Unbewußte in seinem plastisch-schaffenden Aspekt symbolisiert" darstellt[96]. Darüber hinaus hebt Jung hervor: „Das

---

Verena Kast, Imagination als Raum der Freiheit. Dialog zwischen Ich und Unbewußtem. Olten: Walter, 1988, S. 21. Analog zur psychotherapeutischen Anwendung der aktiven Imagination kann das künstlerische Schaffen des Schriftstellers die imaginative Welt des Inneren erschließen, wobei ein neuer Lebensraum eröffnet werden kann. Mit dem Schreibprozeß des Schriftstellers vollziehen sich gleichzeitig auch Verwandlungen des „Selbst- und Welterleben[s]". Siehe ebd., S. 25. Fernerhin kann die bildliche Sprache der Literatur auch die imaginative Fähigkeit des Lesers bereichern. Diesbezüglich betont die Jungianerin Verena Kast: „Bilder, die durch die Dichtung vermittelt werden, wecken wiederum Bilder in der Seele des Lesers; bewirken sie gerade das nicht, dann haben wir das Gefühl, nicht wirklich angesprochen zu sein durch einen Text, wir sind dann nicht eigentlich von ihm berührt." Siehe ebd., S. 50.

94 Diese Rolle dient im wesentlichen einer Kompensation seines Gefühls der Unmännlichkeit, Minderwertigkeit etc. Ein Cowboy, wie ein Stierkämpfer, solle Abenteuerlust, Mut, Unbekümmertheit und körperliche Stärke besitzen (St 507f f.). Die Cowboy- und Stierkämpferfiguren dienen für junge Frauen respektive für das in jeder Frau steckende unbewußte Primitive als repräsentative Animusvertreter. Stiller möchte dem kollektiven Bild des Mannes entsprechen, wie er unbewußt seine Partnerin auffordert, seinem Bild der Frau zu entsprechen. Vgl. dazu Emma Jung, Ein Beitrag zum Problem des Animus (urspr.: 1931). In: Emma Jung, Animus und Anima. Zürich und Stuttgart: Rascher: 1967, S. 14.

95 Auf diesen Punkt hat Gunda Lusser-Mertelsmann als Erste aufmerksam gemacht. Siehe Gunda Lusser-Mertelsmann, Die Höhlengeschichte als symbolische Darstellung der Wiedergeburt, S. 169. Siehe auch C. G. Jung, Symbole der Wandlung, S. 270 & S. 435: „Der Abstieg in das Erdinnere ist «Mutterleib»-Symbolik und war als Höhlenkult weitverbreitet."

96 C. G. Jung, Symbole der Wandlung, S. 162. Vgl. ebd., 270. Vgl. auch Erich Neumann, Die Große Mutter, S. 268: „Zum Elementarcharakter des Weiblichen gehört [...] das Gefäß, das nun auf allen Stufen der Urmysterien zum Kernsymbol der Verwirklichung wird. Bei den Mysterien der Bewahrung projiziert sich diese Symbolik auf die Höhle, sowohl als Sakral-

«Eingehen in die Mutter» bedeutet dann: eine Beziehung zwischen dem Ich und dem Unbewußten her[zu]stellen."[97] Nochmals, wie bereits die letzten Abschnitte zeigten, setzt also Jung das Mutter-Symbol, die Große Mutter, mit dem Unbewußten zusammen. Der Abstieg in die Grotte zeichnet für ihn deshalb einen Prozeß der Konfrontation mit dem Unbewußten nach[98]. Sich der Mutter hinzugeben, bedeutet also auch, sich zum Unbewußten zu begeben, in dem man „einen an relative Unsterblichkeit heranreichenden Zuwachs an Leben" erfahren kann[99]. Zusammenfassend schließt Jung darauf:

> [...] Wem es geschieht, daß er in jene Höhle, das heißt in die Höhle, die jeder in sich trägt, oder in jene Dunkelheit, die hinter seinem Bewußtsein liegt, gerät, der wird in einen zunächst unbewußten Wandlungsprozeß verwickelt. Durch sein Eingehen ins Unbewußte verursacht er eine Verbindung seines Bewußtseins mit den unbewußten Inhalten. Daraus kann eine folgenschwere Veränderung seiner Persönlichkeit in positivem oder negativem Sinne erfolgen.[100]

Jener „positive" und „negative" Sinn entspricht den destruktiven und sich dynamisch wandelnden Charaktermerkmalen der Großen Mutter. Aus dem zitierten Jungschen Passus ist, ohne daß es einer weiteren Erörterung bedarf, zu schließen, daß die Wiedergeburt der Psyche das Ziel dieser „magische[n] Prozedur[]" ist[101]. Die „seelische Ganzheit" ist, laut Jung, also „jener große Schatz, der in der Höhle des Unbewußten verborgen liegt"[102]. Die Urbilder des Unbewußten, das im „Stiller"-Roman allegorisch durch die menschliche Mutter personifiziert und

---

bezirk, als Tempel, wie auf ihre Ausgestaltung zum Wohnraum, auf das Zelt, später das Haus und das Vorratshaus."

97 C. G. Jung, Symbole der Wandlung, S. 387.

98 Auf diesen Punkt hat Gunda Lusser-Mertelsmann zum erstenmal in ihrem sechsseitigen Artikel „Die Höhlengeschichte als symbolische Darstellung der Wiedergeburt" hingewiesen. Gunda Lusser-Mertelsmann, Die Höhlengeschichte als symbolische Darstellung der Wiedergeburt, S. 170.

99 C. G. Jung, Über Wiedergeburt, S. 149.

100 Ebd., S. 149 f.

101 Ebd., S. 143 & S. 149: „Die Höhle ist der Ort der Wiedergeburt, jener geheime Hohlraum, in den man eingeschlossen wird, um bebrütet und erneuert zu werden." An anderer Stelle spricht Jung im weitesten Sinn von dem höchsten Ziel dieses Prozesses, das in der „Einheit von Bewußtsein und Unbewußtem", d.h. dem Selbst, liegt. Siehe ebd., S. 156.

102 Ebd., S. 156. Außerdem erwähnt Jung, daß im Unbewußten die „«schwer erreichbare Kostbarkeit» verborgen" liege. Hierzu siehe C. G. Jung, Symbole der Wandlung, S. 464. Vgl. ebd., Symbole der Wandlung, S. 422 f.: „In der Dunkelheit des Unbewußten ist ein Schatz verborgen, eben die «schwer erreichbare Kostbarkeit», die [...] als leuchtende Perle charakterisiert ist, oder [...] als «mysterium», das ein fascinosum par excellence bedeutet. Diese Möglichkeiten eines «geistigen» oder «symbolischen» Lebens und Fortschreitens sind es, welche letztes, aber unbewußtes Ziel der Regression bilden. Damit die regredierende Libido nicht bei der mütterlichen Leiblichkeit stecken bleibe, dazu helfen die Symbole als Ausdruck, Brücke und Hinweis."

durch die Höhle sowie andere Naturereignisse symbolisiert wird, sind also der Schatz, der die Erneuerungsquelle des Daseins und die Macht zur dynamischen Lebensgestaltung darstellt[103]. Wenn der in die Höhle absteigende Mensch durch konstante Verwandlung und Wiedergeburt den dynamischen Wandlungscharakter erlangt, bedeutet für ihn das Unbewußte dann eine wahre Schatzgrube. Wenn es ihm nicht gelingt, sich psychisch zu wandeln, und er in eine psychische Krise gerät, bedeutet das Unbewußte für ihn eine Todesfalle.

Nebenbei erwähnt Jung ebenfalls, daß das Motiv der Klappenfelsen den Sinn der Verschlingung in sich enthält[104]. Dies erinnert an die Klappfelsen Stillers, in denen die Grotte verborgen liegt. Es scheint ohne weiteres ersichtlich, daß Stillers Klappfelsen in der Sicht Jungs expressis verbis die Gefährnis der mütterlich-weiblichen Verschlingung verkünden.

Weiterhin gibt Jung den Hinweis, daß der Einbruch in die Höhle, also die Rückkehr in die Mutter-Erde, eine regredierende Tendenz des Menschen symbolisiert, der von dem furchtbaren Aspekt des Mütterlich-Weiblichen verlockt wird. So spricht Jung von der Regressionsproblematik:

> Die Regression führt [...] nur scheinbar zur Mutter zurück; diese ist aber in Wirklichkeit das Tor, das sich ins Unbewußte, ins «Reich der Mütter» öffnet. Wer dort eintritt, unterwirft seine bewußte Ichpersönlichkeit dem beherrschenden Einfluß des Unbewußten [...] Die Regression macht nämlich [...] bei der «Mutter» keineswegs halt, sondern geht über diese zurück zu einem sozusagen pränatalen «Ewig-Weiblichen», das heißt zur Urwelt der archetypischen Möglichkeiten, wo «umschwebt von Bildern aller Kreatur» das «göttliche Kind» seiner Bewußtwerdung entgegenschlummert.[105]

Mit Blick auf diese zitierte Passage ist festzustellen, daß Jung in bezug auf solche Regression positiv eingestellt ist. Während der Introversion respektive Regression geht der erwachsene Mensch also symbolisch in die Kindheitsatmosphäre sowie in das Mutterreich zurück auf der Suche nach dem Zusammenhang zwischen der Libido und den Archetypen. Dieser Prozeß richtet sich weniger auf die konkreten Kindheitsereignisse als auf die symbolische Neuerfahrung der früheren psychischen Phase ebenso wie auf die Suche nach der verlorenen, im Unbewußten verhafteten Libido, die für das bewußte Leben in der Realität erforderlich ist. Um das Leben mit Impetus weiterführen zu können, wird der Mensch aufgefordert, die innerliche Loslösung sowohl vom kindlichen Milieu als auch

---

103 C. G. Jung, Symbole der Wandlung, S. 517. Vgl. hierzu auch S. 464: „In psychologische Sprache übersetzt heißt das: In der Mutter-Imago, das heißt im Unbewußten, liegt die «schwer erreichbare Kostbarkeit» verborgen. [...] Treten solche Symbole in individuellen Träumen auf, so läßt sich ermitteln, daß damit etwas wie ein Zentrum der Gesamtpersönlichkeit, nämlich der psychischen Ganzheit, die aus Bewußtem und Unbewußtem besteht, gemeint ist.“

104 Ebd., S. 312. Anm. 73.

105 Ebd., S. 421 f.

von den einschlägigen mutterarchetypischen Phantasien durchzusetzen.[106] Anderenfalls ist er seinen bedrohenden, dunklen Affekten ausgesetzt[107], die ihn zum Infantilismus führen.[108]

Die positive Seite der Regression ist ein psychischer Prozeß, durch den der Mensch über den Elementarcharakter, d.h. die Instinktmysterien des Mütterlich-Weiblichen, und dessen Fruchtbarkeitsaspekten (also über Leiden, Tod, Opfer, Zerstörung etc.) hinausgeht und sich zur geistgebärenden Wandlung entwickelt, durch die das Große Weibliche charakterisiert ist[109]. Über die Voraussetzung für eine derartige Wandlung äußert sich Erich Neumann nachdrücklich:

> Eine derartige Wandlung ist aber an die Bedingung gebunden, daß das zu Wandelnde in seiner Ganzheit in das Große Weibliche eingeht, das heißt in der Rückkehr in das Mutter-Gefäß stirbt, mag dies als Erde, Wasser, Unterwelt, Urne, Sarg, *Höhle*, Berg, Schiff oder Zauberkessel erscheinen. [...] sie alle aber sind wieder in der umfassenden psychischen Wirklichkeit, dem mütterlichen Schoß der Nacht oder des Unbewußten, enthalten. [...] *in jedem Falle ist die Rückkehr zur Erneuerung nur nach dem Tode der alten Persönlichkeit möglich.*[110] (Hervorhebung von d. Verf.)

Erich Neumann schließt sich der Jungschen Meinung, daß die psychische Wandlung auf dem Verzicht auf einen Teil des Selbst beruht, also an.

Diese Jungschen/Neumannschen Forschungen erscheinen sehr aufschlußreich, denn sie helfen den psychologischen Aspekt von Stillers Erlebnis in der Höhle zu verstehen. Gemäß dieser Interpretation befindet sich Stiller in einer psychisch regressiven Phase. Die Höhle ist ein Analogon des Mutterleibes. Der Abstieg in die Höhle symbolisiert seine Sehnsucht, durch Rückkehr in den mütterlichen Schoß die seelische Erneuerung wiederzugewinnen[111]; die Höhlenfahrt kennzeichnet die psychische Notwendigkeit, sich dem matriachalen Unbewußten zu stellen. Dieses Verfahren zielt strenggenommen auf die Erneuerung des Selbst ab. Die Konfrontationen mit dem Großen Weiblichen, der Anima und der Großen Mutter ebenso wie die Ausdifferenzierung von ihnen sind bei Stiller die notwendigen psychischen Entwicklungsprozesse. Hier in der Höhlengeschichte spielt sich die erste Phase der psychischen Entwicklung Stillers ab: Da er sich

---

106 Vgl. ebd., S. 524 f.

107 Ebd., S. 525.

108 Vgl. ebd., S. 348 f. Vgl. ebenfalls S. 524 f.: „[...] wenn er [der Mensch] seine am Kindheitsmilieu haftende Libido gewährend läßt und nicht zu höheren Zielen befreit, dann steht er unter dem Einfluß unbewußten Zwanges. Das Unbewußte schafft ihm, wo er auch immer sei, stets wieder das Infantilmilieu durch Projektion seiner Komplexe, wodurch die gleiche Abhängigkeit und Unfreiheit, welche das Verhältnis zu den Eltern kennzeichneten, jedesmal wieder aufs neue und ganz gegen sein vitales Interesse hergestellt werden. Seine Schicksale gehen nicht durch seine Hand."

109 Vgl. Erich Neumann, Die Große Mutter, S. 39 ff.

110 Ebd., S. 276.

111 Vgl. C. G. Jung, Symbole der Wandlung, S. 270.

psychisch stets auf die personale Mutter bezogen und an ihr festgehalten hat, geht er hier symbolisch auf die Urbeziehung des Mütterlichen zurück. In der Grotte ist der Held den transpersonalen Wirkungen des Mutterarchetypus ausgeliefert, er befindet sich in einer Ursprungssituation, in der das Ich völlig vom Unbewußten abhängig ist. Hier durchlebt der Protagonist symbolisch verschiedene psychologische Tiefenschichten des Elementar- und Wandlungscharakters der Großen Mutter. Zum Schluß des Höhlenerlebnisses erlebt er eine dynamische Wandlung der seelischen Wiedergeburt, die ihm eine neue Existenz verspricht.

Die neue Existenz Stillers beruht im wesentlichen auf dem Verzicht auf das alter ego, das durch den zugrundegehenden Freund Jim personifiziert ist. Mit diesem psychischen Prozeß vollzieht sich der erste Schritt der Abhebung von der symbiotischen Mutter-Sohn-Urbeziehung. In diesem Sinne spielt sich in der Höhlengeschichte der „figürliche[] Tod" ab; Stiller gibt sich selbst „einen anderen Namen", erhofft somit „eine andere Seele"[112] ebenso wie ein neues Schicksal. So spielt das äußere Geschehen auf eine innere Wirklichkeit an.

Daß die Konfrontation mit dem Unbewußten, tiefenpsychologisch gesehen, nicht jederzeit nach dem Willen bzw. der Kontrolle des Bewußtseins des einzelnen möglich ist, wird im Roman symbolisch zum Ausdruck gebracht: Das Herabsteigen in die Grotte ist nicht von Stillers Willen bzw. Absicht und Mühe bestimmt, sondern geschieht beinahe wider Erwarten und plötzlich, wie es im Roman skizziert ist:

> Meine Grotte drüben in den Felsen begann nachgerade ein Spuk zu werden, in Wirklichkeit nicht wiederzufinden, obschon ich noch mehrere Male in jene Gegend ritt [...] im Grunde glaubte ich schon gar nicht mehr an meine Entdeckung, als ich eines Abends, es dämmerte schon und war höchste Zeit, zurückzureiten, eine Wolke von Fledermäusen sah. Es war, als stiegen sie aus dem Boden, Millionen von Fledermäusen. Sie kamen aus *meiner* Grotte! ... (St 509. Hervorhebung d. Verf.)

In diesem Zitat pointiert Stiller, daß das Hinuntersteigen in die Höhlenunterwelt nicht in seiner Macht steht, sondern im übertragenen Sinne in einer schicksalhaften Macht der Welt des Unbewußten, das in seine bewußte Welt einbricht. Um mit Jung zu sprechen, will das Unbewußte erkannt werden, wenn das Bewußtsein unfähig ist, die Inhalte des Unbewußten zu integrieren bzw. zu assimilieren[113]. In einer solchen Situation geht es wie beschrieben um eine psychologische Regression.

Symbolisch kehrt Stiller in die Ursprungsdomäne der Gebärmutter zurück. Wohl bewußt vergleicht er die erste Höhle *seiner* Grotte (St 509) mit dem „Innenraum von Notre-Dame" (St 509), der die idealisierte jungfäuliche Seite des weiblich-mütterlichen Prinzips versinnbildlicht. Die Idee der Mütterlichkeit, Keuschheit und Erlösungskraft der christlichen Madonna wird durch den Anblick der Grotte evoziert. Die Grotte wird zur Symbolgleichung der nährenden,

---

112 C. G. Jung, Über Wiedergeburt, S. 143.

113 C. G. Jung, Symbole der Wandlung, S. 517.

zeugenden und erneuernden schützenden Elementarcharaktere der Großen Mutter. Verschiedenartige positive Seiten des Mütterlich-Weiblichen bzw. des Unbewußten erlebt Stiller psychisch wieder. Er erklärt z.B., daß er hier die mütterliche Geborgenheit wiedergefunden habe: „[...] wie ich so in diesem unterirdischen Dom spazierte, verlor ich fast alle Bangnis" (St 509).

Das symbolische Bild der Idealisierung bzw. Mythologisierung des Mütterlich-Weiblichen[114], das sich hier in der Grotte wieder zeigt, wird im Leben eines Menschen während der symbiotischen Phase der Kindheit auf die persönliche Mutter projiziert, als ob sie solche Charaktermerkmale wirklich enthielte[115]. Solche verschönerten, vergötterten und idealisierten Mutterbilder sind bei einem in der Fixierung auf die Mutter steckenden Mann wie Stiller meistens als unerreichbar dargestellt. Zu diesem Symptom der pathologischen Bindung erläutert Jung:

> Für den Mann [...] ist die Mutter der Typus eines zu erlebenden, fremden Gegenüber, erfüllt mit der Bilderwelt des latenten Unbewußten. [...] Dementsprechend ist die Mutter dem Manne [...] eine Angelegenheit von ausgesprochen symbolischem Charakter, und daher rührt auch wohl dessen Tendenz, die Mutter zu idealisieren. Idealisierung ist ein geheimer Apotropäismus. Man idealisiert, wo eine Furcht gebannt werden soll. Das Gefürchtete ist das Unbewußte und dessen magischer Einfluß.[116]

Nach diesen Worten repräsentiert die Mutter in der Jungschen Psychologie für den Sohn zwei gegensätzliche Aspekte: Einesteils verkörpert sie die Welt des Unbewußten, das mit dem Angstbewirkenden, dem im Dunkeln Fauchenden kongruent ist; anderenteils inkarniert sie die höchst vergöttlichte omnipotente Idealgestalt, die gegen die Gewalt der dunklen Welt des Unbewußten kämpfen und den Sohn davor schützen soll. Da solche imaginierten Mutterbilder nie er-

---

114 Dieses idealisierte Mutterbild Marias erinnert an Frischs autobiographische Hervorhebung: Seine Mutter sei in seinen Augen zur „Ikone" geworden. Fritz Gesing, Die Psychoanalyse der literarischen Form: „Stiller" von Max Frisch, S. 268.

115 Vgl. C. G. Jung, Über den Archetypus mit besonderer Berücksichtigung des Animabegriffes, S. 82. Vgl. auch Erich Neumann, Die Große Mutter, S. 29: „Das Kind erfährt an seiner Mutter zunächst den Archetyp der Großen Mutter, die Wirklichkeit eines allmächtigen numinosen Weiblichen, von dem es in allem und jedem abhängt, nicht aber die objektive Wirklichkeit seiner persönlichen Mutter, diese bestimmte historisch-individuelle Frau, als welche ihm, wenn sein Ich und sein Bewußtsein weiter entwickelt sind, die Mutter später erscheint." An anderer Stelle erwähnt Erich Neumann: Das Kind „apperzipiert die Welt nicht mit Hilfe der Funktionen des Bewußtseins, als Objekt-Welt, welche die Trennung von Subjekt und Objekt voraussetzt, sondern es erfährt sie mythologisch, in archetypischen Bildern, in Symbolen, die ein spontaner Ausdruck des Unbewußten sind, mit deren Hilfe sich die Psyche in der Welt orientiert und welche als mythologische Motive die Mythologien der Völker konfigurieren." Siehe ebd., S. 29 f. Vgl. dazu noch Erich Neumann, Zur Psychologie des Weiblichen, S. 4: „In der Urbeziehung sind mehr transpersonale als personale Faktoren wirksam, da das Kind vor der Abgrenzung und Stabilisierung des Ich einem Übergewicht transpersonaler archetypischer Wirkungen ausgesetzt ist."

116 C. G. Jung, Die psychologischen Aspekte des Mutterkomplex, S. 118 f.

reichbar sind, wirken sie umso faszinierender. Laut Jung dauert die Faszination der mütterlich-weiblichen Apotheosierung auch im Erwachsenenalter des Sohnes fort, der mit aller Abwehr nicht bereit ist, auf diese Apotheosierung zu verzichten.[117] Die Schwierigkeit dieses Verzichtsprozesses ist bei Stiller unverkennbar, denn sein Freund Jim wird später hier verletzt und geht in der Höhle zugrunde.

Daß der Unfall ausgerechnet in jenem „Dome Room" (St 515) geschieht, dürfte kein Zufall sein. Die von diesem Raum verkörperten, wie von der Kindheit an unbewußt akzeptierten Bilder der mütterlich-weiblichen Idealisierung sowie der Heiligkeit werden hier symbolisch erweckt, und zwar nicht ohne schicksalshafte Folge. Mit diesem psychischen Prozeß beginnt der Held den Lösungsprozeß von seiner ständigen Bezogenheit und Abhängigkeit von der (guten) personalen Mutter, die ihn durch ihre narzißtische Liebe infantil gemacht hat. Daß er sich noch von der Großen Mutter, bzw. der negativen Seite der personalen Mutter, beherrscht und festgehalten fühlt, gehört zu einer anderen Entwicklungsphase der Psyche, die im Kapitel 2.3. untersucht wird.

Zurück zum Text: In dem Augenblick, wo der Cowboy die nutritive Liebe und Wärme der mater natura genießt und langsam „übermütig" (St 510) wird, schlägt die Situation im Nu um, „als plötzlich der Schein meiner Laterne - ich werde den Augenblick nie vergessen! - vom Boden verschluckt war." (St 510) Als „die drohende Finsternis" überraschend einbricht, überkommt ihn eine heftige Angst vor dem Unbenennbaren aus seinem tiefen Inneren, „jeder Schritt, schien mir, bedeutete Sturz in den Tod." (St 510) Diese Szene bringt die furchtbare destruktive Seite des Mütterlich-Weiblichen bzw. Unbewußten bildlich zum Ausdruck. All die negativen Elementareigenschaften: Angst, Abgrund, Krankheit, Not, Entsetzen, Erschrecken, Schutzlosigkeit, Hunger etc., also alle Arten der (Ur-)Ängste und Bedrohungen, wurzeln eher in den archetypischen Innenerfahrungen der Großen Mutter, die wie bei der Mutter-Kind-Symbiose nicht direkt sichtbar sind und wenig Zusammenhang mit den Bildern der Außenwelt haben[118], als daß sie in den Phantasien erscheinen.

Bisher erlebte Stiller bereits auf symbolische Weise den gegensätzlichen Elementarcharakter der Großen Mutter bzw. des Unbewußten[119]. Die kommende Konfrontation mit der Großen Mutter kann den Helden psychologisch gesehen entweder zum Tod oder zur Wiedergeburt führen. Beinahe von Angst überwältigt, entdeckt Stiller wider Erwarten eine andere Grotte, die ihn „an Träume, eine plötzlich so andere Welt, [...] ein Märchen mit hundert und aberhundert Säulen aus glänzendem Tropfstein" (St 510) erinnert. Die Welt der Träume wird bei Jung ebenfalls mit der des Märchens gleichgesetzt, denn in ihr spiegeln sich

---

117 C. G. Jung, Über den Archetypus mit besonderer Berücksichtigung des Animabegriffes, S. 82.

118 Vgl. Erich Neumann, Die Große Mutter, S. 147 f.

119 Vgl. Frederik Alfred Lubich, Max Frisch: »Stiller«, »Homo faber« und »Mein Name sei Gantenbein«, S. 34 f.

alle archetypischen Bilder, alle Äußerungsmöglichkeiten des kollektiven Unbewußten wider.[120]

Auch Stiller ahnt die Bedeutung des kollektiven Unbewußten für sein Leben bzw. sein Selbst, wenn er trotz aller Angst darauf besteht, weiterzukommen: „Ich wußte aber: wenn ich jetzt zurückkehrte, so würde es mich mein Leben lang reuen und quälen." (St 510)[121] Das Wesentliche und die Notwendigkeit dieser Höhlenfahrt erkennt der Protagonist explizit. Denn der regressive Zustand seiner Psyche erlaubt weder Rückkehr noch Verzögerung, welche beide seinen Untergang bedeuten würden. Hier sei an die Jungschen Worte erinnert, daß die in die Schattenwelt des Unbewußten versunkene Libido nicht nur das Leben bedroht, sondern auch zur Todesangst führt[122].

Stiller handelt voll Vorsicht und Anstrengung. Die Mühe hat sich gelohnt, als es ihm gelingt, „in die wunderliche Tiefe" zu kommen, voller Erregtheit und überraschender Vernünftigkeit (St 510), vermischt mit Halbseligkeit und Halbentsetzen. Das Ungewisse bzw. die Tiefe dieser Welt des kollektiven Unbewußten fasziniert ihn, weil er in seiner Tiefenpsyche ahnt, daß sich hier das „Ziel aller Wünsche" (St 511) befindet. Gleichwohl erscheint sie ihm aber auch unheimlich, „als wäre ich schon verloren, zum Preis für mein Staunen verdammt, nie wieder auf die Erde zu gelangen" (St 511). Als er plötzlich ein menschliches Skelett erblickt, gerät er in Panik. Die unerwartete Konfrontation mit der destruktiven Seite des mystischen Mütterlich-Weiblichen, die sich in dem Skelett verkörpert, läßt ihn einige Zweifel am Sinn des Abenteuers in dieser chthonischen Welt hegen: „Das Gefühl, in einer Falle zu sein und wie dieser Vorgänger nie wieder herauszukommen [...] lähmte mich an Leib und Seele [...]" (St 512). Von Angst erfüllt beobachtet er die Umgebung, in der verschiedene Tropfsteine von oben und unten wachsen. Die Gestalten der Tropfsteine in so einer Grotte lassen sich mit den sexuellen Organen assoziieren, die in der analytischen Psychologie archetypische Bilder und Symbole für Mutter- und Vaterarchetypen sind. Dieses Bild konstelliert nicht nur das Miteinander-Zusammenstoßen, sondern auch das Ineinander-Übergehen zweier gegensätzlicher Welten. In diesem tiefer liegenden Symbolreich des Mütterlich-Weiblichen wurzelt eigentlich das Väterlich-Männliche. Dieses Bild beschreibt Stiller wie folgt:

> Geduckt unter einem Bündel von Speeren betritt man das Zimmer einer Königin, die nie gelebt hat; ihr Thron trieft von marmornen Quasten, darüber ein Gewölk von glimmernden Baldachinen. Alles kann man hier sehen, es fehlt nicht an Monumenten des Phallus, die ins Riesenhafte ragen reihenweise [...];

---

120 Gunda Lusser-Mertelsmann ist ebenfalls der Meinung, daß Stillers Darstellungen der unterirdischen Schichten definitiv der Welt des kollektiven Unbewußten angehören. Gunda Lusser-Mertelsmann, Die Höhlengeschichte als symbolische Darstellung der Wiedergeburt, S. 170 f.

121 Vgl. hiezu C. G. Jung, Symbole der Wandlung, S. 376: „[...] «die Gefahr ist groß» [...], denn die Tiefe ist verlockend."

122 Vgl. Kapitel 2.1. Vgl. auch C. G. Jung, Symbole der Wandlung, S. 376 & 380.

> Pflanzen und Tiere und menschlicher Traum, alles ist hier versammelt wie in einem unterirdischen Arsenal der Metaphern. (St 514 f.)

In tiefenpsychologischem Sinne bedeuten die Erfahrungen in der Höhle die Initiation des Väterlich-Männlichen in die Gefährnisse des Mütterlich-Weiblichen. Letzteres erweist sich in diesem Ursprungsreich stärker als ersteres. Mit anderen Worten: Im mütterlich-weiblichen Weltsystem herrschen die „kongenitalen" und „präexistenten"[123] Instinkte, also das Unbewußte, das einem „Museum zeitloser Historie" (St 514)[124] gleicht.

In dieser chthonischen Welt der magna mater herrscht „die Ewigkeit" (St 514); hier dominiert zugleich „Ende und Anfang, zeitlose Synchronizität"[125], die sich im folgenden Passus widerspiegelt: „Äonen nennen wir das, Zeitspannen, die der Mensch wohl errechnen, aber mit seinem Zeitsinn nicht erfassen, nicht einmal in der Phantasie erleben kann. [...] als hätte die Zeit plötzlich aufgehört." (St 513 f.)

Fernerhin wird hier die Höhle metaphorisch mit dem Labyrinth verglichen (Vgl. St 511 & 514). Dieser Vergleich findet ebenfalls Unterstützung bei dem Jungianer Erich Neumann, der die Einweihungshöhle mythologisch-psychologisch nach deren charakteristischen Merkmalen „Verwirrnis" und „Verschlingung" als Labyrinth bezeichnet.[126] Frederik Alfred Lubich hat in seiner Untersuchung darauf hingewiesen[127], daß Erich Neumann neben den archetypischen Zügen der Höhlen-Labyrinth-Symbolik auch den tiefenpsychischen Sinn des Höhlen-Labyrinth-Erfahrungsprozesses erfaßt hat. Erich Neumann merkt ausdrücklich an:

---

123 C. G. Jung, Die Bedeutung des Vaters für das Schicksal des Einzelnen (urspr.: 1909). In: *Ders.*, Freud und die Psychoanalyse (= G.W., Bd. 4). Olten und Freiburg im Breisgau: Walter: ^{4}1990, S. 364.

124 Vgl. St 514: „Alles, was die Menschenseele je an Formen erträumte, hier ist es noch einmal in Versteinerung wiederholt und aufbewahrt [...]". Weiterhin heißt es hier: „Je tiefer man kommt, um so wunderbarer und unwahrscheinlicher, um so reicher sind die Gebilde [...]". Vgl. Kap. I: die Höhle des Unbewußten, des epischen in „Unsere Gier nach Geschichten".

125 Frederik Alfred Lubich, Max Frisch: »Stiller«, »Homo faber« und »Mein Name sei Gantenbein«, S. 34.

126 Vgl. Erich Neumann, Die Große Mutter, S. 172. Fritz Gesing hat angesprochen, daß Frisch selbst mehrmals den Zusammenhang zwischen den Traumbildern und dem Labyrinth prägt. Vgl. z.B. Max Frisch, Bd. II, 381. Siehe Fritz Gesing, Die Psychoanalyse der literarischen Form: „Stiller" von Max Frisch, S. 242. Vgl. Frederik Alfred Lubich, Max Frisch: »Stiller«, »Homo faber« und »Mein Name sei Gantenbein«, S. 34. Im Grunde genommen fußt Frischs Vergleich von der Höhle und den Traumbildern mit dem Labyrinth darauf, daß sie beide die symbolische Sprache des (kollektiven) Unbewußten sprechen, dessen Struktur multidimensional und polyvalent ist.

127 Frederik Alfred Lubich, Max Frisch: »Stiller«, »Homo faber« und »Mein Name sei Gantenbein«, S. 34.

> Immer ist der Labyrinthweg der erste Teil der Nachtmeerfahrt, der Abstieg des der Sonne nachfolgenden Männlichen in die verschlingende Unterwelt, in den Todesschoß der furchtbaren Mutter. Dieser Labyrinthweg, der zum Zentrum der Gefahr führt [...], findet sich [...] in den Mysterien [...] wie in den entsprechenden psychischen Entwicklungsprozessen des modernen Menschen.[128]

Hier in der chthonisch-mystischen Welt verschüsseln sich die matriarchale Religion, Wiedergeburts- und Todeserfahrung in eins. Dies gibt auch die letzte Kaverne der Höhle im Text sinngemäß wieder: An dieser Stelle sind „ein Sarkophag mit Lilien aus Porzellan" (St 515) und „ein Dschungel aus Marmor, der sich selber auffrißt" (St 515), vorzufinden. Das alles wechselt in einem Kreis der Erfüllung und Erlöschung (St 515). Symbolisiert laut Stiller der Sarkophag die „Todesmutter", die „Fleischfresserin"[129], dann verkörpern die Lilien die „Ganzheit des Seelischen" und sind „Symbol blütenhafter Entfaltung höchster geistig-seelischer Entwicklungen"[130]. Immer wieder wird die Ambivalenz des mütterlich-weiblichen Prinzips, Tod und Wiedergeburt, im „Ort der Frauen"[131], d.h. in der chthonischen Grotte, durch unterschiedliche Bilder veranschaulicht.

Diese mütterlich-weibliche Ambivalenz ist auch durch zwei erlebende Jims augenfällig charakterisiert: Zwei Jims, d.h. tiefenpsychologisch gesehen zwei Ichs von Stiller, unternehmen zusammen die Reise in die Höhlenwelt; beide sind voneinander abhängig: Der Verwundete bedarf der Hilfe des Unverletzten, während letzterer die Laterne des vorderen benötigt, um sich retten zu können. Schließlich kommt der stärkere lebend heraus, während der andere dort zugrunde geht. Symbolisch hat die Unterweltsfahrt für beide gegensätzliche Konsequenzen; „Die Zerstörung des einen ist die Erzeugung eines anderen".[132] Für den einen Jim bedeutet diese Reise in die Grotte die Verschlingung der furchtbaren chthonischen Mutter, „ein seltsames Arkadien der Toten, ein Hades, wie Orpheus ihn betreten hat" (St 514), für den anderen Jim, der das Mystische des Mutterreichs erlebt und die destruktive Urkraft des Mütterlichen überleben kann, ergibt sich die seelische Wandlung.[133] Die archetypische Synthese von Tod und Geburt aktiviert sich in dieser Szene durch die symbolische Verbindung von Verlust und Opfer des anderen Ich. Nach Jung kann das „andere Wesen" im Selbst für das Ich

---

128 Erich Neumann, Die Große Mutter, S. 172 f. Frederik Alfred Lubich, Max Frisch: »Stiller«, »Homo faber« und »Mein Name sei Gantenbein«, S. 34.

129 Erich Neumann, Die Große Mutter, S. 232.

130 Ebd., S. 248.

131 Ebd., S. 178. Die Ambivalenz des mütterlich-weiblichen Prinzips enthaltend ist der „Ort der Frauen" bei Erich Neumann nicht nur „die dunkle Höhle, aus der die Menschheit emporgestiegen ist, sondern auch «das Haus, von dem man herabsteigt»." Anschließend meint Erich Neumann: „Auch hier gilt das: «Versinke denn, ich könnt' auch sagen, steige!», denn Unterwelt, Nachthimmel und Unbewußtes sind ein und dasselbe [...]".

132 C. G. Jung, Die Psychologie der Übertragung, S. 257.

133 Vgl. Frederik Alfred Lubich, Max Frisch: »Stiller«, »Homo faber« und »Mein Name sei Gantenbein«, S. 34.

Freund oder Feind sein[134]; diese innere Beziehung des Selbst ist im Roman eindeutig in zwei Personen personifiziert, die zuerst Freunde, zuletzt aber Feinde geworden sind.[135] Damit deutet Frisch bzw. der Erzähler im „Stiller"-Roman an, daß sich die psychische Wiedergeburt ausschließlich über den Tod des anderen Ich vollziehen kann.

Gleichwohl erweist sich die psychische Erneuerung als Lug und Trug. Denn das eine Ich kann nicht durch Negierung und Beseitigung des anderen Ich existieren; dies bedeutet wiederum einen Rückfall in die Verdrängung des Ich: Wie er einst seinen Schatten negierte, den das Ich nicht wahrhaben mochte, leugnet er nun das lichte Ich des Bewußtseins. D.h.: Durch Überleben dieser Mutterdomäne wird das Unbewußte Stillers auf Kosten des anderen Teilselbst symbolisch erweitert und angereichert. Mit anderen Worten wird das Individuum und das Bewußtsein als Licht dadurch ausgelöscht[136]. Frederik Alfred Lubich hat Unrecht, wenn er behauptet, daß Stillers „Selbst- und Weltverständnis (Bewußtsein)" durch diesen Prozeß gleichzeitig angereichert geprägt sei.[137] Im Gegenteil identifiziert sich Stiller nach der Höhlenfahrt vollständig mit dem Unbewußten. Gezwungen vom Elementarcharakter der Großen Mutter löscht sich sein Bewußtsein im Unbewußten aus, weil die Wandlungsfunktion der Anima nicht dienen kann, die ihrerseits die Große Mutter nicht ablöst.[138] Anders formuliert: Stiller fällt, wie es im Roman skizziert ist, seinem Unbewußten zum Opfer und ist völlig davon überwältigt, weshalb seine innere Wandlung nicht durch bewußte Sprache erfaßt werden kann.[139] Sein psychisches Thermometer gerät nun in die Tiefe der neurotischen Störung. Dies hat später eine beinahe fatale Wirkung, weil seine Libido kein Objekt hat, für das sein Leben sinnreich werden kann. Nichts kann ihn halten, die Verbindung mit außen ist völlig unterbrochen; der Held bleibt psychologisch gesehen ganz und gar im Mutterreich zurück und entfremdet sich von der Realität. Seine Libido erreicht in diesem Augenblick den tiefsten Abgrund, in dem sie Gefährnisse hervorruft und keine Neubelebung bewerkstelligen kann. Somit erlebt er wider Erwarten eine andere mystische

---

134 C. G. Jung, über Wiedergeburt, S. 145.

135 Vgl. ebd., S. 145: „Der Mensch ist das Dioskurenpaar, in welchem der eine sterblich ist und der andere unsterblich [...] Die Wandlungsvorgänge wollen die beiden einander annähern, wogegen das Bewußtsein aber Widerstände empfindet, weil der andere zunächst als fremdartig und unheimlich erscheint, und weil wir uns nicht an den Gedanken gewöhnen können, nicht Alleinherr im eigenen Hause zu sein."

136 Vgl. Erich Neumann, Die Große Mutter, S. 172.

137 Frederik Alfred Lubich, Max Frisch: »Stiller«, »Homo faber« und »Mein Name sei Gantenbein«, S. 34.

138 Erich Neumann, Die Große Mutter, S. 47: Hier stellt Neumann eine Mischform der Großen Mutter und der Anima dar, in der die Große Mutter als kollektives Unbewußtes so überflutet ist, daß der Mann „zum uroborischen Inzest der Todessehnsucht oder zum Wahnsinn" tendiert.

139 Vgl. Martin Balle, Sich selbst schreiben - Literatur als Psychoanalyse, S. 91.

Welt, die der Welt des kollektiven Unbewußten entspricht. Diese These ist anhand der Texte belegbar: Stiller wird gleich nach den Erfahrungen im Mutterreich fortwährend von Alpträumen von Julika, der Katze „Little Grey" und der Mutter gequält und versucht sogar, Selbstmord zu begehen.

Bildlich und psychologisch dargestellt vergleicht Stiller den Augenblick des Selbstmordes mit einem Sturz in den Abgrund der unendlichen Dunkelheit (St 725)[140], die eigentlich an die Höhle erinnert: Der Sturz wird hier als statisch anstatt dynamisch geschildert; in diesem Augenblick der Ohnmacht, der bewußten Bodenlosigkeit sei die Zeit stehengeblieben, „alles bleibt wie gewesen, nichts vergeht, alles bleibt nun ein für allemal." (St 726) Mit Hilfe des seelischen Todes, verursacht ursprünglich vom Nicht-Verwandeln-Können und -Wollen im vergangenen Leben, verspricht sich Stiller eine Beendigung des sich immer wiederholenden Teufelskreises und der verfluchten Statik des Immer-so-seins. Aus dieser Sicht resultiert wiederum eine täuschende Wiedergeburt nach dem Tod: Der Romanprotagonist negiert seine Persona als Stiller, indem er unbewußt eine andere als White übernimmt. Aus seiner ursprünglichen Absicht, sich selbst zu suchen, entsteht nun Selbstentzweiung.

Offensichtlich wird die Anima, die die Tendenz zur wirklichen Wandlung bzw. zur Selbständigkeit bietet, unter diesen psychischen Umständen völlig vom Mutterarchetypus, also der Großen Mutter, abgelöst. Viele Interpreten haben zwar diese Höhlengeschichte als Wiedergeburt Stillers verstanden, aber nicht erkannt, daß diese Wiedergeburt eigentlich keine wirkliche bedeutet. Denn die Erneuerung Stillers geschieht ohne „Wesensänderung", „insofern die Persönlichkeit, die erneuert wird, nicht in ihrem Wesen geändert wird, sondern nur Funktionen, Teile der Persönlichkeit, einer Heilung, Stärkung oder Verbesserung unterzogen werden."[141] So erscheint die Wiedergeburt Stillers trotz der „magische[n] Bewirkung"[142] euphorisch. Es ergibt sich kein geistiges Erwachen bzw. keine geistige Erneuerung, weil er kein festes Ziel hat, auf das er den Sinn seines Selbst und Lebens richten kann. Deswegen ist er auch nicht imstande, seine intuitive Begabung im Unbewußten nützlich zu verwenden.

Seine Wiedergeburt erweist sich nicht als zur Lichtwelt zugehörig[143], was eine wirkliche Neugeburt der Persönlichkeit als ganzes Individuum bedingen

---

140 Das sehr bildlich geschilderte Selbstmorderlebnis wird mit einem visionären Erlebnis in „eine[r] runde[n] Öffnung in der Ferne" (St 725) verglichen, deren Symbolik strenggenommen der Höhlenfahrt gleicht. Es handelt sich um die Rückkehr in den Mutterleib, die gleichzeitig Verschlingung und Wiedergeburt symbolisiert. Nach dem Selbstmordversuch fühlt sich Stiller wie neu geboren: „Ich hatte die bestimmte Empfindung, jetzt erst geboren worden zu sein, und fühlte mich mit einer Unbedingtheit, die auch das Lächerliche nicht zu fürchten hat, bereit, niemand anders zu sein als der Mensch, als der ich eben geboren worden bin, und kein anderes Leben zu suchen, als dieses, das ich nicht von mir werfen kann." (St 727)

141 C. G. Jung, Über Wiedergeburt, S. 129.

142 Ebd.

143 Vgl. Erich Neumann, Die Große Mutter, S. 172.

würde, sondern als totale Verschlingung durch die Destruktionsmacht des verschwommen, zeitlos Mütterlich-Weiblichen. Hier handelt es sich eigentlich um eine „Verminderung der Persönlichkeit“, eine „beträchtliche[] Störung des Allgemeinbefindens“[144], „ein Nachlassen der Bewußtseinsspannung“, „«abaissement du niveau mental»“[145]. Zu solch innerem Zustand meint Jung, „daß die Persönlichkeit sozusagen auseinanderfällt und die Einheit des Bewußtseins aufhört; die einzelnen Teile der Persönlichkeit machen sich selbständig, wodurch sie der Kontrolle des Bewußtseins verlorengehen.“[146] Diese Jungsche Erläuterung deckt sich genau mit Stillers innerer Lage. Seine Besessenheit vom Mütterlich-Weiblichen drückt sich durch sein Unvermögen aus, es bewußt zu kontrollieren und mit seinem Väterlich-Männlichen zusammenzubringen; er verliert die Fähigkeit, sein Inneres in Worte zu fassen, und verfällt den Affekten, die Launen, Leicht-gekränkt-sein, Melancholie, Wutanfälle, Aggressionen und Unverantwortlichkeiten beinhalten. Die Affekte wandeln sich schließlich ins für ihn unverstehbare Unbehagen. Aus diesem Grund kann er weder sich selbst noch die anderen vor der Gefahr des Unbewußten bewahren. In dieser Situation überläßt er dem Mütterlich-Weiblichen seines Selbst die Dominanz und Gestaltung seines Lebens, ohne es für einen bestimmten sinnvollen Zweck zu gebrauchen. In Jungschen Worten heißt dies: Er ist seiner Anima, die noch mit der Großen Mutter und dem Großen Weiblichen vermischt ist, derart ausgeliefert, daß er nicht imstande ist, sie kreativ einzusetzen. Unter diesen Umständen geschieht Stillers Selbstmordversuch, der mythologisch-psychologisch gesehen ein Meisterwerk des destruktiv Mütterlich-Weiblichen ist[147].

2.3. Der Mutterkomplex Stillers

Im Anschluß an die Gedankengänge des letzten Kapitels richtet sich das Augenmerk nun auf den augenfälligen Mutterkomplex des Romanprotagonisten, der eine entscheidende Ergänzung zu seinem sonstigen Verhalten bildet.

Im Fall Stillers ist der zu starke Einfluß seiner Mutter in seinem Leben durch seine Charakterisierung der Mutter-Sohn-Beziehung sowie sein Mutterbild be-

---

144 C. G. Jung, Über Wiedergeburt, S. 133.

145 Ebd., S. 134. Des weiteren führt Jung aus: „Der Tonus hat nachgegeben, was auch subjektiv empfunden wird als Schwere, Unlust und Trübsinn. [...] Das rührt daher, daß man keine disponible Energie mehr besitzt.“.

146 Ebd.

147 Vgl. St 725: Als Anima-Figur ist Florence dargestellt, welche den Schuß gehört und ihn gerettet hat. Vgl. C. G. Jung, Über die Archetypen des kollektiven Unbewußten, S. 38: „Ist die Auseinandersetzung mit dem Schatten das Gesellenstück, so ist diejenige mit der Anima das Meisterstück. [...] Für den Sohn steckt in der Übermacht der Mutter die Anima, welche manchmal zeitlebens eine sentimentale Bindung hinterläßt und das Schicksal des Mannes aufs schwerste beeinträchtigt oder umgekehrt seinen Mut zu kühnsten Taten beflügelt.“

gründet. Im Text werden, abgesehen von der verklammerten Mutter-Sohn-Beziehung, verschiedene Mutterbilder und Gefühle zur Mutter vielschichtig beschrieben. Diese Bilder und Gefühle sind, wie im Roman skizziert, nicht immer mit der persönlichen bzw. realen Mutter identisch, sondern gehen über sie hinaus. Die Aufgabe dieser Analyse besteht darin, diese mit der realen Mutter nicht gleichzusetzenden Bilder des Mutterkomplexes und der Gefühle zur Mutter herauszuarbeiten und sie mit Hilfe der Jungschen Mutterkomplex-Konzeptionen zu interpretieren[148].

2.3.1. Das Mutterbild und die Mutter-Sohn-Beziehung

2.3.1.1. Stiller und seine Mutter

Stillers Mutterkomplex kann anhand seiner eigenen Äußerungen im Text kausal und ätiologisch nachgewiesen werden. Der Beleg, auf die frühe Kindheit gestützt, kann zwar zweifelsohne die Ursache und Wirkung der aktiven Störung bekunden, aber viel wesentlicher erscheinen Stillers aktuelle Phantasietätigkeiten und die symbolische Bedeutung der Kindheitserinnerungen in der gegenwärtigen Psyche.

Die Dominanz von Stillers Mutter in seinem Leben und seiner Psyche, seine vollständige Identifizierung mit ihr, sein zu intensives Mitfühlen mit ihr, welche zusammen seinen besonderen Charakter prägen und die natürliche Entwicklung seines Selbstwertgefühls behindern, werden charakteristischerweise durch Stillers Beschreibung der Mutter-Sohn-Beziehung besonders sichtbar gemacht: „Meine Mutter und ich hielten zusammen, nach einer Aussage meines Stiefvaters, wie die Kletten.“ (St 674).

Das treffendste Beispiel zum Thema Mutterbild und Mutter-Sohn-Beziehung, das der Roman liefert, sind ohne Zweifel die kontroversen Mutterbilder Stillers und seines Bruders zu ihrer Mutter. Die gegensätzlichen Verhältnisse und Gefühle der Brüder zu ihrer Mutter sind im Text so augenfällig charakterisiert, daß es den Anschein hat, als handle es sich hier um zwei verschiedene Mütter.

---

148 Wie Freud widmet auch Jung dem Mutterkomplex besondere Aufmerksamkeit. Für Jung spielt der Mutterkomplex in der menschlichen Psyche eine sehr wichtige Rolle. Im Unterschied zu Freud führt er die archetypischen Theorien als Grundlagen des Mutterkomplexes ein. Nach Jung entstammen das Mutterbild sowie alle mütterlichen Eigenschaften dem transpersonalen Mutterarchetypus, der „die Grundlage des sogenannten Mutterkomplexes“ bildet. Siehe hierzu C. G. Jung, Die psychologischen Aspekte des Mutterarchetypus, S. 99. Die Jungsche Auseinandersetzung mit der Sexualität besteht wesentlich im von Freud angeführten Mutterkomplex. Im Unterschied zu Freud betont Jung die symbolische Bedeutung der Kindheitserinnerung und deren Einwirkung auf die gegenwärtige psychische Situation, anstatt einer Reproduktion der faktisch kausal nachweisbaren Kindheitserfahrung. Die Numinosität der archetypischen Bilder bei Jung eröffnet eine neue psychische Tiefendimension des Inzestwunsches.

Während Wilfried von der Mutter streng erzogen worden ist, verwöhnte sie den anderen Sohn sehr, wie Stiller in Ich-Form im folgenden Passus berichtet:

> Seine Mutter [Wilfrieds Mutter] sagte: Jetzt nimm dich zusammen, wenn du ein rechter Bub sein willst! Meine Mutter sagte: Jetzt laßt doch den Bub mal in Ruhe! Meine Mutter war überzeugt, daß ich mit diesem Leben schon fertig werde. (St 672)

In der Gesellschaft berichtete Stillers Mutter gerne über den Sohn, was Wilfried nie widerfahren war (St 672). Darauf erzählt Stiller davon, daß sich seine Mutter Geld zusammensparte, um seine Flötenstunden bezahlen zu können, was Wilfrieds Mutter nie getan hätte. (St 673) Alle Frechheiten[149], die Stiller begangen hatte, erduldete seine Mutter, die sich mit den vom Sohn mitgebrachten Schlüsselblumen zufrieden gab, auch wenn sie öfters die Polizeibuße bezahlen mußte (St 673 f.). Während Wilfrieds Mutter dem Sohn nicht traute, glaubte Stillers Mutter dem Sohn fast blind, wie es im Text skizziert ist:

> Sie liebte es, wenn ich ihr etwas vormachte, und im Hinblick auf die Zukunft rechnete sie mehr mit meinen inneren Werten, überzeugt, *daß ich alles heiraten könnte, was ich nur wollte, schlechterdings jede Frau, ausgenommen meine Mutter selbst, was ich früh bedauerte,* und die Sorge meiner Mutter bestand eher darin, ob wohl die Person, die ich dereinst bringen würde, auch meiner wirklich ganz würdig wäre. (St 673; Hervorhebung von d. Verf.)

Stiller läßt sich auf die Symbiosewünsche seiner Mutter ein; diese pathologische Bindung zur Mutter[150] besteht bis zu ihrem Tod, wie der Bruder Wilfried Stiller brieflich mitteilt: „Mutter hat dich immer in Schutz genommen [...] und nur jedesmal gesagt, daß du hoffentlich wenigstens glücklich bist mit deinem Leben." (St 387)

In Stillers Kindheit spielt der Vater eine weniger wichtige Rolle, so daß Stiller in ihm kein Vorbild, keine Stärkung seiner männlichen Seite bzw. keinen Rechtsordnungsvertreter und -vermittler der Gesellschaft sowie deren Institutionen sehen kann.[151] Die Beziehung zum Vater kann sich nicht entwickeln, auch

---

149 Das folgende Ereignis ist ein gutes Beispiel dafür: „Einmal, ich erinnere mich, hatte ich versucht, unseren alten Nachbarn in seinem Gärtlein, wo er die Zeitung las, mit Kirschsteinen zu bespucken; meine Mutter ereiferte sich über seinen unerhörten Verdacht dermaßen, daß ich alles bestritt, um sie vor dem Herrn nicht bloßzustellen." (St 673 f.)

150 Vgl. Fritz Gesing, Die Psychoanalyse der literarischen Form: „Stiller" von Max Frisch, S. 86.

151 Vgl. C. G. Jung, Symbole der Wandlung, S. 425: „Im Vater erscheint erstmals der Archetypus des alten (weisen) Mannes, eine Personifikation des Sinnes und des Geistes, auch in dessen zeugerischer Bedeutung." Vgl. auch C. G. Jung, Die Beziehungen zwischen dem Ich und dem Unbewußten (1989-Ausgabe), S. 206: „Wie der Vater als ein Schutz gegen die Gefahren der Außenwelt wirkt und auf diese Weise für den Sohn zum Musterbild der Persona wird, so ist ihm die Mutter ein Schutz gegen die Gefahren, die aus dem Dunkeln seine Seele bedrohen. In den Männerweihen empfängt der Initiand daher Belehrung über die jenseitigen Dinge, wodurch er in den Stand gesetzt wird, des

weil der Vater in der inzestuösen Mutter-Sohn-Beziehung symbolisch als Gegner auftritt, der die moralische Wertschätzung der Außenwelt repräsentiert und deshalb als drohende Macht gegen die Mutter-Sohn-Bindung empfunden wird.

Aufgrund dieser fehlenden Beziehung zum Vater spielt die Mutter Stillers (nach Jung der Animus der Mutter) die Rolle des Vaters. Die Mutter vertritt die Autorität der Familie, hat das Kind und den Ehemann fest in der Hand. Die Alleinherrschaft der Mutter in Stillers Familie steht der Omnipotenz des Vaters in der zeitgenössischen Kultur gegenüber, deren symptomatische Phänomene bereits eingangs erörtert wurden. Beide Herrschaftstypen können sich fehlentwickeln, wenn ein Teil von ihnen, der eigentlich auch zur Ganzheit gehört, unterdrückt wird. Die Denk- und Verhaltensweise der Mutter Stillers, die ihre Animus-Rolle spielt und den Animus für sich sprechen läßt, entsprechen eigentlich den von ihr unbewußt bzw. unreflektiert übernommenen archetypischen Inhalten des Väterlich-Männlichen in soziokulturell akzeptierbarer Form.[152]

Psychologisch gesehen kann bei Stiller zuerst keine Objektivierung bzw. Distanzierung von der Urbeziehung zum Mütterlich-Weiblichen stattfinden, da die Bekräftigung des Vaters zu einem solchen Loslösungsprozeß fehlt. Die Verhaftung an das Mütterlich-Weibliche verhindert deshalb die Selbstkonsolidierung und Selbstfindung, und führt sogar umgekehrt zur Selbstentfremdung und Selbstuneigentlichkeit.[153]

Im Text verkörpert die Mutter, die ihn an der Selbständigkeit hindert, die negative Seite des Mutterarchetypus. Das maßlos übertriebene Bemuttern erzeugt schlimme Folgen für den Sohn. Solch übertriebenes Bemuttern reicht auf die unbewußte und undifferenzierte Einstellung der Mutter zum Mütterlich-Weiblichen zurück. Die mütterlich-weiblichen Instinkte brechen hier aus dem Unbewußten hervor, zeigen sich als negativer Aspekt des Mutterarchetypus. So stellt sich das Mütterlich-Weibliche in Stiller z.B. gegen jede seiner Partnerinnen, die der Mutter den Einfluß auf den Sohn vermeintlich streitig machen könnten.

Die pathologischen Züge der Mutter lassen sich im imaginativen Bild des Sohnes von ihr ebenso wie in ihrem Zwang erkennen, den Sohn nach ihren Vorstellungen zu formen. Stillers Äußerungen über seine Mutter thematisieren bereits die Problematik dieser Beziehung aus der Perspektive des Sohnes (St 672 ff.): Die Mutter wollte die wahren Eigenschaften des Sohnes nicht wahrhaben, statt dessen malte sie sich ein ideales Bild von ihm und zwang ihn unbewußt, diesem Idealbild zu entsprechen. Um die Mutterliebe nicht zu verlieren, bemühte

---

Schutzes der Mutter zu entarten." Vgl. Lilian Frey-Rohn, Von Freud zu Jung, S. 212. Vgl. Fritz Gesing, Die Psychoanalyse der literarischen Form: „Stiller" von Max Frisch, S. 267: „[Es] wird versucht, durch Regression zur Symbiose gewährenden Mutter die Traumatisierungen der versagenden und verschlingenden Mutter ungeschehen zu machen, aber auch die Traumatisierungen durch den versagenden, aggressiven Vater. Dieser Vater bleibt im STILLER [...] weitgehend als Abwesender, zu Negierender, als absconditus präsent."

152 Vgl. dazu Emma Jung, Ein Beitrag zum Problem des Animus, S. 16.

153 Vgl. Erich Neumann, Die psychologischen Stadien der weiblichen Entwicklung, S. 8.

sich Stiller, diesem nicht erreichbaren Idealbild nachzueifern, indem er der Mutter stets seine treue Gesinnung zeigte und sich ihr immer anzupassen versuchte, was zur Verstellung seines wahren Selbst führte. So gewöhnte sich der Sohn daran, ihr etwas vorzumachen, „sie [...] nicht bloßzustellen" (St 673 f.), und bemühte sich stets, ihre Erwartungen zu erfüllen. Die zu intensive Verklammerung zwischen Mutter und Sohn behindert den Sohn in seiner Entwicklung. Solche völlige Anpassung an die Mutter wird von einer Selbstverneinung begleitet, welche die Mutter bis zu ihrem Tod nicht zur Kenntnis nimmt (St 387).

Durch den Einfluß der überbesorgten, liebenden Mutter wird in Stiller die Grundlage zu einem Mutterkomplex gelegt, der sich später in seinem Leben und in seiner innigen Anhänglichkeit zu ihr spiegelt. In solcher Mutterbindung fühlt sich Stiller gefesselt und kann sich nicht frei entwickeln. Deshalb spricht er immer wieder den unbewußten Wunsch aus, sich der Übermacht der Mutter zu entziehen. Je weniger es ihm gelingt, sich von der Mutter zu befreien, desto furchtbarer erscheint ihm das Gebundensein an die Mutter und damit auch das Mutterbild.

Fritz Gesings Behauptung, daß es sich hier um die Erfahrung der zu frühen Trennung von der Mutter handle[154], kann aus der Gegenperspektive interpretiert werden. Genauer gesagt, geht es hier um Stillers Sich-Nicht-Trennen-Wollen bzw. -Können von der Mutter, also eine nicht zustande kommende Trennung, was wiederum sein Nicht-Trennen-Können von der Frau verursacht. Beide intensive Bindungen behindern seine Selbstwertgefühlsentwicklung. Indem er sich mit ihnen identifiziert, betrachtet er ihre Anforderungen und Bedürfnisse unbewußt als seine eigenen.[155]

Da alle Charakteristika der personalen Mutter nach Jungschem Dafürhalten auf den Mutterarchetypus, also die Große Mutter, zurückgehen, die die Mutterphantasien evoziert, wird die personale Mutter im allgemeinen mit der Großen Mutter verwechselt. Deshalb zielt das Augenmerk des Individuums meistens auf die personale Mutter ab[156] und die Sehnsucht nach der Quelle der Lebenskraft wird auf die Sehnsucht nach dem fruchtbaren Mutterschoß übertragen. Je stärker der Sohn auf die Mutter fixiert ist, desto verschlingender und furchtbarer erscheint ihm die personale Mutter[157]. Jede Hinderung charakterisiert das Indivi-

---

154 Fritz Gesing, Die Psychoanalyse der literarischen Form: „Stiller" von Max Frisch, S. 257.

155 Zu bemerken ist, daß Stiller eine Sehnsucht nach dem Matriarchat hat und zugleich das Patriarchat, somit auch die Rolle der Persona, leugnet; Julika hingegen identifiziert sich mit dem Patriarchat, indem sie ihre Persona ohne In-Fragestellung akzeptiert.

156 In der menschlichen Psyche zeigt sich die Große Mutter als wirksames seelisches Urbild, das mit den realen Erfahrungen mit der persönlichen Mutter nicht identisch ist, sondern transpersonale symbolische Inhalte sowie Strukturen bezeichnet. Siehe dazu Erich Neumann, Die psychologischen Stadien der weiblichen Entwicklung, S. 5. Vgl. C. G. Jung, Symbole der Wandlung, S. 284.

157 C. G. Jung, Symbole der Wandlung, S. 399 f.

duum dann als furchtbare Mutter[158], jede Besiegung als helfende energiestiftende Mutter[159].

Wenn man diese Jungsche Untersuchung bei der Interpretation des Romans anwendet, erscheint das zwischen Liebe und Haß, Zuneigung und Abneigung, Anziehung und Widerstand schwankende Gefühlsgeflecht Stillers mit der gütigen Mutter besonders ersichtlich: Indem die persönliche Mutter sich auf Grund seines inneren gestörten Zustandes in eine furchtbare Gestalt wandelt, die alles Unheimliche und Dämonische symbolisiert[160], und ihn auf eine verschlingende Weise fesselt, verkörpert sie doch auch Liebe, Wiedergeburt und Ideal. Mit dem Versuch, sich von ihr zu trennen, ändert sich nur seine innere Beziehung zum Mutterarchetypus, während sein Verhalten und seine Ansichten zur personalen Mutter in Wirklichkeit jedoch unverändert bleiben. Denn die personale Mutter ist ausschließlich der „Träger von Imagines"[161] und inkarniert auf beschränkte Weise die Mutterbilder.

Abgesehen davon wird die pathologische Bindung der Mutter an Stiller gleichfalls von dessen symptomatischer Bindung an die Mutter begleitet[162]. Diese pathologische Bindung an die Mutter zwingt ihn dazu, im Leben das für ihn sehr bedeutsame Mutterbild in der Frau, vor allem in der Partnerin, zu suchen. Zweifelsohne kann es ihm nicht gelingen, in einer Frau seine eigenen mutterarchetypischen Phantasien zu finden.

2.3.1.2. Die Alex-Geschichte als Parallele zu Stillers Mutterkomplex

Die Alex-Geschichte kann im Zusammenhang mit Stillers Mutterkomplex interpretatorisch als Paralle betrachtet werden. Diese sehr naheliegende Parallelität bildet zu Stillers Mutterkomplex ein Pendant, das einen weiteren Aspekt von Stillers Mutter-Sohn-Beziehung beleuchtet. Obwohl Alex wie die Romanhauptfigur unter der vom Mutterkomplex verursachten Identitätsproblematik leidet, und obwohl die typischen Wirkungen dieses Komplexes auf Alex sich auch in seiner Sexualität widerspiegeln, wie es bei Stiller der Fall ist, tendiert Alex aber zur Homosexualität, während Stiller unter Impotenz leidet. Stiller und Alex haben beide in bezug auf den Mutterkomplex denselben Grund - sie sind beide von der übermäßigen Mutterbindung gefesselt -, zeigen aber verschiedene Symptome.

---

158 Vgl. ebd., S. 270 ff., S. 472 ff. & S. 494 f.

159 Vgl. ebd., S. 447 ff., S. 457 ff. & S. 496.

160 Die Beschreibungen der furchtbaren Naturerlebnisse, der Selbstmord-Bilder, des Traumes von der Mutter etc. stellen alle auf ihre besondere symbolische Weise die negative Seite des Mutterarchetypus dar.

161 Liliane Frey-Rohn, Von Freud zu Jung, S. 212.

162 Vgl. Fritz Gesing, Die Psychoanalyse der literarischen Form: „Stiller" von Max Frisch, S. 86.

Wenn man dem Jungschen Konzept vom Mutterkomplex folgt, läßt sich feststellen, daß im Fall Alex' „die heterosexuelle Komponente in unbewußter Form an der Mutter“ haftet[163]. Mit anderen Worten: Von dieser Verhaftung an die Mutter leitet sich Alex' Identifikation mit seiner weiblichen Seite, d.h. seiner Anima, ab[164], weil die Mutter psychologisch gesehen die erste Verkörperung der Anima in der männlichen Psyche ist. So ist Alex' homosexuelle Tendenz theoretisch zu begründen.

Bei Alex geht es an und für sich auch um die unerträgliche Angst vor Liebesentzug durch die Eltern, weil er sich selbst nicht lieben kann. So bemerkt Alex' Vater erst nach dem Verlust des Sohnes: „Der Bub schämte sich auch noch, ehrgeizig zu sein! Statt sich endlich einmal zu dulden, so wie er ist, sich selbst einmal zu lieben [...] Es hätte ihn jemand wirklich lieben müssen!“ (St 589) Diese Worte des Vaters signalisieren eindeutig Alex' Minderwertigkeitsgefühl, das mit seiner Homosexualität zusammen auf den Mutterkomplex zurückzuführen ist.

Alex bildet sich ein, daß ihn die Eltern nur deshalb lieben, weil er den elterlichen Anforderungen und Bedürfnissen nachkommen kann. Sein Selbst(wert)gefühl und seine Identität basieren auch auf dem elterlichen Parameter, denn er möchte immer geliebt werden. Aus diesem Grunde kann er sich nur mit den Eltern identifizieren, kann nicht identisch mit sich selbst sein, kann daher auch nicht sein eigentliches Selbst annehmen. Dieses Problem erkennt Alex' Vater leider erst nach dem Tod des Sohnes. Über das Motiv dieses Selbstmordes reflektiert der Vater ausführlich und spricht darüber während des Gefängnisbesuchs bei Stiller. Alex' Vater bekennt sich zu seiner Schuld: Die Eltern haben den Sohn geliebt, allerdings mit leerem Verlangen und hoher Erwartung, was er nun als Nicht-Liebe bezeichnet:

> Alex war homosexuell [...] es war nicht leicht für ihn, sich selbst anzunehmen. [...] Hätte er damals einen Menschen getroffen, der ihn nicht bloß ermunterte mit Worten und Erwartungen, sondern einen Menschen, der zeigte, wie man mit seiner Schwäche lebt - (St 588)

Diese Passage zeigt, daß wahre Liebe bedeutet, das Gegenüber so zu akzeptieren, wie es ist, und ihm zu helfen, mit der dunklen Seite des Selbst fertig zu werden. Darüber hinaus explizieren die Worte des Vaters gleichzeitig, daß die Eltern früher die Schwäche des Sohnes nicht wahrhaben wollten, was der Vater nun als

---

163 C. G. Jung, Die psychologischen Aspekte des Mutterarchetypus, S. 100: „Typische Wirkungen [des Mutterkomplexes] auf den *Sohn* sind die Homosexualität und der Don Juanismus, gelegentlich auch die Impotenz.“

164 Siehe dazu C. G. Jung, Über den Archetypus mit besonderer Berücksichtigung des Animabegriffes, S. 86. Des weiteren führt Jung aus, daß es hier „um eine unvollständige Ablösung vom hermaphroditischen Archetypus“ gehe, „verbunden mit einem ausgesprochenen Widerstand, sich mit der Rolle eines einseitigen Geschlechtswesens zu identifizieren.“ Nach Jung spiegelt sich die hermaphroditische Beziehung des einzelnen ausschließlich in der Mutter-Kind-Symbiose wider. Im Grunde genommen bedeutet der Hermaphroditus in der Jungschen Psychologie die Symbolik der psychischen Ganzheit.

katastrophalen fatalen Irrtum bereut. Die folgenden Worte des Vaters kennzeichnen nachdrücklich, daß die väterliche Moral, der patriarchale Geist eigentlich schuld an Alex' Tod sind:

> [...] ich förderte seine Begabungen, wo ich nur konnte, und mit seiner Schwäche blieb er einfach allein. Meine ganze Erziehung bestand darin, ihn von seiner Schwäche zu trennen. Bis er sich selbst von seiner Schwäche hat trennen wollen [...]. (St 589)

Diesbezüglich ist Gunda Lusser-Mertelsmann der Meinung, daß Alex' Selbstmord im Grunde als Trennung von seiner Schwäche zu verstehen sei[165], weil er der elterlichen Erwartung bzw. dem väterlichen Über-Ich nicht entsprechen konnte. Andererseits kann man Alex' Selbstmord so interpretieren, daß er sein wirkliches Ich und seine Schwäche erkannt hat: Mit dem Selbstmord protestierte er dagegen, das Über-Ich bzw. die Persona mitzuspielen. Nach der erlangten Selbsterkenntnis kann er sich dennoch nicht selbst annehmen. Der Selbstmord stellt sich also als Versuch dar, sich selbst von der Spaltung zwischen dem Über-Ich (d.h. der Persona) und dem Selbst, zwischen Selbsterkenntnis und Selbstannahme, sowie von Schuldgefühl und Selbstvorwürfen zu befreien. Das Weiterleben, ohne sich selbst anzunehmen, hätte den Rest seines Selbst(wert)gefühls zunichte gemacht, denn der völlige Verlust des Selbst(wert)gefühls wäre die höchste Kränkung der menschlichen Würde gewesen. Der Selbstmord ist hier demnach als ohnmächtiger Rettungsversuch seines Selbst(wert)gefühls zu verstehen[166].

Gunda Lusser-Mertelsmann hat unrecht, wenn sie meint: „Nur wenn er [Alex] seine Identität des Homosexuellen aufgibt, kann er seine Schwäche loswerden [...]“[167]. Die Homosexualität verkörpert hier symbolisch Alex' Schwäche und dunkle Seite, die zu seiner Persönlichkeit gehören. Verleugnung der Homosexualität bedeutet im Grunde auch Selbstverleugnung. Der Vater erkennt diesen Punkt und vertritt deswegen die Meinung, daß Alex mit seiner Schwäche leben soll (St 588). Wenn Alex auf die Homosexualität verzichtet, gerät er wieder in dasselbe Dilemma: Er opfert sein wahres Selbst, um wieder den väterlichen Anforderungen, d.h. der Persona zu entsprechen.

Wie bei Stillers gescheitertem Selbstmordversuch handelt es sich auch hier um eine Tiefenregression. Wie Stiller ist Alex ebenfalls von seinem Unbewußten, also seiner mütterlich-weiblichen Seite, völlig verschlungen und überwältigt. Die Regression wandelt sich hier zur Aggression gegen sich selbst. Genau wie Stillers Mutter verwöhnt und vergöttert Alex' Mutter den Sohn sehr: „Sie duldet nicht, daß man mit eigenen Augen auf ihren Sohn sieht. Sie will immer etwas. Sie lechzt nach Einverständnis um jeden Preis.“ (St 585)

---

165 Gunda Lusser-Mertelsmann, Max Frisch, S. 107 f.

166 H. Henseler, Die Suizidhandlung als narzißtische Krise. Unveröff. Manuskript. 1973. Zitiert nach Gunda Lusser-Mertelsmann, Max Frisch, S. 109.

167 Gunda Lusser-Mertelsmann, Max Frisch, S. 108.

Analog zu Stillers Beziehung zu Julika hat Alex sich vor Julika sehr geschämt (St 586).[168] Hier geht es um das auf Julika projizierte Idealbild der Frau, das der Mutter entstammt, sowie um Alex' Minderwertigkeitsgefühl vor diesem nie zu erreichenden Idealbild, da er aus Identifikation mit der Anima unbewußt Julika als sein höchstes Vorbild betrachtet. Daß Alex gerade nach einer Ballett-Probe im Stadttheater (St 586) und einem langen Gespräch mit Stiller (St 587) Selbstmord begangen hat, kennzeichnet, analog zu Stillers Problemen, sein vom Mutterkomplex hervorgehobenenes Minderwertigkeitsgefühl, also sein unsicheres Selbst(wert)gefühl.

Nach der Bekundung von Alex' Vater fühlt Alex sich innerlich von Stiller verstanden wie von keinem anderen Menschen (St 585). Im Zusammenhang mit Stiller schreibt Alex in seinem kurzen Abschiedsbrief an die Eltern, daß er vor dem Selbstmord mit Stiller gesprochen habe, der mit ihm einer Meinung sei (St 587 & 588). Alex bemerkt: „Stiller redet eigentlich bloß von sich selbst, aber alles was er dabei sagt, gilt auch für mich.“ (St 588) In diesem tieferen Sinn deutet der sich davon distanzierende Stiller doppeldeutig darauf hin:

> Als Fremder hat man das verwirrende Gefühl, daß eigentlich zwei Söhne sich das Leben genommen haben, zwei ganz verschiedene Söhne, zu vereinigen nur dadurch, daß sich *ein einziger Grund* für ihren Selbstmord erfinden ließe. Darum geht es. (St 586) (Hervorhebung von d. Verf.)

Ohne Zweifel kündigt diese Passage Stillers an: Er kennt den Grund zu Alex' Selbstmord; er kann Alex' Position, in der er selbst sich befindet, sehr gut verstehen.

Im Anschluß an die Alex-Geschichte schreibt Stiller: „Heute wieder sehr klar: das Versagen in unserem Leben läßt sich nicht begraben, und solange ich's versuche, *komme ich aus dem Versagen nicht heraus*, es gibt keine Flucht.“ (St 589) (Hervorhebung d. Verf.) Diese zitierte Passage bekräftigt die sinnvolle Verknüpfung von Stillers und Alex' Geschichte. Wie Alex befindet sich der Romanprotagonist in einem Dilemma: Er kommt zu der Erkenntnis, daß er sich mit seinem wirklichen Selbst, seinen Unzulänglichkeiten also, abfinden und sich selbst akzeptieren muß, wie er ist; andererseits gerät er darüber in Verzweiflung, daß die Umwelt ihn nur so aufnehmen will, wie sie ihn zu sehen wünscht. Die väterliche Moral, der patriarchale Geist, den die Gesellschaft vertritt, steht ihm gegenüber. Stiller versteht hier die väterlich-männliche Welt nicht als Fortschritt respektive lebenbestätigenden Aufstieg, sondern eher als Verlust der ursprünglichen Welt.

Seine gescheiterte Ablösung von der Mutter verhindert seine Anpassung in der väterlich-männlichen Welt. Die dunkle Seite seines Selbst beabsichtigt er erst zu akzeptieren, wenn er auf das bisher geführte Leben verzichtet. Wie Alex sich der chthonischen Mutter geopfert hat, läßt auch er sein Unbewußtes für sich spre-

---

168 Julika wird von Alex als liebevolle, mitfühlende, mütterliche Freundin betrachtet: Er schätzt ihre Kunst sehr; sie ermutigte ihn öfters, „wenn er nicht mehr an sich glaubte und wenn es mit seiner Arbeit nicht ging [...]“ (St 586).

chen, das er nach langem Suchen nach einem „festen Punkt“ (St 590) als „wahrhaftig“ (St 600) erkennt. In bezug auf die Suche nach der Wahrhaftigkeit konturiert Stiller seinen ehemaligen inneren Konflikt wie folgt:

> Er möchte wahrhaftig sein. Das unstillbare Verlangen, wahrhaftig zu sein, kommt auch bei ihm aus einer besonderen Art von Verlogenheit; man ist dann mitunter wahrhaftig bis zum Exhibitionismus, um einen einzigen Punkt, den wunden, übergehen zu können mit dem Bewußtsein, besonders wahrhaftig zu sein, wahrhaftiger als andere Leute. Er weiß nicht, wo genau dieser Punkt liegt, dieses schwarze Loch, das dann immer wieder da ist, und hat Angst, auch wenn es nicht da ist. (St 600 f.)

Nun insistiert er auf der das Unbewußte verkörpernden White-Rolle als seinem „festen Punkt“: „[...] man müßte imstande sein, ohne Trotz durch ihre Verwechslung hindurchzugehen, eine Rolle spielend, ohne daß ich mich selber je damit verwechsle [...]“ (St 590). Mit diesen Worten wird deutlich, daß Stiller sich völlig mit der White-Rolle identifiziert, indem sie in sein mütterlich-weibliches Unbewußtes eindringt, und sich davon verschlingen läßt.

2.3.2. Stillers Sexualität und seine Inzestwünsche

2.3.2.1. Stillers Sexualkonflikt

Die Problematik der Sexualität gehört wohl unmißverständlich zu den Hauptthematisierungen des Romans „Stiller“. Wie ein roter Faden zieht sich die verbitterte Auseinandersetzung Stillers mit der Sexualität durch den ganzen Text. Das symptomatischste Phänomen von Stillers sexuellem Charakter ist seine zum Trauma gewordene Impotenz, die zur Koinzidenz von Ursache und Wirkung dieses Problems geworden ist. So beklagt sich Stiller darüber: „Ich bin kein Mann. Jahrelang habe ich noch davon geträumt: ich möchte schießen, aber es schießt nicht [...] es ist der typische Traum der Impotenz.“ (St 617)

Der Grund dieses zum Trauma gewordenen sexuellen Problems besteht einerseits in Stillers völliger Identifizierung mit der von Freud beschriebenen Phallozentrik[169], andererseits in der sexuellen Fixierung auf die Mutter, wobei diese Fixierung zu den wesentlichen symptomatischen Phänomenen des Mutterkomplexes gehört[170]. Nach Stillers eigener Aussage hat er die Mutter heiraten wollen; er bedauert sehr, daß dieser Wunsch in der Wirklichkeit nicht zustande

---

169 Frederik Alfred Lubich, Max Frisch: »Stiller«, »Homo faber« und »Mein Name sei Gantenbein«, S. 35. Vgl. C. G. Jung, Über die Archetypen des kollektiven Unbewußten, S. 39: „Die sexuelle Störung ist keineswegs die Ursache der neurotischen Mißlichkeiten, sondern wie diese eine der pathologischen Wirkungen, die von einer verminderten Anpassung des Bewußtseins ausgehen, das heißt das Bewußtsein ist mit einer Situation und Aufgabe konfrontiert, denen es nicht gewachsen ist.“

170 Gunda Lusser-Mertelsmann, Max Frisch, S. 46 f.

kommen kann. (St 673) Mit dieser Aussage offenbart er kennzeichnenderweise seine infantilen Inzestwünsche bzw. -phantasien. Den Zusammenhang zwischen der phallozentrischen Omnipotenz des Väterlich-Männlichen und der Fixierung auf das Mütterlich-Weibliche wurde bereits im Kapitel 2.1. erläutert. Hier seien noch die Beziehungen zwischen den Inzestwünschen und dem sexuellen Verhalten des regressiven Mannes zu ergründen.

Nach der Jungschen Auffassung wird beim Mutterkomplex insbesondere „die Instinktsphäre des Kindes gestört, und damit sind Archetypen konstelliert, welche als ein fremdes und oft angsterregendes Element zwischen Kind und Mutter treten.“[171] Aus der Jungschen Sicht beseelen hier die überaus intensiven archetypischen Phantasietätigkeiten des Kindes, welche später die Regression evozieren und die Kindheitserinnerungen sexuell aufbauschen, charakteristischerweise die regressiven Phänomene des Mutterkomplexes. Daher geht Jung stets vom aktuellen Konflikt der „neurotischen Störungen“[172] zwischen der gegenwärtigen psychischen Lage und dem infantilen Umkreis des Individuums aus.[173] Um die psychischen Gefälle anzugleichen, hat das erwachsene Kind sich „innerlich vom infantilen Milieu, das heißt vielmehr, sich von seiner infantilen «Attitüde» loszusagen.“[174] In diesem Sinne merkt Jung weiterhin nachdrücklich an: „Je weiter sich die Sexualität entwickelt, desto mehr drängt sie das Individuum aus der Familie heraus, damit es zur Unabhängigkeit und Selbständigkeit gelange.“[175]

Genau vor diesem psychischen Hintergrund verläßt Stiller die elterliche Familie, läßt lange Zeit nichts von sich hören und meidet die Mutter (St 387). Stillers Drang nach seelischer und sexueller Befreiung respektive nach der inneren Wirklichkeit, die zwar noch verschwommen bleibt, dennoch zur Oberfläche des Bewußtseins drängt, ist nicht mehr aufzuhalten. Die von Jung gemeinte Sexualitätsentwicklung ist wegen des Mutterkomplexes bereits vor der Flucht Stillers gehemmt und deshalb unnatürlich. Die Sehnsucht nach Freiheit geht von der bereits erstickend gewordenen inneren Verbindung mit der Mutter aus.

Jung ist der Ansicht, daß sich hinter den Inzestwünschen eigentlich nicht die Kohabitationswünsche mit der Mutter verbergen, wie Freud behauptet. In symbolischer Hinsicht interpretiert Jung die Inzestwünsche als „Ausdruck für *die*

---

171 C. G. Jung, Die psychologischen Aspekte des Mutterarchetypus, S. 99.

172 C. G. Jung, Versuch einer Darstellung der psychoanalytischen Theorie (urspr.: 1913). In: Ders., Freud und die Psychoanalyse (= G.W., Bd. 4). Olten und Freiburg im Breisgau: Walter, [4]1990, S. 180.

173 Ebd.

174 Ebd.

175 Ebd. Vgl. Erich Neumann, Zur Psychologie des Weiblichen, S. 39: „[...] das Beherrscht werden des Mannes vom Sexus entspricht einer Herrschaft des Archetyps der Großen Mutter über den Jünglingsgeliebten, der in Wirklichkeit für sie ein den Kollektivzwecken der Spezies dienendes Werkzeug ist.“

Sehnsucht des Menschen nach einer Geborgenheit im Urzustand, in der Seligkeit völliger Unbewußtheit, in der man noch eins mit sich selber und dem mütterlichen Urgrund war."[176] Wie in den Abschnitten 2.1. und 2.2.1. bereits angedeutet, ist die im Unbewußten verankerte Libido die eigentliche Motivation der Sehnsucht nach der Mutter. Die Inzestwünsche weisen ebenfalls symbolisch auf dieselbe Motivation hin: Der zum Inzest tendierende Mann erhofft aus diesem Urzustand seelisch erneuert herauszutreten, nachdem er sich dort die lebensnotwendige Energie wiederverschafft hat. Der Weg, sich aus der Inzesttendenz zu entwickeln, ist für Jung durch andere mütterlich-weibliche „phantastische[] Möglichkeiten" gegeben, die die Libido auf die geistige Ebene verschieben können[177]. Bei Jung liegt der Akzent der Inzestwünsche also auf der Wertumsetzung im Unbewußten, einer symbolischen Wiederbelebungsmöglichkeit der Persönlichkeit aus der unbewußten Tiefenseele. So weist Jung darauf hin:

> In der Bindung an seinen mütterlichen Ursprung nämlich steckt alle jene Kraft, welche den Helden zum Außerordentlichen befähigt, sein eigentlicher Genius, den er durch seinen Wagemut und seine Unbedingtheit aus den Hüllen des Unbewußten befreit.[178]

Mit anderen Worten: In der Jungschen Schule wird der geistwandelnde Sinn des Mütterlich-Weiblichen wichtiger als dessen erotischer Sinn bewertet. Der geistige Sinn des Mütterlich-Weiblichen kann nach Jung den Geist des Väterlich-Männlichen, also das existentielle Äquivalent des Mütterlich-Weiblichen erneuern und erweitern. Dieser Prozeß kann nicht ohne die bewußte freiwillige Abtrennung vom mütterlichen Reich bzw. dem psychischen Kindheitsmilieu erfolgen. Anders ausgedrückt ist diese positive „Geistwandlung" nur durchzuset-

---

176 Liliane Frey-Rohn, Von Freud zu Jung, S. 344. Dazu meint Jung noch: „Es ist nicht die inzestuöse Kohabitation, die gesucht wird, sondern die Wiedergeburt, zu der man allerdings am ehesten durch Kohabitation gelangen könnte. [...] Das Hindernis des Inzestverbotes macht die Phantasie erfinderisch [...]". Zit. nach Liliane Frey-Rohn, Von Freud zu Jung, S. 239.

177 Ebd.

178 C. G. Jung, Symbole der Wandlung, S. 429. Dort heißt es noch: „Das Mysterium der «Mutter» ist göttliche Schöpferkraft [...]". Mit solchen Auffassungen stellt Jung auch die infantile Keimanlage der Schöpfungskraft dar. Hier offenbart sich die Geistesfunktion des Mutterarchetypus, also des Unbewußten, das als Schatzgrube des menschlichen Geistes fungiert. Auf diese Weise werden beide Prinzipien Geist und Triebnatur verbunden. Vgl. Liliane Frey-Rohn, Von Freud zu Jung, S. 210. Vgl. auch C. G. Jung, Über die Psychologie des Unbewußten (urspr.: 1942). In: Ders., Zwei Schriften über analytische Psychologie (1989-Ausgabe), S. 29 f. An anderer Stelle verweist Jung diesbezüglich darauf, daß sich die genannte geistige Wandlung durch „die Übung der Phantasie" vollziehen kann, „welche allmählich durch die Schaffung von Möglichkeiten Bahnen herstellt, auf denen die Libido sich betätigen kann. So wird sie auf unmerkliche Weise in geistige Formen übergeführt." Siehe C. G. Jung, Symbole der Wandlung, S. 286. Induzierend läge es nahe, daß die Große Mutter eine symbolische Bedeutung der geistigen Befruchtbarkeit wie Erneuerung in sich einschließt.

zen, wenn die unbewußten Elemente auf das Bewußtsein übergeleitet werden können[179]; mit dem bewußten Umsetzungsprozeß ist die mütterliche Welt sowie deren archetypische Inhalte, vor allem die inzestuösen Wünsche sowie die Inzestangst, symbolisch durch ein geistiges qualitatives Äquivalent zu ersetzen[180].

Beim Romanprotagonisten Stiller fehlt nicht nur das geistige existentiell-wesentliche Äquivalent - er findet keinen echten Lebenssinn -, vorwiegend verwechselt er auch seine Wandlungssehnsucht mit den Inzestwünschen, steckt deshalb auf der sexuellen Ebene des Mutterkomplexes fest, der offensichtlich die Lähmung bzw. Beeinträchtigung seiner Instinktsphäre ebenso wie seine „unnatürliche Sexualisierung" entstammen. Erschwerend kommt hinzu, daß der Vater ihm keine Erstarkung der männlichen Psyche bieten und ihm keine moralische Stütze sein kann.[181]

Da die Instinktsphäre und die dazu gehörende Sexualität ebenfalls zur individuellen Persönlichkeit gehören und eine symbolische Bedeutung haben[182], müssen beide in Jungscher Sicht regeneralisiert, integriert und bewußt gemacht werden[183]. Weil dies Stiller schlecht gelingt, verschlimmert sich sein innerer Konflikt, gemäß Jung:

> indem dann eine bereits sexuell entwickelte Libido sich der im Komplex gegebenen Form bemächtigt und Gefühle und Phantasien herbeiführt, welche unmißverständlich die wirksame Existenz der vorher unbewußten und relative unwirksamen Komplexe dartun.[184]

Konsequenterweise führen die „aktivierten Komplexe[]", also die vorher unbewußten Affektvorstellungen, dann zu „intensive[n] Widerstände[n] gegen die immoralischen Antriebe"[185], da diese Affektvorstellungen den Bewußtseinsinhalten gegenüberstehen und mit ihnen unvereinbar sind. Aus diesem Grund sind bei dem Romanprotagonisten Widerstände stets von Verdrängungsmechnismen begleitet. Dadurch daß Stiller seine Gefühle, sexuellen Wünsche sowie seine In-

---

179 Erich Neumann, Die Große Mutter, S. 267 ff. C. G. Jung, Symbole der Wandlung, S. 529.

180 Ebd.: „Die Welt [der psychologischen Kosmogonie] entsteht, wenn der Mensch sie entdeckt. Er entdeckt sie aber, wenn er sein Verhülltsein in der Urmutter, nämlich den anfänglichen, unbewußten Zustand, opfert." Vgl. ebd., S. 447 ff. & S. 457 ff.

181 Vgl. C. G. Jung, Die psychologischen Aspekte des Mutterarchetypus, S. 100. Für Jung sind Geist und Sexualität, welche im menschlichen Leben und in der menschlichen Psyche eine besondere Stelle einnehmen, ebenbürtige Triebhaftigkeiten und schöpferische Kräfte. Eines ohne das andere ist bloß leere Form. Dazu siehe C. G. Jung, Über die Energetik der Seele, S. 68 f.

182 Liliane Frey-Rohn, Von Freud zu Jung, S. 246 f.

183 Im Gegensatz zu Freud generalisiert Jung die Sexualität und schenkt ihr eine hohe Bewertung sowie einen symbolisch-religiösen Sinn.

184 C. G. Jung, Versuch einer Darstellung der psychoanalytischen Theorie, S. 180.

185 Ebd.

zestwünsche so problematisch verdrängt, bekommen sie unbewußte Macht über ihn und werden Herr seiner Psyche. Aus der „unnatürliche[n] Sexualisierung“, die Stiller bei jeder Beziehung verdrängen und verheimlichen muß, resultiert psychologischerweise ein Sich-Abgestoßen-Fühlen von der Sexualität und jeder sinnlichen Assoziation damit. Da er die Sinnlichkeit meidet, projiziert er deren affektgeladenen Inhalt auf die Frau und ist fest davon überzeugt, daß die Frau sein „Zerwürfnis mit dem Körper“ (St 460) erkennen und seinen nackten Körper[186] bzw. „die männliche Sinnlichkeit“ (St 449)[187] verabscheuen müsse. (St 460)[188] Er schreibt:

> Es ist anzunehmen, daß dieser unselige Mensch [...] irgendwann einmal [...] vor den Spiegel trat, um zu sehen, was Julika, seine kristallene Fee, abstoßen mußte, und siehe da, Stiller entdeckte eigentlich nichts, was ihn nicht selber abstieß. [...] Nur er selbst [...] hatte das Pech, in einem männlichen Körper zu wohnen, der sein Liebstes beschmutzte [...] [Julika] hatte es sicherlich nicht leicht mit ihrem neurotischen Gemahl. (St 460)

Er idealisiert Julika als „kristallene[] [Wasser]Fee“ (St 449 & 460) und vergleicht sich selbst mit einem „ölige[n], verschwitzte[n], stinkige[n] Fischer“ (St 449), wobei er sich innerlich entmannt und minderwertig fühlt. Der Körper, der ein Teil seines Selbst ist, wird nicht nur von ihm verabscheut, sondern auch als fremd angesehen. Auf der anderen Seite braucht er aber stets Sexualobjekte, damit seine Libido nicht steckenbleibt und sich weiter entwickeln kann[189]. So entsteht kennzeichnenderweise eine typisch neurotische Spaltung zwischen Seele und Körper (St 460). In diesem Sinne erklärt sich ebenfalls die Komplexität der Frauen- und Identitätsproblematik.[190]

Bei der Jungschen Forschung des Mutterkomplexes findet man ebenfalls eine Bestätigung für Stillers Identitätsproblematik und Sexualzweifel sowie deren Zusammenhang miteinander. Jung deutet darauf hin:

> Die Mutter ist das erste weibliche Wesen, das dem zukünftigen Mann begegnet und nicht umhin kann, stets auf die Männlichkeit des Sohnes anzuspielen; wie auch der Sohn in zunehmendem Maße der Weiblichkeit der Mutter inne wird oder, unbewußterweise wenigstens, instinktiv darauf antwortet. So werden beim Sohn die einfachen Beziehungen der Identität oder des sich unterschei-

186 Im „Homo faber“, „Mein Name sei Gantenbein“ und in „Montauk“ taucht das Motiv des männlichen nackten Körpers immer wieder auf. Dort handelt es sich ebenfalls um das Zerwürfnis des männlichen Körpers, das sowohl die Störung der Instinktsphäre, die Lähmung der Sinnlichkeit als auch die neurotische Spaltung zwischen Seele und Körper kennzeichnet.

187 Vgl. St 450: Der Held zweifelt an der wirklichen Erfahrung des „hinreißenden Sinnenrausch[es]“, der, so vermutet er, ausschließlich aus männlicher Phantasie in der Literatur und aus weiblicher Eitelkeit entsteht.

188 Gunda Lusser-Mertelsmann, Max Frisch, S. 47 f.

189 Vgl. C. G. Jung, Versuch einer Darstellung der psychoanalytischen Theorie, S. 181.

190 Vgl. Gunda Lusser-Mertelsmann, Max Frisch, S. 50.

> denden Widerstandes beständig durchkreuzt von den Faktoren der erotischen Anziehung und Abstoßung.[191]

Vor dieser Jungschen Folie gesehen steht die Männlichkeit Stillers auf dem Spiel, weil seine übermäßige Identifizierung mit der Mutter öfters eine unbewußte Verwechselung des Mütterlichen mit der weiblichen Seite seines Selbst, d.h. der Anima, hervorbringen kann und somit eine Verweichlichung der Persönlichkeit hervorruft, mit der er sich nicht identifizieren will. Augenfällig sieht der Romanheld in sich viele typische feminine Eigenschaften (St 600 & 743)[192], die nach Jung der inzestuösen Mutterbindung entstammen, da der Mutterkomplex auch eine unbewußte „Verstärkung der weiblichen Instinkte"[193] sowie eine „Ungleichheit des Geschlechtes"[194] beim Sohn verursachen kann.

Die Stierkampf-Episode (St 605 - 608) bildet eindeutig diesen inneren Konflikt ab[195]: Spielt er zuerst die Rolle des männlichen Toreros, dessen ekstatische Lust mit spürbar ist, identifiziert er sich am Ende des Stierkampfes mit dem von den Banderillas verletzten Stier (St 607), der in seiner Psyche zum einen die von Anfang an vernachlässigten Gefühle, um mit Rolf zu sprechen, das „Packet mit fleischfarbenem Stoff", zum anderen die Impotenz- und Todesangst allegorisiert. Gefühle, Impotenz- und Todesangst gehören, wie bereits erläutert, zu den Elementarmerkmalen der Großen Mutter. Es ist daher verständlich, daß sein Sich-Hineinversetzen in den verletzten Stier einen femininen Sinn in sich einschließt. In Anbetracht seiner Feminität problematisiert Stiller diese Thematik in seinem Bericht:

> Frauen haben bei ihm leicht das Gefühl, verstanden zu werden. Er hat wenig Freunde unter Männern. Unter Männern kommt er sich nicht als Mann vor. Aber in seiner Grundangst, nicht zu genügen, hat er eigentlich auch Angst vor den Frauen. Er erobert mehr, als er zu halten vermag, und wenn die Partnerin einmal seine Grenze erspürt hat, verliert er jeden Mut; er ist nicht bereit, nicht imstande, geliebt zu werden als der Mensch, der er ist, und daher vernachlässigt er unwillkürlich jede Frau, die ihn wahrhaft liebt, denn nähme er ihre Liebe wirklich ernst, so wäre er ja genötigt, infolgedessen sich selbst anzunehmen - davon ist er weit entfernt! (St 601)[196]

Wie Stiller auch einst Angst vor dem mütterlichen Liebesentzug hatte und daher zur Selbstverneinung neigte, so negiert er später jede Möglichkeit, geliebt zu

---

191 C. G. Jung, Die Psychologischen Aspekte des Mutterarchetypus, S. 100.

192 Vgl. Lusser-Mertelsmann, Max Frisch, S. 48.

193 C. G. Jung, Die psychologischen Aspekte des Mutterarchetypus, S. 100.

194 Ebd.

195 Vgl. St 607: „Stiller etikettierte sie [die letzte Runde des Stierkampfes]: Grazie gegen rohe Kraft, Licht gegen Finsternis, Geist gegen Natur."

196 Vgl. St 617: Sibylle spricht von Stiller folgendermaßen: „Stiller gefiel sich (so sagt sie) in seiner Verwundung; er wollte nicht damit fertig werden. Er verschanzte sich. Er wollte nicht geliebt werden. Er hatte Angst davor."

werden, um sich selbst mit seiner Entmannung nicht vor der Frau zu kompromittieren und sie daher zu enttäuschen. So spielt er die Rolle als White und urteilt über sich selbst: „Stiller kam sich als der Besudelnde vor. Er tat, als ekelte sich Julika vor ihm, und wies sie zurück [...], wenn Julika sich besonderer Zärtlichkeit befliß; er entzog sich." (St 459)

Stiller läßt keine Frau auf sein Schicksal ein, erlaubt keiner Frau, seinem Schicksal eine besondere Bedeutung beizumessen, ignoriert die Aufforderungen des Selbst und der Frau, sich den Geschlechtsbeziehungen zuzuwenden. Denn die Versuche der Frau, sich seinem Innersten zu nähern, gelten ihm als Bedrohung, verschlungen zu werden. Aus diesem Grund verhält er sich gegenüber der Frau zurückhaltend und selbstschützend, um seine peinliche Furcht vor Selbstentlarvung zu verheimlichen, so daß er unbewußt seine Affekte und emotionalen Ausbrüche auf die Frau projiziert, indem er die Schuld der Beziehung auf sie verschiebt, ihr Vorwürfe macht und ihre problematischen Charakteristika, welche ihn zu überfluten bedrohen, hervorhebt. Dieser Sexualkomplex reflektiert sich in seinen Vorwürfen über Julikas Frigidität:

> Stiller hatte [...] immer weniger [...] Verständnis für seine Frau; seine Ich-Bezogenheit ging so weit, daß er sogar ihre ärztlich begründete Müdigkeit auf sich bezog, nur auf sich, und es kam vor, daß Stiller wortlos aus der Wohnung ging, die Tür schmetterte, nur weil Julika gesagt hatte, sie wäre müde [...] Oder er sagte: Ich möchte dich einmal erleben, wenn du nicht müde bist! und seine Stimme war voll Vorwurf, voll Grimm. (St 452)

Zweckgebunden bedient er sich der von ihm als „Schwäche" abgewerteten Charaktermerkmale Julikas, mit der Absicht, seine eigenen sexuellen Schwächen zu überspielen. (St 441)[197] Nach Stillers Ermessen kann eine gesunde Frau einen Mann bloß auf der sexuellen Ebene lieben; ein Mann, der in der Sexualität versagt, besitzt keine anderen Individualwerte mehr (Vgl. St 440 f.).

Andererseits wünscht er sich die völlige Hingabe und Aufopferung des Gegenübers, in der Hoffnung, sein Sich-Nicht-Genügend-Fühlen zu kompen-

---

197 Vgl. St 441: Stiller sei der Meinung, Julika „traute sich *offenbar* nicht zu, einem wirklichen und freien Mann genügen zu können, so daß er bei ihr bliebe. *Man hat den Eindruck*, daß auch Stiller sich an ihre schwäche klammerte; eine andere Frau, eine gesunde, hätte Kraft von ihm verlangt oder ihn verworfen. Julika konnte ihn nicht verwerfen; *sie lebte ja davon* [...]". (Hervorhebung d. Verf.) Das „offenbar" hier signalisiert Stillers eigene Vermutung bzw. seine Interpretation über Julikas Charakteristika. Wenn die Verhaltens- und Denkweise Stillers und Julikas vor und während der Trennung nicht auf verbaler Kommunikation beruht (St 408 - 415), sie sich deshalb sogar niemals miteinander streiten, ergibt sich daraus die Folgerung, daß sie sich während der Symbiose-Beziehung wenig voneinander verstanden fühlen, daß sie einander nie richtig kennengelernt haben. Diese seine Vermutung basiert im Grunde auch nur auf seinem Vorurteil. Ebenfalls kennzeichnet sich das „Man hat den Eindruck" hier als Stillers rhetorische Erzählmethode, seine Objektivierung der Aussage zu unterstreichen. Im Grunde sind Stiller und das „Man" hier ein und dieselbe Person.

sieren, fernerhin seine Männlichkeit zu bekräftigen.[198] Auf solche anormale Weise befindet sich Stiller sexuell und instinktiv in status nascendi. Von einem solchen Fall spricht Jung folgendermaßen:

> Sein [des am Mutterkomplex Leidenden] Eros ist passiv wie der eines Kindes: Er hofft eingefangen, aufgesogen, verhüllt und verschlungen zu werden. Er sucht gewissermaßen den schützenden, nährenden Bannkreis der Mutter, den jeder Sorge enthobenen Säuglingszustand, in welchem die Umwelt zu ihm kommt und ihm sogar sein Glück aufzwingt.[199]

Stillers unterentwickelter Eros bzw. seine Furcht vor dem sexuellen Versagen führt zur Angst vor der Sexualität ebenso wie vor den Frauen, vor denen er strategisch einerseits seine Zärtlichkeit und andererseits die sexuelle Unfähigkeit der Frauen übertreibt, um damit seine eigene Angst vor Entmannung zu übertönen. Vor diesem Hintergrund ist Stillers sexuelle Ablehnung und Sehnsucht nach Sexualität, die für ihn wiederum mit Liebe identisch ist[200], zu verstehen. Aus diesem Grund erwählt er sich Julika, die ebenfalls Angst vor der Sexualität hat[201], um sein sexuelles Versagen Julika zur Last legen zu können. Seine Affären mit anderen Frauen sucht er zum einen mit Julikas Unfraulichkeit sowie Frigidität zu rechtfertigen, zum anderen beabsichtigt er, sich mit den Seitensprüngen vor einer richtigen Liebesbeziehung zu schützen.

Da die verbotenen immoralischen Inzestwünsche sich nicht vollziehen lassen, verläßt Stiller seine Mutter, in der seine Libido steckt, um nicht gegen den gesellschaftlichen Kanon zu verstoßen, und sucht sich ein neues Sexualobjekt, um seine Sexualwünsche entladen zu können. Dieweil werden all seine Gefühle zur Mutter in seinem Frauenbild sublimiert, anhand dessen er seine Lebensgefährtin sucht.[202] Solange es ihm nicht bewußt ist, daß er psychisch stets auf die Mutter angewiesen ist, bleibt ihm die Mutter immer das Gegenüber[203], selbst wenn er

---

198 Solche symptomatische Erscheinungen werden in der analytischen Psychologie durch Selbstkastration, Wahnsinn und frühen Tod dargelegt, was Stiller symbolisch in verschiedenen psychischen Phasen erlebt.

199 C. G. Jung, Aion, S. 20.

200 Vgl. St 617: Stiller wolle, nach Sibylles Beobachtung, nicht geliebt werden. Bevor eine genuine Liebesbeziehung beginnt, hindert ihn seine Angst vor Sexualität bereits, Liebe zu sich selbst und zum Gegenüber zu entwickeln. In diesem Anbetracht schwärmt er innerlich für eine niemals realisierbare Liebe; sein Unvermögen, zu lieben und eine interaktive Zweierbeziehung zu entwickeln, ist ohne weiteres ersichtlich.

201 Gunda Lusser-Mertelsmann, Max Frisch, S. 24 f.

202 Vgl.ebd., S. 46 f.

203 Vgl. C. G. Jung, Die Beziehungen zwischen dem Ich und dem Unbewußten (1989-Ausgabe), S. 206: „Weil die Mutter die erste Trägerin des Seelenbildes ist, ist die Abtrennung von ihr eine ebenso delikate wie wichtige Angelegenheit von höchster erzieherischer Bedeutung. [...] Bloßes Erwachsenwerden und äußere Trennung genügen nicht, es bedarf noch der ganz besonders einschneidenden Männerweihen und Wiederge-

die Mutter verläßt. Dies kann ihn und seine Partnerin auf der psychologischen Ebene immer wieder entfremden und zur unentrinnbaren Niederlage der Ehe sowie des Lebens führen. Seine unbewußte Suche nach der Mutter in jeder Frau erweist sich unbemäntelt als eine typische Wirkung des Mutterkomplexes[204].

Die inzestuöse Verhaftung an die Mutter macht feste Bindungen mit anderen Frauen unmöglich; indem er der Mutter treu bleibt, muß er seiner Partnerin die Sexualität entziehen. Unter dem Vorwand der sexuellen Abneigung versucht er die Sexualität zu negieren und sich davon zu lösen.

2.3.2.2. Textbeispielanalyse: Stillers Traum von der Mutter

In den letzten Abschnitten wurde bereits deutlich gezeigt, daß der Protagonist des Romans „Stiller" im Verlaufe seiner psychischen Entwicklung die Rückkehr zur Mutter unbewußt erlebt. Eine Zeitlang sucht der Held seine Rückkehr zur Mutter zu negieren und bemüht sich, die unbewußten Elemente der Mutter-Sohn-Beziehung aufzuhellen. Dann wird sein innerer Rückzug von der Mutter allmählich unübersehbar. Während des Wandlungsprozesses liegt Stillers unbewußter Wunsch allmählich offen, sich der Macht der Mutter respektive der Mutter-Imago zu widersetzen, weil seine Sehnsucht nach ihr ihn Gefährnissen aussetzt und er sich durch ihre Charakteristika eingeengt fühlt; innerlich fühlt er, daß gerade der von der guten Mutter evozierte Infantilismus seiner psychischen Wandlung im Wege steht. Mit der Zeit erkennt er die Notwendigkeit, sich von ihr ablösen zu müssen. Vor der Folie der Verfolgungsangst vor der Mutter erscheint die Dämonisierung der lähmungserregenden Mutter, die der Protagonist während des Heilungsprozesses zu überwinden hat. Unübersehbar signalisiert der Traum von der Mutter seine Bereitschaft zum inneren Rückzug von der Mutter und damit den Wendepunkt seiner psychischen Entwicklung.

Nach Jungs Theorien über den Mutterkomplex zeigt das seelische Erlebnis der Spaltung beim Sohn insbesondere die Möglichkeit zur Neurose[205], wenn der

---

burtszeremonien, um die Abtrennung von der Mutter (und damit von der Kindheit) wirksam zu vollziehen."

204 C. G. Jung, Die psychologischen Aspekte des Mutterarchetypus, S. 99 f. Vgl. auch Gunda Lusser-Mertelsmann, Max Frisch, S. 48 f.

205 Jung definiert die Neurose als Entzweiung des Individuums mit sich selbst und deutet sie wie folgt an: *„Bei der Neurose bestehen zwei Tendenzen, die zueinander in striktem Gegensatz stehen, und von denen die eine unbewußt ist."* Anschließend fügt er noch hinzu: „Auch wissen wir heutzutage, daß es keineswegs immer die tierische Triebnatur ist, welche mit dem Kulturzwang uneins ist, sondern vielfach sind es auch neue Ideen, die aus dem Unbewußten zum Tageslicht drängen und ebensosehr mit der herrschenden Kultur in Zwiespalt geraten wie die Triebe." Siehe C. G. Jung, Über die Psychologie des Unbewußten (1989-Ausgabe), S. 28 f. Durch diese Äußerung wird auch klar, daß die Jungsche Forschung anders als die Freudsche ist, welche die psychischen Probleme des Menschen stets nur auf die Sexualität zurückführt und alles auf diese Ebene beschränkt.

von der gütigen überbesorgten Mutter verwöhnte Sohn von der Mutter als furchtbarer destruktiver Gestalt träumt. Bei Stiller ist genau dies der Fall. Die tiefliegende Ursache der Neurose liegt weniger in der persönlichen Traumatisierung durch die Kindheitsereignisse, als in deren symbolischen Erscheinungen, wie z.B. in der furchtbaren Mutter im Traum Stillers und vor allem im verdrängten sexuellen Konflikt[206]. Tatsächlich sind die sexuelle Angst des Protagonisten ebenso wie sein sexueller Konflikt mit Julika auch der entscheidende Grund zur psychischen Regression bzw. zur symptomatischen Erscheinung der Neurose.

Charakteristischerweise stellt sich der sexuelle Konflikt des Helden vor allem durch viele, verkettete Alpträume von Julika und der Mutter nach dem Selbstmordversuch dar.[207] Nach dem Bericht Stillers handelt es sich in den Träumen immer um dieselbe Thematik. In einem Traum sei

> Julika gar nie meine Frau gewesen, alles nur Einbildung von mir... Ein anderer Traum: In meinem Bett liegt Mutter, gräßlich, obzwar lächelnd, eine Puppe aus Wachs, Haare wie Bürstenborsten, mein großes Entsetzen, ich versuche das elektrische Licht anzudrehen, es geht nicht, *ich versuche Julika anzurufen*, es geht nicht, alles unterbrochen, Finsternis in der ganzen Wohnung, wobei ich doch die Mutter aus Wachs genau sehe, in einem äußersten Grad von Grauen knie ich nieder mit einem Schrei, um zu erwachen, in meinen Händen plötzlich ein Osterei so groß wie ein Kopf [...] Andere Träume weiß ich noch weniger. *Alle gingen um dasselbe.* (St 726 f. Hervorhebung d. Verf.)[208]

Diese Träume besagen nicht nur, daß Julika in ihrer Ehe immer wieder von Stiller

---

Abgesehen von der Erotik berücksichtigt Jung auch verschiedene andere Naturtriebe des Menschen.

206 C. G. Jung, Über die Psychologie des Unbewußten (1989-Ausgabe), S. 28 ff. Der Grund des sexuellen Konflikts stammt zwar ätiologisch und nachweisbar aus der Mutter-Sohn-Beziehung, dennoch bedeutet solche Zurückführung auf die Kindheit bloß eine Hilfsmethode zur Erforschung des Konflikts. Was in der Gegenwart sinnvoller erscheint, ist davon abgesehen die Konfrontation mit den unbewußten Komponenten dieses Konflikts, d.h. die möglichst weitgehende Bewußtwerdung der ausschlaggebenden Komponenten.

207 Vgl. Gunda Lusser-Mertelsmann, Max Frisch, S. 61: Für Lusser-Mertelsmann bedeutet Stillers Selbstmordversuch sowohl Wiedergeburt als auch „Befreiung von der Frau", wobei sie die Traumkette ebenfalls in diesem Sinne interpretiert. In Wirklichkeit handelt es sich hier um eine langsame bewußte Trennung von der Mutter, anstatt von der Frau. Denn Stiller ist psychologisch gesehen noch sehr von der Frau, vor allem von Julika, abhängig, anderenfalls hätte er nicht den Wunsch, zu ihr zurückzukehren. Die Träume von der Mutter, Julika und Little Grey zeigen sein Unbewußtes. Im Gegensatz zu Lusser-Mertelsmanns Interpretation ist Stiller völlig der das Unbewußte verkörpernden Anima-Figur verfallen.

208 Zu betonen sei hier, daß das (Oster-)Ei „das bekannte Ursprungssymbol der matriarchalen Welt" ist, „welches - als Großes Rundes - das All enthält". Siehe Erich Neumann, Die Große Mutter, S. 307.

als Ersatzmutter betrachtet und mit der Mutter verwechselt wird[209], vielmehr wird auch offenbar, daß Mutter und Ehefrau zu ein und demselben Sexualobjekt verwoben sind.

Wiederum bestätigt sich hier die inzestuöse Mutterphantasie Stillers, die aus seiner Kindheit immer wieder auftaucht (St 673). In einem symbolischen Traum liegt seine Mutter in seinem eigenen Bett neben ihm. Sein Widerstand gegen diesen Inzestwunsch zeichnet sich durch seine Angst vor der furchtbaren, wie ein Leichnam aussehenden Mutter ab.[210] Psychologisch gesehen entstammt seine Angst sowohl der Inzestphantasie und dem Inzestverbot, als auch der Schwierigkeit der notwendigen Lösung von der Mutter. Hinter der Fassade der Inzestphantasie sind tiefenpsychologische unbewußte Inhalte verborgen, die im Zusammenhang mit den Elternbildern stehen und die Stockung des Individuationsprozesses verursachen[211]. Im Unbewußten Stillers erscheint die menschliche Mutter als Faktor der Lähmung, so daß sie sich in seinem Unbewußten manchmal in ein furchterregendes dämonisiertes Gespenst verwandelt. Trotz seiner Widerstände unterliegt er seiner psychischen Verhaftung an die Mutter.

Dieses Traumsymbol bekundet vorwiegend die psychischen Phänomene Stillers, die gar nicht in Zusammenhang mit der realen Mutter stehen, welche den Sohn übermäßig liebt und beschützt. In Wirklichkeit personifiziert die personale Mutter hier im Traum die verschlingende erschreckende und destruktive Natur seiner Psyche; sie verlebendigt die negative Seite der mutterarchetypischen Numinosität. Aus dem auffallenden Unterschied zwischen den Bildern der realen Mutter und denen der Mutter im Traum dürfte ersichtlich sein, daß dieser Traum auf die Jungsche Kennzeichnung der Großen Mutter, also des kollektiven Unbewußten anspielt. Die furchtbaren Mutterbilder sind in der Tat ein Werk der Großen Mutter anstatt der realen Mutter[212]. Die von der Großen Mutter inszenierte Inzesttendenz wird vom Romanhelden unbewußt auf die reale Mutter projiziert und mit ihr verwechselt. D.h.: Die archetypischen Bilder decken sich in Wirklichkeit mit den eigenen Phantasien des introvertierten bzw. regressiven Individuums; die imaginierten Vorstellungen verleihen der personalen Mutter transpersonalen Glanz. Nicht die reale Mutter übt Einfluß auf ihn aus, sondern

---

209 Vgl. St 724: Zum Schluß der Atelierszene ist Julika in Stillers Augen „wie eine Siegerin [...] eher noch wie eine Mutter, die ihren etwas unverbesserlichen Buben trotz allem so lieb hat."

210 Gunda Lusser-Mertelsmann, Die Höhlengeschichte als symbolische Darstellung der Wiedergeburt, S. 168. Frederick Alfred Lubich, Max Frisch: »Stiller«, »Homo faber« und »Mein Name sei Gantenbein«. München: Fink, [2]1992, S. 32. (= UTB1564)

211 C. G. Jung, Über den Archetypus mit besonderer Berücksichtigung des Animabegriffes, S. 76. Jung ist der Meinung, „daß über die Inzestphantasie hinaus noch hochemotionale Inhalte mit den Elternimagines verknüpft sind, welche eine entsprechende Bewußtmachung erheischen. Sie sind offenbar noch schwerer bewußt zu machen als die Inzestphantasien [...]".

212 Vgl. Erich Neumann, Die psychologischen Stadien der weiblichen Entwicklung, S. 5. Vgl. auch C. G. Jung, Symbole der Wandlung, S. 284.

seine eigenen Imagines, also seine Mutter-Imago, die ihm „als fremdartig in einem psychischen «Außen» “ stehenbleibt[213], produzieren diese archetypischen Bilder[214]. Die Mutter sowie seine infantile Haltung entspringen in Wirklichkeit seiner Vorstellung. In Anbetracht dieser Tatsache erklärt sich, daß sich der Widerstand gegen die Inzestwünsche im Grunde eher auf die archetypischen Phantasien der eigenen Psyche richtet. Je stärker seine Inzestwünsche sind, desto furchtbarer, schattenhafter erscheint die personale Mutter in seiner Psyche[215]. Dazu meint Jung, daß die „hochemotionalen“ Mutter-Imagines, die von „religiöser Natur“[216] sind, „offenbar noch schwerer bewußtzumachen als die Inzestphantasien [...]“[217] seien, da die hochgradig unbewußten Widerstände gegen sie völlig verdrängt sind.

Weiterhin ist die bildliche Sprache in Stillers Traum derart zu interpretieren, daß Stiller psychisch nicht in der Lage ist, sich respektive seine Libido von der Mutter-Imago abzutrennen[218]. Solche ambivalente Konzeption der Mutter bzw. der Mutter-Imago ist in der Jungschen analytischen Psychologie ebenfalls vorhanden:

> Diese Sehnsucht [nach der Mutter] kann zur verzehrenden Leidenschaft werden, welche alles Gewonnene bedroht. In diesem Fall erscheint dann die ›Mutter‹ einerseits als höchstes Ziel, andererseits als gefährlichste Bedrohung, als ›furchtbare‹ Mutter.[219]

Das höchste Ziel ergibt sich hier aus einer unbewußten Idealisierung des Mütterlichen und des Weiblichen. Auf der anderen Seite setzt sich das Gefühl der Bedrohung in die Dämonisierung der Partnerin um, der alle furchterregenden Elemente angehängt werden. Zu dieser Thematik äußert sich Erich Neumann folgendermaßen:

---

213 C. G. Jung, Die Beziehjungen zwischen dem Ich und dem Unbewußten (1989-Ausgabe), S. 197.

214 C. G. Jung, Symbole der Wandlung, S. 383 f. Vgl. hierzu auch C. G. Jung, Über den Archetypus mit besonderer Berücksichtigung des Animabegriffes, S. 76.

215 C. G. Jung, Symbole der Wandlung, S. 532: „Die Inzestangst wandelt sich in die Befürchtung, von der Mutter aufgefressen zu werden.“ Vgl. ebd., S. 384: „Wird die Mutter als das Hindernis empfunden, so wird sie scheinbar zur heimtückischen Verfolgerin. Natürlich ist es nicht die wirkliche Mutter [...]“. Fernerhin erwähnt Jung: „Scheinbar ist es ein dämonischer Feind, der die Tatkraft raubt, in Wirklichkeit aber eben das eigene Unbewußte, dessen andersartige Tendenz das bewußte Vorwärtsstreben zu hindern beginnt. Die Ursache dieses Vorganges ist oft sehr dunkel [...]“.

216 C. G. Jung, Über den Archetypus mit sonderer Berücksichtigung des Animabegriffes, S. 77.

217 Ebd., S. 76.

218 Vgl. C. G. Jung, Symbole der Wandlung, S. 284.

219 Ebd., S. 302. Siehe Gunda Lusser-Mertelsmann, Die Höhlengeschichte als symbolische Darstellung der Wiedergeburt, S. 169 f.

> Die Projektion der eigenen männlichen Begierde und, noch tiefer, der eigenen Tendenz zum Uroboros-Inzest, zur lustvollen Selbstauflösung im Ur-Weiblich-Mütterlichen, verstärkt den Grauencharakter des Weiblichen. So gehört zur furchtbaren Göttin die Wollust und die Verführung zur Sünde und zum Untergang [...].[220]

Diese beiden extremen Elementarcharaktere sind zwar gegensätzlich zueinander, werden aber gleichzeitig in unterschiedlichen Dimensionen auf die Frau projiziert und nicht als paradox empfunden. So charakterisiert Stiller seine Gattin Julika unbewußt mit dieser Ambivalenz.

Die unbewußt nach außen vorgebrachten Wünsche und Vorstellungen, die nicht nur gelegentlich vorkommen, sondern ständig präsent sind, werden pathologisch, weil die Persönlichkeit des Mannes sich entzweit. So erscheint die die Anima verkörpernde Partnerin sowohl anziehend als auch abstoßend. Der Wandlungscharakter der Anima zur Selbständigkeit wird hier von der Großen Mutter abgelöst. In diesem psychischen Konflikt kann die furchtbare Mutter die Tiefenregression Stillers zu einer positiven Wandlung leiten, wenn sie mit der Anima verknüpft ist, fernerhin, wenn sich die Anima von der Großen Mutter herablöst. In diesem tieferen Sinne versucht Stiller in dem Augenblick, wo er alle Kontrolle über sich und seine ganze seelische Lage verliert, Julika anzurufen, um sie um Hilfe zu bitten, sie, die Anima-Personifikation, die sonst für ihn genau so destruktiv und furchtbar ist, wie die Mutter, die ihm im Traum erscheint. Mit diesem Traum lernt Stiller die Große Mutter von der Anima zu differenzieren und beginnt, sich von der Großen Mutter zu lösen. Nach dieser Ablösung konfrontiert er sich noch mit der Anima-Figur Julika, ohne sie wiederum mit der Mutter zu verwechseln. Der darauf folgende Prozeß besteht in der Ausdifferenzierung zwischen dem Großen Weiblichen und der Anima ebenso wie in der Trennung von beiden.

2.3.3. Rückkehr zum Infantilismus

Die letzten Abschnitte haben bereits ausführlich gezeigt, daß Jung in seiner Auffassung über den Mutterkomplex neben der pathologischen Bindung des Sohnes an die Mutter ebenfalls die völlige Abhängigkeit des Sohnes vom affektbetonten Gesamtkomplex akzentuiert, die durch den Mutterkomplex eskaliert. Es wurde auch erläutert, daß die Hauptfigur im Roman „Stiller" genau vor diesem psychologischen Hintergrund zu interpretieren ist. Im „Stiller"-Roman erscheint die krankhafte unauflösbare Bezogenheit des Protagonisten auf seine Mutter besonders augenfällig. Sie verführt ihn mit ihrem gütigen Elementarcharakter der Großen Mutter zum Infantilismus und steht deshalb seiner psychischen Entwicklung im Wege. In diesem Abschnitt werden die infantilen Züge des Helden mit Hilfe der Jungschen Psychologie analysiert.

---

220 Erich Neumann, Die Große Mutter, S. 168. Frederik Alfred Lubich, Max Frisch: »Stiller«, »Homo faber« und »Mein Name sei Gantenbein«, S. 115.

Jung verknüpft die pathologische Verbundenheit zwischen Mutter und Sohn mit seiner Libidotheorie; er zeigt auf, daß die Lebensenergie des Sohnes vom Mutterkomplex besonders in Frage gestellt wird. Im Fall des Mutterkomplexes ist die Libido des Sohnes konflikthafterweise blockiert, wodurch der Individuationsprozeß behindert wird. Stiller gelingt es eine Zeit lang, „die im Verhältnis zu den Infantilobjekten [also der Mutter] befindliche Libido"[221] auf die Kunst überzuleiten, was „de[n] Übergang aus der Infantilwelt in die große Welt ermöglicht"[222]. Da sich der Romanprotagonist später nicht mehr mit der Kunst zufrieden gibt, verlegt er sich auf andere Libido-Objekte, meistens seine Lebensgefährtinnen. Die Auflösungsprozedur erweist sich als besonders schwierig, da der Infantile sich nicht anschickt, „seine frühere Persönlichkeit und seine früheren Objekte einfach stehen zu lassen, sonst läßt er damit seine Libido stehen, die bei der Vergangenheit weilt."[223]

Es wurde bereits darauf hingewiesen, daß die Instinktstörung des Sohnes ein besonders kennzeichnendes Symptom des Mutterkomplexes ist. Die zu starke Störung der Instinktsphäre ruft folgerichtig beängstigende Elemente des Unbewußten in seinem Leben hervor[224], weswegen sich sein Selbstwertgefühl labil entwickelt. Gerade im Fall Stiller steht die Störungsproblematik der Instinktsphäre des Helden, die noch im kindlichen Milieu steckt, im Vordergrund. Seine Instinktstörung führt kennzeichnenderweise zu infantilen Haltungen und kindlichem Verhalten. Solche infantile Problematik hat Jung psychologisch thematisiert:

> Ein Individuum ist darum infantil, weil es sich nur ungenügend oder gar nicht aus der Kindheitsumgebung, das heißt von seiner Elternanpassung befreit hat, weshalb es fälschlicherweise der Welt gegenüber einerseits so reagiert, wie ein Kind den Eltern gegenüber, immer Liebe und sofortige Gefühlsbelohnung heischend; anderseits durch die enge Bindung an die Eltern mit diesen identifiziert, benimmt sich der Infantile wie der Vater und wie die Mutter. Er ist nicht imstande, sich selbst zu leben und seinen ihm zugehörigen Charakter zu finden.[225]

---

221 C. G. Jung, Versuch einer Darstellung der psychoanalytischen Theorie, S. 181.

222 Ebd.

223 Ebd.

224 Vgl. C. G. Jung, Die psychologischen Aspekte des Mutterarchetypus, S. 99.

225 C. G. Jung, Symbole der Wandlung, S. 365. Aus dieser Passage resultierend läßt sich feststellen, daß für Jung solch eine infantile Tiefenregression zwar immer weit in die pathologische Bindung der Eltern zum Kind zurückreicht, aber das Hauptanliegen seiner Forschung liegt hauptsächlich in der gegenwärtigen gestörten Lage des bereits erwachsen gewordenen Kindes, denn das Kind kann seine eigene Identität nicht finden. Aus dieser Sicht ist zu begründen, warum Stiller zu Julika zurückkehrt. Ohne Zweifel erfaßt Stiller die Notwendigkeit, sich vom Mutterkomplex zu befreien und sein eigenes Selbst zu finden.

Daher ist es nicht verwunderlich, daß die Gefühle und Attitüden des Romanprotagonisten Stiller stets ambivalent erscheinen.[226] Möchte Stiller unbewußt von außen als Kind betrachtet und behandelt werden, verlangt er trotzdem von den Mitmenschen, ihn zugleich als Mann ernstzunehmen und seinen Forderungen entgegenzukommen, indem er sich der Umwelt auf infantile Weise widersetzt, falls seine Forderungen nicht in Erfüllung gehen.

Innerlich kann sich Stiller nicht vom früheren Milieu trennen, er introvertiert seine Libido und verfällt in äußersten Widerstand gegen die natürliche Entwicklung der Dinge. Die Anforderungen seines Gefühls weist er zurück und kann infolgedessen seinen eigentlichen Charakter nicht erkennen und annehmen. Seine Ruhelosigkeit, Verbindungslosigkeit und Beschwernisse sind mit seinem regressiven Infantilismus korreliert. Um sich selbst wieder als Knabe zu fühlen und die mütterliche Fürsorge und Liebe zu spüren, projiziert er die Mutterbilder auf seine Partnerin.[227] Die Abschiedsszene zwischen Stiller und Julika in Davos und die Atelierszene, in der Stillers Wutanfall als Wendepunkt der Geschichte beschrieben wird, zeigen sich als einleuchtende Hinweise darauf.

Die Abschiedsszene (St 469 - 475) verläuft wie folgt: Während Stillers Besuch bei Julika in Davos packt der von Affekten beladene verbitterte Protagonist die kranke Julika plötzlich „wie ein Tarzan", hält „ihr schmales Gesicht mit seinen etwas harten Bildhauerhänden" fest, küßt sie „mit unbegreiflicher Heftigkeit, die natürlich so ohne weiteres nicht zu erwidern war", und reißt „ihren damals geschwächten Körper an sich, als wollte er Julika zerquetschen." (St 473) Ihr Lächeln-Wollen kränkt ihn so sehr, „daß ihm Tränen kamen", wobei er niederkniend den Kopf in ihren Schoß dringt und wie ein kleines Kind schluchzt. Die Kranke streicht währenddessen über seinen Kopf und reagiert nicht weiter. Darauf versucht er bitterlich, „in ihren Schoß zu beißen, zu beißen wie ein Hund" (St 474), was ihm wegen des dicken Rockes nicht gelingt. Dieweil kann Julika nicht umhin, ihn auf die Spaziergänger aufmerksam zu machen (St 474 f.), und

---

226 Parallel zu Stillers infantiler Zweierbeziehung werden Rahmenerzählungen, „Isidor"-Geschichte und das Märchen „Rip van Winkle", dargestellt. Während Rip van Winkle ein neues Ich durch den „Lebensschlaf" (Frederik Alfred Lubich, Max Frisch: »Stiller«, »Homo faber« und »Mein Name sei Gantenbein«, S. 32) erhofft, sein Leben dabei aber verpaßt, wartet Isidor besessen auf die Änderung des Verhaltens seiner Frau. Beide richten ihre Aufmerksamkeit stets in egozentrischer Weise auf sich selbst, indem die Ehegattin kein Recht haben soll, seinem ständigen Hin-und-Her nachzufragen, gehorsam schweigen soll, weiterhin die alleinige Verantwortung für die Familie tragen und keinen Anspruch auf den Ehemann haben soll. Beide Erzählungen bilden ein Pendant zu Stillers innerer Angst vor Verantwortung bzw. Bindung in der Ehe, derentwegen er gegen das konventionell-kollektive Wertsysteme in bezug auf die Ehe-Beziehung verstößt und sich Schuld bzw. Schuldgefühl zufügt, was wiederum in einem circulus vitiosus zu Wutanfällen, und somit noch tieferer Schuld führt. Wie Isidor reagiert Stiller auf Julikas Frage nach seinem Verschwinden manisch-wütend, wie Rip van Winkel verzichtet er auf das alter ego. Hier spricht die Anima, die stets verdrängt wird und nun die Psyche der drei Männer dominiert.

227 Vgl. Gunda Lusser-Mertelsmann, Max Frisch, S. 46 f.

sagt sehr mütterlich: „Jaja - bist ein Armer!..." (St 475) Danach verläßt er Julika ohne Worte und beginnt seine Flucht.

Die Abschiedsszene im Roman hat einen symbolischen Sinn. Diese Abschiedsszene zielt auf Stillers „unbewußte[n] Drang zur Mutter"[228], also seine infantile Regression, ab. In dieser symbolischen Szene werden nicht nur Stillers Impotenz sowie Julikas Frigidität[229], seine verdrängten sexuellen Wünsche nach der Mutter[230], sondern überwiegend Stillers Sehnsucht nach mütterlicher Nutrition aufgezeigt: Stiller möchte wie ein Kind von der Mutter geliebt, beschützt und genährt werden und erhofft sich dadurch eine Wandlungsmöglichkeit, eine Überwindung seiner Anpassungsschwierigkeit.[231] Die Sehnsucht nach der Mutter ist dabei nicht immer unbedingt mit der Sexualität verhaftet[232], wie Freud und die Freudianer bekanntlich behaupten. Nach Erich Neumann ist die Sexualsymbolik stets auch mit der Nahrungssymbolik verbunden.[233]

In der Atelierszene wird skizziert, wie der Protagonist Stiller, von plötzlichem Affekt getrieben, in seinem ehemaligen Atelier beginnt, alle seine früheren Kunstwerke zu zerstören. Danach erhofft er sich, die Davosszene wiederholen und wie ein Kind im Schoß Julikas weinen zu können. Mit folgenden Worten faßt Stiller den Nachgeschmack seiner damaligen inneren Situation zusammen:

> Einige Atemzüge lang, wie ich [...] meine Julika betrachte, glaube ich in heiße Tränen auszubrechen und im nächsten Augenblick auf meine Knie zu fallen,

---

228 Gunda Lusser-Mertelsmann, Geschlechterproblematik und Identität im Werk Max Frischs. In: J. Cremerius (Hrsg.), psychoanalytische Textinterpretation. Hamburg: Hoffmann und Campe, 1974, S. 199.

229 Martin Balle, Sich selbst schreiben - Literatur als Psychoanalyse, S. 63.

230 Gunda Lusser-Mertelsmann, Geschlechterproblematik und Identität im Werk Max Frischs, S. 199.

231 Siehe C. G. Jung, Symbole der Wandlung, S. 427: „Die Frage der Ernährung kommt insofern in Betracht, als die Regression zur Mutter notwendigerweise die «alma (nährend) mater», die Mutter als nährende Quelle sozusagen in Erinnerung ruft. Der Inzest ist nicht der einzige charakteristische Aspekt der Regression, sondern auch der Hunger, welcher das Kind zur Mutter treibt. Wer die Anpassungsleistung aufgibt und in den Schoß der Familie, das heißt letzten Endes der Mutter regrediert, der erwartet dort nicht nur gewärmt und geliebt, sondern auch ernährt zu werden." Vgl. ebd., S. 420.

232 Ebd., S. 427 f.

233 Erich Neumann, Die Große Mutter, S. 168: „Wie im Fruchtbarkeitsritual Sexualität und Nahrung zusammengehören und der Fruchtbarkeit bringende Sexualakt immer auch die Fruchtbarkeit der Erde und damit die Nahrung gewährleistet, so sind auch sprachlich die Ausdrücke der sexuellen Zuständlichkeit mit der Nahrungs-Terminologie verbunden. Hunger und Sättigung, Gier und Befriedigung, Verschmachtung und Durstlöschung sind Symbolbegriffe, welche in gleicher Weise für beide Gebiete gültig sind." Daraus folgt: „Auch die ursprünglich unter der Herrschaft des Großen Weiblichen stehende Magie ist anfangs zweifellos «Nahrungsmagie» gewesen und hat sich erst über die Fruchtbarkeitsmagie zur Sexualmagie, dem «Liebeszauber», entwickelt."

> beide Hände vor dem Gesicht, bis Julika mein schluchzendes, häßliches, lächerliches Gesicht befreien wird. (St 723 f.)

Aus solch infantilem Verhalten heraus versucht Stiller, sein schlechtes Gewissen bzw. sein Schuldgefühl zu verdrängen. Denn er erhofft sich von Julika, daß sie seine Missetaten immer wieder verzeiht, daß sie ihn trotz alledem wie seine Mutter tröstet und liebt. Wider Erwarten hindert ihn Julikas zurückhaltende Art daran, diese einstmals für sie sehr „komisch[e]", „peinlich[e]" (St 474), kindliche Szene zu wiederholen, obwohl sie ihm seine kindlichen Aktionen und Reaktionen stets mütterlich vergibt, ohne ihn und seine Haltungen zu verstehen. Ihr kühnes Verzeihen, Lächeln und Schweigen[234] macht ihn nicht nur nicht glücklich, sondern kränkt ihn richtiggehend. Der Verbitterte gerät in Scham und in innere Wut gegen sich selbst und Julika. So beschreibt er mit einem ironischen Ton Julikas Verhalten:

> Ihr Hochmut (ihre Nachsicht) ist so stur und unerschütterlich; wie eine Siegerin, die ja nichts dafür kann, daß ich immer wieder unterliege, oder *wie eine Mutter, eher noch wie eine Mutter, die ihren etwas unverbesserlichen Buben trotz allem so liebhat, lächelt sie* [...] (St 724; Hervorhebung d. Verf.)

Wie widersprüchlich Stillers Äußerung hier auch erscheinen mag, so liegt sein Wunsch nicht nur in mütterlicher ewiger Vergebung, sondern vor allem in Julikas innerer Anteilnahme sowie Interaktion, die er seit langem vermißt. Die Gleichgültigkeit bzw. implizite Zurückweisung des Gegenübers kränkt ihn unermeßlich. Ihr Verhalten erinnert ihn zu sehr an seine totale Isoliertheit, Hoffnungslosigkeit und Ohnmacht, die mit seiner labilen Persönlichkeit und seinem unsicheren Selbstwertgefühl zusammenhängen. So beurteilt er sich selbst als Unterlegenen, sie als Siegerin und verläßt sie in Wut, ohne ihr noch einmal ins Gesicht gesehen zu haben. Stillers ambivalente Reaktionen auf Julikas Verhalten lassen sich mit der Auffassung des Jungianers Jürg Wunderli, der H. Kohuts Forschungen befürwortet, begründen:

> Die aggressive Reaktion auf Kränkung hat Kohut (1973) *narzißtische Wut* genannt. Jeder neigt dazu, auf Kränkungen mit Scham oder Ärger zu reagieren; quälendste Scham und heftigste Wut sind aber Anzeichen dafür, daß es sich um eine narzißtisch gestörte Persönlichkeit handelt. Der schamerfüllte Rückzug oder die aggressive Wut sind besonders ausgeprägt.[235]

Hinter Scham und Wut empfindet Stiller Depression und Ohnmachtsgefühl. In der Atelierszene wird er ernsthaft mit seiner narzißtischen Persönlichkeitsstörung konfrontiert: Hier steht Stillers männlicher Stolz den infantilen Bedürfnissen entgegen. Unversöhnlich sind nicht nur die Gegengeschlechter, sondern auch seine negativen psychischen Komponenten. Dieser innere Konflikt entstammt ur-

---

234 Julikas Schweigen erhält je nach Stillers innerer Stimmung verschiedene Sinngehalte und Deutungsweisen.

235 Jürg Wunderli, Sag ja zu dir. Vom tragischen zum positiven Narzißmus. Olten und Freiburg im Breisgau: Walter, [2]1983, S. 36.

sprünglich, wie die Jungsche Psychologie deutet, der psychologischen Verwechselung der Mutterimago mit dem Anima-Bild. Jung erklärt,

> daß die Anima in Form der Mutterimago auf die Frau übertragen wird mit dem Erfolg, daß der Mann, sobald er heiratet, kindisch, sentimental, abhängig und unterwürfig wird, oder im anderen Fall aufbegehrerisch, tyrannisch und empfindlich, immer auf das Prestige seiner superioren Männlichkeit bedacht.[236]

Darüber hinaus kann Stiller seinem Leben keine männliche Ausrichtung geben, verfügt über keine Empfindung und keinen Sinn für Realität. Die innere Angst veranlaßt ihn, sich sowohl der Verantwortung des Alltages zu entziehen, als auch zur Mutter zurückzukehren. Dies ist auch der Grund, warum er andauernd auf der Flucht ist. Nach der Jungschen Psychologie gerät jemand in Regression zur Mutter, wenn er auf seine Anpassungsfähigkeit bzw. -leistung verzichtet und infantil bleiben möchte[237]. Jung merkt wie folgt an:

> Statt die notwendige Anpassungsleistung an neue Umweltbedingungen zu vollbringen, regrediert die Libido des Kindes zu den Schutz und Erleichterung gewährenden Armen der Mutter und verpaßt damit den Anschluß an die Zeit.[238]

Die Flucht vor der Außenwelt zeitigt wiederum die Flucht vor der Gegenwart und dem Leben. Aus psychologischer Sicht tendiert der Romanprotagonist durch die Flucht nicht nur dazu, in die Infantilität zurückzufallen, sondern beginnt auch mit der Suche nach seinem eigentlichen Selbst, was für seine psychische Entwicklung unentbehrlich ist.

2.3.4. Größenwahn

Die blinde Verwöhnung durch die Mutter sowie die zu enge Mutter-Sohn-Beziehung ermutigt den Sohn und ruft bei ihm auch einen inflatorischen Größenwahn[239] hervor, dessen Inhalt durch seine Kindheit, Instinktspähre und Lebenshaltung bestimmt wird. Mit dem Zusammenhang zwischen Mutterkomplex und Größenwahn hat Jung sich auseinandergesetzt und thematisiert diesen Punkt mit dem folgenden Passus:

> Bleibt ein Mensch an die Mutter verhaftet, so verläuft jenes Leben, das er hätte leben sollen, in Gestalt von bewußten und unbewußten Phantasien, welche bei

---

236 C. G. Jung, Die Beziehungen zwischen dem Ich und dem Unbewußten (1989-Ausgabe), S. 206.

237 C. G. Jung, Symbole der Wandlung, S. 427. Nach Jung zielt solche Regression auf „Inzest und Ernährtwerden".

238 Ebd., S. 394.

239 Vgl. Fritz Gesing, Die Psychoanalyse der literarischen Form: „Stiller" von Max Frisch, S. 86 & Gunda Lusser-Mertelsmann, Max Frisch, S. 88 ff.

> einer Frau in der Regel einer Heldengestalt zugeschrieben werden, beziehungsweise von einer solchen agiert werden [...] er bietet mit großartiger Gebärde seine Brust den Pfeilschüssen der feindlichen Umwelt und zeigt allein jenen Mut, den das Bewußtsein so sehr vermissen läßt. Wehe dem Mann, der durch irgendeine Tücke des Schicksals an [eine] kindliche Frau herangerät: er wird sofort mit dem Animushelden als identisch erklärt und unerbittlich zur Idealfigur ernannt, die von den schwersten Strafen bedroht wird [...][240]

Überdies wurzelt der Größenwahn, welcher zusammen mit dem Minderwertigkeitsgefühl ein Gegensatzpaar der Neurose bildet[241], ebenfalls in der „existenziellen Schuld“[242], wie die Untersuchung zeigen wird.

Der Größenwahn Stillers fußt strenggenommen auf unbewußter Selbstverkennung, die Selbstverneinung zur Folge hat. Er erschafft sich ein unerreichbares Ichideal und macht es zu seinem Leitbild, ganz so wie die Mutter in der Kindheit ihr Idealbild des Sohnes auf ihn projiziert hat. Dieses erträumte Ichideal, das sich nicht eindeutig konkretisieren läßt, zwingt ihn, sich selbst sowie der Umwelt etwas Großartiges vorzuspielen. In diesem Sinn läßt sich Stillers folgende Aussage interpretieren:

> Nie in meinem Leben bin ich dieser Lage gewachsen gewesen: sowie ich fühle, daß ich mit einer einfachen und klaren Einsicht allein bin, verliere ich die Klarheit, verrede sie mit hastigen Vergleichen, die dem andern helfen sollen, mich zu verstehen, in Wirklichkeit aber nur zersetzen, was eine Einsicht gewesen ist, und verteidige das Vertane schließlich mit Argumenten, die der bare Unsinn sind. Ich habe es genau gemerkt. (St 713 f.)

Wenn er seinem imaginierten Ichideal nicht entsprechen kann, fühlt er sich selbst und der Außenwelt gegenüber schuldig. Auf diese Weise lebt er weit von seinem genuinen Selbst und der Wirklichkeit entfernt.

Stillers Selbst richtet sich unbewußt stets auf die Mutter und später auf die Außenwelt. Als Kind verwechselt Stiller seine Identifikation mit derjenigen der Mutter, als Erwachsener mit derjenigen der Persona.[243] So bemüht sich Stiller, den Wertnormen der Umwelt nachzukommen, um sich die Anerkennung bzw. Bekräftigung seines Selbstwertgefühls zu sichern. Aus Ehrgeiz widmet er sich der Kunst:

> [...] die Freude in Hinsicht auf Anerkennung, die Sorge in Hinsicht auf Geringschätzung, monatelang sah ich vor lauter Lehm und Ehrgeiz und Gips keinen lebendigen Menschen, verbissen in meine Kunst, die nie eine werden konnte [...] ein Mönch in bezug auf Mädchen, aber nur in bezug darauf, ein frohlockender Rumpelstilz in Gedanken daran, daß noch niemand mein Genie auch

---

240 C. G. Jung, Symbole der Wandlung, S. 394 f.

241 C. G. Jung, Die Beziehungen zwischen dem Ich und dem Unbewußten (1989-Ausgabe), S. 157.

242 Vgl. W. v. Siebenthal, Schuldgefühl und Schuld bei psychiatrischen Erkrankungen, S. 228 & 234.

243 Gunda Lusser-Mertelsmann, Max Frisch, S. 92.

> nur ahnte, und fleißig war ich wie ein gepeitschtes Tier, von Ehrgeiz gepeitscht [...] (St 682).

Sein Schaffen wird ihm offensichtlich Instrument der Selbstbestätigung vor der Umwelt. Der Künstler, anfangs davon überzeugt, daß er Talent habe, mutet sich zu, hart zu arbeiten, um damit die gewünschte gesellschaftliche Anerkennung zu erreichen. Dergestalt versucht Stiller sich der Wichtigkeit seiner Persönlichkeit in der Gesellschaft zu versichern.

Stiller selbst problematisiert mehrmals im Text in einer distanzierten objektiven Position dieses Phänomen der Anpassung an ein Kollektiv. Um möglichst der Kollektivität zu entsprechen, verstellt und verneint er sich; der Selbstbetrug wird später zur Gewohnheit. In diesem Zusammenhang gesteht Stiller ein, daß er sich vor den Menschen verstellen muß. (St 674)[244] Die Sehnsucht nach völliger Anerkennung durch die Umwelt reicht eigentlich in die vergangene Mutter-Sohn-Beziehung zurück. Die Angst vor Liebesentzug durch die Mutter wandelt sich in den Wunsch um, von der Gesellschaft geliebt zu werden[245]. Aus diesem Grund liegt es ihm sehr am Herzen, was die Leute von ihm halten und wie er ihren Anforderungen entsprechen kann.

Aufgrund der vorerst unbewußten, falschen Identifizierung mit dem Ichideal entwickelt er sich in die Richtung des falschen Selbst, was der Staatsanwalt erkennt und hervorhebt:

> Zur Selbstüberforderung gehört unweigerlich eine falsche Art von schlechtem Gewissen. Einer nimmt es sich übel, kein Genie zu sein, ein anderer nimmt es sich übel, trotz guter Erziehung kein Heiliger zu sein, und Stiller nahm es sich übel, kein Spanienkämpfer zu sein ... Es ist merkwürdig, was sich uns, sobald wir in der Selbstüberforderung und damit in der Selbstentfremdung sind, nicht alles als Gewissen anbietet. Die innere Stimme, die berühmte, ist oft genug nur die kokette Stimme eines Pseudo-Ich, das nicht duldet, daß ich es endlich aufgebe, daß ich mich selbst erkenne, und es mit allen Listen der Eitelkeit, nötigenfalls sogar mit Falschmeldungen aus dem Himmel versucht, mich an meine tödliche Selbstüberforderung zu fesseln. Wir sehen wohl unsere Niederlage, aber begreifen sie nicht als Signal, als Konsequenzen eines verkehrten Strebens, eines Strebens weg von unserem Selbst. Merkwürdigerweise ist ja die Richtung unserer Eitelkeit nicht, wie es zu sein scheint, eine Richtung auf unser Selbst hin, sondern weg von unserem Selbst (St 669).

Des weiteren wird dieses Phänomen mit der „Neurose" (St 669 & St 687) verglichen, deren Kennzeichen darin besteht, daß Stiller seine „begrenzten Möglichkeiten" nicht wahrhaben will (St 669).

Diese Behauptung des Staatsanwalts wird durch Stiller selbst bestätigt. Er versichert, er sei sich bewußt, daß er stets mehr von sich erwartet (St 600 f.) habe und sein Leben immer wieder auf die ferne Zukunft sowie deren Möglichkeiten richte. Daran kritisiert Stiller im Text in Er-Form:

---

244 St 674: „Wilfried redet mit den Leuten, ohne sich dabei auch nur um eine Nuance zu verstellen. Das kann ich nicht."

245 Gunda Lusser-Mertelsmann, Max Frisch, S. 94.

> Er lebt stets in Erwartung. Er liebt es, alles in der Schwebe zu lassen. Er gehört zu den Menschen, denen überall, wo sie sich befinden, zwanghaft einfällt, wie schön es jetzt auch anderswo sein möchte. Er flieht das Hier-und-Jetzt zumindest innerlich. Er mag [...] keinen Zustand der Gegenwärtigkeit, liebt [...] die Melancholie, Vergänglichkeit ist sein Element. (St 601)

Die Hoffnungshaltung bestätigt Stillers gegenwärtige Unerfülltheit, die sich wesenhaft mit der Selbstverwandlung und dem Anders-Sein deckt. Aus psychologischer Sicht gibt W. v. Siebenthal eine Erläuterung in bezug auf Stillers Situation: „«Ich muß unbedingt *etwas* sein!», ist der hintergründigste Gehalt des Größenwahns.“[246] Nach Siebenthal spielen beim Größenwahn „Vermessenheit“, „Hochmut“, „Herrschsucht“, „Neid“, „Querulanz“ und die „Vorwegnahme“ der Erfüllung eine erhebliche Rolle.[247] Stillers Selbstbeurteilung deutet offensichtlich auch in diese Richtung:

> Im Grunde, ehrlich genommen, hoffe ich doch in allem auf Verwandlung, auf Flucht. Ich bin ganz einfach nicht bereit, ein nichtiger Mensch zu sein. Ich hoffe eigentlich nur, daß Gott [...] mich zu einer anderen, nämlich zu einer reicheren, tieferen, wertvolleren, bedeutenderen Persönlichkeit machen werde [...]. (St 671)

Frisch profiliert hier eine Figur, die abgeneigt ist, ihr wahres Selbst zu akzeptieren.[248] Stillers hartnäckige Verfestigung seines Selbst im Größenwahn spielt auch auf seine Angst vor Verlust seines Existenzrestbestandes sowie seine „existenzielle Schuld“ an. Seine starke Verdunklungstendenz dieser Schuld und Angst durch seinen Größenwahn kann das Gefühl seiner innerlichen Nichtigkeit und Minderwertigkeit nur vergrößern, das ihn nur immer weiter in den Größenwahn treibt. Mit dem Größenwahn will er einerseits den durch Minderwertigkeits- und Schuldgefühl hervorgerufenen Kraftverlust verheimlichen, und andererseits neue Kraft gewinnen bzw. sein Selbstgefühl erhöhen. Auf diese Weise bilden sein Größenwahn und sein Minderwertigkeitsgefühl einen Teufelskreis.

Ohne Zweifel entstammt diese Stillersche „Eitelkeit“ bzw. übermäßige Erwartung von sich selbst genau der Erwartung der Mutter sowie deren imaginativem Idealbild, von dem er in seinem Leben ausgeht. Über diese neu gewonnene Erkenntnis und Bekenntnis hinaus reflektiert Stiller über sein vergangenes Leben und findet, daß er nie richtig gelebt, sondern immer wieder der Persona gemäß eine Rolle gespielt habe (St 727)[249]. Die Inkongruenz seiner Persona mit seinem wahren Selbst ist ihm bis jetzt aber verschleiert.

Überdies wird Stillers Größenwahn durch seine kompensierenden Einbildungen von kühnen, rücksichtslosen sexuellen Taten, mörderischen Verbrechen und

---

246 W. v. Siebenthal, Schuldgefühl und Schuld bei psychiatrischen Erkrankungen, S. 244.

247 Ebd., S. 245 f.

248 St 616. Auch Sibylle erkennt Stillers Problem, daß er sich selbst nicht annimmt, wie er ist. Vgl. das Kapitel „Sibylle“.

249 St 727: „Ich hatte ein Leben, das nie eines gewesen war, von mir geworfen.“

affektiven Aggressionen sichtbar, die in seinen Vorstellungen zur Männlichkeit gehören.[250] Seine Teilnahme am Spanischen Bürgerkrieg versinnbildlicht ebenfalls seinen Heroismus bzw. „Größenwahn" (St 612), wie Stiller sich selbst beurteilt:

»Eines Tages erwachst du und liest es in der Zeitung, was die Welt von dir erwartet. Die Welt! Genau besehen ist es natürlich nur ein freundlicher Snob, der das geschrieben hat. [...]Aber plötzlich bist du eine Hoffnung! [...] Aber da stehst du nun mit deinem Größenwahn - bis endlich, Gott sei Dank, so ein Spanischer Bürgerkrieg losgeht!« (St 612)

Hinter der Fassade der Teilnahme am Spanischen Bürgerkrieg steht der Entzug bzw. die Flucht vor dem Leben, der Wirklichkeit und dem wahren Selbst, denn, wie Stiller später Sibylle gegenüber gesteht, sucht er unbewußt im Spanischen Bürgerkrieg den Tod, den er für „Mut" (St 613) hält.

Sein unbewußter Wahn, Julika aus ihrer Frigidität zu erlösen und gesund zu machen, signalisiert vor allem auch seinen Größenwahn, der ihn auf eine inflatorische Weise zur Imitation mit den Göttern, die die väterlich-männlichen Archetypen mythologisch-psychologisch verkörpern, zwingt. Die Beziehung zwischen dem Größenwahn und der Tat des Gott-Imitatio problematisiert Jung auf folgende Weise:

Die Libido, die nicht in das zeitgemäße Leben strömt, gerät regredierend in die Mythenwelt der Archetypen und belebt jene Bilder, die seit Urzeiten das nicht menschliche Leben der oberen und unteren Götter ausdrücken. Geschieht diese Regression durch den jugendlichen Menschen, so wird sein individuelles Leben ersetzt durch das archetypische Drama der Götter, das für ihn um so verheerender ausfällt, als die Erziehung seines Bewußtseins ihm keinerlei Mittel an die Hand gibt, das zu erkennen, was gespielt wird, und damit die Möglichkeit, sich von dieser Faszination zu befreien.[251]

Stillers Tendenz, sich mit den archetypischen Inhalten gleichzusetzen, um Julika von ihrer Hilflosigkeit zu befreien und ihrem Schicksal besondere Bedeutung beizumessen, weist im tieferen Sinn auf seine eigene Verzweiflung sowie seine Schuld gegenüber Julika hin; die Erlösungssehnsucht wurzelt tief in seiner Schuld gegenüber Julika sowie sich selbst. Zu solcher Problematik erläutert W. v. Siebenthal: „Die Heilstatt des Erlösers ist also nichts Geringeres als die Erlösung von Schuld, die Heimholung aus der Verlorenheit, die Überwindung des Nichts."[252] In solcher Sinnkomplexizität bestimmt Stiller selbst die Aufgabe, Julika zu erlösen, als eine lebenslängliche mit der Absicht, seine eigene Hilflosigkeit sowie Misere zu verbergen, wobei seine Opferwilligkeit für sie nur

250 Vgl. C. G. Jung, Die psychologischen Aspekte des Mutterarchetypus, S. 101.

251 C. G. Jung, Symbole der Wandlung, S. 395.

252 W. v. Siebenthal, Schuldgefühl und Schuld bei psychiatrischen Erkrankungen, S. 240. Vgl. ebd., S. 238: „Er ist Erlöser. Er erlöst offenbar von entscheidenden Fesseln: Fesseln des Instinktes, falscher Gesinnung, von der Verhaftung ans Uneigentliche [...] Der Erlöser ist «arm», frei von Blutsbanden, nicht verführbar durch den Lärm des Tages."

eine Täuschung ist und seine Zähigkeit ebenso wie die Unbeugsamkeit seines Willens sich auf Umwegen gegen ihn selbst richtet. Daher ist seine Erlösungssehnsucht im Eigentlichen ein Versuch, das Nichts zu bekämpfen.[253]

2.3.5. Minderwertigkeitsgefühl

Neben dem Sexualkonflikt, Infantilismus und Größenwahn hat Stillers Mutterkomplex auch ein Minderwertigkeitsgefühl zur Folge, das mit seinem instabilen Selbstwertgefühl in Zusammenhang steht. Stiller selbst bietet textintern zu dieser Thematik eine psychologische Explikation dar: „Er [Stiller] leidet an der klassischen Minderwertigkeitsangst aus übertriebener Anforderung an sich selbst, und sein Grundgefühl, etwas schuldig zu bleiben, hält er für seine Tiefe [...] sogar für Religiosität." (St 600) Diese Passage erhellt selbst, daß Frisch und der Erzähler Minderwertigkeits- und Schuldgefühl psychologisch gesehen für zwei Seiten einer Medaille halten[254]. Dazu merkt W. v. Siebenthal an: „*Weil der Mensch existenziell schuldig ist, hat er Minderwertigkeitsgefühle.* [...] Das Gefühl der Minderwertigkeit bezieht sich sachlich auf das im Schuldgefühl erspürte *geschuldete* Sein."[255] Parallel zu Minderwertigkeits- und Schuldgefühl ergibt sich Stillers Nichtigkeitserfahrung, die seiner Existenz im Bewußtsein droht und seine Angst vor Minderwertigkeit und Schuld vergrößert. An anderer Stelle bemitleidet Stiller sich selbst:

> Ich bin ein unglücklicher, nichtiger, unwesentlicher Mensch, der keine Leben hinter sich hat, überhaupt keines. Wozu mein Geflunker? Nur damit sie mir meine Leere lassen, meine Nichtigkeit, meine Wirklichkeit, denn es gibt keine Flucht [...] (St 401)

Diese Seite Stillers, die ihn ohnehin bereits zum Leiden geführt hat, muß vom Infantilen verdrängt und durch den Größenwahn ersetzt werden. Dann spielt er seine übertriebene Persona[256]. Solche Konvertierbarkeit zwischen Größenwahn und Minderwertigkeitsgefühl sowie die Konfluenz der daraus resultierenden Fehlhaltungen sind von Jung und Siebenthal psychologisch bestätigt worden.[257]

---

253 Vgl. St 436:„Fliegen zu müssen im Vertrauen, daß eben die Leere mich trage, also Sprung ohne Flügel, einfach Sprung in die Nichtigkeit, in ein nie gelebtes Leben, in die Schuld durch Versäumnis, in die Leere als das Einzigwirkliche, was zu mir gehört, was mich tragen kann."

254 Gunda Lusser-Mertelsmann, Max Frisch, S. 98.

255 W. v. Siebenthal, Schuldgefühl und Schuld bei psychiatrischen Erkrankungen, S. 228.

256 Vgl. das Kapitel „Größenwahn" & St 671: „Im Grunde, ehrlich genommen, hoffe ich doch in allem auf Verwandlung, auf Flucht. Ich bin ganz einfach nicht bereit, ein nichtiger Mensch zu sein."

257 C. G. Jung, Die Beziehungen zwischen dem Ich und dem Unbewußten (1989-Ausgabe), S. 157. W. v. Siebenthal, Schuldgefühl und Schuld bei psychiatrischen Erkrankungen, S. 245.

Jedesmal wenn sein verdrängtes Minderwertigkeits- und Schuldgefühl ihn wieder befällt, verstärkt es sich bis zur Unerträglichkeit, so daß er sich für die Außenwelt inadäquat verhält, denn die „versuchte oder vollzogene Verdrängung [des Schuldkomplexes] führt eben nicht zu seiner Aufhebung, sondern gerade zu seiner objektiven Intensivierung und verschlimmert die Selbstverfehlung."[258] Infolgedessen gehören für den Protagonisten „Selbstverfehlung" und Selbstbetrug stets zusammen.

Des weiteren spiegelt sich das Minderwertigkeitsgefühl in seinem Mangel an Männlichkeit wider. Die zu enge Mutter-Sohn-Beziehung effeminiert sein Wesen. Seine verletzte Männlichkeit wird später immer wieder durch seine Impotenz bewiesen, die wiederum Schuld- und Schamgefühl gegenüber der Frau bewirkt.[259] Erst in seiner Imagination in den Florence- und Helen-Geschichten sowie seinen Mordgeschichten sucht er seine verletzte Männlichkeit durch Rücksichtslosigkeit und Kühnheit zu kompensieren.

Das Sich-Entmannt-Fühlen sowie das daraus folgende Minderwertigkeitsgefühl verschiebt Stiller unbewußt auf Julika und ihre Kunst, die er als ihre einzige Wollust bezeichnet (St 450). Er macht ihr den Vorwurf, daß sie „ihre Wollust nie mit ihm erlebte, einen Vorwurf gegen Julika und einen ebenso albernen Vorwurf gegen sich selbst." (St 451) Während er sich von seinem eigenen Körper entfremdet und ihn verabscheut, verschönert und kritisiert er gleichzeitig Julikas Körper und Sinnlichkeit, wobei er auf paradoxe Weise ihre Frigidität und die Idealisierung ihrer Person[260] betont, mit der Absicht, die eigene Impotenz und das männliche Minderwertigkeitsgefühl auf ihre Unerreichbarkeit zu schieben.[261]

---

258 W. v. Siebenthal, Schuldgefühl und Schuld bei psychiatrischen Erkrankungen, S. 50 f. Vgl. ebd., S. 51: „[...] die Verdrängung überhaupt ist der erste Schritt zur Selbstverfehlung, die erste Ablehnung der Wahrheit über sich selbst, ist die erste Selbstverdunkelung, der erste Selbstbetrug. Mit ihrem Vollzug beginnt der Mensch seine Freiheit aufzugeben. Mehr und mehr wird er zum Spielball seiner ins Unkontrollierbare verwiesenen Affekte."

259 Vgl. St 411: „Ich [Stiller] könnte aussehen wie ein Gnom, wie ein Minotaurus [...]".

260 Vgl. z.B. St 384:„[...] »es war ein Opfer für sie [Julika], an meiner Seite zu leben. [...] Sie war ein sehr nobler Mensch [...] ich bewunderte sie [...] Das Noble zog mich an.«" Weiterhin heißt es dort: „»Ich hatte so viel schlechtes Gewissen [...]«" (St 385). Vgl. St 440: Aus schlechtem Gewissen sieht Stiller sich gezwungen, sich immer vor Julika entschuldigen zu müssen. Vgl. St 438 f.: „[...] Julika sagte es auch jedem wartenden Verehrer, daß sie müde sei. Nur Stiller glaubte immer, daß Julika bloß müde für ihn sei. [...] Kaum lächelte sie einmal, hatte Stiller schon Angst, nicht ernstgenommen zu sein [...] er entschuldigte sich [...] für seine Beharrlichkeit und hatte schon wieder Angst, lästig zu sein." Vgl. auch St 440, 448 f. & 451 f.

261 Vgl. Frederik Alfred Lubich, Max: »Stiller«, »Homo faber« und »Mein Name sei Gantenbein«, S. 17. Vgl. St 385. Aus Minderwertigkeits- und Schuldgefühl reagiert Stiller manchmal mit Aggression gegen Julika; darüber liest man im Text: „Und wenn ich es einmal pro Woche nicht aushielt, mein schlechtes Gewissen, und beispielsweise einen Teller an die Wand schmetterte, kam ich mir angesichts meiner Frau wie ein Mörder vor [...]".

Julikas Gleichgültigkeit versteht er sowohl als „Niederlage seiner Männlichkeit“ (St 451)[262] als auch als Verspottung seines existenziellen Versagens.

Abgesehen davon beneidet Stiller zum einen Julikas Erfolg in der Kunst, zum anderen wertet er ihre Kunst als Flucht vor Mutterschaft (St 442), Krankheit[263] und Sexualität ab, wobei er stets ihre Frigidität hervorhebt und ihre Tätigkeit als Balletteuse als Mißbrauch der Kunst betrachtet (St 442 & 450 f.). Ihr beruflicher Erfolg und ihr Hochmut lassen ihn sein eigenes Minderwertigkeits- und „existenzielles Schuldgefühl“, das aus seinem versäumten Leben resultiert, umso schmerzhafter empfinden. Stiller leidet an dem Gefühl versagt zu haben: „[...] das Versagen in unserem Leben läßt sich nicht begraben, und solange ich's versuche, komme ich aus dem Versagen nicht heraus, es gibt keine Flucht.“ (St 589) Hier klingen das Gefühl der „existenziellen Schuld“ und die Unmöglichkeit seiner Selbstverwirklichung[264] wiederum an. Bewußt quält er sich mit seinem Versagen (St 441) und verliert dabei weiter an Selbstachtung. Wie erwähnt handelt es sich bei den von Stiller angestrebten Zielen um imaginierte Werte des Seins[265], die nicht realisierbar sind.

Daraus dürfte ersichtlich sein, daß Stillers Minderwertigkeits- und Schuldgefühl gegenüber sich selbst und Julika nachweisbar und psychologisch mit anderen Komplexen verstrickt sind.

2.4. Anima-Problematik

Im folgenden wird der Roman „Stiller“ nach den beiden im Kapitel 1 erwähnten Dimensionen untersucht: die Beziehung des Mannes zu seiner inneren weiblichen Psyche, die im Jungschen Wortschatz Anima genannt wird, sowie die Beziehung des Mannes zur realen Frau. Die erste Beziehungsdimension bestimmt die Individuation des Mannes und die zweite Beziehungsdimension ist im Grunde genommen eine projizierte Beziehungsform der ersteren nach außen.

Diese Untersuchung stellt die Hypothese auf, daß alle weiblichen Romanfiguren Stillers imaginierte Varianten des Weiblichen sind und damit die Entwicklung seiner Tiefenpsyche vertreten, d.h. sie fungieren als Anima-Projektionsobjekte. Diese Hypothese basiert hauptsächlich auf den bereits ausgeführten Jungschen Beziehungsforschungen: Jemand, der seine eigene Psyche, vor allem

---

262 Vgl. St 451: „[...] er nahm es offenbar als Niederlage seiner Männlichkeit, wenn die schöne Balletteuse [...] nicht in Empfindung zerschmolz unter seinem Kuß.“

263 St 442: Stiller war „verbohrt in seiner Meinung, Julika käme nicht zu ihrem vollen Leben. [...] aber eigentlich war Julika damals ganz zufrieden mit ihrem Leben.“

264 Vgl. St 682: „Ganz im Anfang meiner Künstlerei [...] vermochte ich es beinahe, in einem wirklichen Sinn allein zu sein in der Hoffnung, in Lehm oder Gips mich verwirklichen zu können; aber diese Hoffnung währte nicht lang [...]“.

265 Vgl. W. v. Siebenthal, Schuldgefühl und Schuld bei psychiatrischen Erkrankungen, S. 228.

die weibliche Seite seiner Psyche negiert, wird nach Jung seine weiblichen psychischen Komponenten zuerst unbewußt im Außen suchen, wobei er diese Komponenten mechanisch unbewußt auf die Mitmenschen projiziert. Während dieses Projektions- und Suchprozesses der eigenen Anima beginnt der Projizierende bereits eine unbewußte Auseinandersetzung mit ihr. Er befindet sich bereits im psychischen Entwicklungsprozeß, der sich an der psychischen Ganzheit im Sinne der Jungschen Schule orientiert. Der wesentliche Punkt dabei liegt an und für sich im Ernstnehmen und in der bewußten Rücknahme der projizierten Inhalte von den Projektionsgegenständen sowie der Integration des projizierten Unbewußten. Mit diesem psychologischen Verfahren kann sich das Weibliche dann derart von der Anima-Figur lösen, daß der Betroffene fähig wird, die reale Frau von der imaginierten Frau in seiner Psyche bzw. von seinen Frauenbildern zu unterscheiden.

Bei der Verifikation der erwähnten Hypothese kann man versuchen, die von Stiller insbesondere als negativ oder positiv bezeichneten Charakteristika der Frau näher zu untersuchen, da sie nicht nur seine Frauenbilder, sondern vielmehr auch seine eigene psychische Zentralproblematik, z.B. seine kompensatorischen Wünsche, seine verdrängten Sehnsüchte und inneren Ängste reflektieren.

Wie die vorangegangenen Abschnitte gezeigt haben, besteht Stillers Konfrontation mit dem Unbewußten zuerst in der Konfrontation mit der archetypischen Mutter-Imago und den Anima-Bildern, die in seiner Psyche ineinander übergehen und deshalb in seinem Leben auf verschiedene Frauen unter vielfältigen Aspekten projiziert und personifiziert werden.[266] Die persönliche Mutter und jede Partnerin tragen deshalb dieselben oder die ihnen ähnlich erscheinenden mütterlich-weiblichen Bilder und werden „Spiegelung"[267] seiner Psyche. In jeder Äußerung über sie steckt dann sowohl seine Voreingenommenheit als auch seine unbewußte Beschränktheit[268]. Aus diesem Grund ist Stiller nicht kommunikationsfähig, er hört nur sich selbst (St 500).[269]

---

266 Siehe z.B. C. G. Jung, Aion, S. 21: „Der projektionsbildende Faktor [der Anima] im Falle des Sohnes ist identisch mit der *Mutterimago*, und diese [die Anima-Figur] wird daher für die wirkliche Mutter gehalten. Die Projektion kann nur aufgelöst werden, wenn er einsieht, daß es in seinem seelischen Bereich eine Imago der Mutter gibt [...]". Vgl. Erich Neumann, Die Große Mutter, S. 46.

267 C. G. Jung, Aion, S. 21: „Sie [Die Spiegelung] gehört zu ihm, sie ist die Treue, die er gegebenenfalls um des Lebens willen nicht immer haben darf; sie ist die unumgänglich nötige Kompensation für Wagnisse, Anstrengungen, Opfer, die alle mit Enttäuschung enden; sie ist die Tröstung gegenüber all der Bitternis des Lebens, und zugleich mit alldem ist sie die große illusionserregende Verführerin zu eben diesem Leben, und zwar nicht etwa nur zu dessen vernünftigen und nützlichen Aspekten, sondern auch zu dessen furchtbaren Paradoxien und Zweideutigkeiten, in denen sich Gut und Böse, Erfolg und Verderben, Hoffnung und Verzweiflung die Waage halten. Als seine größte Gefahr fordert sie Größtes vom Mann, und wenn er ein solcher ist, erhält sie es auch."

268 Vgl. Erich Neumann, Die Große Mutter, S. 30: „Die Fragwürdigkeit der Aussage über das Gegengeschlecht fällt aber in hohem Maße dann fort, wenn das Material, auf das sie sich stützt, wie bei der Strukturanalyse des Großen Weiblichen, weitgehend aus dem

Die Folge einer solchen Verwechslung von Mutter-Imago und Anima zeigt sich während der Ehe in den infantilen Charakteristika des Regressiven, wie Jung formuliert: Er wird einerseits „kindisch, sentimental, abhängig und unterwürfig", andererseits „aufbegehrerisch, tyrannisch und empfindlich, immer auf das Prestige seiner superioren Männlichkeit bedacht."[270] In ihm dominiert der Elementarcharakter der Anima[271], deshalb kann er sich selbst nur kollektiv, bewußt oder unbewußt, im Zusammenhang mit den Mitmenschen erleben. In solch einer Beziehung, die einer archetypischen Erfahrung entstammt, existiert er nicht individuell als Persönlichkeit. Im Gegenteil bezieht er sich im allgemeinen auf die soziale Persona, auch wenn er sie negiert. In dieser Situation ist sein Verhältnis zu sich selbst und zu seinen Mitmenschen, vor allem zu seiner Partnerin, noch unterentwickelt. Denn unter diesen Umständen bleibt die Anima ihrem Träger noch unbewußt und wird nach außen auf die Partnerin projiziert. Die Bezogenheit zur individuellen Persönlichkeit der Partnerin kann erst hergestellt werden, wenn sich der Wandlungscharakter des Weiblichen manifestiert und diese Unbewußtheit ins Bewußtsein umschlägt.

Wie gesagt werden Stillers nicht zügelbare, längst verdrängte Instinkte Herr seiner Psyche und erscheinen verwandelt als primitive Animafiguren, deren Gewalt in einer unfaßbaren Stärke in sein reales Leben einbricht, so daß er seine Instinkte mit den Projektionsfiguren verwechselt und auf diese je nachdem mit Ekel oder Begeisterung reagiert. Dies entspricht der folgenden Jungschen Auffassung:

> Die Verdrängung weiblicher Züge und Neigungen [des Mannes in sich] führt natürlich zu einer Anhäufung dieser Ansprüche im Unbewußten. Die Imago der Frau (die Seele) wird ebenso natürlich zum Receptakulum dieser Ansprüche, weshalb der Mann in seiner Liebeswahl öfters der Versuchung unterliegt, jene Frau zu gewinnen, die der besonderen Art seiner eigenen unbewußten

---

kollektiven Unbewußten stammt. Die Objektivität und Unbeeinflußbarkeit dieser Tiefenschicht durch den menschlichen Beobachter ist so groß, daß sie einer Verzerrung durch die Unzulänglichkeit des Beobachtenden nur relativ geringen Spielraum läßt."

269 Vgl. St 747. Rolf kritisiert Stillers Unfähigkeit, mit Julika zu kommunizieren, und bemitleidet Julika auf folgende Weise: „Ich glaube, nie einen einsameren Menschen gesehen zu haben als diese Frau. Zwischen ihrer Not und der Welt schien eine Wand zu sein, undurchdringlich, nicht Haltung allein, eher etwas wie eine Gewißheit, nicht gehört zu werden, eine alte und hoffnungslose, nie wieder zu tilgende, ebenso vorwurfsfreie wie unheilbare Erfahrung, daß der Partner doch nur sich selbst hört."

270 C. G. Jung, Die Beziehungen zwischem dem Ich und dem Unbewußten (1989-Ausgabe), S. 206.

271 Charakteristischerweise gleicht die Anima in der männlichen Psyche „eine[r] Quelle echter Erfahrung vom Wesen des Weiblichen und nicht nur der Manifestationsort von Projektionen des Männlichen auf die Frau." Die Gestaltung der Geschlechterbeziehung und der Beziehung des Männlichen zum inneren Weiblichen hängt wesentlich von der Erfahrungsphase der Anima ab. Siehe Erich Neumann, Die Große Mutter, S. 46

> Weiblichkeit am besten entspricht, eine Frau also, welche die Projektion seiner Seele möglichst anstandslos aufnehmen kann.[272]

Auf diese Weise verfügen die Animagestalten mit emotionaler Macht über die Lebenskraft des Mannes und werden zur Vergegenständlichung seiner „Phantasiegespinste[n]"[273]. Diese Macht, die paradoxerweise entweder destruktiv oder konstruktiv wirkt, belegt das Bewußtsein des Individuums und bestimmt sein inneres und äußeres Leben schicksalhaft. In diesem Sinne kann Stiller nicht allein sein, bezieht sich immer auf die Frau. Sein Leben richtet sich stets auf das des anderen. Parallel dazu vermag er seine unbewußten Anima-Bilder, welche sein Bild der Frau ursprünglich bestimmen und in der persönlichen Mutter und den einflußreichen Frauen in seinem Leben weiter personifiziert werden, nicht anzuerkennen, geschweige denn anzunehmen. Um der gewaltigen Macht der Anima Widerstand leisten zu können, verlagert er die Probleme nach außen. So sieht er die Zerstörungskraft und Erlösungsmöglichkeit, deren Hauptmerkmale archetypisch in der Großen Mutter charakterisiert zu finden sind, in allen Frauen, denen er begegnet. Mit diesem Problem hat Jung sich wie folgt auseinandergesetzt:

> In den Erfahrungen des Liebeslebens des Mannes offenbart sich die Psychologie dieses Archetypus [der Anima] in der Form grenzenloser Faszination, Überschätzung und Verblendung oder in der Form der Misogynie mit allen ihren Stufen und Abarten, die sich aus der wirklichen Natur der jeweiligen «Objekte» keineswegs erklären lassen, sondern nur durch eine Übertragung des Mutterkomplexes.[274]

Aus der Jungschen Bemerkung läßt sich schließen, daß die Paradoxie von Vergötterung der Frau und Misogynie psychologisch begründet auf die Mutter zurückreicht; wie Jung wortwörtlich schlußfolgert, sind die Frauenbilder eo ipso männliche Imaginationen.

In dieser Bedeutung beinhaltet die weibliche Hauptfigur Julika, in verschiedenen Dimensionen mehrschichtig und vielfach von Stiller dargestellt, ambivalente paradoxe Charaktermerkmale der Anima, die ihm fremd vorkommen und die er nicht unterscheiden kann.[275] Da er Anima und Anima-Figur nicht auseinanderhalten kann, erscheint ihm Julikas Person auch fremd und fernste-

---

272 C. G. Jung, Die Beziehungen zwischen dem Ich und dem Unbewußten (1989-Ausgabe), S. 198.

273 Vgl. C. G. Jung, Über den Archetypus mit besonderer Berücksichtigung des Animabegriffes, S. 86.

274 C. G. Jung, Über den Archetypus mit besonderer Berücksichtigung des Animagriffes, S. 84. Dieser Passus akzentuiert nochmals die bereits erörterte Thematik, daß die Konfrontation mit der Anima immer die Loslösung des Sohnes von den mütterlichen Urbildern, voraussetzt.

275 Vgl. St 449: „Man hat den Eindruck, daß der verschollene Stiller, wie sehr er von Julika fasziniert war, etwas im Wesen dieser Frau ganz einfach nicht angenommen, wahrscheinlich überhaupt nicht einmal erkannt hat [...]".

hend. So spricht er von Julika: „Ich betrachtete sie [...] ganz nüchtern, ein Weib, ein fremdes, irgendein Weib.“ (St 412) Als Anima-Gestalt wird Julikas individueller Wert ignoriert, deswegen wird sie wie die ganze Gattung „Frau“ bzw. wie jede Frau angesehen; ihre persönlichen Charakteristika werden generalisiert und reduziert. Selbst der Protagonist fragt sich verzweifelt: „Warum ließ man sie nicht, wie sie nun einmal war?“ (St 438)

An anderer Stelle betrachtet Stiller Julika wieder als „einen Gegenstand“ (St 412) und sieht in ihr eine kaum auszulotende Schatzgrube:

> Julika, je öfter ich sie sehe, ist doch sehr anders [...]. Wie sie ist, wüßte ich nicht zu sagen. Sie hat Augenblicke unvermuteter Grazie [...], Augenblicke von entwaffnender Unschuld [...], ein Gesicht wie zum ersten Male, wenn der Hauch des Schöpfers es erweckt. [...] Sie ist ein heimliches Mädchen, das da wartet in der Hülle fraulicher Reife, für Augenblicke schön, daß man einfach betroffen ist. (St 420)

Einerseits wird sie von Stiller als schöne Fee bezeichnet, andererseits vergleicht er sie mit einem kalten unfaßbaren Wesen aus dem Meer (St 438 & 683): „Wie ein Meertier, das nur unter Wasser zu seinem Farbwunder gelangt, hatte auch Julika ihre geisterhafte Schönheit nur im Tanz [...]“ (St 438). Das Meer und das Tier im Wasser symbolisieren beide nach Jungscher Ansicht das (kollektive) Unbewußte des Menschen[276], das in der männlichen Psyche durch die Große Mutter, die Anima und das Große Weibliche repräsentiert ist. Indem die Anima nach der Jungschen Psychologie die Symbolik der „illusionserzeugende[n] Tänzerin“ in sich einschließt, versinnbildlicht sie das „Umhüllende, Um- und Verschlingende“, welches auf den Mutterarchetypus zurückgeht[277]. In diesem Zusammenhang verweist Jung fernerhin auf den psychischen Zustand des Sohnes:

> Sein [des Sohnes] Eros ist passiv wie der eines Kindes: er hofft eingefangen, aufgesogen, verhüllt und verschlungen zu werden. Er sucht gewissermaßen den schützenden, nährenden Bannkreis der Mutter, den jeder Sorge enthobenen Säuglingszustand, in welchem die Umwelt zu ihm kommt und ihm sogar sein Glück aufzwingt.[278]

Anhand dieser Jungschen Passage lassen sich Stillers innere Beziehung zur Anima-Figur, der tiefenpsychologische Sinn von Julikas Beruf und Stillers mitspielender psychischer Hintergrund erläutern.

Gleichzeitig wird Julika so faszinierend und hexenhaft charakterisiert, daß die Beziehung zu ihr einerseits ersehnt, andererseits als bedrohlich empfunden wird.[279] Die von Stiller geschaffene idealisierte Höhe dieser Figur, die ihn an

---

276 Dies ist im Werk Jungs umfangreich zu belegen. Vgl. z.B. C. G. Jung, Mysterium Coniunctionis (Bd. 14/I), S. 25 & S. 235.

277 C. G. Jung, Aion, S. 20.

278 Ebd.

279 Vgl. C. G. Jung, Über die Archetypen des kollektiven Unbewußten, S. 38 f.: „Dem antiken Menschen erscheint die Anima als Göttin oder als Hexe; der mittelalterliche

seine Minderwertigkeit und Unmännlichkeit erinnert, wird durch ihre strahlende Schönheit allegorisiert. Seine Idealisierung dieser Frau erweckt in ihm die Täuschung, daß sie die richtige Frau für eine gemeinsame Beziehung wäre. Die erotische Attraktion, die diese heilige Gestalt aus seiner Sicht auf ihn ausübt[280], ergreift, umklammert und bedroht ihn zugleich, vor allem wenn Ohnmachts- und Schuldgefühle ihn überfallen und er dann aggressiv agiert, weil er keinen Zugang zu ihr finden kann. Verbittert klagt er Rolf sein Leid:

> »Wenn du dein halbes Leben lang vor einer Tür gestanden und geklopft hast, Herrgott nochmal, erfolglos wie ich vor dieser Frau, vollkommen erfolglos, Herrgott nochmal - und dann geh du weiter! Vergiß sie, so eine Tür, die dich zehn Jahre versäumt hat! [...] Ich habe sie nicht vergessen können. [...] Wie man eine Niederlage nicht vergessen kann. Warum ich zurückgegangen bin? Aus Besoffenheit [...] aus Trotz. [...] Weil's einen Punkt gibt, wo sich das Aufgeben nicht mehr lohnt.« (St 768)

Die Bedrohlichkeit ihrer erotischen Seite entspricht einer stets gegenwärtigen Kastrationsdrohung, die dem Mutterkomplex entstammt. Deshalb kommt Julika ihm auch ebenso wie die Mutter unberechenbar, geheimnisvoll, furchtbar und verschlingend vor. In diesem psychischen Prozeß überwiegen sein Widerstreben und seine gegen Julika gerichteten unbewußten Affekte. Solange seine von Angst besessenen Wünsche und Triebe keine Erfüllung finden können, sieht er in Julika den Ausdruck der nicht realisierten Gefühlsabhängigkeit. Seine Widerstände gelten im Grunde nicht Julika persönlich, sondern seiner eigenen angsterregenden Affektstärke. Deshalb evozieren seine Abwehr und Sehnsüchte gleichzeitig Entsexualisierung und Entwirklichung der Frau sowie die Ablehnung der weiblichen Sexualität.

Durch die Existenz dieser Figur und die Begegnung mit ihr werden seine inneren Ängste und Komplexe wieder lebendig. Die ihr angedichtete mystische Faszination übertrifft seine Widerstände, die den Anschein der Misogynie tragen. Stillers gegensätzliche Zwänge zerren mit gleicher Stärke auch an Julika: Während das eine Ich Stillers sich danach sehnt, sich ihr zu nähern, will das andere Ich sich möglichst weit von ihr entfernen. Nahe an der Grenze zum Wahnsinn empfindet er sich von den paradoxen Zwängen zerrissen, die in ihm in sadistischer Aggression zugleich Lust und Befriedigung erzeugen. In den Augen des Helden dirigiert Julika das Spiel seiner ambivalenten Gefühle, das ihn zum Verrücktwerden treibt. In Wirklichkeit dominiert aber die Anima[281] seine Psyche

---

Mensch dagegen hat die Göttin durch die Himmelskönigin und durch die Mutter Kirche ersetzt."

280 Was den Protagonisten an Julika erregt, ist nicht nur ihre Sinnlichkeit, sondern auch ihre Spröde, ihre Zerbrechlichkeit, die unbewußt seinen Erlöserwahn erweckt.

281 Solche paradoxe Problematik thematisiert Jung und gibt der Anima des Mannes die Schuld, der unbewußt sein Unbehagen in seine Umgebung trägt. Siehe z.B. C. G. Jung, Über den Archetypus mit besonderer Berücksichtigung des Animabegriffes, S. 86: „Wenn die Anima in stärkerem Maße konstelliert ist, so verweichlicht sie den Charakter des Mannes und macht ihn empfindlich, reizbar, launisch, eifersüchtig, eitel und unangepaßt."

und seine Geschlechterbeziehung. Da Stiller seine Lage nicht erkennt, bezeichnet er sich als Opfer dieses Spiels bzw. der Umstände und verbreitet so unbewußt sein Leiden nach außen. Er gibt Julika die Schuld, daß sie sein Leben als Mann verwüste. So verwandelt sich seine Liebessehnsucht in Mordlust.

Der Protagonist ist sich zwar seiner Animapsyche nicht bewußt, aber sein Inneres signalisiert ihm, daß die Anima-Figur für ihn eine Bedrohung darstellt, da er seiner Anima, deren symbolische Inhalte er auf die Anima-Figur projiziert, nicht gewachsen ist. Dennoch ist die Anziehungskraft der Frau auf ihn so groß, daß er sich innerlich von ihr gefesselt fühlt. Seine Erkenntnis - „[...] ich weiß jetzt, daß nicht du [Julika] es bist, was mich bis heute gehindert hat, wirklich zu leben." (St 501) - bedeutet psychologisch gesehen keine richtige Selbsterkenntnis[282], denn die Anima-Figur mit Trotz zu negieren und sich ihr zu entziehen[283], heißt: sich von seinem wirklichen Selbst zu entfernen. Mit der Verneinung der Anima entsteht ein psychisches „Vakuum um ihn"[284]; innerlich leidet er weiter unter der Isolation und Hoffnungslosigkeit. So ist der Grund seiner Flucht in der Hauptsache in seinem Inneren zu suchen.

Eine alternative Betrachtungsweise wäre die folgende: Sein Entschluß, Julika zu verlassen, und seine Flucht nach Amerika stellen eigentlich kein Vermeiden der Konfrontation mit der Anima dar, sondern eine Art indirekte Konfrontation, einen regressiven Umweg zur Konfrontation, den der Protagonist benötigt, um diesen Einschnitt nicht zu schmerzhaft zu erleben. Während er die Anima-Figur verläßt, ist er auf der Suche nach der Anima seiner Psyche.

Auf der Reise durch Amerika ist das Unbewußte Stillers stets mit den Mitmenschen und der Umgebung in geheimnisvoller, symbolischer Weise verbunden. Die äußere Landschaft, trotz ihrer Andersartigkeit, affiziert direkt seine innere Landschaft mit. Denn viele Naturerlebnisse und Episoden, vor allem die Florence- und Helen-Geschichten, in denen er durch seinen Umgang mit den Frauengestalten bzw. seine Beschreibung der fiktiv erfundenen weiblichen Wesen seinen inneren Entwicklungsprozeß mit der Anima bekundet, dokumentieren seine Suche nach der Anima, die zuerst von ihrer anfänglichen Verkörperung, der (Großen) Mutter, getrennt werden muß[285], und seine multiperspektivischen Begegnungen mit den Animafiguren.

---

282 Vgl. Martin Balle, Sich selbst schreiben - Literatur als Psychoanalyse, S. 73.

283 Vgl. St 685: „[...] ich pfiff vor Seligkeit, so ferne von Davos zu sein [...]".

284 C. G. Jung, Die Beziehungen zwischen dem Ich und dem Unbewußten (1989-Ausgabe), S. 208.

285 Für die psychische Entwicklung bedeutet die Große Mutter in der Jungschen analytischen Psychologie eo ipso die erste Verkörperung bzw. Hypostasierung des Großen Weiblichen sowie des Anima-Archetypus. Siehe dazu C. G. Jung, Symbole der Wandlung, S. 421: Jung vertritt die Meinung, „daß die «Mutter»in Wirklichkeit eine Imago, ein bloßes psychisches Bild ist, welches zwar viele verschiedene, aber bestimmt sehr wichtige unbewußte Inhalte besitzt. Die «Mutter» [...] personifiziert sogar das ganze Unbewußte."

Florence und Helen[286] entsprechen der dunklen primitiven Seite seiner Anima, deren Umschlingung er verfällt. Weil er nicht imstande ist, sich seiner dunklen Seite zu widersetzen, fühlt er sich von ihnen angezogen. Beide repräsentieren die Liebesfreuden, Sünden, Lustbarkeiten etc. Wie Julika ist Florence (St 537 f.) eine „illusionserzeugende Tänzerin“, deren schleierhafter verschlingender Anima-Elementarcharakter, wie Jung hervorhebt, der Mutter-Imago entspricht[287]. Wenn der Romanheld in Florences Mutter „eine Mutter Erde“ (St 538) sieht, dürfte ersichtlich sein, daß hier der Mutterarchetypus, das „Symbol für alles, was als «Mutter» wirkt“, anstatt ihrer persönliche Mutter gemeint ist.[288] Mutter und Tochter haben einen gemeinsamen Charakter wie die Große Mutter und die Anima[289], deren symbolische Qualitäten sich in seiner Psyche überschneiden.

Die Tanzkunst von Julika und Florence ist zwar unterschiedlich, aber sie wird in der Vorstellung Stillers als sexueller Ausdruck der Frau interpretiert und verstanden. Stets richtet sich sein Augenmerk nur auf die Sinnlichkeit der weiblichen Körperbewegung. Die Eigenschaften, die Stiller in Julika vermißt, wie z.B. Temperament, Lust, Wagnis, Begeisterung, Rücksichtslosigkeit, sieht er in Florence und Helen erfüllt. Die Lust, Flatterhaftigkeit sowie die Energie des Weiblichen illustriert der Protagonist insbesondere durch Florences sehr ausdruckvolle Tanzbewegung: Sie tanzt mit einer lustvollen „königliche[n] Gebärde“ „so seligen Triumphes“ (St 537), wechselt vier Tanzpartner, bis keiner mehr hinzukommt (St 537 f.). Mit Stillers Illustration offenbart sich die Welt des Urmütterlichen, wo Promiskuität herrscht. Während der imaginierte Ort für ihn Wahn und Hölle ist, so symbolisieren Florence und Helen für ihn das Arkadien.

Parallel zur Haupthandlung bekunden die Florence- und Helen-Episoden die sexuellen Wunschträume des Protagonisten, welche seine in Wirklichkeit unrealisierbare Männlichkeit kompensieren können.[290] Die Phantasien werden personifiziert und decken sich mit der „realen“ Frau, durch die sie belebt und angereichert werden. Auf diese Weise werden die Frauen reale Gegenstände seiner

---

286 Florence sei „ein Geschöpf, schön wie ein Tier, achtzehn Jahre alt, ein Geschöpf“ (St 406); „ihre Augen sind wie Tollkirschen, ihre Haut wie Kaffee.“ (St 407) Beschreibungen über die weibliche Figur Helen fehlen im Text. Aber im Grunde genommen sind beide eine und dieselbe Person, die allegorisch die ursprüngliche Weiblichkeit in der Imagination Stillers repräsentiert.

287 C. G. Jung, Aion, S. 20.

288 Ebd., Anm. 2. Vgl. Frederik Alfred Lubich, Max Frisch: »Stiller«, »Homo faber« und »Mein Name sei Gantenbein«, S. 37.

289 C. G. Jung, Symbole der Wandlung, S. 425: „Jener Archetypus des Weiblichen, die Anima, erscheint zuerst in der Gestalt der Mutter und überträgt sich dann von ihr auf die Geliebte.“ Vgl. ebd., S. 421. Vgl. hierzu auch C. G. Jung, Die Beziehung zwischen dem Ich und dem Unbewußten (1989-Ausgabe), S. 217: „Die erste Trägerin des Seelenbildes ist wohl immer die Mutter, später sind es diejenigen Frauen, welche das Gefühl des Mannes erregen, gleichgültig, ob in positivem oder in negativem Sinne.“

290 C. G. Jung, Die psychologischen Aspekte des Mutterarchetypus, S. 101.

hemmungslosen rücksichtslosen Affektentladungen, die nach Meinung Julikas seinen Wunschträumen entsprechen (St 401 f.).

Stillers vorgestellte Hemmungslosigkeit, Rücksichtslosigkeit[291], Brutalität und sein Verzicht auf moralische Wertnormen werden ebenfalls durch seine imaginierten Verbrechen, seine Abenteuerlust und Verantwortungslosigkeit bestärkt (Vgl. z.B. St 402.): Z.B. erschießt er Helens Mann, als dieser sie mit Stiller im Bett erwischt (St 415 f.); Stiller entführt Florence, tötet ihren Mann Joe kaltblütig: „»Ich [Stiller] fragte sie [Florence]: Liebst du mich oder liebst du ihn? Sie verstand mich ganz genau. Und nickte. Und Schuß. Und kein Wort mehr von Joe.«" (St 403)[292] An anderer Stelle rettet er die von seiner primitiven Männlichkeit entzückte Florence aus dem Feuer und stiehlt für sie ein Auto (St 406). Ohne Zweifel ergeben sich hier keine wirklichen Kontakte zwischen Mann und Frau; überwiegend zeigt sich hier ausschließlich Stillers männlicher Größenwahn.

Obwohl die sexuelle Unbefangenheit und das Selbstbewußtsein von Florence und Helen den Helden fasziniert, empfindet er eine intensive Bedrohung und seine eigene Unmännlichkeit; seine unbefriedigten Sehnsüchte nach Sinnlichkeit und Offenheit sind in voller Bewußtheit von sexueller Angst bzw. Impotenz begleitet. Dies offenbart er unverblümt durch den folgenden Passus: „ich wußte sehr wohl, daß ich diesem Mädchen [Florence] nie genügen könnte." (St 538) Symbolisch führt diese Ambivalenz während der Liebesbeziehung mit Florence zum Suizid, aus dem neues Leben resultiert.

Fernerhin verkörpern Stillers Träume von Julika während ihrer Abwesenheit, seine Träume von der toten Mutter, die Gattinmordepisode und die Jagdszene mit der Katze „Little Grey" (St 413 f.), welche im Jungschen Sinne das Unbewußte des Menschen symbolisiert, seinen Versuch, die innere Anima zu beseitigen, um die direkte Konfrontation mit ihr zu vermeiden.

Die Jagdszene mit der Katze versinnbildlicht Stillers Auseinandersetzung mit dem inneren Tier des Unbewußten. Die vernachläßigte Anima erscheint als Tiergestalt und zeigt sich machtgierig und rachsüchtig. Es dürfte kein Zufall sein, daß gerade die Anima-Figur Florence ihn zu erinnern versucht, die Katze „Little Grey" zu lieben (St 537). Anstatt mit dem Tier vorsichtig umzugehen, versucht der Protagonist, sie mit Gewalt zu verjagen, wobei er doch ganz genau weiß, daß die Katze zu füttern die Pflicht seines damaligen Lebens ist (St 414). So entsteht „ein richtiger Kampf, ein lächerlicher Kampf auf Ausdauer, ein fürchterlicher Kampf" (St 414) zwischen Stiller und seiner Tiernatur, die er sogar in den Eisschrank steckt (St 414). Mit dem Beseitigungsprozeß erkennt Stiller, daß diese „inneren Kämpfe" (St 537) nie zu gewinnen sind, denn er fühlt sich von der Katze verfolgt: „sie war zugegen, auch wenn sie nicht zugegen war [...] Ich

291 Vgl. St 404: „»Immer mit Rücksicht, das liegt mir nicht.«"

292 Hier ist die Direktheit und Primitivität der Mulattin im Gegensatz zu Julikas Zurückhaltung, Selbstschutzmaßnahmen, Kultiviertheit etc. besonders hervorgehoben. Vgl. St 404: „»Sie [Florence] küßte mich« [...] »das ist mein Typ.«"

wurde mit diesem Tier nicht fertig -" (St 414). Dieser Jagdprozeß versinnbildlicht zum einen die Beweglichkeit der Anima, die vorwiegend durch die geschmeidigen Bewegungen der Katze und der Tänzerinnen Florence und Julika charakterisiert ist, zum anderen verdeutlicht er Stillers Unfähigkeit, seine unbewußte Naturseele anzuerkennen und anzunehmen. In diesem Augenblick überschattet ihn der dunkle Aspekt der Anima völlig.

In den Träumen Stillers, die auf eine Kontinuität seines unbewußten psychischen Prozesses hinweisen, tritt die Anima als die Katze „Little Grey", als Julika und als seine Mutter auf, hier werden die wirklichen Bezugspersonen und seine inneren weiblichen Komponenten verwechselt. Die projizierten Inhalte, die integriert werden sollen, können nicht von ihren Anima-Projektionsobjekten gelöst werden. Die Verschmolzenheit der Projektionsobjekte ist beispielsweise durch Stillers Schilderung eines Traumes gekennzeichnet:

> Im Augenblick da ich ›Little Grey‹ erwürge, weiß ich, daß es gar nicht die Katze ist, sondern Julika, die lacht, ein Lachen, wie ich es nie an ihr gekannt habe. Julika überhaupt ganz anders, lustig, ich würge die Katze mit aller Kraft, Julika höhnt mich vor einem Publikum, das ich nirgends sehe, die Katze wehrt sich nicht, aber springt nachher wieder auf den Fenstersims, leckt sich [...] (St 726.)[293]

Laut Jung haben Träume eine orientierende Funktion, sie zielen wie das Bewußtsein auf die individuelle Individuation ab:

> [...] das Unbewußte [sei] imstande, so gut wie das Bewußtsein eine final orientierte Führung zu übernehmen. Dementsprechend hätte dann der Traum vorkommenden Falles den Wert einer positiv leitenden Idee oder einer Zielvorstellung, die dem momentan konstellierten Bewußtseinsinhalt an vitaler Bedeutung überlegen wäre.[294]

Anhand der Traumserie kann der Träumer, der kaum über Intuition verfügt, nicht als erlebendes Subjekt den Sinn der spontanen, willkürlich erscheinenden Träume sinnvoll erhellen. Infolgedessen ist ihm keine der durch die Träume offenbarten kristallisierten Manifestationen der Seelentiefe im täglichen Verhalten zugänglich. Um Selbstkritik und Selbstreflexion zu vermeiden, übergeht er seine Begehrlichkeit und verschiebt seinen Zorn sowie seine Aggression nach außen.

Stiller glaubt während der Flucht in Amerika (vor allem nach dem Selbstmordversuch) allmählich zu erkennen, daß Julika einen überwiegenden Teil seines Inneren ausfüllt und seine Persönlichkeit vollständig überschattet. Wie die Anima, die die eigentliche Verfolgerin ist, erscheint ihm Julika immer intensiv anwesend. Auf der Suche nach der Mutter in der Wüste begleitet die zum Trauma

---

293 Vgl. auch St 685 f.: „Und war es nicht meine grazile Balletteuse, so war es doch ›Little Grey‹, dieses grazile Biest von einer Katze, das immerfort auf meinen Fenstersims hüpfte und mir doch nichts zu sagen hatte." Auffallend vergleicht der Protagonist Julikas Lachen und Echolosigkeit mit denen der Katze (St 686 & 724); weiterhin bezeichnet er beide als Siegerin (St 686 & St 724).

294 Zit. nach Liliane Frey-Rohn, Von Freud zu Jung, S. 325.

gewordene Bezugsperson stets Stiller, als ob sie, die Figur Julika, ihm immer auf den Fersen wäre (St 683f f.): „[...] keine wache Stunde verging, wo mir nicht irgend etwas einfiel gegen dieses zarte Weib in Davos, und niemand hörte meine lautesten Verwünschungen [...]" (St 684 f.) Schließlich gesteht er, daß er sie vermißt habe (St 687). Überdies glaubt er, sich seiner „Angst vor unterminierenden Wahrheiten, gefährlichen Erkenntnissen, unangenehmen Konstatierungen"[295] gestellt und die Tiefe der Anima aufmerksam ergründet zu haben. Infolgedessen beschließt er, zu Julika zurückzukehren, um sich mit der wesentlichen Anima-Figur zu konfrontieren und sich mit ihr respektive seiner inneren Psyche auseinanderzusetzen. Denn es gibt keinen anderen Ausweg: „[...] wenn ich [...] an diese Frau Julika Stiller-Tschudy denke, so ist es doch mehr als Verliebtheit; ich fühle es an meiner hoffnungsvollen Bedrücktheit, Frau Julika Stiller-Tschudy ist ja doch meine einzige Hoffnung." (St 686)[296]. Die Konfrontation mit Julika zwingt Stiller, sich nach innen zu wenden und sich der eigenen Seele bewußt zu nähern.

In der analytischen Psychologie gründet sich solch eine Hoffnung genaugenommen auf der Wandlungsfunktion der Anima, die Stiller irrtümlicherweise mit der Anima-Figur Julika allein identifiziert. Zu der positiven progressiven Funktion der Anima, d.h. zu ihrem Wandlungscharakter, schreibt Erich Neumann:

> Die prospektive, voraussehende Funktion des Unbewußten ist im Wandlungscharakter der Anima, die dem Ich als ein Nicht-Ich gegenübertritt, es anzieht und in ihren Bann schlägt, person- und gestalthaft geworden. Diese Faszination erfährt das Ich aber zunächst nicht direkt und bezogen auf seine eigene Psyche, sondern indirekt, projiziert als eine Forderung oder einen Anreiz von außen, dessen Träger beim Manne meist eine Animafigur ist.[297]

Des weiteren konstatiert Erich Neumann, daß „der Anima-Wandlungscharakter nicht nur eine Projektion des Männlichen auf das Weibliche ist, sondern einer echten Erfahrung am Weiblichen entspricht."[298]

---

295 C. G. Jung, Die Beziehungen zwischen dem Ich und dem Unbewußten (1989-Ausgabe), S. 211.

296 Vgl. auch Stillers folgende Aussage: „Du bist nämlich meine einzige Hoffnung, Julika, und das ist das Schreckliche." (St 688.)

297 Erich Neumann, Die Große Mutter, S. 48. Der Wandlungscharakter der Anima beinhaltet zwei verschiedenen Aspekte: Der positive Wandlungscharakter der Anima gleicht der geistigen Inspiration, während der negative stets auf Entziehen, Verstoßen etc. fundiert, das sich symbolisch durch physischen Tod abspielt. Siehe hierzu Erich Neumann, Über den Mond und das matriarchale Bewußtsein, S. 82. Vgl. ebd. S. 84: „Die ursprünglichste Geisttätigkeit des Unbewußten ist der Einfall in seiner «launischen», d.h. mondhaften Unberechenbarkeit, er ist der unsystematischen geistigen Produktivität des ursprünglichen Menschen und des Weiblichen am nächsten und gehört ihr urtümlich an. Einfall und Intuition sind Ausdruck der Geistgewalt des Unbewußten, des lumen naturae der weiblichen Nachtwelt, in dem sich ihre Dunkelheit plötzlich und inspiratorisch erhellt."

298 Ebd., S. 78. Dort heißt es noch: „Die Anima ist die bevorzugte Trägerin des Wandlungscharakters. Sie ist das Bewegende und zur Wandlung Treibende, dessen Faszination das

Aus diesen Bemerkungen dürfte ersichtlich sein, daß die Anima-Projektionsfigur, durch die der Mann seine Erfahrung an der Frau und an sich selbst macht, zwar ein Katalysator der Anima im Manne ist, aber nur in einer Übergangsphase als Projektionsträger auftritt. Der wesentlichste Prozeß liegt darin, daß die Anima-Inhalte bewußt gemacht und von der Anima-Figur getrennt werden müssen. Die echte Erfahrung des Weiblichen fußt gleichfalls auf der Bewußtwerdung der Anima, unabhängig von direkter Erfahrung. Gleich in welcher Form die Anima erscheint, muß sie überwältigt und bewußt gemacht werden[299].

Mit dem Wandlungscharakter der Anima vollzieht sich die Herauslösung der Anima aus der Großen Mutter[300] und mit dem Bewußtwerdungsprozeß die Herauslösung der Anima aus dem Großen Weiblichen, also dem Unbewußten[301]. Damit ändert sich einerseits die Beziehung des Selbst zum Unbewußten, dessen Erscheinung sich dadurch in verschiedenen Formen erneuert und anders wirkt, andererseits das Verhältnis des Mannes zum Weiblichen, also zum Gegenüber.[302]

Damit dürfte klar sein, in welchem Sinn Stiller im Alptraum von der Mutter um Hilfe von Julika schreit, die im Traum die wandlungsfähige Anima verkörpert. Ebenfalls in dieser Bedeutung kann Stillers Bezug zur individuellen Persönlichkeit Julikas erst hergestellt werden, wenn der Wandlungscharakter seines Weiblichen einsetzt und die Unbewußtheit ins Bewußtsein umschlägt. Aus dieser Perspektive betrachtet vertritt Julika das negative Anima-Weibliche; durch diese weibliche Hauptfigur realisiert die Anima Stillers ihre symbolischen Charakteristika ihm gegenüber: Ausgesetztsein, Aufgelöstsein und Verstoßensein.[303] So verfügt Julika als Projektionsträger der Anima über die Funktion, Stiller zur Wandlung respektive zur Selbständigkeit zu drängen.

Zuerst versucht Stiller mit der Rolle des White sich selbst und die Anima-Figur Julika zu objektivieren. Er trachtet danach, seine instinktive Bindung

---

Männliche zu allen Abenteuern der Seele und des Geistes, des Tuns und des Schaffens in der Innen- und Außenwelt drängt, verführt und ermutigt." Vgl. dazu C. G. Jung, Die Beziehungen zwischen dem Ich und dem Unbewußten (1989-Ausgabe), S. 197: „Sie [Die Anima] kann ihm [dem Mann] Inspiration bedeuten; ihr dem Männlichen oft überlegenes Ahnungsvermögen kann ihm nützliche Warnung geben, und ihr aufs Persönliche orientierte Gefühl vermag ihm Wege zu zeigen, die seinem persönlich wenig bezogenen Gefühl unauffindbar wären."

299 Erich Neumann, Die Große Mutter, S. 48.

300 Ebd., S. 46.

301 Ebd.

302 Ebd., S. 46 f.

303 Vgl. ebd., S. 46. Siehe ebd., S. 82: „[...] das Verstoßen und Entbehrenmachen ist eine Funktion dieser auflösenden Kraft des negativen Anima-Weiblichen, dessen Symbol die Verlassenheit ist und die Nacktheit, das Ausgesetztsein in der Not und das Verstoßensein in die Leere."

während der Beziehung zu Julika in persönliches Beteiligtsein zu verwandeln.[304] Er strandet mit diesem Versuch, weil White Stillers Person nicht vollständig vertreten kann; Selbstverleugnung entfremdet ihn sowohl sich selbst als auch dem Gegenüber. Wie einst das Problem nicht durch Partnerwechsel gelöst werden konnte, kann nun der Rollenwechsel auch nicht helfen, wie Jung treffend sagt: „Das alte Bild hat bloß einen neuen Rahmen bekommen."[305]

Später sieht Stiller sich gezwungen, die White-Rolle aufzugeben. Er konzentriert sich auf die unmittelbare Begegnung mit der Anima-Figur Julika. Stillers Einweihung ins Weibliche und sein psychischer Umgangsprozeß mit ihm wird besonders durch sein unterwürfiges Verhalten gegenüber Julika ebenso wie durch seine neue Beschäftigung mit der Töpferei in Glion charakterisiert. Da der Lehm der Mutter-Erde entstammt, bedeutet er ein Symbol des Mütterlich-Weiblichen ebenso wie der Topf, wie Elliot Smith konstatiert:

> The Mother Pot is really a fundamental conception in all religions, and is almost worldwide in its distribution. The pots identity with The Great Mother ist deeply rotted in ancient belief through the greater part of the world.[306]

Trotz aller Mühe scheitert die Konfrontation des Romanprotagonisten mit der Anima bzw. der Anima-Figur. Seinen Mißerfolg zeigen sowohl Julikas augenfällige Unfähigkeit, ihm entgegenzukommen und seine Gefühle zu erwidern, als auch die Tatsache, daß er Julikas Hilfe erzwingt und die Verantwortung für sein eigenes Leben auf sie verschiebt. Diese geschlossene Animagestalt ist nicht imstande, seine wandelnde Anima anzureizen und die „magische Wirkung" der Anima zu realisieren, welche seine Selbständigkeit hervorrufen könnte. Anstatt selbständig zu werden, verfällt er in völlige psychische Abhängikeit von Julikas Person, welche für ihn keine individuellen Werte hat. Im wesentlichen tendiert seine zu starke Besessenheit von der Anima, deren Merkmale er als die Julikas betrachtet, dazu, die Dominanz seiner Psyche und der Geschlechterbeziehung so zu übernehmen, daß das Eros-Prinzip und seine unfaßbare Emotionalität seine

---

304 Vgl. C. G. Jung, Die Beziehungen zwischen dem Ich und dem Unbewußten (1989-Ausgabe), S. 210: „Es bedarf allerdings der größten Objektivität und Vorurteilslosigkeit, wenn man der «anderen Seite» Gelegenheit geben will zu wahrnehmbarer psychischer Aktivität. Infolge der verdrängenden Bewußtseinseinstellung war die andere Seite zu bloß indirekten, symptomatischen Manifestationen meist emotionaler Art gezwungen, und nur in Momenten eines überwältigenden Affektes kamen Bruchstücke der gedanklichen oder bildlichen Inhalte des Unbewußten an die Oberfläche, allerdings mit der unvermeidlichen Begleiterscheinung, daß das Ich sich momentan mit jenen Äußerungen identifizierte, selbstverständlich, um sie unmittelbar darauf zu revozieren. Es kommt einem ja tatsächlich bisweilen abenteuerlich vor, was man im Affekt alles sagen kann. Aber bekanntlich vergißt man es leicht oder leugnet es gar. Mit diesen Entwertungs- und Verleugnungsmechanismen hat man natürlich zu rechnen, wenn man sich objektiv einstellen will."

305 Ebd., S. 209.

306 Zitiert nach Erich Neumann, Die Große Mutter, S. 134.

innere und äußere Welt tyrannisieren.[307] In dieser Situation besteht sein Scheitern in der Unbestimmtheit seiner Psyche, die nicht von einer menschlichen Anima-Figur abgelöst werden kann. Gerade seine Ichhaftigkeit hindert ihn an einer Liebe mit individueller Bezogenheit auf die Persönlichkeit Julikas.

Wenn man Julika als Personifikation der Anima betrachtet, symbolisiert ihr sich verbessernder Gesundheitszustand während der Abwesenheit Stillers, daß Julika noch von subjektiven Wünschen besessen ist. Sie dominiert symbolisch das Unbewußte bzw. die äußere Welt. Julikas Tod am Schluß des Romans ist für Stiller im symbolischen Sinne als partielle Überwindung seiner destruktiven Anima zu verstehen. Die psychische coniunctio respektive die Selbstwerdung kann sich nicht vollziehen, weil der Protagonist die archetypischen Inhalte der Anima nicht integrieren und in seinem Innern ruhen lassen kann. Hier entsteht keine ausreichende psychische Katharsis und Bewußtwerdung. Die Selbstanalyse sowie die Auseinandersetzung Stillers mit dem Unbewußten erweisen sich als partiell bzw. als ungenügend. Durch den Tod Julikas tritt dies als innere Wahrheit zutage.

2.5. Julikas und Stillers Beziehungsmodell: Übertragung und Gegenübertragung

Im „Stiller"-Roman zeigt sich keine analytische Beziehung zwischen Stiller und Julika, einerseits weil es kein „dialektisches Verfahren"[308] zwischen ihnen gibt, andererseits weil keine Gefühle der beiderseitigen Anteilnahme und Betroffenheit vorhanden sind und keine Interaktion zwischen ihnen stattfindet[309]. Im Text werden hauptsächlich die psychologischen Übertragungs- und Gegenübertragungsmechanismen des Unbewußten zwischen den beiden dargestellt.

„Übertragung, als eine spezifische Form von Projektion, hat immer die Tendenz, Bezugspersonen nicht in ihrer eigenen Wirklichkeit wahrzunehmen, sondern deren Handlungen oder Äußerungen im Sinne unbewußter Komplexe zu mißdeuten."[310] Laut Jung kommen während eines solchen Mechanismus des Unbewußten persönliche und archetypische Charakterelemente zum Tragen. Gegenübertragung resultiert aus der Übertragung; Affekte, die durch die Übertragung des einen Partners hervorgerufen werden, können den anderen unbewußt

---

307 Vgl. C. G. Jung, Über Wiedergeburt, S. 137: „Die Besessenheit kann formuliert werden als eine Identität der Ichpersönlichkeit mit einem Vorstellungskomplex." Vgl. ebd., S. 138: „In erster Linie treten bei der Verwandlung der Persönlichkeit [während der von Anima oder Animus veranlaßten Besessenheit] die gegengeschlechtigen Züge hervor, beim Manne die weiblichen und bei der Frau die männlichen."

308 C. G. Jung, Über die Archetypen des kollektiven Unbewußten, S. 50.

309 Vgl. Andrew Samuels, Bani Shorter & Fred Plaut, Wörterbuch Jungscher Psychologie, S. 31.

310 Mario Jacoby, Übertragung und Beziehung in der Jungschen Praxis, S. 17.

beeinflussen, so daß letzterer in einen Zustand des Mitaffiziertseins gerät[311], indem er sich unbewußt mit den übertragenen Charakterelementen im Einklang fühlt.

Im „Stiller“-Roman ist ein solches Modell in nuce zu finden. Die unbewußten Übertragungs- und Gegenübertragungsmechanismen finden zwischen den Hauptfiguren statt, deren gegenwärtige psychische Problematik eine unbewußte Verschiebung der Gefühle bedeutet. Der Tagebuchschreiber Stiller versucht sogar, den Hintergrund dieses Beziehungsmodells zwischen sich und Julika zu ergründen. Davon berichtet er in folgender Passage:

> Als Fremder hat man den Eindruck, daß diese zwei Menschen, Julika und [...] Stiller [...] zueinander paßten. Sie brauchten einander von ihrer Angst her. [...] jedenfalls hatte die schöne Julika eine heimliche Angst, keine Frau zu sein. Und auch Stiller [...] stand [...] unter einer steten Angst, in irgendeinem Sinn nicht zu genügen [...]. (St 440)

Stillers Bemerkung, daß Julika und er „auf eine unselige Weise zueinander paßten“ (St 440), begründet sich auch durch solch unbewußte Klammerung an das Unbewußte des anderen, denn der Animus lockt stets die Anima hervor[312] und vice versa. Stillers und Julikas Angst, die ihre Eigenerfahrung des Männlichen und Weiblichen sowie die Erfahrung mit dem anderen Geschlecht behindert, hängt psychologisch interpretiert mit ihren Erfahrungen mit den persönlichen Eltern eng zusammen[313], von denen sich Stiller und Julika nicht trennen können. Auch ohne persönliche Anwesenheit der Eltern wirken die Beziehungen zwischen Eltern und Kind, so daß wirkliche Beziehungen mit dem anderen Geschlecht scheitern.

Teils bewußt, teils unbewußt spüren beide Hauptfiguren die Unruhe bzw. Schwäche des anderen, die wiederum unbewußte tiefenpsychische Trauma- bzw. Phantasie-Bilder in der eigenen Person hervorruft.[314] In diesem Sinn kennzeich-

---

311 C. G. Jung, Die Probleme der modernen Psychotherapie, S. 81 f. Vgl. ebd., S. 81: „In der [psychotherapeutischen] Behandlung findet die Begegnung zweier irrationaler Gegebenheiten, nämlich zweier Menschen statt, die nicht abgegrenzte, bestimmbare Größen sind, sondern neben ihrem vielleicht bestimmten Bewußtsein eine unbestimmbar ausgedehnte Sphäre von Unbewußtheit mitbringen.“

312 C. G. Jung, Die Beziehungen zwischen dem Ich und dem Unbewußten (1989-Ausgabe), S. 217.

313 Vgl. C. G. Jung, Die Psychologie der Übertragung, S. 218: „Auf die konventionelle Situation folgt eine unbewußte «Familiarisierung» des Partners durch Projektion jener infantilen (und archaischen) Phantasiebilder, die erstmals in die Mitglieder der eigenen Familie investiert waren und die den Patienten durch Faszination (positiver oder negativer Art) an Eltern und Geschwister verhaften. Die Übertragung auf den Arzt zwingt diesen in die familiäre Intimität, die zwar sehr unerwünscht ist, aber doch die zum Werke dienliche prima materia darstellt.“

314 Julika und Stiller suchen beide die Verhaltens- und Denkweise des anderen zu interpretieren und zu verinnerlichen. Ihre Charakteristika werden während der Wiederbegegnung bewußt oder unbewußt nach den vergangenen, gegenseitig geschaffenen Bildnissen

net der Traum von den Wundmalen an den Händen Julikas und Stillers (St 415) charakteristischerweise den verschlingenden Austausch des Unbewußten zwischen den beiden; der Protagonist fragt sich, „wer das Kreuz ist und wer der Gekreuzigte"(St 415).

Stiller überträgt seine verdrängten Wünsche sowie Sexualsehnsüchte nach seiner persönlichen Mutter auf Julika, die Stillers Bedürfnisse nach mütterlicher Liebe spürt, auf ihn entsprechend reagiert und ihre Rolle als Ersatzmutter mehr oder weniger unbewußt übernimmt. Umgekehrt betrachtet der Protagonist Julikas sexuelles Problem als seine Lebensaufgabe, indem er unbewußt, seine Angst vor der Unmännlichkeit kompensierend, die konventionelle Rolle als ihr Erlöser übernimmt, wobei Julika ihrerseits unbewußt aus der eigenen Angst heraus, keine richtige Frau zu sein, die Rettung von Stiller erwartet. Beide, als kollektive Persona- und Psychopompos-Rolle[315] der Anima- und Animus-Funktion, übernehmen entsprechend die unbewußten Wünsche des anderen und identifizieren sich unreflektiert mit ihr. Sie orientieren sich daran, weil sie blind für ihre eigenen inneren Prozesse sind. Dieses innere und äußere Beziehungsmodell findet eine Bestätigung bei Jung:

> Tritt [...] zwischen Mann und Frau eine irgendwie geartete unbewußte Identität ein, so nimmt er die Züge ihres Animus, sie aber die seiner Anima an. Obschon weder Animus noch Anima ohne das Dazwischentreten der entsprechenden Persönlichkeit konstelliert werden, so will dies doch nicht besagen, daß die dadurch entstehende Situation nichts anderes sei als eine persönliche Bezogenheit und Verwicklung.[316]

So haben Stiller und Julika beide die Seelenführer- bzw. Vermittler-Funktion zwischen dem Ich und dem Unbewußten für den anderen inne. Beide sind gleichzeitig Adressant und Adressat; der eine Beziehungspartner repräsentiert die Teilpsyche des anderen. So benötigen sie einander, einerseits um sich selbst anhand des psychischen Problems des anderen auszubalancieren, andererseits erhoffen sie Hilfe vom anderen und bieten ihm selbst Hilfe an. Diese Rollen finden in getrennten psychischen Umfeldern statt und werden nicht als paradox empfunden.

Eine solche Beziehung unterstützt sicher die psychische Regression der Partner, die danach zur psychischen Progression führen soll[317], wenn die projizierten

---

und nach ihren übertragenen Affekten symptomatisch bestimmt. In jeder Aussage über den anderen findet man ihre eigenen psychischen Elemente. Jede Haltung oder Reaktion, verbal oder nichtverbal, wird stets als Mahnung bzw. Gefährdung interpretiert. Vgl. Mona Knapp, „Die Frau ist ein Mensch, bevor man sie liebt, manchmal auch nachher...", S. 88.

315 Andrew Samuels, Bani Shorter & Fred Plaut, Wörterbuch Jungscher Psychologie, S. 179: Psychopompos sei eine „Figur, welche der Seele in Zeiten von Initiation und Übergang den Weg zeigt."

316 Vgl. C. G. Jung, Die Psychologie der Übertragung, S. 260.

317 Andrew Samuels, Bani Shorter & Fred Plaut, Wörterbuch Jungscher Psychologie, S. 35.

Inhalte bewußt gemacht werden. Zu solchem psychischen Prozeß meint Jung: „Ohne gründliche Auseinandersetzung mit einem Gegenüber ist aber die Ablösung der infantilen Projektionen oft einfach unmöglich“[318], „denn ohne bewußt anerkannte und akzeptierte Bezogenheit auf den Nebenmenschen gibt es überhaupt keine Synthese der Persönlichkeit.“[319]

Der Romanheld sucht in Julika die Funktion der geistwandelnden Anima, des Psychopompos. Er will ihr diese Funktion aufzwingen und scheitert. Gleichfalls kann die psychische Dissoziation Julikas wegen des Ausbleibens der dialektisch-analytischen Beziehung nicht aufgehoben werden, solange sie die Verantwortung dieser Beziehung auf Stiller allein schiebt und ihre unbewußten Inhalte der Tiefenpsyche nicht ans Tageslicht des Bewußtseins gebracht werden.

2.6. Repräsentation und Charakterisierung der Frau

2.6.1. Julika

Dieses Kapitel gilt Julika, als der weiblichen Hauptfigur und hauptsächlichen Bezugsperson Stillers. Man kann hier nicht nur die psychoanalytischen Theorien anführen, wie Martin Balle dies unternimmt, um die von den männlichen Figuren beobachteten, kritisierten und beurteilten Charakteristika Julikas auf der psychoanalytischen Ebene zu analysieren. Man muß auch ihre in sporadischen, lakonischen Bildern von zwei Männern (Stiller/White und Rolf) geschilderten Eigenschaften unter die Lupe nehmen, wobei man des sozio-kulturellen Weiblichkeitsentwurfs des Mannes und der konventionellen Geschlechterbeziehung eingedenk sein muß. Psychologie und Kultur sind inhaltlich und formal nicht auseinanderzutrennen und bedingen zusammen die innere sowie äußere Entwicklung des einzelnen. In diesem Kapitel bedient sich die Untersuchung der Jungschen Lehre und der traditionellen Mann-Frau-Beziehungsproblematik, da diese beiden Spektra einander ergänzen und erhellen können.

2.6.1.1. Position und Funktion der Figur Julika

Die weibliche Hauptfigur Julika ist nicht als vollständige Persönlichkeit zu betrachten, weil sie nur in Verbindung mit Stiller dargestellt wird und „in ihrem Wesen eine Ergänzung zu dem Teil Stillers“[320] ist, fernerhin weil keine Fakten über ihre Eltern, Kindheit, Jugend und Erlebnisse vor der Begegnung mit Stiller im Roman bekannt sind. Aus diesen Gründen können die psychischen Probleme

---

318 C. G. Jung, Die Psychologie der Übertragung, S. 219.

319 Ebd., S. 233.

320 Martin Balle, Sich selbst schreiben - Literatur als Psychoanalyse, S. 58.

Julikas nicht auf ihre Vergangenheit zurückgeführt werden[321].

Diese weibliche Hauptfigur wird hauptsächlich aus zwei gegensätzlichen Perspektiven gestaltet: Aus der Perspektive Whites, seine gute Stimmung vorausgesetzt, stellt sich Julika meistens mit positiven Charakteristika dar; aus der Perspektive Stillers dagegen wird sie meistens als negativ erlebt. (Vgl. z.B. St 445 & 450 f.) Julikas Charakterwerte wechseln je nach der Erzählhaltung Stillers sowie Whites völlig ins Gegenteil und hängen offensichtlich von der inneren Lage der beiden ab[322], wie Mona Knapp zutreffend bemerkt: „Jene Eigenschaften, die für 'Mr. White' anziehend und lobenswert erscheinen - so sehr, daß er sich in sie verliebt-, sind eben die gleichen Eigenschaften, die Stiller als quälend und zerstörerisch empfand.“[323] Wenn Stiller und White als zwei verschiedene Figuren betrachtet werden, repräsentieren sie auch unterschiedliche Aspekte desselben Selbst.[324] In dieser Situation kann man von einer Entzweiung der Person, d.h. einer Neurose sprechen (Vgl. z.B. St 460). Aus diesem Grunde sei erinnert, daß die Figur Julika stets aus den Augen des Neurotikers Stiller, manchmal auch aus den des distanzierten Freundes Rolf, geschildert wird. Mit dem Positions- und Perspektivenwechsel derselben Person plädiert das eine Ich meistens für Julika, während das andere Ich sie dämonisiert. Jedes Charakterelement Julikas wird je nach dem dominierenden psychischen Zustand des Ich gedeutet; ihr werden Komplexe zugeschrieben, deren Opfer meist der Protagonist selbst ist. Deshalb erscheint die Charakterisierung Julikas völlig paradox.

Daher ist die Figur Julika mit ihrer besonderen Rollenfunktion stets zweckgebunden und ausschließlich anhand der Beschreibungen der männlichen Figuren zu entschlüsseln.[325] Fernerhin erhebt sich die Frage, wie groß der Beitrag der weiblichen Figur Julika zu Stillers Frauenbild ist.

---

321 Ebd., S. 62.

322 Als sein eigener Regisseur erprobt Stiller wie Gantenbein seine Rolle als Mann und verlangt ohne Rücksicht auf Julikas eigene Ansichten und Bedürfnisse, ihre Autonomie als Person ignorierend, daß sie in jeder Situation und Beziehung dieses Spiel mitspiele. Er bestimmt ihre Rolle als Mutter, wenn er mütterliche Liebe braucht, als Erlöserin, wenn er Angst vor seinem Versagen hat, als liebende Geliebte, wenn er der Liebe bedarf, als unterlegene, wenn er seinen Größenwahn hat. So reduziert er sich selbst kategorial auf Mann und Julika auf Frau. Indem er sich äußert, beabsichtigt er, für sie zu sprechen. Vgl. St 453: Stiller wolle „eine Probe haben, ob Julika eine Frau ist[...]“. Vgl auch St 688 f.

323 Mona Knapp, „Die Frau ist ein Mensch, bevor man sie liebt, manchmal auch nachher...“, S. 87.

324 Vgl. Erich Neumann, Die Große Mutter, S. 41.

325 Vgl. Karlheinz Braun, Max Frischs „Stiller“: Sprache und Stil - Zwei Beispielanalysen. In: Walter Schmitz (Hrsg.): Materialien zu Max Frisch ›Stiller‹, S. 42: Die „Spannung liegt jedoch nicht so sehr im Verhältnis Erzähler und Gesprächspartner (Stiller-Julika), sondern in dem des Erzählers zu seinem Erzählgegenstand, also Stillers zu sich selbst.“ Vgl. dazu Mona Knapp, „Die Frau ist ein Mensch, bevor man sie liebt, manchmal auch nachher...“, S. 86; vgl. ebd., S. 87: „Festzuhalten bleibt, daß der unermüdliche Versuch, dem weiblichen Gegenüber in der Beschreibung beizukommen, gleichzusetzen ist mit der

An einer Stelle richtet sich das Augenmerk des Erzählers bzw. Tagebuchschreibers auf sein Nicht-Erkennen-Wollen und Nicht-Akzeptieren-Wollen der Charakteristika seiner Gattin: „Man hat den Eindruck, daß der verschollene Stiller, wie sehr er von Julika fasziniert war, etwas im Wesen dieser Frau ganz einfach nicht angenommen, wahrscheinlich überhaupt nicht einmal erkannt hat [...]" (St 449). Dieser Passus pointiert das zentrale Element dieser Mann-Frau-Beziehung: Die Faszination Stillers von Julika und die imaginierten Bilder Stillers von Julika, die in Stillers Vorstellungen die „reale" Julika dämonisieren oder verschönern.

Hinter jeder Beurteilung Julikas steckt stets die entscheidend subjektive Meinung des Protagonisten, die jeweils seiner inneren Lage entspricht. Auffallend erscheint, daß Julika vielerorts als Gattungswesen Frau betrachtet und behandelt wird (Vgl. z.B. St 412 & 408), und ihre individuellen Eigenschaften entsprechend auf kollektive Bilder der Frau reduziert werden.[326] Viele typische Züge der patriarchalischen kollektiven Frauenbilder, über die der Romanprotagonist nie bewußt reflektiert und nach deren hintergründigen Geschichte er nie zu fragen sucht, werden dieser weiblichen Figur angeheftet: Passivität (Vgl. z.B. St 483 & 743), Anpassungsfähigkeit (St 743), Nicht-Handeln-Können bzw. -Wollen (St 483 f.), „Hang zum ›Verzeihen‹" (St 687; St 439, 440, 441 & 451)[327], Schonungsbedürftigkeit (z.B. St 439), Zärtlichkeit (St 408, 440), Mütterlichkeit (z.B. St 724), das Talent zu haben, „eine Frage stets mit einer anderen Frage zu beantworten" (St 408)[328], Kunst- und Geistesunfähigkeit (St 600 & 450 f.), extremes Schwanken zwischen Willenlosigkeit und „Hang zum Radikalismus" (St 600), Schauspielernatur (St 450, 452 f.)[329], vage Persönlichkeit (St 600), Behut-

erzählerischen Suche nach sich selbst. Die innere Bewegung des Erzählvorgangs wird in der Gestalt Julikas wie in einem Spiegel reflektiert. Ohne Julika gibt es keinen Stiller."

326 Vgl. Mona Knapp, „Die Frau ist ein Mensch, bevor man sie liebt, manchmal auch nachher...", S. 86.

327 Stiller bezeichnet Julikas „Hang zum ›Verzeihen‹" als „speziell weibliche[] Manier". (St 687) An anderer Stelle notiert er: „[...] sie [Julika] lebte ja davon, einen Menschen zu haben, dem sie immerfort verzeihen konnte." (St 441) Damit bringt Stiller seine innere Widersprüchlichkeit zum Ausdruck: Einerseits braucht er wie ein Knabe die unbedingte liebevolle Verzeihung einer Mutter wie Julika, wenn er affektiert; andererseits deutet er Julikas verzeihendes Verhalten als Überlegenheitsgeste ihrerseits bzw. als Abwertung seiner eigenen Person. Gebunden an seine eigenen Komplexe reflektiert oder mißdeutet Stiller Julikas Person nur aus seiner eigenen Perspektive. Jede Reaktion oder Aktion Julikas werden nur auf diese Weise verstanden. Analog dazu mißdeutet er ihre Art zu Schweigen.

328 St 408: „Ihre [Julikas] Art, eine Frage stets mit einer anderen Frage zu beantworten, findet sich *bei vielen Frauen, eigentlich bei allen* und ist mir bekannt; um so mehr muß ich mich hüten vor dem verfänglichen Gefühl, ihr schon einmal begegnet zu sein." (Hervorh. d. Verf.)

329 Vgl. z.B. St 450: „Möglicherweise sind es sogar nur wenige Frauen, die ohne Schauspielerei jenen hinreißenden Sinnenrausch erleben, den sie von der Begegnung mit dem Mann erwarten, glauben erwarten zu müssen auf Grund der Romane, die, von Männern

samkeit (St 446), Fantasie- und Einfallsreichtum (St 600) etc.[330] In der Tat enthüllen diese Frauenbilder eher Stillers innere Welt als Julika selbst[331].

Es darf nie vergessen werden, daß diese Frauenbilder von einem Mann dargestellt sind. Die „reale" Julika existiert zwischen dem Raum der Erzählung und dem Raum außerhalb des Tagebuchs Stillers und dem Nachwort Rolfs, d.h. sie existiert in Wirklichkeit gar nicht; sie existiert und bewegt sich nur im psychischen Feld Stillers. So hat sie eine rein psychisch-symbolische Rollenfunktion.

Infolgedessen ist der Leser aufgefordert, die Eigenschaften der weiblichen Hauptfigur zwischen den Zeilen herauszulesen. Die Aufdeckung der chiffrierten psychischen Struktur Julikas, ihrer inneren Aufspaltung sowie Traumatisierung kann deshalb nur annähernd ausgeführt werden, wobei Julikas Faszinationszüge und Projektionsinhalte von denen Stillers schwer zu trennen sind.

---

geschrieben, immer davon munkeln; hinzu kommt die eitle Lüge der Frauen unter sich [...]".

330 Vgl. insgesamt zu dieser Thematik der Frauenbilder Stillers (St 600): „[...] *er [Stiller] ist wohl sehr feminin*. Er hat das Gefühl, keinen Willen zu besitzen, und besitzt in einem gewissen Sinn viel zuviel, nämlich so wie er ihn einsetzt [...] Seine Persönlichkeit ist vage; daher ein Hang zu Radikalismen. [...] er verläßt sich lieber auf Einfälle und vernachlässigt die Intelligenz; denn Intelligenz stellt vor Entscheidungen. [...] Er hat viel Phantasie." (Hervorh. d. Verf.) Nach dieser Stillerschen Behauptung sind seine Vorstellungen des Weiblichen eindeutig. Indem Stiller sich selbst kritisiert, urteilt er auch über das andere Geschlecht. Seine vom Patriarchat geprägten Vorstellungen von Mann und Frau dürften hiermit ersichtlich sein. Für ihn ist die Frau ein Gattungswesen, das entweder keinen menschlichen Willen eo ipso hat, oder den Willen rücksichtslos hypertrophiert. Sie reflektiert nicht, kennt den tieferen Sinn der Freiheit nicht, besitzt keine Entscheidungsfähigkeit, ist der Verantwortung für sich selbst und für die anderen nicht reif genug, leugnet die eigene Identität und lebt in Bezugnahme auf die anderen. Zum Willen-Mmotiv Stillers vgl. seine Zitate von Kierkegaard (St 361). Aus den zitierten Kierkegaardschen Passagen und den oben erwähnten Aussagen Stillers ist zu schließen, daß das Weibliche in den Stillerschen Augen über keine Fähigkeit zur Selbstbeobachtung, Selbstuntersuchung sowie Selbstverwirklichung verfügt. Hier erinnert man sich an Frischs zweite Frau Marianne Oellers und ihren Wunsch zur Selbstverwirklichung. Wenn Frisch der Meinung ist, daß den Willen dezidiert einzusetzen, eine männliche Fähigkeit sei, so läßt sich vermuten, daß Selbstbeobachtung, Selbstuntersuchung und Selbstverwirklichung auch nur eine männliche Sache sei. Wenn man der Frischschen Aussage über die menschliche Würde gedenkt - „Die Würde des Menschen, scheint mir, besteht in der Wahl [...]" (Tg II 488) -, wird klar, daß diese Klausel nicht dem Weiblichen gilt. Zur psychologischen Definition des Begriffes „Wille" in der Jungschen Schule vgl. z.B. C. G. Jung, Theoretische Überlegungen zum Wesen des Psychischen (urspr.: 1946). In: Ders., Die Dynamik des Unbewußten, S. 209; Jolande Jacobi, Die Psychologie von C. G. Jung, S. 62, 116 & 159 f.; Erich Neumann, Die Große Mutter, S. 40 f. Vgl. Karin Struck, Der Schriftsteller und die Frauen. In: Ders., Walter Schmitz (Hrsg.), Max Frisch. Frankfurt am Main: Suhrkamp, 1987, S.11.

331 Vgl. St 749: Rolf bemerkt scharfsinnig: „Das Bildnis, das diese Aufzeichnungen von Frau Julika geben, bestürzte mich; es verrät mehr über den Bildner, dünkt mich, als über die Person, die von diesem Bildnis vergewaltigt worden ist." Rolf ist wohl der Meinung, daß solches Bildnis-Machen Stillers „etwas Unmenschliches" an und für sich sei.

2.6.1.2. Julika aus der Sicht der analytischen Psychologie Jungs

Obwohl alles Faktische von Julikas Person aus der Kindheit und Jugend fehlt und ihr Leben vor der Ehe mit Stiller unbekannt bleibt, können gemäß der Jungschen Psychologie (vor allem seiner Archetypen-Theorien) Julikas Charakteristika, die aus der männlichen Perspektive nur mit paradoxen Zerrbildern dargestellt sind, analysiert werden[332]. In der Jungschen psychologischen Sprache fungiert die Figur Julika im „Stiller" nicht nur als die innere Frauengestalt, also die Anima-Personifikation des Helden, wie die Untersuchung bereits erörterte, sondern auch als Vertreterin seiner Animus-Besessenheit. Julikas Besessenheit durch die männliche Seite ihrer Psyche sowie die inneren Männerfiguren, deren archetypische Merkmale sie psychologisch unbewußt als die des menschlichen Gegengeschlechts betrachtet und mit denen Stillers gleichsetzt, bestimmen fatal ihre eigene Persönlichkeit und ihre einseitige Beziehung zu Stiller.

Erich Neuman ist neben Jung der bekannteste jungsche Tiefenpsychologe, der die psychische Entwicklung des Männlichen und Weiblichen im Patriarchat ausführlich differenziert hat. Der wesentliche Unterschied dieser Entwicklung zwischen Mann und Frau im patriarchalischen System liegt, nach Erich Neumann, darin, daß „die Tendenz des Männlichen zur Loslösung aus der Urbeziehung zum Männlichen als dem Eigenen" führe, während „die Entwicklung des Weiblichen, welche von der Urbeziehung fort- und zum Bewußtsein hinführt, zunächst über das männliche Du" gehe, „das für das Weibliche die Rolle des erlösenden Bewußtseins spielt"[333]. Des weiteren expliziert Erich Neumann:

> Davon hängt eine solche Frau allerdings ab: sie kann ohne den Mann auch nicht annähernd zu sich selber kommen [...] Überdies muß sie dann für längere Zeit unter größter Anstrengung die ihr zugemessene Rolle spielen, bis ihr diese zum Überdruß wird.[334]

Damit versucht Erich Neumann zu begründen, warum die Persönlichkeitsentwicklung der Frau, also ihre „Bewußtwerdung und Kulturierung", wesentlich vom Männlichen bestimmt ist, und warum die Beziehung zum Mann für ihr Leben wichtiger sei als seine zu ihr[335]. Dieser Hypothese liegt, wie Erich Neumann erkannt hat, die einseitig entwickelte Patriarchatskultur zugrunde, die zur tiefenpsychischen phänomenologischen Aufspaltung des modernen Menschen

---

332 Vgl. C. G. Jung, Die psychologischen Aspekte des Mutterarchetypus, S. 98.

333 Erich Neumann, Die psychologischen Stadien der weiblichen Entwicklung, S. 25.

334 C. G. Jung, Die psychologischen Aspekte des Mutterarchetypus, S. 111.

335 Erich Neumann, Die psychologischen Stadien der weiblichen Entwicklung, S. 25. Siehe dazu ebd., S. 19: „Das Weibliche überwindet in seiner Totalergriffenheit durch das Männliche seine Selbstbewahrung und kommt zu einer neuen Phase seiner Erfahrung, der Selbstaufgabe. Die orgiastische Totalergriffenheit hat [...] Geistcharakter."

geführt hat.[336] Die Frau wird vom Patriarchat - in dessen symbolischer Ordnung das Weibliche als zweitrangig eingeordnet und marginalisiert ist - gezwungen, sich „von der Naturhaftigkeit in der Urbeziehung" zu trennen, und sich stets „auf das Männliche als Vater und Mann, als Animus und Führer" zu beziehen.[337]

Aufgrund dieser patriarchalischen Fehlentwicklung sind viele konventionelle Frauen symptomatischerweise derart instinktiv gelähmt, daß sich ihr „«Libidoverlust» des Bewußtseins in Lust- und Initiativelosigkeit, in Willensschwäche, Müdigkeit, Unfähigkeit zur Konzentration und zur Arbeit und in «negativen» Inhalten äußert, wie Gedanken an den Tod, Mißerfolg und in Lebensmüdigkeit"[338]. Diesen Neumannschen Erkenntnissen entsprechend ist Julika ein Beispiel der kollektiven Regression der Frau. Denn die genannten symptomatischen Phänomene sind auch bei Julika zu finden: Ihre körperliche Regression, Depression, Todesangst, Müdigkeit, Frigidität, Passivität, Echolosigkeit und Initiativelosigkeit etc. sind unverkennbar. In Davos kritisiert der junge Sanatoriums-Veteran in sachlicher Weise Julikas Person und macht ihr Vorwürfe wegen ihrer Passivität, Unfähigkeit zur Initiative und ihrem Infantilismus. (St 483) Der Sanatoriums-Veteran gemahnt sie, ihr eigenes Leben zu verantworten. Er formuliert wie folgt:

> [...] Julika müßte doch einmal aufhören, ihr eigenes Verhalten gegenüber ihrem Mann und überhaupt gegenüber Menschen nur als Reaktion zu sehen, sich selbst nie als Initiantin zu begreifen, also sich in einer infantilen Unschuld zu baden. (St 483)

Der Staatsanwalt hingegen beobachtet die ausdruckslose, stumme, der Todesangst ausgesetzte Julika unvoreingenommen und beschreibt ihren psychischen Zustand voller Mitgefühl:

> [...] daß ein Mensch so sein kann von anfang an, so ausdruckslos noch im Zustand der schreienden Not, wollte ich nicht glauben. [...] [Dann] fand ich ein gänzlich entformtes Gesicht [...] Ihr Mund war offen wie bei antiken Masken. Vergeblich versuchte sie auf die Lippen zu beißen. Ihr Mund blieb offen, wie erstarrt, zitternd. Ich sah ihr Schluchzen [...] Ihre Augen offen ohne Blick, verschwommen in lautlosen Tränen, ihre zwei kleinen Fäuste im Schoß, ein schlotternder Körper, so saß sie da, nicht zu erkennen, mit keinem Ruf zu erreichen, es blieb ihr kein persönlicher Zug mehr, keine Stimme, nichts als ein verzweifelter Leib, ein lautlos schreiendes Fleisch in Todesangst. (St 747 f.)

Abgesehen davon ist Julika krankhaft den patriarchalischen Wertschätzungen und dem Kulturkanon verhaftet, die in ihrer Psyche zuerst unbewußt durch die

---

336 Ebd., S. 39: „Da sich die Patriarchatssymbiose auf einer psychischen Spaltung, d.h. auf der Isolierung eines einseitig gerichteten Bewußtseins von einem in Opposition zu ihm stehenden Unbewußten aufbaut, entsteht hier auch die Gefahr einer psychischen Erkrankung."

337 Ebd., S. 25. Vgl. ebd., S. 18.

338 Erich Neumann, Die Große Mutter, S. 41.

Vater- und Animus-Bilder vertreten sind, die sie wiederum auf den Partner projiziert. Alle patriarchalischen soziokulturellen Welt- und Wertnormen, Weiblichkeits- und Männlichkeitsentwürfe werden von ihr ohne jeden Zweifel verinnerlicht. Völlig unfähig ist sie, ihre Selbstbewahrung des Mütterlich-Weiblichen während der psychischen Entwicklung vom Väterlich-Männlichen bewußt abzusetzen. In der Bewußtseinssphäre ist sie in der Beziehung des inferioren Mütterlich-Weiblichen gegenüber der archetypischen Numinosität des Väterlich-Männlichen gefangen; im Bewußtsein trachtet sie dermaßen danach, dem väterlich-männlichen Kanon zu genügen, daß sie ihre weibliche Seele verfehlen muß. Infolgedessen wird ihre persönliche Beziehung zum Väterlich-Männlichen vollkommen verkürzt und ihre Beziehung des Weiblichen zum Mann infantil und unindividuell. So kann sie nur mit der Persona spielen, hinter deren Fassade sie ihr wirkliches Ich, das ihr fremd ist, versteckt. Durch die Verhaftung an das Patriarchat verfehlt sie das richtige Verhältnis zur Realität.

Die männliche Bewußtseinsqualität, also ihren Animus-Archetypus, der eine konventionelle kollektive Gestaltungsform annimmt, erlebt sie im außen durch die Person Stillers. Wie erwähnt, heftet Julika Stiller die transpersonalen Werte des Animus an, fordert ihn unbewußt zu übermenschlichem Heldentum und zu Erlösungstaten auf, durch die sie vielleicht aus ihrem unverständlichen Leiden und ihrer tiefgründigen Angst befreit werden kann. In Stiller sieht sie den Geist-Retter, der für sie das „erlösende[] Bewußtsein[]“[339] inkarniert und sie deshalb an sich fesseln kann. Nach der Anmerkung des Sanatoriums-Veterans ist Stiller sogar der Maßstab ihres Denkens sowie Verhaltens geworden: „Ursache und Wirkung sind nie in zwei Personen getrennt, schon gar nicht in Mann und Frau [...] eigentlich alles, was Sie tun oder nicht tun, begründen sie mit etwas, was beispielsweise Ihr Mann nicht getan oder getan hat.“ (St 483 f.) Stumpf und unartikuliert folgt sie den Aufforderungen des väterlich-männlichen Systems; Sie fügt sich in die Weiblichkeitsbilder des Väterlich-Männlichen sowie dessen Bedürfnisse, welche sie als ihre eigenen übernimmt.[340]

Wie erläutert kann eine solche Frau gemäß der Jungschen Forschung sich selbst ausschließlich durch den Mann finden. Einerseits braucht sie einen Partner, dessen Anima-Figur sie spielt, um ihre weibliche Identität durch ihn zu finden;

339 Erich Neumann, Die psychologischen Stadien der weiblichen Entwicklung, S. 25.

340 Obwohl es keine direkte Aussage Julikas über ihre Auffassung der Weiblichkeit gibt, kann man dennoch gemäß Stillers Schilderung über sie das Weiblichkeitsbild in dieser Figur auf folgende Weise zusammenfassen: Für Julika soll eine Frau schön und sinnlich sein, sie soll den Mann sexuell befriedigen können, was sie für Selbstverständlichkeit und Pflicht hält; sie objektiviert sich, wie die Außenwelt sie objektiviert, sie sieht sich, wie die Außenwelt sie sieht. Zum einen stellt sie sich auf der Bühne „mit Wollust“ als Schönheitsgöttin dar, zum anderen hat sie Angst, nicht sexuell zu genügen. Diese Frauenbilder entsprechen genau den konventionellen Schablonen des Weiblichkeitsentwurfs.

andererseits kann der Mann, der ihrer Animus-Figur gleicht, sie zur Identitätssuche führen, wenn er ihrer Forderung entgegenkommt. Das ist auch der Grund, warum sie Stillers Person bedarf. Julika möchte von Stiller geführt werden, sich in ein Geschöpf des Bildhauers wandeln. Nicht nur Stiller selbst versucht sie in seine Imagination zu versetzen, sondern vielmehr sucht auch sie sich in ein Phantasma seines Lebens zu verwandeln. In jeder Hinsicht bezieht sich Julika auf Stiller, nimmt völlig unmotiviert sein Verlangen als ihr eigenes an. Innerlich existiert sie nur, wenn Stiller existiert[341]. Vollkommen perfekt versteckt sie ihre Ängste, so daß sie angeblich keine Gefühle für sich selbst und Stiller hat. So gesehen lebt sie in der Ehe mit Stiller ausschließlich außerhalb anstatt innerhalb der Beziehung zu Stiller.

Julikas Bedürfnisse nach Stillers Erlösungstat werden beispielsweise durch ihren mehrmaligen „spontanen", unüberlegenen Versuch signalisiert, Stiller anzurufen (der aber nicht zu erreichen ist), nachdem sie in Panik aus dem Sanatorium ausgebrochen ist, da sie plötzlich von Todesangst überfallen worden war (St 486). Sie bemüht sich, ihn zu erreichen, obwohl sie sich darüber im klaren ist, daß Stiller sie mit einer anderen Frau betrügt.

Anstatt sich selbst fordert Julika die Erlösung von Stiller und verhält sich entsprechend passiv. Daher ergibt sich in ihr keine innere Verwandlung. Die ungelöste Spannung führt unmittelbar darauf zu Julikas völliger Erschöpfung und zu ihrer psychosomatischen tödlichen Krankheit. Eigentlich leidet Julika auch an ihrem Verlangen nach der Erlösungstat Stillers, da sie, um mit Erich Neumann zu sprechen, „beim Bewußtwerden der weiblichen Seite des Mannes dem Zerfall ihres männlichen Idealbildes ausgesetzt ist."[342] Während Julika von Stiller enttäuscht ist, fühlt sich Stiller ebenfalls überfordert und versagt. Begreift Julika nicht Stillers Verlangen, Wut und Aggression gegen sie[343], so versteht Stiller als Animus-Figur seinerseits auch nicht, wonach sie in ihm sucht:

> Sie tat mir leid. Ich begriff: ihr ganzes Verhalten bezieht sich nicht auf mich, sondern auf ein Phantom, und einmal *mit ihrem Phantom verwechselt (denn wahrscheinlich hat es den Mann, den sie sucht, gar nicht gegeben!)*, ist man einfach wehrlos; sie kann mich nicht wahrnehmen. (St 435. Hervorhebung d. Verf.)

Wie die Anima in Wirklichkeit die Imagination des Mannes ist, unterstreicht Stiller nun als Opfer, daß der Animus in der Frau ebenfalls einem „Phantom" gleicht. Das Animus-Erlebnis Julikas bleibt in der Abhängigkeit von Stiller verhaftet und kann nicht in ihrem Inneren erfahren werden.

---

341 Vgl. Mona Knapp, „Die Frau ist ein Mensch, bevor man sie liebt, manchmal auch nachher...", S. 87: „Ohne Julika gibt es keinen Stiller."

342 Erich Neumann, Die psychologischen Stadien der weiblichen Entwicklung, S. 53.

343 Vgl. St 743: Julika klagt Rolf gegenüber über Stillers unendliches unverständliches Fordern von ihr: „»Ich weiß nicht [...] was er immer von mir erwartet. Hab ich es ihm nicht gesagt? Aber wenn er mich nicht hört.«"

Julikas persönliche Identitätserfahrung bleibt aus und ihre Persönlichkeit ist deshalb unvollständig. Ihre Identitätserfahrung des eigenen Geschlechts ist kollektiv und konventionell, sie bleibt unbewußt bzw. unreflektiert. Als Frau lebt sie in der Unbewußtheit. Die inneren Erlebnisse ihres Daseins sind deshalb nicht individuell und bringen ihre mütterlich-weiblichen Eigenschaften nicht zur Entwicklung. Das Mütterlich-Weibliche in ihr ist daher durch die der „participation mystique“[344] gekennzeichnet. Anders ausgedrückt dirigiert hier der Mutterarchetypus im Jungschen Sinne. Über eine derartige psychische Situation erörtert Erich Neumann folgendermaßen:

> Eine tiefenpsychologische Analyse deckt dann auf, daß es sich um den Einbruch eines Archetyps handelt, weil die furchtbare verschlingende Mutter, deren psychische Attraktion kraft ihrer energetischen Ladung so groß ist, daß ihr die Ladung des Ich-Komplexes nicht gewachsen ist, so daß er «absinkt» und «verschlungen» wird.[345]

Mit Hilfe dieser Kenntnis läßt sich feststellen: Weil Julika vollkommen unbewußt unter die Übermacht des Archetypus der Großen Mutter geraten ist, ist ihre Bewußtseinserfahrung mit ihrem Ich, dem Mütterlich-Weiblichen sowie dessen Bewahrung unstabil entwickelt. Julikas Bewußtseinsentwicklung wird durch die Übermacht des Unbewußten dermaßen gelähmt, daß die Große Mutter sowie das Große Weibliche ihr auch als destruktiv vorkommen. Auch Jung führt derartige psychische Phänomene auf die symbiotische Mutter-Kind-Beziehung zurück und ist der Meinung, daß es sich hier um ein Problem des weiblichen Mutterkomplexes handelt, der eine zu starke „Identität mit der Mutter und eine Lähmung der eigenen weiblichen Unternehmung“ verursacht.[346] Dazu äußert Jung noch:

> Es tritt eine Projektion der eigenen Persönlichkeit auf die Mutter ein, vermöge der Unbewußtheit der eigenen Instinktwelt, des Mutterinstinktes sowohl wie des Eros. Alles was bei diesen Frauen an Muttersein, Verantwortlichkeit, persönliche Verbundenheit und erotischen Anspruch erinnert, erregt Minderwertigkeitsgefühle und zwingt zum Fortlaufen [...].[347]

Dieser Jungschen Auffassung schließt sich Erich Neumann auch an und erklärt:

---

344 Dieser Begriff stammt ursprünglich vom Anthropologen Lévy-Brühl, der ihn als unbewußte Identifikation des Subjekts mit dem Objekt definiert. Siehe Andrew Samuels, Bani Shorter & Fred Plaut, Wörterbuch Jungscher Psychologie, S. 154: „Jung meinte [seit 1912] damit Beziehungen zwischen *Menschen*, in denen das Subjekt oder ein Teil von ihm Einfluß auf den anderen gewinnt - oder umgekehrt. Dieses Phänomen wird [...] als projektive Identifikation bezeichnet; dabei ist ein Teil der Person durch Projektion in das Objekt verlagert, welches dann als identisch mit dem projizierten Inhalt erfahren wird.“

345 Erich Neumann, Die Große Mutter, S. 41.

346 C. G. Jung, Die psychologischen Aspekte des Mutterarchetypus, S. 103.

347 Ebd.

> Die positive Verbindung zur Großen Mutter ist für das Weibliche immer die Voraussetzung dafür, auch psychologisch Mutter werden zu können, fruchtbar zu sein und eine gesunde Beziehung zum eigenen Körper und zur Erde zu haben. Dagegen führt die Abspaltung von der Großen Mutter zu einer Unfähigkeit, die mütterlich-fruchtbaren Züge der weiblichen Natur zu entwickeln und damit zu den typischen Symptomen der Hysterie, der Körperentfremdung, ja der Sterilität.[348]

In Anlehnung an diese Jungschen/Neumannschen Forschungen interpretiert ist Julikas Angst und Flucht vor dem Mütterlich-Weiblichen offensichtlich. Ihr unbewußt entwickelter Instinkt und Eros, ihre Flucht in Krankheit - sie hat Angst, gesund zu werden -, ihre Lebens- und Todesangst[349] entstehen alle aus dem weiblichen Mutterkomplex.

Julikas unbewußte Projektion ihrer mütterlich-weiblichen Komponente auf die Große Mutter, deren Vollkommenheit und Überpersönlichkeit nur in ihrer Imagination existiert und im realen Leben durch die personale Mutter verkörpert ist, führt zur Entfremdung vom mütterlich-weiblichen Wertsystem, wobei sie sich gleichwohl unbewußt bemüht, sich diesem Wertsystem anzugleichen.[350] Auf augenfällige Weise fürchtet sich Julika, auf ihre weibliche Natur einzugehen, um dort ihre eigenen weiblichen Werte zu finden. Die blinde Identifikation mit der Großen Mutter im Unbewußten hat bei ihr physische und psychische Entfremdung zur Folge. So empfindet sie großes „Insuffizienzgefühl", d.h. Minderwertigkeitsgefühl, welches eine „unpersönliche und archetypische Grundlage hat."[351] Ihre weibliche Wesenhaftigkeit erscheint ihr gegenüber dem Väterlich-Männlichen als zu geringfügig. Deshalb hat Julika Angst, innerlich und körperlich „keine [richtige] Frau zu sein" (St 440). Gegen diese Angst hat sie keine Widerstandsfähigkeit, weil sie ihren eigenen Schatten nicht kennt. In unbewußt projizierter Form entlädt sie ihren Widerstand gegen die Große Mutter auf Stiller. Gewissermaßen sucht sie durch den Mann der Übermacht der Großen Mutter zu entfliehen.

Aufgrund des Minderwertigkeitsgefühls lehnt Julika Sexualität und Mutterschaft (St 440 & 442)[352] ab, kann sich nicht von ihrer Jungweiblichkeit oder

---

348 Erich Neumann, Die psychologischen Stadien der weiblichen Entwicklung, S. 23.

349 Die Todesangst fällt aus Jungscher psychologischer Sicht auch mit ihrer Mutter-Imago zusammen, die ebenfalls Lebensangst evoziert. Siehe C. G. Jung, Symbole der Wandlung, S. 383 f. & 349.

350 Vgl. C. G. Jung, Die psychologischen Aspekte des Mutterarchetypus, S. 104.

351 Erich Neumann, Die psychologischen Stadien der weiblichen Entwicklung, S. 18.

352 St 442: „[...] jedenfalls verstimmte es Julika, daß er [Stiller] immer und immer wieder mit dem Kind kam." Jedesmal dient ihr ihre Krankheit zum Vorwand, Stillers Verlangen abzulehnen: „Wozu ein Kind von einer tuberkulösen Mutter?"

Töchterlichkeit lösen.[353] Symptomatischerweise ist Julika im Roman für ihre eigene Instinktsphäre völlig blind. Nur für einen kurzen Augenblick erwachen ihre längst im Tiefschlaf versunkenen Instinkte, als sie unter Einsamkeit leidet. Plötzlich sehnt sich die Kranke euphorisch nach sexueller Befriedigung (St 482) und wundert sich, daß der Jesuit sie „wie ein Neutrum" (St 483) behandelt. In jener Zeit träumt sie von fremden Männern, mit denen sie im Traum Verkehr hat. (St 482) Im Text ist diese „Begierde" wie folgt skizziert:

> Ein bisher unbekanntes und verwirrendes Verlangen nach dem Mann, je mehr sie ihren grazilen Körper verbrennen fühlte wie Zunder, eine Begierde, die sich zumindest in Träumen nicht verscheuchen ließ [...] Sie träumte ja auch [...] von Oberärzten, Bäckerburschen und Männern, die Julika nie gesehen hatte. (St 482)

Infolge ihrer Unfähigkeit, die Begierde zu verarbeiten, wird sie von Angst gepackt. Diese Begierde, die in der Jungschen Schule zu den normalen psychischen Komponenten gehört und bewußt integriert werden muß, wird von Julika weiter verdrängt, solange dies möglich ist.

Bei Julika werden die eigengeschlechtlichen Instinkte augenfällig in dem Maße gehemmt, „daß gerade durch eine intensive Animaprojektion das leere Gefäß gefüllt wird."[354] Aus psychologischer Sicht lebt sie und erlebt sich selbst unbewußt als archetypische weibliche Figur, also als Anima-Figur des Gegenübers, deren Erscheinungsform je nach den kulturellen Qualitäten der Zeit geprägt ist. Unbewußt identifiziert Julika sich mit den unmenschlich-transpersonalen Inhalten der archetypischen Anima, welche ihre menschlich-persönliche Grenze sprengt.[355] Ihre unnatürlich entwickelte sexuelle Identität bzw. Sexualablehnung[356] basiert in dieser Hinsicht auf ihrer zu starken Identifizierung mit dem Mütterlich-Weiblichen.

---

353 In der Jungschen Psychologie bedeutet die Mutterschaft ein entscheidendes Stadium für die weibliche Psychologie. Mit der Mutterschaft wird die Frau neu geboren, indem das Mädchen und die Unmündigkeit mit ihr begraben wird. Die Mutterschaft enthält deshalb einen symbolischen Sinn in sich. In der Figur Julika hindert ihre Jungweiblichkeit sie daran, die Verantwortung für sich selbst zu tragen. Deshalb kann sie für Stiller nicht als Mittlerin der „Geistwandlung" fungieren.

354 C. G. Jung, Die psychologischen Aspekte des Mutterarchetypus, S. 111. Aus diesem Grund unterstreicht Jung, daß „die *Leere* ein großes weibliches Geheimnis" sei, die „dem Manne Urfremde, das Hohle, das Abgrundtiefe" sei.

355 Deshalb läßt sie sich von anderen als Schönheitsgöttin sowie Künstlerin verehren und vergöttern und genießt diese Persona-Rolle auch sehr. Sie identifiziert sich auch mit der positiven Seite der Anima, dient als femme inspiratrice auf der Bühne bzw. in der Illustrierten; sie sieht sich als Objekt und verfehlt infolgedessen ihre weibliche Seele. Ihre Frigidität und Unfruchtbarkeit konstellieren daher sehr symbolisch.

356 St 451: „[...] diese Julika versuchte eher nachzugeben, um alles Aufreizende zu mindern, und erlebte dann allerdings sehr bald, daß sich beim Nachgeben für sie der Ekel einstellte, jener einsame Ekel, den sie unter allen Umständen verbergen mußte."

Auf unreflektierte Weise übernimmt sie die konventionelle kollektive Erscheinungsform der Frau und deren Inhalte, ist mit Leib und Seele von der den kollektiv weiblichen Werten entsprechenden Persona besessen. Ihre blinde narzißtische Identifizierung mit ihrem eigenen Bild auf der Illustrierten[357], ihre Rolle als Ersatzmutter Stillers, ihr zurückhaltendes Verhalten, ihre Passivität und Anpassungsbereitschaft, ihre Selbstobjektivierung und ihre „Angst, keine Frau zu sein" etc. bestätigen alle eindeutig ihr unreflektiertes Akzeptieren des kollektiven Weiblichkeitsentwurfs.

Im Inneren empfindet Julika eine Leere, die sie vor der Umwelt zu verheimlichen versucht, weil sie nicht imstande ist, ihre eigentliche Persönlichkeit zu erkennen. Meistens sieht sie sich gezwungen, eine Maske zu tragen und zu schauspielern. Dergestalt verhält sie sich apathisch (St 446 & 724), passiv, zur Anpassung bereit und schweigt, um nicht auf die Außenwelt antworten zu müssen.[358] Dieses Verhalten gehört symptomatischerweise zur typischen Charakterisierung solcher Frauen. Im Schweigen, hinter dem sich ihre unterdrückte Verzweiflung und hilflose Erwartung verbergen, verhüllt sich Julika.[359] Für sie geht die innere Situation über die Grenzen der Sprache hinaus. Auf eine überwiegend averbale Weise tendiert sie zum Leiden, das sie nicht zeigen kann. Denn sie würde andernfalls aufgefordert, sich ihrem Selbst ebenso wie Stiller zuzuwenden, und gezwungen, aus ihrer Maskenartigkeit (St 779) auszutreten. In dieser Hinsicht sucht sie, sich einer bewußten Reflexion und Konfrontation zu entziehen, meidet die Frage, warum sie Stiller ohne Bedingung wieder als Ehepartner anerkennt, obwohl sie darunter leidet, daß er ihre Krankheit verursacht und sie im Sterben verlassen hat[360]. Von einer unbewußten Faszination angelockt sucht sie trotz allem Stiller nachzueifern, da sie keinen festen Anhaltspunkt in ihrer Innenpsyche hat.

Stiller empfindet dagegen hinter der Fassade von Julikas Schweigen das „Urfremde, das Hohle, das Abgrundtiefe"[361], das seine Person gleichzeitig fasziniert und bedroht. Zu einer solchen Partnerkonstellation merkt Jung an::

> Die mitleiderregende Erbärmlichkeit dieser Nullität [...] ist leider [...] das machtvolle Mysterium der Unfaßbarkeit des Weiblichen. [...] ein Mann kann darüber, dagegen und dafür alles sagen oder nichts oder beides und fällt am

357 Dieses Bild-Motiv wird im nächsten Kapitel noch erörtert werden.

358 Julikas Schweigen, ihre Einsamkeit, Apathie und unbegrenzte Angst sind mit der Dominanz des Mütterlich-Weiblichen im Unbewußten und dem Verlust der mütterlich-weiblichen Welt im Bewußtsein korreliert. Vgl. 747 f.

359 Vgl. St 468: „Die arme Julika offenbarte sich niemandem. [...] tagsüber spielt man Schach und liest, in der Nacht wird geweint."

360 St 433: „Er hat dich [Julika] krank gemacht [...] krank auf den Tod, er hat dich liegen lassen, du hättest sterben können [...]".

361 C. G. Jung, Die psychologischen Aspekte des Mutterarchetypus, S. 111.

> Ende unvernünftig beseligt doch in dieses Loch oder hat die einzige Chance, seiner Männlichkeit habhaft zu werden, verpaßt und verpatzt.[362]

Julikas energische Zurückweisung jeder seiner Gesten der Zärtlichkeit bleibt für Stiller unverständlich.[363] Während er unter ihrer Echolosigkeit leidet, ist er sich nicht darüber im klaren, daß jede liebevolle Geste zum Druck ihres Leidens beiträgt, da seine Art von Zuwendung ihr bei ihrer Identitätsfindung nicht helfen kann. Derart gleicht sie in seinen Augen einem tiefen Abgrund und die Beziehung mit ihr der Hölle.

Am Ende einer solchen Geschlechterbeziehung klingt nur noch, nach Jung, „die Kapitulation des Mannes an den Grenzen des Mütterreiches“[364] nach, wie dies auch Stiller geschieht. Dennoch kann Julika als Anima-Figur auch nicht immer echolos Stiller gegenüberstehen, ohne selbst von dieser inneren und äußeren Beziehung versehrt zu werden. Durch ihren Tod, physisch und psychisch, erweist sich diese unbewußte Beziehung als eine mit „wirkende[r] Fatalität“[365].

Zusammenfassend ausgedrückt verschlimmert die unbewußte Fixierung Julikas auf das archetypische Väterlich-Männliche späterhin verheerend das ohnehin schon nicht naturgemäß entwickelte Funktionieren des Mütterlich-Weiblichen, verstärkt dann noch die Fremdheit der Großen Mutter und des Großen Weiblichen ebenso wie Julikas Feindlichkeit gegen sie. So gerät Julika immer wieder in die Selbstentfremdung. Ihr unbewußtes infantiles Tyrannisieren des Partners ist deshalb nicht unverständlich.[366] Im Außen zeigt sich bei Julika ein

---

362 Ebd., S. 111 f.

363 Vgl. St 744: Wie Rolf bemerkt, „will Stiller immerzu etwas gutmachen [...], dann wird er höflich bis zur Ängstlichkeit. »Laß doch!« bat Frau Julika, »ich brauche kein Kissen, wirklich nicht!« Stiller fand sich [...] ungerechterweise abgewiesen. [...] »Warum willst du denn dieses Kissen nicht?« bedrängte er die arme Frau Julika, die es endlich nahm, seiner Ruhe zuliebe, danklos, sie schob es nicht unter den Nacken, sondern unter die Knie, wo es sie weniger störte. Zwei Leute guten Willens!“

364 C. G. Jung, Die psychologischen Aspekte des Mutterarchetypus, S. 112.

365 C. G. Jung, Aion, S. 41. Vgl. C. G. Jung, Die psychologischen Aspekte des Mutterarchetypus, S. 110 f.: „Die Frau, deren Schicksal es ist, Störerin zu sein“ sei „selbst von der Störung ergriffen, als Wandlerin wird sie selbst gewandelt, und vom Scheine des Feuers, das sie erregt, werden alle Opfer der Verwicklung be- und erleuchtet.“ Fernerhin heißt es da: „Bleibt diese Art Frau der Bedeutung ihrer Funktion unbewußt, das heißt weiß sie nicht, daß sie ein Teil ist «von jener Kraft, die stets das Böse will und stets das Gute schafft», so wird sie durch das Schwert, das sie bringt, auch umkommen.“ Julikas Schuldgefühl wird somatisch projiziert, es wandelt sich um in drohenden körperlichen Verfall, der implizit als Mahnung der „existenziellen Schuld“ zu betrachten ist. Indem Julika nicht auf ihre somatischen Symptome analytisch eingeht, versteckt sie sich hinter ihren masochistischen Eigenschaften, wird stumm und krank. Während Julika ihren Verdruß oder ihre Krankheit als Ursache des Beziehungsproblems ansieht, sind solche äußeren psychischen und physischen Erscheinungen in Wirklichkeit Folge der unbewußten Komplexe bzw. Affekte.

366 Vgl. C. G. Jung, Über die Psychologie des Unbewußten (1989-Ausgabe), S. 61.

übertriebener Schwund des Mütterlich-Weiblichen; im Innen spiegelt sich dieser in einer bemerkenswerten Unbewußtheit.

Der Weg aus dieser Besessenheit vom Animus und von der Rolle als Anima-Figur des Mannes entspricht, um mit Erich Neumann zu sprechen, dem Individuationsprozeß, dessen Vollendung zugleich eine Ich-Du-Beziehung zwischen den Geschlechtern fördern kann. Dazu erörtert Erich Neumann folgendermaßen:

> Wo die tiefsten Schichten der Persönlichkeit in die lebendige Auseinandersetzung einbezogen werden, wird das Nur-Individuelle der Einzelpersönlichkeit zum Ausgangspunkt für eine Erfahrung des Transpersonalen in ihr selbst und im Gegenüber.[367]

Erst durch eine bewußte Auseinandersetzung mit dem Zusammenhang zwischen dem (kollektiven) Bewußten und dem Unbewußten sowie dem Selbst kann Julika dazu gelangen, Stiller von ihrem Animus und dem Großen Männlichen loszulösen, fernerhin sich selbst von Stillers Anima-Bildern sowie dem Großen Weiblichen zu trennen. Danach kann es ihr auch gelingen, ihre Animus-Erlebnisse als innere Selbsterfahrung, ihre Erfahrung mit Stillers individuellem Wesen und mit sich selbst individuell zu erleben.

2.6.1.3. Julikas Kunst, Schönheit und Sexualproblematik

Im „Stiller" haben Julikas Kunst, Schönheit und Sexualität, die mit dem „Sehen" und „Gesehenwerden" ein komplexes Thema bilden, einen zentralmotivischen Sinn. In diesem Abschnitt wird diese Thematik aus zwei verschiedenen Perspektiven, der männlichen und der weiblichen, gedeutet, indem das innere Klima, das von Julikas ebenso wie Stillers psychischer Struktur abhängt, als Beweggrund der Kunst und Sexualität gilt.

2.6.1.3.1. Die Perspektive Stillers

Im zweiten Heft des Berichtes werden die Erinnerungen des Protagonisten an die erste Begegnung mit Julika aufgeführt. Resümierend spricht er von ihrer Schönheit und „entzückende[n] Verkleidung" als Vortäuschung ihrer „heimliche[n] Angst" „in bezug auf ihr eigenes Geschlecht" sowie „auf den Mann" (St 437). Aus der männlichen Perspektive gesehen ist an dieser Stelle nicht nur Julikas Angst angesprochen, sondern auch ihre exhibitionistischen Züge. Das Sich-Zeigen-Können dank ihrer Schönheit kann, nach Stiller, ihre innere Angst überspielen und kompensieren, keine richtige Frau zu sein (St 437). Stiller wertet somit in seinem retrospektiven Kommentar Julikas bewußte Absicht ab, durch ihr erotisches schönes Aussehen die Zusehenden zu verführen.

---

367 Erich Neumann, Die psychologischen Stadien der weiblichen Entwicklung, S. 54.

Beim Beobachten von Julikas Ballettanz spielt der Protagonist die Rolle des Kommentators. Dabei unterzieht er den Zusammenhang zwischen Julikas Kunstsinn und ihrer Sexualität einer Analyse, wobei seine Perspektive gleichzeitig seine eigene Problematik sowie seine Verallgemeinerung der typischen traditionellen Betrachtungsweise des Mannes in bezug auf die weibliche Geistestätigkeit verrät.[368]

In seiner Rolle als Voyeur spiegeln sich seine in den letzten Abschnitten erwähnten psychischen Komponenten evident wider. Einerseits legt er das Gewicht auf Julikas körperliche ästhetische Vollkommenheit, die nicht als Kunst zu bewerten sei, sondern ausschließlich eine erotische Darstellung sei und einem Mißbrauch der Kunst gleiche (St 450)[369]:

> Man sah Julika von rückwärts, das linke Bein angeschwungen, ihr Gesicht im lichten Profil; die flüssige und dennoch bestimmte Haltung ihrer Arme, die gleichsam aufknospenden Hände daraus, alles war einwandfrei. (St 477)

Mit der unverblümten Behauptung, „daß die Frau in der Kunst mir meistens verdächtig ist" (St 451) entblößt er seine Verachtung gegenüber der Frau sowie die Abwertung der weiblichen Geistesfähigkeit. Somit wird klar, daß er wirkliche Kunst für eine männliche Gabe hält. Andererseits ist seine Betrachtungsweise stets bewußt oder unbewußt sexuell-erotisch dirigiert. So kommentiert Stiller: Für Julika

> war es einfach ein Labsal, auf der Bühne zu stehen; tausend fremde Blicke auf ihrem Körper zu fühlen, Blicke so unterschiedlicher Art, Blicke von Gymnasiasten und verheirateten Biedermännern, Blicke, die alles eher als die tänzerische Leistung erfaßten, in der Tat, es macht Julika weniger aus, als wenn Stiller, ihr Mann, seine harte und von der Bildhauerei etwas rauhe Hand auf ihren Körper legte. (St 451)

Auf diese Weise verspürt Stiller beim Zuschauen eine Art Lustbefriedigung, vermischt mit seiner Eifersucht. Seine Eifersucht stammt eigentlich aus seinen

---

368 Vgl. Tg I 625: „Warum gibt es so oft eine große Schauspielerin, so selten eine große Dichterin?... Der erotische Drang, Quelle jeder Künstlerschaft, hat eine weibliche und eine männliche Spielart. Weiblich ist der Drang, zu sein; männlich ist der Drang, zu tun. Die interpretierende Kunst ist immer näher beim Weiblichen." An anderer Stelle meint Frisch dazu noch: „Ohne Eros keine Kunst. Erotisch im weiten Sinn ist der Drang, da zu sein, und der Drang, sein Dasein darzustellen. Das Schauspielerische und das Tänzerische, also die Darstellung durch die eigene leibliche Person, sind wohl das unmittelbarste Gestalten, am wenigsten übersetzt, am nächsten bei der naturhaften Erotik, die ebenfalls mit dem eigenen Leib und mit der eigenen Stimme spielt und wirkt." Bei dieser Art Kunst der Erotik negiert Frisch alle Ausdrucksmöglichkeiten des Intellektuellen und des schöpferisch Tätigen. Auf diese Weise wird die Kunst, die von der Frau geschaffen wird, von Frisch abgewertet. So stempelt Frisch die Kunst der Frau als zweitrangig ab. Siehe Tg I 623.

369 St 450: „Bei der schönen Julika, könnte man sagen, hatte dieser Narzißmus der Frigiden wenigstens den Vorzug, daß er keine leibhaftigen Menschen mißbrauchte, sondern nur Kunst [...]".

Besitzansprüchen an Julikas Körper und Person, die jetzt vom Publikum so gierig angestarrt wird. Dabei wird die Frau einerseits ästhethisch stilisiert, andererseits als sexuelles Beobachtungsobjekt verachtet. Diese imaginierte Brandmarkung ist durch das Patriarchat geprägt und wird als normative Wertschätzung allgemein akzeptiert. Auch Stiller interpretiert Julikas Körperbewegung nach diesen ästhetischen Normen[370]. Auf diese Weise verbindet Stiller Kunst und Sexualität miteinander, kritisiert Julikas Kunst als Darstellung ihrer sexuellen Bedürfnisse, ihrer Lust, sich vor Männern zu zeigen. Fernerhin ist er fest von Julikas Wollust dabei überzeugt: „[...] das Ballett blieb die einzige Möglichkeit ihrer Wollust." (St 450). Infolgedessen läßt sich ausdrücken, daß für Stiller hinter der Fassade der Kunst hauptsächlich sexuelle Züge des Künstlers und des Zuschauers stecken. Aus dieser Perspektive gesehen vertritt Julika nicht die Kunst selbst, nicht ihre eigene Person, sondern gleicht einem zu beobachtenden Gegenstand bzw. der ganzen Gattung des weiblichen Geschlechts. Je mehr Julikas Schönheit und Bewegung bewundert werden, desto minderwertiger und eifersüchtiger fühlt sich Stiller als Mann unter den Aspekten der Kunst, des sozialen Standes und der Sexualität.[371] Seine unbewußte Verschiebung dieses Minderwertigkeitsgefühls sowie der Eifersucht spiegelt sich in seiner scharfen, manchmal affektiven Kritik an Julikas Frigidität und Narzißmus wider (St 450 f.). Auf diese Weise bezieht er Julikas Tanz bewußt oder unbewußt auf sich selbst, ist unfähig, Kunst als pure Kunst anzusehen. Erst später während des zweiten Lebensgemeinschaftsversuchs in Glion nimmt er Julikas Künstlerschaft an (St 745 f.), da ihre permanente Ausgeschlossenheit von der Umwelt seine Anteilnahme hindert.

2.6.1.3.2. Die Perspektive Julikas

Im folgenden wird die Beziehung von Kunst, Schönheit und Sexualität Julikas nun aus ihrer eigenen Perspektive analysiert, wobei aber die Beschreibung Stillers bzw. des Erzählers weiter als Ausgangspunkt dient. Diese Beschreibung zeigt weniger die Bildnisse Julikas von sich selbst, sondern vielmehr Stillers männliche Bildnisse von Julika.

Nach dem Text ist Julika so schön und kunstreich, daß sie beim Anblick ihrer eigenen Photos auf der Illustrierten sich selbst bewundert (St 477 ff.): Sie sei sogar „betroffen von der Unwahrscheinlichkeit, dieses schwerelose Geschöpf zu sein, ein Geschöpf, das Julika, wäre es nicht ein papiernes Bild gewesen, hätte

---

370 Vgl. Hans Jürg Lüthi, Max Frisch, S. 65.

371 Gerade ihre Schönheit sowie Geistestätigkeit stoßen sich an Stillers Männlichkeitskomplex; so bildet er sich ein, daß sie sich vor seiner Person und seiner Liebe ekle (St 449), daß der Gedanke, sich Stiller hinzugeben, ihr widerwärtig sei (St 449).

umarmen mögen [...]" (St 479).[372] An dieser Stelle entgehen dem Leser sicherlich weder die narzißtischen Züge Julikas noch ihre besessene Identifikation mit dem Objekt der Illustrierten. In der Rolle als Schönheitsidol läßt sich Julika ihrem Bildnis gleichsetzen, das dem „Prinzip der Anziehung durch die größere Masse, die im Psychischen als stärkere energetische Ladung auftritt"[373], entspricht, und identifiziert sich völlig mit ihm. In Wirklichkeit verliebt sie sich nicht in sich selbst, sondern in das vom Kollektiv geliebte Bild der Frau.

Darüber hinaus erlebt sie ihre Omnipotenz und Unerschütterlichkeit auf der Bühne[374], wo sie sich als idealisierte Inkarnation der Kunst sowie als Schönheitsgöttin fühlt. Vom Beifall, der eigentlich dem Weiblichkeitsentwurf ihrer Zeit gilt, lebt sie. Auf den ästhetischen und psychologischen Ebenen verfremdet sie sich als imaginiertes Objekt, wozu auch ihre Umwelt beiträgt.[375] Julika, „die alle nur sehen, doch nicht ergreifen können" (St 478), präsentiert sich als einen stummen Gegenstand des Patriarchats, bietet sich dem anderen, dessen Meinung über sie und dessen Begierde sowie Sehnsucht nach ihr das wesentliche für ihre weibliche Existenz sind, als Objekt an. Anstatt ihres eigenen Interesses wahrt sie das Interesse des anderen. Es handelt sich hier um eine Objektivierung des Selbst als fetischistisches Objekt sowie um Fetischisierung des Körpers, was für sie zur Aufwertung des Selbst(wert)gefühls führen kann.[376]

Ihre Sucht nach dem Ballet wird vom ganzen patriarchalischen Wertsystem sittlich-moralisch derart sanktioniert, daß damit eine Brücke zwischen dem Ich und der Außenwelt geschlagen werden kann. Mit Hilfe der Kunst als Fassade wird ihre Krankheit von der Umgebung als heldische tugendhafte Opferung, welche Anerkennung und Mitleid der anderen verdient, verklärt und glorifiziert.

---

372 St 477: Julika ist von dieser „tolle[n] Aufnahme" sehr begeistert und freut sich darüber, daß ihr tadelloser tanzender Körper wegen der großen Auflage der Illustrierten überall gesehen und bewundert wird.

373 Erich Neumann, Die Große Mutter, S. 41.

374 Während Julika auf der Bühne mit dem Gefühl des Selbst und des Publikums spielt, flirtet sie in der Privatsphäre mit Männern aus zwei Gründen: Erstens um sich vor ihrem Gatten, der an ihrer Weiblichkeit zweifelt und sie heimlich auf eine Probe stellt (St 453), als richtige Frau zu beweisen, zweitens um sich selbst etwas vorzumachen und somit sich selbst zu überzeugen, sie sei eine richtige Frau. Stiller selbst organisiert z.B. die Begegnung zwischen Julika und „eine[m] jungen Reklameberater[] von anerkannter Männlichkeit", der Julika sehr verehrt. (St 453) Dieses Spiel ist im Text wie folgt skizziert: „[...] Julika spürte sehr wohl, daß er sie mit anderen Frauen verglich. Stiller trieb sie nachgerade zur Verzweiflung, und um sich selbst und ihm und der Welt überhaupt das Gegenteil zu beweisen, gab es wohl kein anderes Mittel als eine möglichst unverhohlene Flirterei, was in ihrem Leben bisher nie vorgekommen war. Stiller trieb sie dazu." (St 452) Vgl. hierzu auch S. 453.

375 Vgl. Frederik Alfred Lubich, Max Frisch: »Stiller«, »Homo faber« und »Mein Name sei Gantenbein«, S. 17.

376 Die Frage, ob Julika ein Opfer bzw. ein kulturell-gesellschaftliches Phänomen des Patriarchats ist oder ein Opfer ihres Selbst, kann dahingestellt bleiben.

Daher leidet sie nicht unmittelbar an einer Selbstwertkrise, die sie zum Heilungsprozeß zwingen könnte.

Eine derart unbewußte Lebensweise ist nach Jung ein psychisches Phänomen; Jung setzt sich an die Stelle einer solchen Frau und schreibt in der Ich-Form auf folgende Weise über dieses Problem:

> Ich bin das Objekt aller Subjekte in völliger Umkehrung meines gewöhnlichen Bewußtseins, wo ich stets Subjekt bin, welches Objekte *hat*. Dort bin ich in der unmittelbarsten Weltverbundenheit dermaßen angeschlossen, daß ich nur allzuleicht vergesse, wer ich in Wirklichkeit bin. «In sich selbst verloren» ist ein gutes Wort, um diesen Zustand zu kennzeichnen. Dieses Selbst aber ist die Welt, oder eine Welt, wenn ein Bewußtsein es sehen könnte.[377]

So lebt Julika nicht als Beobachtende/Erfahrende, sondern als Beobachtete/Erfahrene. Anstatt sich selbst zu erleben, möchte sie erlebt werden. Indem sie ihre eigene Geschlechtlichkeit leugnet, sucht sie dem Bild der Gegengeschlechtlichkeit zu entsprechen.

Ihre Objektivierung des Subjekts evoziert die Besessenheit durch die Persona sowie deren hintergründige Wertnormen. Wie schon interpretiert, schließt Julikas Besessenheit von der Persona viele Züge der kollektiven Anima-Bilder in sich ein.[378] So müht sie sich, den diesen Bildern entsprechenden Erwartungen entgegenzukommen. Daher läßt sich feststellen, daß sie für eine andere Wirklichkeit lebt, die der Phantasie entspricht; bei ihr hat die Welt der Phantasie mehr Gewicht als die Realität. Nur die Kunst kann sie in ihre geheimen Gefühle bzw. Phantasien einweihen. In dieser Hinsicht hat die Kunst für sie symbolische Bedeutung. Auf diese Weise entwickelt sie ihre eigene Qualität der narzißtischen Selbstdarstellung und Selbstbewahrung, die zum Ausgleich der unbewußt gebliebenen „existenziellen Schuld“ wird.

Darüber hinaus wohnen Julikas Ballet einige Züge der sexuellen Darstellung, Befriedigung und Provokation inne. Auf ihrem Gebiet der Kunst läßt sie ihren Körper für sie sprechen und ist dabei von „eine[r] unsägliche[n] Wonne“ (St 478) überschwemmt, die „sie sonst nirgends fühlt“ (St 478). Im Tanz drückt sie auch ihren Anspruch auf Liebe aus, die sie aufgrund ihrer heimlichen Angst nie erleben kann. Durch ihre Rolle als Schönheitsobjekt der Begierde versucht sie ihre Frigidität (St 449) und ihre „Angst, keine Frau zu sein“, zu verheimlichen und zu verdrängen.[379] Denn innerlich fühlt sie sich wie „ein halbes Geschöpf, ein mißratenes Weib" (St 449). Auf diese Weise fungiert Kunst für sie als Mittel zur Verdrängung der eigenen Uneigentlichkeit. Ihr unnatürlich entwickelter Eros

---

377 C. G. Jung, Über die Archetypen des kollektiven Unbewußten, S. 31.

378 Vgl. C. G. Jung, Über Wiedergeburt, S. 137 f.

379 Die sexuelle Zuneigung des Mannes bedeutet für sie eine Bedrohung. Die Ehe soll sie vor solcher Bedrohung schützen und ihre erotische Provokation moralisch legitimieren. In diesem Sinne nützt sie Stiller als Ehemann strategisch aus.

bzw. ihre krankhafte Instinktsphäre steht der Hypertrophierung des kollektiven Bildes des Mütterlich-Weiblichen entgegen.[380]

Abgesehen von ihrer und Stillers innerer Angst gelten Schönheit und Kunst für Julika ebenfalls als Macht, Stiller an sich zu binden. (Vgl. St 384) In dem Augenblick, wo Stiller und das Publikum oder auch die bekannte Gesellschaft Julikas Person bewundern und von ihr fasziniert sind, dienen sie als Julikas Spiegelung sowie Projektionsobjekt ihrer unbewußten weiblichen Macht. Vom bewundernden Publikum erheischt sie einen Beweis ihrer Weiblichkeit, die in Wirklichkeit aber minderwertig ist. In dieser Weise gehören die Bewunderer zu Julikas Inventar der Machtprobe. Infolgedessen signalisiert Kunst die Verbindung zwischen Eros und Macht für Julika, die in der Realität nicht lieben kann und nicht geliebt werden möchte. Über die Beziehung zwischen Liebe und „Eros Phobos“[381], Eros und Macht thematisiert Jung auf folgende Weise:

> Der logische Gegensatz zu Liebe ist Haß, oder zu Eros Phobos (die Furcht); psychologisch ist es aber der Wille zur Macht. Wo die Liebe herrscht, da gibt es keinen Machtwillen, und wo die Macht den Vorrang hat, da fehlt die Liebe. Das eine ist der Schatten des anderen. Wer auf dem Standpunkt des Eros steht, dessen kompensierender Gegensatz ist der Machtwille. Wer aber die Macht betont, dessen Kompensation ist der Eros.[382]

Diese Jungsche Passage zeigt deutlich, daß Macht zur Kompensierung des inferioren Persönlichkeitssegments Julikas, also ihrer Schattenseite des Eros, dient. Für sie fungiert Macht als Abwehr gegen den verdrängten Eros, der ans Bewußtsein drängt. So entsteht bei ihr eine Spannung zwischen Macht und Eros.

Fernerhin bedeutet auf der psychologischen Ebene das Ballett für Julika, deren Regression unzweifelhaft erscheint, ebenfalls ein rituelles Spiel, dem ein matriarchal-mystischer Sinn innewohnt. Durch Tanzen regrediert sie in ihre Schattenwelt und stellt unbewußt ihre versunkene Libido dar. Analog dazu interpretiert Jung tiefenpsychologisch die symbolische Sinnbildung des Tanzens folgendermaßen:

> Die Regression der Libido bringt es mit sich, daß die rituelle Handlung des Tretens im Tanzschritt etwas wie eine Wiederholung des infantilen «Strampelns» zu sein scheint. [...] Dem Fuß und dem Treten kommt zeugende Bedeutung zu, respektive die des Widereintrittes in den Mutterleib, das heißt

---

380 In Julikas Psyche entsteht ein Paradoxon. Zum einen sucht sie dem kollektiv bewußten und unbewußten Frauenbild zu folgen, das im Patriarchat sehr eng mit dem Gefühlsleben sowie der Geschlechtsbeziehung verbunden ist. Zum anderen übersteigt die kollektive Forderung an eine Frau auf eine unglückliche Weise ihre „unnatürliche Sexualisierung“. Deshalb herrscht in ihrer Person eine neurotische Entzweiung, welche verschiedene körperliche und psychische Symptome zeitigt. Julikas unbegrenzte Müdigkeit, Depression, Apathie, Frigidität und Tuberkulose erweisen sich als Folge des Identitätsverlust des Eigengeschlechts.

381 C. G. Jung, Über die Psychologie des Unbewußten (1989-Ausgabe), S. 61.

382 Ebd.

> der Rhythmus des Tanzes versetzt den Tänzer in einen unbewußten Zustand («Mutterleib»).[383]

Aus dieser Stelle dürfte sich erhellen, daß es sich beim Tanz Julikas um einen in das Mutterreich regredierenden Prozeß handelt. Das Ballett bietet Julika eine Möglichkeit, zur uranfänglichen Situation des Mutterreiches zurückzukehren und die ursprünglichen archetypischen Phantasien zu erleben. Offensichtlich bietet das Ballett ebenfalls eine Möglichkeit, sich selbst als Frau in der eigenen Weiblichkeit zu äußern, was ihr in der Realität versagt bleibt. Im Gegensatz zu ihrer physischen Krankheit kann sie auf der Bühne ihren Körper meisterhaft kontrollieren. Nur auf der Bühne ist sie imstande, ihre weibliche Autonomie, bewußt oder unbewußt, durchzusetzen. Wie erwähnt, entstammt ihre Angst sowie Selbstentwertung psychologisch gesehen aus der psychischen Usurpation ihres inferioren Mütterlich-Weiblichen vom archetypischen Väterlich-Männlichen. Aus dieser Perspektive interpretiert, gewinnt der Tanz einen Sinn der Rückkehr in das Matriarchale, in das Unbewußte ihres Selbst.[384]

Zusammenfassend gesagt fungiert der Tanzritus im Dienste des innerpsychischen Ausgleichprozesses. Die exhibitionistischen Bedürfnisse werden ebenfalls von Lust an der körperlichen Bewegung sowie von realistischer Selbstwerteinschätzung begleitet. Diese künstlerische Beschäftigung ermöglicht es Julika, ihre Selbstachtung zu stabilisieren und gleichzeitig für ihre (sexuelle) Phobie eine Möglichkeit der Abfuhr zu finden. Durch diesen Prozeß kann sie sich aktiv, lebendig sowie tätig erfahren. Gleichwohl wird ihre tatsächliche weibliche Autonomie völlig ausgeblendet, da sie ihre Autonomie nur auf die Körperlichkeit konzentriert, welche mit dem Altern vergeht. Mit dem Altern verliert sie ihre lebenspraktischen Interessen und ihr Privileg als Kunst- und Schönheitsgöttin, somit auch ihre reduzierten weiblichen Werte, an denen sie sehr hängt.[385] Dies ist neben der Todesangst einer der Hauptgründe, warum sie so verzweifelt und hilflos ist.

2.2.2. Sibylle

Wie die Figur Julika wird auch Sibylle stets aus der männlichen Perspektive dargestellt. Stiller, der angeblich objektiv ihre Erzählung protokolliert, schildert

---

383 C. G. Jung, Symbole der Wandlung, S. 403.

384 Diese exhibitionistische Aktivität Julikas erinnert an die Mutter-Kind-Symbiose, bei der die Mutter für das Kind als Spiegelung seines Selbst dient und ihre Gefühle sowie ihr Verhalten dem Kind gegenüber das Selbstwertgefühl des Kindes entscheidend prägen können. Eben auf diese Weise erfährt Julika durch diese exhibitionistischen Tätigkeiten ihr Selbstwertgefühl, das auch von den Reaktionen des Publikums bedingt ist.

385 Von diesem Punkt her gesehen ist ihr zweiter Versuch, mit Stiller zusammenzuleben, der sie ins Licht führen soll, gar nicht so unmotiviert, wie Mona Knapp behauptet. Vgl. Mona Knapp, „Die Frau ist ein Mensch, bevor man sie liebt, manchmal auch nachher...“, S. 88.

Sibylle eigentlich nur vor der Folie seines Verstandes- und Gefühlsvermögens. Welches Bild ein Neurotiker wie Stiller von einer Frau zeichnet, wurde bereits bei der Anaylse der Figur Julika gezeigt. Auch wenn Stiller in der Figur Sibylle eine autonome Frau sieht, sollte nicht vergessen werden, daß seine Darstellung dieser weiblichen Autonomie mit seinem psychischen Zustand bzw. seiner Rollenzuschreibung der Frau korreliert ist.

Wenn man die Figur Julika als die dunkle Seite des Weiblichen bezeichnet, erscheint Sibylle als die helle Seite. Trotz dieser charakteristischen Gegensätzlichkeit der beiden Figuren gehören sie beide zu den Anima-Imagines des Mannes, die alle Paradoxien in sich einschließen. Der Name Sibylle bedeutet in der westlichen Mythologie eigentlich Gottesraterin, eine Weissagerin und Priesterin im Dienste der Götter[386]. Wie Erich Neumann anmerkt, verkörpert diese Gottesraterin geistwandelnde Elemente der positiven Seite des Weiblichen: „Zauber, Magie, aber auch Inspiration und Weissagung gehören [...] zum Weiblichen, das Schamanin ist und Sibylle, Prophetin und Priesterin."[387] Mit ähnlichen Merkmalen ist die Figur Sibylle im „Stiller"-Roman charakterisiert; ihr ist ebenfalls eine geistwandelnde zur Entscheidung zwingende Funktion in der Tiefenpsyche Stillers und Rolfs zugeschrieben.

Wie die Anima des Mannes stets die Aufmerksamkeit auf sich lenkt, bedarf Sibylle als autonome Frau der Liebe, des Verständnisses und der Achtung des Mannes. Ihr Wunsch, vom Mann als individuelles Gegenüber verstanden[388] und akzeptiert zu werden, geht ins Leere, da der Mann für seine eigenen und ihre Gefühle blind ist. Sibylles erwachende weibliche Souveränität ist mit der dirigierenden Anima identisch, die den Mann immer wieder verstört und fasziniert. In diesem Sinne meint der Erzähler: „Das Verwirrendste aber für Rolf war natürlich Sibylle [...]" (St 663). Mit ihrem Selbstbewußtsein gelingt es Sibylle, den Mann zu Änderungen zu zwingen.

Wie immer zwischen den weiblichen und männlichen Figuren im Frischschen Werk ergibt sich zwischen Rolf und Sibylle bzw. zwischen Stiller und Sibylle keine interaktive Kommunikation. In sich eingeschlossen interessieren sie sich nur für ihr eigenes Innenleben. Mann und Frau leben auf eine kontaktschwache Weise zusammen. Wie Sibylle ausdrückt, haben Rolf und sie bloß eine symbiotische Beziehung miteinander, Rolf habe nicht an die Ehe geglaubt, und er habe nur „›bürgerliche‹ Verhältnisse" mit ihr gehabt (St 640; vgl. 638 - 641). Denn Rolf verspricht sich und Sibylle eine Liebestheorie in

---

386 Erich Neumann, Über den Mond und das matriarchale Bewußtsein, S. 79.

387 Ebd.

388 In Frischs Werk sprechen viele weibliche Figuren diesen ihren besonderen Wunsch aus, vom Mann verstanden zu werden, wie z.B. Yvonne in den „Schwierigen", Hanna im „Homo faber", Sibylle im „Stiller", Marianne und Ingeborg Bachmann in „Montauk" etc. Allen Frauengestalten ist dieser Wunsch nie in Erfüllung gegangen.

weiterem Sinne[389] und handelt seinerseits demgemäß ohne Rücksicht auf das Gefühl Sibylles (St 623). Ihrerseits ist Sibylle zuerst nicht imstande, die infantile Übertragung des Mannes abzuwehren. Sie verdrängt ihre Eifersucht, ihren Widerstand gegen Rolfs Theorie und dessen Herablassung, spielt dabei die konventionelle Rolle als Frau und Mutter[390]. Ihr durch Rolfs Ehetheorie verunsichertes Selbstwertgefühl als Frau, ihre „Angst, daß er etwas verschwiege" (St 620), ihr „Wahn, ohne Rolf nicht leben zu können" (St 620)[391] irritieren sie so sehr, daß sie sich mit ihrer patriachalisch charakteristischen Symbiose-Ehe mit Rolf bescheidet, obwohl sie sich bewußt ist, „daß das Leben nicht mit Theorie zu lösen sei..." (St 558). Auf diese Weise verliert sie während der symbiotischen Beziehung mit Rolf ihren eigenen Wert als individuelle Frau und sucht im Mann sich selbst.

Diese Situation ändert sich durch die Liebesbeziehung mit Stiller. Nachdem Sibylles Selbstwertgefühl durch Rolfs rücksichtslose Liebestheorie und seine Seitensprünge ins Wanken geraten ist, trifft sie Stiller, der ihre große Liebe wird. Durch die Liebe zu Stiller gelingt es Sibylle, ihren Erkenntnishorizont zu erweitern; distanziert und sachlich sieht sie nun ihre Ehebeziehung aus einem vollkommen neuen bewußten Blickwinkel. Plötzlich wird ihr die verdrängte Wut und Verachtung gegen Rolfs Ehetheorie deutlich bewußt; aus ihrer neuen Betrachtungsweise kritisiert sie bewußt die ihr von Rolf als selbstverständlich zugeschriebene Rolle als konventionelle hausfrauliche Gattin[392]; sie erkennt die Erbärmlichkeit des Mannes und des psychischen Hintergrunds seiner Ehetheorie (St 620)[393]. Sie verachtet die einseitige Moral des Mannes ebenso wie die Dop-

---

389 St 557: Rolf „liebte Sibylle und lebte damals durchaus in der Meinung, das Eheproblem sozusagen auf seine eigene Art gelöst zu haben. Eine Ehe im klassischen Stil, Monogamie, war es wohl schon lange nicht mehr." St 623: „[...] Sibylle mußte [...] zu einer großzügigeren Auffassung der Ehe kommen, mußte Vertrauen haben, mußte begreifen, daß Rolf sie liebte, selbst wenn er zuweilen eine andere Frau auf Reisen traf; übrigens [...] hoffte er, Sibylle denn doch zu einem reiferen Begriff von Ehe führen zu können, zur Einsicht, daß ein gewisses Maß von Freiheit auch in einer Ehe von nöten ist. Er verbat sich Anwandlungen von Eifersucht."

390 Vgl. St 640: Sibylle spricht zu Rolf: „»Du kannst dich nur besser ausdrücken als ich, drum habe ich dich stets reden lassen. Hast du denn gemeint, ich halte dich für den einzigen liebenswerten Mann? Ich habe verstanden, daß du meiner so sicher gewesen bist, Rolf, aber in einem ganz anderen Sinn.«"

391 Vgl. St 639: Sibylle spricht mit Rolf über Rolfs Ehetheorie und Seitensprünge: „Es hat mir wehgetan, wenn durch dich irgendwo verliebt hast, das ist wahr und vielleicht bin ich kleinmütig gewesen. [...] Ich will keinen Spielraum, ich will, daß ich für meinen Mann nicht ›irgendeine‹ Frau bin."

392 St 620: Sibylle empfindet „eine kleine Verärgerung über Rolfs ganz selbstverständliche Erwartung, daß man ihn nach jeder Reise abholte." Es ärgert sie, „er hielt es einfach für sein gutes Recht, am Flughafen eine wartende Gattin zu finden [...]".

393 Die Abenteuerlust Rolfs ist stärker als seine Liebe zu einer bestimmten Frau. In der Abenteuerlust verbergen sich die Jugendlichkeit, Lebendigkeit und Offenheit des Lebens, die bereits verloren gegangen sind. So gesehen versinnbildlicht die Abenteuerlust Rolfs

pelmoral des Bürgerlichen in dieser Liebestheorie. Sie gelangt im weiteren zur folgenden Erkenntnis: Während Rolf die weibliche Sinnlichkeit abwertet, kritisiert er nicht seine eigene Liaison mit anderen Frauen; der Staatsanwalt erlaubt sich sexuelle Beziehungen mit anderen Frauen, wobei er jede Frau verachtet, die eine Beziehung mit ihm eingeht. Selbstgerecht und nur sexuell erlebt er jede Frau und erfährt nur sich selbst. Nachdrücklich betont Sibylle, daß Rolf, der nur „ein Verhältnis" mit ihr gehabt hat, ihr nichts zu schenken bzw. zu verbieten habe (St 641). Denn in solch einem geschlechtlichen Verhältnis besteht keine Bindung, keine Verantwortung und kein Recht über die Freiheit des anderen (St 641). In dieser Bedeutung meint sie: „»Du hast mir keine Freiheit zu geben. [...] Ich nehme mir die Freiheit schon selbst, wenn ich sie brauche.«" (St 552) Ihrerseits meint sie wahrheitsgemäß, daß sie bei einem solchen symbiotischen Verhältnis kein Recht zu Klagen habe (St 638).

Allmählich erkennt Sibylle den Größenwahn, die Herablassung und Verachtung des Mannes, der sich mit dem patriarchalischen Wertkanon identifiziert. Nach Sibylles Dafürhalten weiß der Mann diese negativen Züge hinter der Fassade der männlichen Zärtlichkeit (St 617), verstellten Sachlichkeit (St 628), theoretischen „Freiheit" und „Unabhängigkeit" (St 626) gegen die Außenwelt abzuschirmen, was für sie einer Kränkung gleichkommt (St 626).[394]

Fernerhin registriert sie das männliche Minderwertigkeitsgefühl hinter dieser Verschanzung.[395] Eher wie eine Mutter kritisiert sie Rolf und Stiller unverblümt. (St 628, 616, 645 & 611) So sagt sie z.B. zu ihrem Liebhaber Stiller: „»[...] du hast erwartet« [...] «daß du in deinem Leben nie versagen würdest?»" (St 616) Ferner präzisiert sie:

> »Du schämst dich, daß du so bist, wie du bist. Wer verlangt von dir, daß du ein Kämpfer bist, ein Krieger, einer, der schießen kann? Du hast dich nicht

---

eine infantile regressive Tendenz des Mannes, der ein anderes Leben wünscht und sucht. Indem die Liebe zu dieser Frau nur als Projektion seiner Liebe zu sich selbst erscheint, sucht er eine ungebundene Liebe, die ihm Freiheit verschaffen kann, ohne Rücksicht auf das Gefühl jener Frau für eine Nacht und seiner eigenen Frau. Über die Liebe in der Außenwelt phantasiert er; solche Liebe kann seiner Meinung nach ihn zu einem wertvollen Menschen machen. Da diese imaginierte Liebe nie zu erreichen ist, endet auch die Abenteuerlust nicht. Solche Liebessehnsucht ist im Grunde mit der Stillerschen „obdachlose[n] Liebe" identisch. Vgl. St 624. Vgl. St 639: Sibylle kritisiert ihren Mann wie folgt: „» Für dich bleibt es eben irgendeine Frau. [...] du bist ein Junggeselle, ein verheirateter Junggeselle.«"

394 Vgl. St 628: „Feige wie Männer ja sind, wenn sie einmal nicht selber die Attacke führen, verschanzte er sich sofort im Sachlichen, während Sibylle doch hören wollte, was er empfände, was er hoffte." Vgl. St 626: „[...] er [Rolf] gewährte ihr [Sibylle] eine Freiheit, eine Unabhängigkeit, die nachgerade kränkend wurde."

395 Vgl. St 617. Sibylle bemerkt, daß Stiller narzißtischerweise sich selbst „in seiner Verwundung" liebe und bemitleide; er verstecke sich, wolle nicht geliebt werden und habe Angst davor. Ebenfalls gewahrt Sibylle die Unsicherheit bzw. das Minderwertigkeitsgefühl ihres Mannes. Vgl. St 628 & 638.

> bewährt, findest du, damals in Spanien. Wer bestreitet es! Aber vielleicht hast du dich als jemand bewähren wollen, der du gar nicht bist -« (St 616)

Verständnisvoll bemüht sich Sibylle, Stiller zu verstehen und ihm zu helfen. Sie verwechselt Stiller nicht mit einer typisch-männlichen Rolle, einem nie versagenden Helden. Mit ihren Worten wirkt sie wie eine weisende „Beraterin", die ihm die Augen öffnen soll.

Mit ihrem kühnen Verstand und natürlich entwickelten Instinkt übt Sibylle Kritik an ihren eigenen Gefühlen und Handlungen sowie denen des Mannes. Sich entwickelnd weiß sie langsam, den männlichen (Größen-)Wahn zu durchschauen[396], indem sie sich langsam von ihrem unbewußten kollektiven Wahn, vom Mann erlöst bzw. geführt zu werden, trennt. Daher hat sie den geistigen Überblick über ihre Geschlechtsbeziehung und gestattet dem Mann nicht, ihr eine bestimmte Rolle aufzuzwingen. Als autonome Frau sucht sie ihre eigene Rolle zu bestimmen und versteckt sich nicht hinter irgendeiner Fassade. Sibylle liebt und ist fähig, die Dinge so wahrzunehmen, wie sie sind; sie verdreht nicht die Wahrheit wie ihre Männer, mißbilligt die Persona- bzw. Rollenverhaftung Rolfs und Stillers.

Im Gegensatz zu ihrem Mann Rolf betrachtet Sibylle Liebe nicht als Episode oder oberflächliche Romanze ohne persönliche Hinwendung und Verantwortung, sondern als „Schicksal" (St 639) und Lebensgemeinschaft, in der jeder Part seine Hingabe, sein Einfühlen und seinen Opfermut aufbringt.[397] So konstatiert sie ihrem Mann gegenüber, daß sie nicht in ihm, auch nicht in anderen Männern, „irgendeinen Mann" suche (St 639). Zugleich möchte sie für den Mann „nicht ›irgendeine‹ Frau" (St 639) oder eine „Maitresse" (St 647) sein, sondern eine bestimmte schicksalhafte Individualität. Nachdrücklich verlangt sie nach einer individuellen Liebe, die schicksalsmächtig ist.

In der Liebe sucht Sibylle nicht den Beweis ihrer Jugendlichkeit oder ihrer Identität wie Rolf (St 639 f.). Im weiteren denkt sie weniger über die moralische Seite ihrer Beziehungen nach, sondern trachtet danach, sich mit ihren wirklichen Gefühlen und der Persönlichkeit des Gegenübers in der Realität zu konfrontieren. Gleichzeitig sucht sie über ihre Freiheit zu verfügen, unabhängig ihre eigenen Entscheidungen zu treffen. Wenn sie in der Ehe mit Rolf „den entwicklungsnotwendigen Fortschritt zu einer neuen Lebensphase"[398] durch die oberflächliche Treue zu Rolf unterdrückt hatte, versucht sie nun durch ihren Ehebruch den kollektiven Kanon zu durchbrechen. Indem sie den kollektiven Werten nicht

---

396 Aus diesem Grund betrachtet Sibylle die verstellte Gefaßtheit (St 628 & 638 f.), die Wichtigtuerei (St 628 & 632), „Fremdheit" (St 638) und Selbstentfremdung des Mannes als Feigheit (St 628), sein Spiel als „Farce" (St 639) bzw. „Komödie" (St 638). Vgl. auch St 617: „»Ihr Männer«, [...] »warum wollt ihr immer so großartig sein!«" St 641: In den Augen Sibylles trägt Rolf eine lächerliche Maske.

397 St 639. Sibylle sagt zu ihrem Mann: „»Entweder ist die Ehe ein Schicksal [...] oder sie hat überhaupt keinen Sinn, sie ist ein Unfug.«"

398 Erich Neumann, Zur Psychologie des Weiblichen, S. 50.

mehr abhängig ist, entwickelt sie ihre bewußte Individualität sowohl in der Zweierbeziehung als auch im Innenpsychischen.[399]

In der Beziehung zu Stiller sucht Sibylle keine Kompensation für ihr weibliches Selbstwertgefühl oder Rache an Rolfs Rücksichtslosigkeit. Vorwiegend versucht sie, ihre individuellen Gefühle zu Rolf und Stiller klar zu verarbeiten; sie kritisiert ihre ambivalente Situation zwischen beiden Männern: Sie betrachtet vollkommen bewußt ihre Stellung zwischen den beiden als eine ernste Sache. Weil sie Stiller mehr liebt, bedeuten ihr Verbleiben bei Rolf und der Verkehr mit Stiller Verrat an den beiden Männern und an sich selbst; auf diese Weise würde sie Rolfs Ehetheorie, die sie verachtungsweise als „Männer-Theorie" (St 557) bzw. „geistreiche Männer-Ausrede" (St 558) bezeichnet, bestätigen, wobei sie durch ihre Liebe zu Stiller Großmut und Überlegenheit[400] gegenüber Rolf fühlt. Verzichtet sie wiederum wegen der Familie auf ihre Liebe zu Stiller, so ist sie sich selbst und Stiller gegenüber untreu[401].

Sibylle möchte sich davon befreien, ein Werk des Mannes zu sein. In ihrer Beziehung zu Rolf wehrt sie sich dagegen, sich durch Bestätigung der Theorie Rolfs in einen abstrakten geistigen Begriff in seinem männlichen symbolischen Wertsystem zu verwandeln. So artikuliert sie:

> »Im Grunde, denke ich manchmal, willst du nur meine Hörigkeit. Um dann deine Freiheit zu haben! [...] Du wartest darauf, daß mein ›Liebhaber‹ mich verläßt, wie du die Frauen verläßt, und dann gibt es nur noch dich; das ist deine ganze Liebe, deine ganze Gefaßtheit, deine ganze Großzügigkeit...« (St 640 f.)

Stiller gegenüber äußert sie ebenfalls zu Anfang ihrer Zweierbeziehung den Wunsch, von Stiller so als Individualität erkannt zu werden, daß er sie nicht in Kunst verwandle (St 604 f.)[402] oder eine andere Frau in ihr suche. Daraus wird klar, daß sie so verstanden und akzeptiert werden möchte, wie sie ist, daß sie kein Besitztum ist, sondern nur sich selbst gehört.[403] Stillers Unentschiedenheit in der

---

399 Ebd., S. 50 f.

400 Vgl. St 620 ff. Durch die Liebe zu Stiller gelingt es Sibylle, ihren Beobachtungshorizont zu erweitern. Plötzlich kommt die verdrängte Verachtung gegen Rolfs Ehetheorie an die Oberfläche; sie erkennt bewußt die Erbärmlichkeit des Mannes und seiner Ehetheorie.

401 Aus dieser Wahrheitstreue heraus kritisiert Sibylle die finanzielle Abhängigkeit Stillers, der sich durch Sibylle von Rolf ohne Scham und mit Selbstverständlichkeit aushalten läßt. Sibylles Ansicht nach verlieren dadurch beide, Stiller und sie, ihre Freiheit.

402 Siehe dazu Anm. 7.

403 Vgl. Doris Fulda Merrifield, Das Bild der Frau bei Max Frisch, S. 69. Doris Fulda Merrifield verkennt diesen Punkt, wenn sie behauptet: „Sie [Sibylle] muß sich selber erst wiederfinden, bevor sie wissen kann, zu wem sie gehört." In der Tat kann Hörigkeit keine Frau zur Selbstfindung führen, sie würde sich selbst in ein (Projektions-)Objekt des Mannes verwandeln und könnte sich selbst nur in ihm finden, so daß sie in solcher Beziehung ihre eigene Identität verliert. Vgl. St 640: Sibylle kritisiert Rolfs „Großmut": „»Im Grunde, denke ich manchmal, willst du nur meine Hörigkeit. Um dann deine Frei-

Beziehung mit Julika bzw. seine Besessenheit von der kranken Julika sowie seine Verantwortungslosigkeit Sibyllen gegenüber bedrohen ihre Beziehung zueinander. Sibylle fühlt, daß Julika wie ein Gespenst zwischen ihr und Stiller steht. Gleichzeitig bemerkt sie, daß Stiller psychisch völlig von Julika abhängig ist, auch wenn er sich von ihr getrennt hat. Vollkommen bewußt entscheidet sie sich dann für die unverzügliche Trennung.

Schließlich faßt Sibylle aus ihrer eigenen Erfahrung zusammen, daß Männer einerseits die Liebe und die Person der Frau brauchen, andererseits sie doch für „eine zärtliche Klette" (St 632) halten, wenn die Arbeit ruft, die ihnen wichtiger als die geliebte Frau vorkommt. Die Frau solle dann noch die Mutterrolle spielen, wenn Männer plötzlich wie das kleine Kind Wärme und Trost bedürfen. (St 632) Verbittert gewahrt sie die Funktion der Frau als Projektionsträger in einer solchen asymmetrischen Zweierbeziehung. Bewußt lehnt sie eine solche weibliche Rolle ab, bewahrt sich vor Wiederholung der symbiotischen Zweierbeziehung. Aus diesem Grund kehrt sie nach der Trennung von Stiller nicht zu Rolf zurück, mit dem sie sich innerlich noch sehr verbunden fühlt. Ihre Rückkehr würde nach ihrer Liaison mit Stiller Rolfs Ehetheorie nur bestätigen (St 640 f.).[404] Es wäre Verrat an sich selbst.

Sie sieht ein, daß die sexuelle Freiheit nur den ersten Schritt der Selbstbefreiung bedeutet. Sexuelle Freiheit ohne finanzielle und geistige Freiheit führt die Frau nur zur Selbstuntreue bzw. Selbstentfremdung. In dieser Hinsicht meint sie:

> [...] sie mußte jetzt arbeiten, allein sein, ihr eigenes Geld verdienen. Sonst fühlte sie sich ausgeliefert und wußte nicht, wohin sie gehörte; der Weg von der Frau zur Dirne erwies sich als erstaunlich kurz. (St 654)

Um sich nicht dem Mann zu verkaufen und um sich wiederzufinden[405], entscheidet sich Sibylle für ein berufstätiges, autonomes Leben in New York, wo sie ihr Leben nach ihrem Willen gestaltet. Innerlich fühlt sie sich zwar „einsam und für sich selbst verantwortlich" (St 655), aber sie beklagt sich nicht (St 656), denn sie hält es für „Freiheit" (St 655).[406]

Gleichwohl vermißt sie trotz der faszinierenden „Vielfalt des erotischen Spieles" (St 658) in Amerika die echte Begegnung zwischen Menschen (St 659).

---

heit zu haben!«" Vgl. St 633: „[...] es ging um sie selbst, es ging darum, ob Sibylle imstande sein würde, ihr Leben selber zu wählen."

404 Vgl. St 566. Rolf sucht sich durch seine Verstellung vor Sibylle zu verschanzen, um sich nicht als Unterworfenen zu sehen: „Haltung schien ihm jetzt das einzige zu sein, Haltung ohne Entrüstung, ohne Anklage und ohne Klage, aber Haltung, bis dieses Erzweib auf die Knie geht." Vgl. hierzu auch St 570 f.

405 Rolfs Worte - „Auf blinder Versöhnung war keine Ehe zu bauen [...]" (St 581) - könnten aus dem Munde Sibylles sein. St 643: Sibylle hat „Angst" „vor ihren wirklichen Gefühlen"; sie versucht ihre Gefühle nicht mehr zu verdrängen, sondern zu verarbeiten.

406 Im Vergleich zu Stiller, der nicht allein sein kann, braucht Sibylle keinen Mann, der egozentrisch sich selbst in der Frau sucht. Mit stärkerem Willen geht sie selbstbewußt ihren introspektiven Weg zur Freiheit, was den männlichen Figuren nie gelingt.

Hier fühlt sie sich bloß „als ein Neutrum“ betrachtet (St 658). Wie alle Protagonisten Frischs spricht Sibylle hier ihren Wunsch nach Einheit und Ganzheit der Psyche aus, die das Männliche und Weibliche gleichzeitig enthält. Zu diesem Zeitpunkt taucht Rolf wieder in ihrem Leben auf, da er erkennt, daß „Sibylle der einzige Sinn und Inhalt seines Lebens geworden“ ist (St 565 f.). Auch sie bestreitet nicht, daß Rolf ihr näher steht als irgendein anderer (St 663). Nach genauer Überlegung ist sie bereit für ein neues Leben mit Rolf, das zu einer echten Begegnung führen kann. Vollkommen bewußt spielt sie später wieder die Rolle als Mutter und Frau, aber sie identifiziert sich nicht mehr blind mit ihr, gewährt sich noch einen freien Raum der Selbstdarstellung und der Darstellung des Mannes. Auf diese Weise gewinnt sie ihre innere Freiheit Rolf gegenüber und befreit sich von der Fährnis, als Projektionsobjekt des Mannes zu dienen[407].

Zuletzt wird noch Sibylles geistwandelnde Funktion erörtert. Durch sie sieht Rolf sich gezwungen, seine Ehetheorie und seinen Lebenssinn zu ändern; durch sie lernt Rolf das Gefühlsleben kennen, wobei er seine Eifersucht, die seiner eigenen Liebestheorie widerspricht, wahrnimmt. Am Ende gesteht er sich selbst, „daß er sich über das Niveau seiner Gefühle bisher doch sehr getäuscht hatte, über seine Reife.“ (St 560) Schließlich muß er einsehen, daß er „dieser Probe nicht gewachsen“ sei (St 560). Andererseits ist es ihm klar geworden, daß seine emanzipierte Frau, wie alle seine ehemaligen Geliebten für eine Nacht, die körperliche und seelische Souveränität in ihrer eigenen Hand haben.

Hingegen lernt Stiller durch die Liebesbeziehung zu Sibylle, die ihm finanzielle und psychische Unterstützung gewährt, eine gesunde Frau kennen, der er nicht gewachsen ist. Sibylle zwingt ihn zu der immer wieder verzögerten Konfrontation mit Julika und sich selbst. Unabänderlich weist sie seine Übertragung zurück, deren psychische Inhalte eigentlich seiner Mutter und der Person Julikas gelten. Stillers Absicht, durch Sibylle ins Leben zu kommen, scheitert schließlich. Gerade dieses Scheitern und seine durch die Beziehung mit Sibylle animierte Trennung von Julika zwingen ihn zu einer introspektiven bzw. introversiven Regression, die eine Voraussetzung seiner Selbstfindung ist. So gesehen hat Sibylle einen besonders positiven Sinn für seinen Individuationsprozeß.

---

407 Doris Fulda Merrifield, Das Bild der Frau bei Max Frisch, S. 70.

3. Homo faber

Die erzählerische Technik und der psychische regressive Wandlungsprozeß sowie die intertextuelle Thematik sind in den Romanen „Stiller“ und „Homo faber“ augenfällig ähnlich. Die Überschneidung von Thematik und Problematik in den beiden Romanen läßt rechtfertigen, daß auf viele Analogien und deren hintergründige psychologische Sinngehalte hier in diesem Kapitel nicht näher eingegangen werden muß. In diesem Kapitel werden auch die bereits im ersten und zweiten Kapitel ausgeführten psychologischen Theorien der Ganzheit, der Mutter-, Anima- und Animus-Archetypen nicht mehr wiederholt. Dennoch sollen diese Theorien während der Untersuchung stets im Hintergrund behalten werden. Neu angeführte Jungsche Theorien sind im folgenden die Auffassungen der Synchronizität und der psychischen Inflation.

3.1. Der Drang zum Schreiben und die Jungsche Konzeption der Synchronizität

Im „Homo faber“ handelt es sich ebenso wie im „Stiller“ um einen regressiven introspektiven Bericht der Vergangenheit, weil der Romanprotagonist das Leben nicht unmittelbar subjektiv erleben und den Zusammenhang zwischen äußerem und innerem Geschehen nicht gleichzeitig sehen kann. Für Faber wie Stiller liegt der unmittelbare Beweggrund des regressiven Prozesses und des Berichtens vor allem in der Alters- und Todesangst, die dem Protagonisten die verdrängte Lebensangst, das versäumte Leben und die „alte[] Schuld und Angst“[1] bewußt werden lassen und zur Konfrontation mit dem Selbst zwingen. Denn keine Beziehung zum Leben heißt keine Beziehung zum Tod[2]; Tod und Leben gehören in der

---

1 Conny Bauer, Max Frischs „Homo faber“. Versuch einer psychoanalytischen Auslegung. In: Text & Kontext. Hrsg. von Klaus Bohnen & Conny Bauer. Kopenhagen/München: Wilhelm Fink, 1983, S. 329.

2 Vgl. Hf 170: Hanna klärt Faber über seinen Fehler auf: *„Du behandelst das Leben, nicht als Gestalt, sondern als bloße Addition, daher kein Verhältnis zur Zeit, weil kein Verhältnis zum Tod. Leben sei Gestalt in der Zeit.“* Vgl. hierzu Tg I 500: „[...] wir leben und sterben jeden Augenblick, beides zugleich, nur daß das Leben geringer ist als das andere, seltener [...] wir spüren dieses immerwährende Gefälle zum Nichtsein, und darum denken wir an Tod, wo immer wir ein Gefälle sehen [...] Es gibt kein Leben ohne Angst vor dem andern; schon weil es ohne diese Angst, die unsere Tiefe ist, kein Leben gibt: erst aus dem Nichtsein, das wir ahnen, begreifen wir für Augenblicke, daß wir leben. [...] man freut sich und weiß mit jedem Atemzug, daß alles, was ist, eine Gnade ist. Ohne dieses spiegelnde Wachsein, das nur aus der Angst möglich ist, wären wir verloren; wir wären nie gewesen...“ Vgl. Tg II: Das zweite Tagebuch Frischs gleicht einem Konfrontationsprozeß mit dem Tode und Altern. Vgl. W. v. Siebenthal, Schuldgefühl und Schuld bei psychiatrischen Erkrankungen, S. 152: „Die Zuwendung zum Leben in der Psychotherapie ist nur möglich durch Orientierung auf den Tod hin und die Bejahung des lebensimmanenten Sterbens.“ Vgl. C. G. Jung, Symbole der Wandlung, S. 383 f.: „Der junge Persönlichkeitsteil, der am Leben verhindert und zurück-

Jungschen Schule, wie im „Stiller"-Kapitel erläutert, zusammen zum Unbewußten, dessen Ganzheit durch die mütterlich-weibliche Symbolik charakterisiert ist. Besonders bei Faber tritt die immer stärker werdende Todesangst hervor, die sich vor allem durch die Konfrontation mit Joachims und Sabeths Tod bis zur Unerträglichkeit steigert, bis der eigene Tod an der Schwelle steht. Das zweite Kapitel zeigte bereits, daß die Überwindung der Todesangst laut Jung ausschließlich durch Zurückgewinnung der an die Mutter verhafteten Libido erfolgen kann. Psychologisch gesehen muß das alter ego durch Loslösung von der Bindung an die Mutter sterben, damit das neue Ich wiedergeboren werden kann. Infolgedessen muß die individuelle Disposition, die Instinktsphäre in der eigenen Psyche erlebt, wahrgenommen, akzeptiert und je nach Situation aufgegeben werden.

Die Berichte Stillers und Fabers handeln beide von einer Reise in die unverarbeitete Vergangenheit und enthalten jeweils ein reichhaltiges Bilderrepertoire. Die literarische Textur der Berichte gleicht einer Spurenfundgrube des Erinnerns. So wird die Vergangenheit als ein Schauplatz dargestellt und verräumlicht. In den beiden Romanen findet der Leser eine Kontrastierung von vergangenen und gegenwärtigen Zeitebenen, welche im Handlungsverlauf ineinander verflochten sind. Erst zu Ende des Romans werden die erzählte Zeit und die Erzählzeit identisch.

Während Stiller das faktische Leben leugnet und die Wirklichkeit auf einer anderen Dimension des Unbewußten hervorhebt, insistiert Faber hingegen zuerst auf der Faktizität sowie dem Väterlich-Männlichen und negiert alle mütterlich-weiblichen Wertnormen, dann wechselt er plötzlich ins vorher verneinte Gegenteil[3]. Obwohl Stiller und Faber beide den Akzent auf unterschiedliche Welten legen und ein völlig unterschiedliches Leben führen, gehen sie den gleichen Weg der Regression ins Mutterreich, das durch die Urnatur (im „Homo faber" auch durch Athen) symbolisiert ist. Denn beide verharren in der extrem einseitigen (defekten) Denk- und Lebensweise, die keinen direkten Zusammenhang mit der

---

gehalten wird, erzeugt Angst und verwandelt sich in Angst. Die Angst scheint von der Mutter zu kommen, in Wirklichkeit ist es aber die Todesangst des instinktiven, unbewußten Menschen, der durch das anhaltende Zurückweichen vor der Wirklichkeit vom Leben ausgeschlossen ist." Vgl. ebd., S. 349: „Der Neurotiker, der die Mutter nicht lassen kann, hat gute Gründe: letztlich ist es die Todesangst, welche ihn dort festhält."

3 Hf 199: „Es stimmt nichts." Hf 179: Während eines Zwiegesprächs mit der Wochenend-Prostituierten Juana in Cuba spricht Faber davon, daß sein Leben ihm „belanglos" vorkomme. Dann vergleicht Faber das vergangene Leben mit einem „Traum" (Hf 172) oder einer „Halluzination" (Hf 173). Vgl. Max Frisch, Ich schreibe für Leser. In: Ders., G.W., Bd. 5, S. 329: „Das kommt vor, daß ein Mensch sich nicht mit seiner Biographie identifizieren kann. Die Frage, womit er sich denn aber identifizieren kann, ist keine theoretische, sondern eine vitale. Er muß sich ausdrücken." Vgl. ebd., S. 332: „Ein großer Teil dessen, was wir erleben, spielt sich in unsrer Fiktion ab, das heißt, daß das wenige, was faktisch wird, nennen wir's die Biographie, die immer etwas Zufälliges bleibt, [...] höchst fragmentarisch, verständlich nur als Ausläufer einer fiktiven Existenz." Vgl. ebd., S. 326: „[...] was zu gelten scheint, erweist sich als Fiktion, und man weiß nicht, wo man sich befindet." Im Fall Fabers signalisiert ein Leben ohne Tod ebenfalls seine „existenzielle Schuld", denn er weigert sich, einen wichtigen Teil des Daseins und der Wahrheit zu akzeptieren.

Realität hat, d.h. beide sind blind für das reale Leben und die realen Mitmenschen[4]. Beiden fehlt die Brücke zwischen dem Bewußtsein und Unbewußten. Psychologisch kann bei einem Verlust der mütterlich-weiblichen Welt kein direktes Verhältnis zum Leben hergestellt werden, weil das Unbewußte, das dem Mütterlich-Weiblichen gleicht[5], die Urquelle der Lebenskraft ist.

Das Erleben des Mütterlich-Weiblichen ist zwar ein notwendiger Prozeß, dennoch bleiben im allgemeinen die relevanten psychischen Inhalte und äußeren Geschehnisse zuerst im Unbewußten. Die Erlebnisse und Erfahrungen bedürfen der nachträglichen Auseinandersetzung, Durch- und Bearbeitung. Aus diesem Grund empfinden Stiller und Faber einen Drang zum Schreiben (Hf 30: „[...] es tippte plötzlich wie von selbst [...]“), das niemand erzwingen kann, wie es äußerlich erscheint.[6] Auch wenn Faber immer wieder konstatiert - „Ich kann nur berichten, was ich weiß“ (Hf 56) und „wie es ist“ (Hf 24) -, beschränkt er den Sinn seines Schreibens trotz seiner begrenzten Ausdrucksweise nicht auf die Ebene des Bewußtseins, des Wissens und der Sprache. Sein „Tatsachenbericht“ läßt erkennen, daß seine vermeintliche Wirklichkeit viele Züge der Täuschung enthält. Die Wirklichkeit reicht über den bewußten Standpunkt hinaus in eine andere Dimension jenseits des Bewußtseins, des Wissens und der Sprache. Das Gesagte umfaßt ebenfalls Ungesagtes[7]; das Sichtbare auch Unsichtbares. Es handelt sich also nicht bloß um eine Reproduktion des Geschehenen. Das Zurückblicken erweist sich als auslösende Motivation ebenso wie als Assoziation, die innere Erfahrung sprachlich zu verifizieren. Man erinnert sich vielleicht noch daran, daß Frisch im ersten Tagebuch (1946 - 1949) schreibt: „[...] man kann sich nicht niederschreiben, man kann sich nur häuten [wie eine Schlange].“ (Tg I 677) Diese Aussage präzisiert Frisch in „Montauk“ und offenbart dazu: „Es stimmt nicht einmal, daß ich immer nur mich selbst beschrieben habe. Ich habe mich selbst nie beschrieben. Ich habe mich nur verraten.“ (Mon 720) So kann man auch sagen, daß das Schreiben Fabers wie das von Frisch einen paradoxen Sinn

---

4 Zum Blindheits-Motiv im „Homo faber“ vgl. Hf 7, 111, 144, 160 & 184.

5 C. G. Jung, Die Beziehungen zwischen dem Ich und dem Unbewußten (1989-Ausgabe), S. 206. Erich Neumann, Die Große Mutter, S. 147. Siehe ebd., S. 42: „Der Elementarcharakter des Weiblichen und seine Symbolik drückt psychologisch-energetisch die ursprüngliche Situation der Psyche aus, die wir deswegen auch als matriarchal bezeichnen. In ihr dominiert das psychisch Unbewußte in seiner Ganzheit über alle Einzelinhalte und Einzeltendenzen.“

6 Tildy Hanhart ist der Meinung, daß Stillers Abfassung des Berichts von außen aufgezwungen sei, Faber hingegen die innere Notwendigkeit zum Schreiben empfinde. Dennoch, wenn Stiller die von außen aufgedrängte Persona ablehnt, kann er sich auch dagegen sträuben, für die Außenwelt einen Bericht seines Lebens zu erstatten; es sei denn, daß er innerlich den Impuls zum Schreiben und zur Selbstanalyse hat. Vgl. Tildy Hanhart, Max Frisch: Zufall, Rolle und literarische Form. Interpretationen zu seinem neueren Werk. Kronberg/Ts.: Scriptor, 1976, S. 24.

7 Vgl. ebd., S. 26: „Sie [sowohl Stiller als auch Faber] erfahren die andere Seite ihres Wesens.“

hat: Einerseits handelt es sich um einen Prozeß der Selbstentzifferung und Selbstfindung, andererseits um Selbstverrat und Selbstentlarvung. In diesem Sinne vermittelt im „Homo faber" das Motiv des Spiegels genau dieselbe paradoxe Bedeutung des Sich-Erkennens und Sich-Entblößens. (vlg. z.B. Hf 170 f.)

Als Techniker ist der Protagonist Faber gewohnt, in jeder Situation die Mathematik bzw. Technologie einzusetzen, um das kausal Sinnvolle der äußeren und inneren Ereignisse möglichst sachlich herauszuarbeiten; er beabsichtigt, alle Ereignisse oder Bezugspersonen auf Zahlen[8] und stereotype abstrakte Begriffe, Ideen und Zeichen zu reduzieren, wodurch er sie verstehen und kontrollieren zu können glaubt. Wie bei „Stiller" befindet sich Faber in einer Phase des psychischen Umbruchs, der unterschwellig und angeblich ohne sein Wissen abläuft.[9] Fabers immer wieder plötzliche Änderung des Reiseziels „aus purer Laune" (Hf 33 ff.) und seine widersprüchlichen Handlungen, die durch folgende Behauptungen ersichtlich werden - „Ich verstand mich selbst nicht." (Hf 43), „[...] ich kannte mich selbst nicht, keine Ahnung [...]" (Hf 177) und „Alles wie verrückt." (Hf 174) - kündigen eindeutig das Nicht-Mehr-Stabil-Sein seines bewußten, technisch orientierten Lebens an. Vage ahnt Faber, daß dieser Umbruch auf einen neuen Beginn seines Lebens hinweist: „Ich hatte das Gefühl, ein neues Leben zu beginnen." (Hf 64); „[...] ich freute mich aufs Leben wie ein Jüngling, wie schon lange nicht mehr. [...] [Ich] fragte mich, was man als Jüngling eigentlich vom Leben erwartet hat -" (Hf 64).[10]

Entgegen der alten Gewohnheit als Techniker, sich stets auf äußere Situationen zu beziehen und sie analytisch zu zerstückeln, lassen sich nun die objektiven Geschehnisse nicht mehr durchschauen und kausal erklären. Die Suche nach dem Warum, dem „Was-Geschieht", nach der „Rechnung" (Hf 159) und „Lösung" (Hf 159)[11] gerät plötzlich ins Wanken, weil er dem Sosein der Existenz, dem die mütterlich-weibliche Widersprüchlichkeit innewohnt, ohne analy-

---

8 Vgl. Hf 130: Faber berechnet sogar den Tod quantitativ mit der Statistik: „Die Mortalität bei Schlangenbiß (Kreuzotter, Vipern aller Art) beträgt drei bis zehn Prozent, sogar bei Biß von Kobra nicht über fünfundzwanzig Prozent, was in keinem Verhältnis steht zu der abgläubischen Angst vor Schlangen, die man allgemein noch hat." Hf 164: „Meine Operation wird mich von sämtlichen Beschwerden für immer erlösen, laut Statistik eine Operation, die in 94,6 von 100 Fällen gelingt, und was mich nervös macht, ist lediglich diese Warterei von Tag zu Tag. Ich bin nicht gewohnt, krank zu sein."

9 Vgl. Gerhard Kaiser, Max Frischs *Homo faber*, S. 268: „Indem Faber leidenschaftlich jeden Sinn der Ereignisse leugnet, unterstreicht er indirekt die Sinnstruktur und Notwendigkeit seines Schicksals. Er zeigt sich als ein Mann, der mit den Versatzstücken einer »aufgeklärten« Daseinsphilosophie die Abgründe seiner Existenz zu verstellen bestrebt ist, der aber auf der Flucht vor der Wirklichkeit aus dem Hinterhalt vom Leben überfallen und in seinr Haltung widerlegt wird."

10 In dieser Passage reflektiert sich eindeutig Fabers Sehnsucht nach dem Leben. Durch diese Äußerung negiert Faber unbewußt das bisher geführte Leben.

11 Hf 63: „[...] es macht mich nur nervös, solange ich nicht weiß, warum."; ebd.: „[...] ich wollte wissen, was los ist."

tisch-dialektische Methodik entgegenkommen muß. Alle unfaßbaren Ereignisse ordnet Faber kategorisch dem Zufall[12] zu und schiebt sie durch seine unbewußte Inszenierung beiseite, wobei er unbewußt ahnt, daß ihm seine Handlungen und Entscheidungen langsam entgleisen. Er schreibt: „Ich bestreite nicht: Es war mehr als ein Zufall, daß alles so gekommen ist, es war eine ganze Kette von Zufällen. Aber wieso Fügung? Ich brauche, um das Unwahrscheinliche als Erfahrungstatsache gelten zu lassen, keinerlei Mystik; Mathematik genügt mir." (Hf 22). Faber scheinen alle Zufälle als nicht miteinander zusammenhängend.[13] Er ahnt nicht, daß seine unbewußte Wahl des Reiseziels (in die Zivilisationsländer, Naturländer und das Ursprungsland der europäischen Kultur Athen) und der Wechsel der Verkehrsmittel (wie z.B. Flugzeug, Schiff, Zug, Auto, Eselskarre, zu Fuß) die Tiefenstruktur seiner Psyche symbolisieren. Er bringt sich wiederholt in unerklärbare Situationen, macht dieselben Erfahrungen, ohne die Ursachen zu erkennen. Damit läßt sich die Anhäufung der Zufälle nicht mehr sachlich erklären, vor allem wenn die in den Geschehnissen zur Wirkung kommenden Gefühle und Triebe ihn dermaßen überschwemmen und sich nicht mehr verdrängen lassen, so daß sie die Person und das Leben Fabers dirigieren.[14] Außerdem spielt

---

12 Vgl. Tg II 750: „Das Verblüffende, das Erregende jedes Zufalls besteht darin, daß wir unser eigenes Gesicht erkennen; der Zufall zeigt mir, wofür ich zur Zeit ein Auge habe, und ich höre, wofür ich eine Antenne habe. [...] will sagen, daß es noch manche Zufälle gäbe, die wir übersehen und überhören, obschon sie zu uns gehören; aber wir erleben keine, die nicht zu uns gehören. Am Ende ist es immer das Fälligste, was uns zufällt."

13 C. G. Jung, Synchronizität als ein Prinzip akausaler Zusammenhänge, S. 486: „Wenn man die Annahme der Akausalität nicht riskieren will, so bleibt nichts anderes übrig, als die sogenannten synchronistischen Phänomene für bloße Zufälle zu erklären [...] Jeder emotionale Zustand bewirkt eine Bewußtseinsveränderung [...] das heißt, es tritt eine gewisse Verengerung des Bewußtseins zugleich mit einer Verstärkung des Unbewußten ein, was besonders bei starken Affekten [...] erkennbar ist. Der Tonus des Unbewußten wird gewissermaßen erhöht, wodurch leicht ein Gefälle vom Unbewußten zum Bewußtsein hin entsteht. Das Bewußtsein gerät damit unter den Einfluß unbewußter, instinktiver Antriebe und Inhalte." Vgl. Peter Pütz, Das Übliche und das Plötzliche. Über Technik und Zufall in *Homo faber*. In: *Gerhard P. Knapp (Hrsg.)*, Max Frisch, S. 135: „Doch die Zufälle unterbrechen nicht nur das Übliche, sie konstituieren sich auch selbst zum System eines magnethaften Kraftfeldes, in dem dieselbe Strenge und Gesetzlichkeit zu herrschen scheinen wie in der Welt des Wahrscheinlichen. Das Erzählen des Außerordentlichen, das in die erdrückende Ordnung des Wiederholten einbricht, formiert sich selbst als ordnungsstiftendes Prinzip. Zufälle über Zufälle, über deren Sinn und Bedeutung Faber ständig räsoniert, lenken alle Begebnisse und Begegnungen [...]".

14 Vgl. C. G. Jung, Über die Energetik der Seele, S. 21: „Der gefühlsbetonte Inhalt, der Komplex, besteht aus einem Kernelement und einer großen Anzahl sekundär konstellierter Assoziationen. Das Kernelement besteht aus zwei Komponenten, erstens aus einer Bedingung, die durch die Erfahrung gegeben ist, also einem Erlebnis, welches kausal mit der Umgebung verknüpft ist, zweitens aus einer dem individuellen Charakter immanenten Bedingung dispositioneller Natur." Weiter lautet es: „Ist das Kernelement aber [...] unbewußt oder wenigstens in seiner psychologischen Bedeutung unbewußt, dann versagt die

der Schwund der Libido Fabers, aus dem „der autonome Komplex" resultiert[15], auf der bewußten Ebene dabei auch eine wichtige Rolle, wie Jung erläutert: „Die Lähmung der progressiven Energie hat in der Tat sehr unerfreuliche Aspekte. Sie erscheint als unwillkommener Zufall oder geradezu als Katastrophe, die man selbstverständlich am liebsten vermeiden möchte."[16]

Für Faber geschieht vieles wider Erwarten und kommt zwangsläufig von außen auf ihn zu. Er sieht sich jeweils gezwungen, mit dem Flugnachbarn zu reden, ins Flugzeug zurückgebracht zu werden, nach einer Notlandung in der Wüste zu bleiben. Anscheinend völlig unbegründet geht er mit Herbert in den Dschungel, um seinen Jugendfreund Joachim zu besuchen, kehrt anschließend nach Amerika zurück, um dort schließlich alle Zelte abzubrechen. Darauf reist er zufällig mit dem Schiff nach Europa, trifft auf dem Schiff seine eigene Tochter, begegnet ihr im Louvre wieder und begleitet sie auf der Europa-Reise bis nach Athen. Unterwegs wird sie zufällig von einer Schlange[17] gebissen und verunglückt angeblich deswegen tödlich. Während Faber stets sein Nicht-Wissen-Können der vergangenen Beziehungskomplexität zwischen Hanna, Sabeth und Joachim beteuert, seine Schuld an allen äußeren Geschehnissen mißt, deren Unerklärbarkeit er meistens dem Zufall zuschreibt, wird er allmählich von der von Anfang an verdrängten Todesangst und von seinen Schuldgefühlen überflutet. Dieser innere Prozeß kennzeichnet bereits die unterschwellige Persönlichkeitsänderung Fabers. Währenddessen ist er nicht imstande, alle auf der Erinnerung basierenden Komponenten der Psyche von den objektiven Anlässen zu trennen und sie als subjektive Faktoren des Selbst zu verstehen[18]. Deshalb

---

subjektive Schätzung. Hier hat die indirekte Schätzungsmethode einzusetzen." Ebd., S. 21 f.

15 C. G. Jung, Über das Phänomen des Geistes in Kunst und Wissenschaft, S. 92: „Aus [...] der bewußten Persönlichkeitsführung entzogenen Energie wächst der autonome Komplex."

16 C. G. Jung, Symbole der Wandlung, S. 386.

17 Vgl. ebd., S. 503: „[...] die Schlange ist der Vertreter der Instinktwelt, und zwar jener Lebensvorgänge, welche psychologisch am unerreichbarsten sind. [...] Die Schlange personifiziert die Bedrohlichkeit eines derartigen Konfliktes." Vgl. ebd., S. 546: Laut Jung „stellt die Schlange auch die verschlingende Mutter dar." Dort heißt es auch: „Bei den Tragikern sind Erinnyen sowohl Schlangen wie Hunde [...]". In der Jungschen Psychologie ist die Schlange ein Todessymbol und repräsentiert sich „als Bewohner des Reiches der Todesmutter". Siehe dazu ebd., S. 483. Weiter lautet es: „Das Unbewußte insinuiert sich in Schlangengestalt, wenn das Bewußtsein vor der kompensierenden Tendenz der unbewußten Furcht empfindet, und dies ist bei Regression meistens der Fall. Wer aber die Kompensation prinziell bejaht, regrediert nicht, sondern wird dem Unbewußten durch Introversion entgegenkommen." Vgl. ebd., S. 551: „Die Schlange symbolisiert das Numen des Wandlungsaktes [...] Als chthonische Höhlenbewohnerin lebt sie im Schoß der Mutter Erde."

18 C. G. Jung, Über die Pschologie des Unbewußten. In: Ders., Zwei Schriften über analytische Psychologie (= G.W., Bd., 7). Zürich und Stuttgart: Rascher, 1964, S. 92. Diese Ausgabe unterscheidet sich von der, die im Jahre 1989 erschienen ist. Im folgenden wird diese Ausgabe als „1964-Ausgabe" gekennzeichnet.

sind die sich offenbarenden Werte des Mütterlich-Weiblichen nicht zu intergrieren. Hier fehlt ein synthetisch-konstruktiver Deutungsprozeß[19] des Erlebenden. Jung bestätigt, daß es in einem solchen Fall um „archetypische Motive"[20] geht, die den inneren Zustand des Neurotikers Faber signalisieren. Dieser Zustand ist dadurch gekennzeichnet, „daß im Unbewußten eine besondere Energieanhäufung vorhanden ist, nämlich eine Art von Ladung, die explodieren kann."[21] Während Faber seine verdrängte Angst nicht wahrhaben will, seine psychosomatischen Symptome verharmlost und seine psychischen Regungen in extremer Weise im Zaum zu halten versucht[22], lassen sich die verdrängte Schattenwelt seiner Psyche sowie ihre äußeren Äquivalente nicht mehr von der Dominanz der Rationalität bzw. Technologie bestimmen, vielmehr steigen sie empor und brechen in die Bewußtseinswelt dermaßen ein, daß die rationalen logischen Prinzipien plötzlich ihre Geltung verlieren. Das Übliche, das stets nur „intellektuelles Verstehen"[23] ist, charakterisiert sein festgeprägtes Erlebnismuster, das keinen Unterschied zwischen Vergangenheit, Gegenwart und Zukunft kennt. Das bereits Erlebte wiederholt sich in der Zukunft. Ihm fehlt das „Verstehen durch Erleben"[24].

Da das Plötzliche bei Faber in die Bewußtseinsschranken des Üblichen eingedrungen ist und sich nicht mehr wie vorher nach stereotypischen Kategorien und Kriterien einordnen läßt, „bleibt die Tatsache der eigentümlichen Symbolwahl im Dunkeln"[25]. Das Unbewußte, das stets entwertet und verdrängt worden ist, wird „durch den Rückfluß d[]er Libido außerordentlich verstärkt, so daß es anfängt, mit seinen archaischen Kollektivinhalten einen gewaltigen Einfluß auf das Bewußtsein auszuüben."[26]

---

19 Ebd. Vgl. ebd., S. 88: „Die Bilder oder Symbole des kollektiven Unbewußten geben nämlich nur dann ihre Werte von sich, wenn sie einer synthetischen Behandlung unterworfen werden. Wie die Analyse das symbolische Phantasiematerial in seine Komponenten zersetzt, so intergriert das synthetische Verfahren es zu einem allgemeinen und verständlichen Ausdruck."

20 Ebd., S. 91: „Wenn nun die analytische oder kausal-reduktive Deutung nichts Neues mehr bringt, sondern immer nur dasselbe in verschiedenen Variationen, dann ist der Moment gekommen, wo man auf etwa auftauchende archetypische Motive achten muß. Kommt ein solches Motiv deutlich zum Vorschein, so ist auch der Zeitpunkt eingetreten, wo eine Änderung des Interpretationsverfahrens angezeigt ist. Das kausal-reduktive Verfahren in diesem Fall hat nämlich gewisse Nachteile."

21 Ebd., S. 124.

22 Vgl. Hf 13: „Ich weiß nicht, wieso ich mich eigentlich versteckte. Ich schämte mich [...]". Vgl. Hf 159: „Ich war nicht imstande, alles zugleich in meine Rechnung zu nehmen [...]".

23 C. G. Jung, Über die Psychologie des Unbewußten (1964-Ausgabe), S. 119.

24 Ebd.

25 Ebd.

26 Ebd., S. 102.

Ohne Zweifel zeigt sich hier die völlige Diskrepanz zwischen dem Inneren und Äußeren, die den Romanprotagonisten dirigiert. Die Gleichzeitigkeit sowie die Parallelität der inneren und äußeren Dynamik ist aus Fabers technisch-logischer Sicht anscheinend irrelevant. Mit dieser Problematik hat sich Jung beschäftigt und daraus die Synchronizitätskonzeption entwickelt, mit der er den rationalen Dualismus von Zufall und Kausalität zu überschreiten versucht. Mit der Synchronizitätshypothese geht Jung über die Einseitigkeit der Kausalität hinaus und versucht jenseits des logozentrischen Spektrums angesiedelte, akausale, dem mystischen Gesetz entsprechende und ursachenlose psychische Zustände des Menschen zu erklären. Es geht bei Jung um eine

> Koinzidenz eines psychischen Zustandes des Beobachters mit einem gleichzeitigen, objektiven, äußeren Ereignis, welches dem psychischen Zustand ohne Inhalt entspricht, wobei zwischen psychischem Zustand und äußerem Ereignis kein Kausalzusammenhang ersichtlich und, unter Berücksichtigung der [...] psychischen Relativierung von Raum und Zeit, auch nicht einmal denkbar ist.[27]

So entstehen nach Jung zwei parallel ebenbürtige Wirklichkeitsauffassungen vom Innen und Außen, von materiellen und nichtmateriellen Weltsystemen; die unbewußte innere Landschaft und die objektive Landschaft sind nicht nur „sinngemäße Parallelen zu dem momentanen subjektiven Zustand", sondern auch trotz der Unnachweisbarkeit ihrer Wechselbeziehung bzw. Wechselwirkung voneinander abhängig.[28]

Außer der synchronistischen Gleichartigkeit und Gleichzeitigkeit zwischen dem Inneren und Äußeren kann es sich nach Jungs Begriff der Synchronizität weiterhin um eine „*sinngemäße[] Koninzidenz* zweier oder mehrer Ereignisse"[29] handeln, die sich zwar nicht kausal aufeinander beziehen, aber „von gleichem oder ähnlichem Sinngehalt sind."[30] Solche Gleichartigkeit und Gleichzeitigkeit der Geschehnisse werden wegen der Akausalität von kausal denkenden Menschen ausschließlich als „Zufall" bzw. „Zufallswahrscheinlichkeit" angesehen.[31]

---

27 C. G. Jung, Über Synchronizität (urspr: 1951). In: Ders. Die Dynamik des Unbewußten (= G.W., Bd. 8). Olten und Freiburg im Breisgau: Walter, ^{6}1991, S. 560 f.

28 C. G. Jung, Synchronizität als ein Prinzip akausaler Zusammenhänge (urspr.: 1952) In: Ders., Die Dynamik des Unbewußten, S. 482.

29 C. G. Jung, Über Synchronizität, S. 555.

30 C. G. Jung, Synchronizität als ein Prinzip akausaler Zusammenhänge, S. 481. Vgl. C. G. Jung, Über Synchronizität, S. 565: „Die synchronistischen Phänomene beweisen das simultane Vorhandensein von sinngemäßer Gleichartigkeit in heterogenen, kausal nicht verbundenen Vorgängen, oder mit anderen Worten die Tatsache, daß ein vom Beobachter wahrgenommener Inhalt *ohne kausale Verbindung* zugleich auch durch ein äußeres Ereignis dargestellt sein kann."

31 C. G. Jung, Über Synchronizität, S. 555. Vgl. hierzu Aniela Jaffé, Der Mythus vom Sinn im Werk von C. G. Jung, S. 175: „[...] das in den akausalen Vorkommnissen zutage tre-

Denn die kausale Reihe von Ursache und Wirkung fehlt. Vor allem, wenn die inneren und äußeren Ereignisse bzw. Bezugspersonen archetypische Inhalte tragen, überschreitet der transzendentale Sinn der symbolischen Bilder die Grenze von Zeit und Raum; sie sind nicht explizit festzustellen; sie sind ewig vorhanden.[32] Aus diesen Gründen vermerkt Jung: „Man muß sich selbstverständlich davor hüten, jedes Geschehen, dessen Ursache unbekannt ist, als ursachelos aufzufassen. Letzteres ist nur [...] in jenen Fällen statthaft, wo eine Ursache nicht einmal denkbar ist."[33] Fernerhin hebt er die Bedeutung des Irrationalen hervor: „Es gibt überhaupt keine andere Möglichkeit, als daß man das *Irrationale als eine notwendige, weil immer vorhandene psychische Funktion anerkennt* und ihre Inhalte nicht als konkrete [...], sondern als *psychische Realitäten* nimmt - Realitäten, weil es *wirksame* Dinge, d.h. *Wirklichkeiten* sind."[34]

Fabers Schreibprozeß hat deshalb den Sinn, nachträglich prüfend über die Grenze der Kausalität hinaus die psychischen Zustände zwischen seinem Bewußtsein und Unbewußten, die Beziehung zwischen seinen psychischen Vorgängen und den äußeren Geschehnissen ebenso wie den verborgenen Zusammenhang verschiedener Ereignisse und Bezugspersonen wiederzugeben und aufzudecken. Denn von erlebten Ereignissen bzw. Geschichten berichten bzw. erzählen bedeutet „eine Herabsetzung der Bewußtseinsschwelle"[35]; dabei wird das Unbewußte zugänglicher und kann sich vielleicht sogar vom unterbewußten oder vorbewußten Stadium zum Bewußtsein wandeln, indem das Potentielle der parallelen Geschehnisse ans Tageslicht treten kann.[36]

Das Schreiben ist also kein Versuch, das Leben zu belegen oder vorzuweisen, sondern ein Weg, eine Dimension des Unbewußten zu eröffnen. Beim Schreiben, an der Schwelle zwischen Bewußtsein und Unbewußtem, sind die noch unbewußten bzw. vorbewußten Ereignisse auf die handlungsauslösenden Motive zurückzuführen, wobei die impliziten Handlungskonstellationen, Ursachewirkungen und Wirkungsintensitäten sich offenbaren können. Wie Gantenbein im

---

tende Angeordnetsein kann als sinnvoll erlebt oder kann als purer Zufall und dann als sinnlos übergangen werden."

32 Vgl. C. G. Jung, Synchronizität als ein Prinzip akausaler Zusammenhänge, S. 486 f. Vgl. ebd., S. 549 f.: „Rechnen wir die Synchronizität, beziehungsweise die Archetypen, zu dem Kontigenten, so gewinnt letzteres den spezifischen Aspekt eines Modus, der funktionell die Bedeutung eines weltgestaltenden Faktors hat. Der Archetypus stellt die *psychische Wahrscheinlichkeit* dar, indem er durchschnittliches, instinktmäßiges Geschehen in einer Art von *Typen* abbildet. Er ist der psychische Sonderfall der allgemeinen Wahrscheinlichkeit, die «aus Gesetzen des Zufalls besteht und Regeln für die Natur genau wie die Mechanik bildet»."

33 Ebd., S. 553. Dort bemerkt Jung noch: „Dabei besteht [...] der «Mangel an Erklärbarkeit» nicht etwa nur aus der Tatsache, daß die Ursache unbekannt ist, sondern daraus, daß eine solche mit unseren Verstandesmitteln auch nicht denkbar ist."

34 C. G. Jung, Über die Psychologie des Unbewußten (1964-Ausgabe), S. 103.

35 C. G. Jung, Synchronizität als ein Prinzip akausaler Zusammenhänge, S. 517.

36 Ebd.

„Gantenbein"-Roman haben Stiller und Faber eine Erfahrung gemacht und suchen nun eine „Abbildung" von ihr, „weil Erfahrung, die sich nicht abbildet, kaum auszuhalten ist"[37]. Auf schriftliche Weise suchen die Schreibenden die maßgeblichen Ursachen der Geschehnisse, die sich vorher unbewußt konstituieren, zu ergründen. D.h.: Durch Schreiben rekonstruieren beide Protagonisten die bereits erlebten äußeren oder inneren Ereignisse räumlich wie zeitlich und verifizieren deren Zusammenhang mit den relevanten Sinngehalten ihrer psychischen Zustände. Das Schreiben ist hier ein rein kognitiver Prozeß; es dient als Mittel der Reflexion über das Selbst, die Welt und deren Zusammenhänge miteinander.

Gleichzeitig kann man auch sagen, daß dieser Schreib- und Bearbeitungsprozeß einen Vorgang des Sehen-Lernens und der Überwindung der Blindheit darstellt. Durch das Schreiben erkennt Faber allmählich den wirklichen tiefenpsychologischen Sinn seiner Erfahrungen. Mit dem Vorgang der regressiven Reise, die einen Übergang von Kultur zu Natur und von Zivilisation zu Wildnis darstellt, wechselt auch Fabers Perspektive bezüglich der Mütterlichkeits- und Weiblichkeitsbilder, die sogar zum Mythos geworden sind. So findet der Protagonist eine neue Blickrichtung ins Verborgene und Unfaßbare. Wenn auch Faber am Anfang des Romans „Technik statt Mystik!" (Hf 77) hervorhebt, so ändert sich doch diese Meinung im Verlauf des Geschehens Schritt für Schritt. Langsam gewinnt die ursprünglich für ihn sinnlose mütterlich-weibliche mystische Welt eine wesentliche Bedeutung. Symbolischerweise nähert er sich dem Reich des Mütterlich-Weiblichen Athen, wobei er im lebenswichtigen Wendepunkt seine Uhr weggibt (Hf 129), die wiederum das Technische und das Vergangene inkarniert. Sein langsames Akzeptieren des Mysteriums und der Mutternatur in Leben und Person ermöglicht ihm eine Erweiterung des Horizonts: Neben der Kausalität besteht nun für ihn auch die Möglichkeit der Akausalität. Was nicht durch das logische Prinzip ersichtlich ist, kann nun auch auf eine akausale Weise einen Sinn ergeben. Was keinen Sinn durch bewußtes Denken erlangen kann, muß einfach so akzeptiert werden, denn er weiß nun: Der Mensch ist als Geschöpf derart begrenzt und beschränkt, daß er vieles im Leben nicht wie der Schöpfer in der Hand haben und Herr seines Selbst sein kann.[38] Aus psychologischer Sicht lernt Faber seine (männliche) Begrenztheit und die Endlichkeit des menschlichen Daseins kennen und lernt auf seine Weltanschauung, in der er das Ich als Zentrum des Daseins sieht, zu verzichten und das Ich dem Selbst unterzuordnen.[39] Er entdeckt seine Sehnsucht nach einem neuen Leben und gerät in einen euphorischen Zustand: „Ich preise das Leben!" (Hf 181); „Ich hänge an diesem Leben wie noch

---

37 Max Frisch, Ich schreibe für Leser, S. 332.

38 Vgl.C. G. Jung, Synchronizität als ein Prinzip akausaler Zusammenhänge, S. 553.

39 Vgl. Jürg Wunderli, Sag ja zu dir: Vom tragischen zum positiven Narzißmus. Olten und Freiburg im Breisgau: Walter, [2]1983, S. 67.

nie [...]“ (Hf 198). In diesem Sinne kann Fabers Schreibprozeß als psychotherapeutisches Verfahren oder als Vorgang des Ins-Leben-Kommens und der Selbstheilung betrachtet werden.[40] Während des Schreibprozesses lernt er allmählich, sich von seiner falschen Identität und seinem „falsche[n] Selbst“[41] zu lösen und Bezug auf das reale Leben zu nehmen. Im „Homo faber“ ebenso wie im „Stiller“ findet die Suche zugleich in „Richtung auf die Welt“ und „auf das Ich“[42] statt; der Berichterstattende sucht nach „neuen Wirklichkeiten“[43]. Fabers Bericht erscheint zuerst als eine Art Rechtfertigung, dann als Selbstüberwindung und Schuldbekenntnis[44]. So schreibt er: „*Es ist kein zufälliger Irrtum gewesen*, sondern ein Irrtum, der zu mir gehört (?) wie mein Beruf, wie mein ganzes Leben sonst. Mein Irrtum: daß wir Techniker versuchen, ohne den Tod zu leben.“ (Hf 169 f.) Mit diesem Passus wird ersichtlich, daß sich Faber mit Hilfe der Aufklärung Hannas allmählich der Koinzidenz der äußeren und inneren Zustände bewußt wird. Dennoch heißt dies noch lange nicht, daß Faber den tieferen Sinn der Koinzidenz erkannt hätte, sondern bedeutet nur, daß er erst anfängt, zu begreifen, daß seine alten Denk- und Lebensweisen nicht mehr gelten. Er gibt das alte Leben auf und wendet sich dem wirklichen Hier und Jetzt zu. Seine erwachende innere Verbundenheit mit dem Leben konturiert sich vor allem durch seine folgende Äußerung: „Wunsch, Heu zu riechen! [...] Wunsch, auf der Erde zu gehen - dort unter den letzten Föhren, die in der Sonne stehen, ihr Harz riechen und das Wasser hören, vermutlich ein Tosen, Wasser trinken - [...] Wunsch, die Erde zu greifen -“ (Hf 195) Dann gesteht er:

> *Verfügung für Todesfall: alle Zeugnisse von mir wie Berichte, Briefe, Ringheftchen, sollen vernichtet werden, es stimmt nichts. Auf der Welt sein: im Licht sein. Irgendwo [...] Esel treiben, unser Beruf! - aber vor allem: standhalten dem Licht, der Freude [...] im Wissen, daß ich erlösche im Licht über Ginster, Asphalt und Meer, standhalten der Zeit, beziehungsweise Ewigkeit im Augenblick. Ewigsein: gewesen sein.* (Hf 199)

In dieser Hinsicht zeigt sich sein Bericht unmißverständlich als eine Art Korrekturversuch sowie als Wunsch nach einem anderen Leben.

---

40 Vgl. Martin Balle, Sich selbst schreiben - Literatur als Psychoanalyse, S. 148 f.

41 Ebd., S. 145.

42 Max Frisch, Ich schreibe für Leser, S. 328.

43 Ebd.

44 Faber verdrängt die Wahrheit über Sabeths Herkunft und seine Schuld an ihrem Tod. Wenn er die Zufälligkeit der Beziehung hervorhebt, ahnt er im Dunkeln, daß alles doch kein Zufall ist. Deshalb ist er nicht erschrocken, als Sabeth von ihrer Mutter namentlich erwähnt wird. So schreibt er: „Eine Überraschung war es ja nicht, bloß eine Gewißheit.“ (Hf 117) Als Faber von Hanna erfährt, daß Sabeth seine leibliche Tochter ist, reagiert er deshalb darauf auch nicht gerade überrascht und erwidert Hanna einfach: „Ich wußte es!“ (Hf 158)

3.2. Antagonismus des Selbst und der Geschlechter bei Faber

3.2.1. Fabers psychische Inflation und geschlechtlicher Dualismus

Ebenso wie „Stiller“ hat der Roman „Homo faber“ hauptsächlich den Dualismus des Geschlechtlichen in der Person des Protagonisten und in seiner Zweierbeziehung zum Thema. Analog zu Stillers und Rolfs Lebens- und Frauenproblematik liegt Fabers Konflikt ebenfalls in der übertriebenen Einseitigkeit des männlich denkenden Logozentrismus und dem väterlich-männlich orientierten Wertekanon begründet, welche auf Kosten des Gefühlslebens des Protagonisten aufgebläht sind. Alle Wertsysteme und Menschen, die nicht mit seinem Normenkodex kongruent sind, werden für ihn wertlos, sinnlos, fremd und zur dualistischen Opposition gestempelt.[45] Wie viele seiner Zeitgenossen erhebt Faber die Selbstgenügsamkeit und Alleinherrschaft des Mannes zur Maxime[46]. Er sublimiert sein Selbst durch Abstrahierung des Lebens mittels des Geistes und betont häufig sein Urheberrecht und Recht auf Besitzergreifung.[47] Er schreibt:

---

45 Im Text ist die geschlechtliche Gegensätzlichkeit räumlich durch Amerika und Europa verkörpert; zeitlich durch die moderne Technologie und griechische Mythologie. Hinter der Fassade des Raumes und der Zeit stehen im wesentlichen auch die psychologischen Manifestationen. Wie eingangs bereits erwähnt, setzen Jung und die Jungianer die Mythologie mit dem Märchen, den Träumen und psychotischen Phantasien in Verbindung, mit der Begründung, daß sie alle Ausdrücke menschlichen Gefühlslebens und Anspielungen auf die psychische Struktur des Menschen sind und deshalb archetypische Inhalte repräsentieren.

46 Vgl. dazu Hf 91 f.: „Alleinsein ist der einzigmögliche Zustand für mich [...]“. Er lehnt jede Lebensgemeinschaft ab. (Hf 7, 30 f., 47 f., & 91 f.) Vor dieser psychischen Folie erkennt Hanna die Komplexe Fabers: „Der Mann hört nur sich selbst [...] Der Mann sieht sich als Herr der Welt, die Frau nur als seinen Spiegel.“ (Hf 172)

47 Vgl. Aniela Jaffé, Erinnerungen, Träume, Gedanken von C. G. Jung, S. 149 f.: „Die[] Opfer der seelischen Spaltung unserer Zeit sind bloße «Fakultativneurotiker», von denen das anscheinend Krankhafte in dem Moment abfällt, wo die Lücke, die zwischen dem Ich und dem Unbewußten klafft, geschlossen wird. Wer diese Spaltung selber zutiefst erfahren hat, ist auch am ehesten in der Lage, sich ein besseres Verständnis der unbewußten seelischen Vorgänge zu erwerben und jene typische [...] Gefahr der Inflation zu vermeiden. Wer die numinose Wirkung der Archetypen nicht aus eigener Erfahrung kennt, der wird kaum dieser negativen Wirkung entgehen, wenn er in praxi mit ihr konfrontiert ist. Er wird überschätzen oder unterschätzen, da er nur einen intellektuellen Begriff, nicht aber ein empirisches Maß besitzt. Hier beginnen [...] die bedenklichen Abwege, deren erster der intellektuelle Bemächtigungsversuch ist. Er dient dem heimlichen Zwecke, sich selber der archetypischen Wirkung und damit der wirklichen Erfahrung zu entziehen zugunsten einer anscheinend gesicherten künstlichen, aber bloß zweidimensionalen Begriffswelt, welche mit sogenannten klaren Begriffen die Wirklichkeit des Lebens zudecken möchte. Die Verschiebung ins Begriffliche nimmt der Erfahrung die Substanz und verleiht sie dem bloßen Namen, der nunmehr an die Stelle der Wirklichkeit gesetzt wird. Einem Begriff ist niemand verpflichtet, und das ist eben die gesuchte Annehmlichkeit, die Schutz vor der Er-

> Ich lebe, *wie jeder wirkliche Mann*, in meiner Arbeit. [...] ich [...] schätze mich glücklich, allein zu wohnen, [...] der einzigmögliche Zustand für Männer [...] Wo ist die Frau, die das begreift? Schon die Frage, wie ich geschlafen habe, verdrießt mich, weil ich in Gedanken schon weiter bin, gewohnt, voraus zu denken, nicht rückwärts zu denken, sondern zu planen. (Hf 90 f.; Hervorh. d. Verf.)[48]

Vom außen übernimmt Faber ein Idealbild, mit dem er sich identifiziert. Diesem Idealbild kann er nicht widerstehen. Er setzt sein Ich mit der Persona gleich, welche mit dem kollektiven Archetypus verknüpft ist, d.h.: Indem er als Mann die ganze Menschheit zu vertreten gedenkt, wird er Opfer eines Gott-Komplexes, der ein symptomatisches Phänomen seiner Zeit ist.[49] Durch den „Persona-Panzer“[50] schützt er sich gegen seine Widersacher im Innen und Außen. Er wird größenwahnsinnig und sieht sich als Menschheitserlöser. Daß er sogar mit Gott konkurriert, wird durch folgende überhebliche Aussage deutlich:

> Der liebe Gott! Er machte es mit Seuchen; wir haben ihm die Seuchen aus der Hand genommen. [...] wir müssen ihm auch die Fortpflanzung aus der Hand nehmen. Kein Anlaß zu Gewissensbissen, im Gegenteil: Würde des Menschen, vernünftig zu handeln und selbst zu entscheiden. Wenn nicht, so ersetzen wir die Seuchen durch Krieg. Schluß mit Romantik. Wer die Schwangerschaftsunterbrechung grundsätzlich ablehnt, ist romantisch und unverantwortlich. (Hf 106)[51]

---

fahrung verspricht. Der Geist aber lebt nicht in Begriffen, sondern in Taten und Tatsachen.“

48 Vgl. Hf 17: „Ich hasse diese Manie, einander am Ärmel zu greifen.“ Hf 91: „[...] mehr als drei oder vier Tage zusammen mit einer Frau war für mich [...] stets der Anfang der Heuchelei [...]“.

49 Vgl. Aniela Jaffé, Erinnerungen, Träume, Gedanken von C. G. Jung, S. 355: „Da der Archetypus keine bloß inaktive Form, sondern auch mit einer spezifischen Energie ausgerüstet ist, so kann er wohl als causa efficiens derartiger Aussagen betrachtet und als Subjekt derselben verstanden werden. Nicht der persönliche Mensch macht die Aussage, sondern der Archetypus drückt sich in ihr aus. Werden die Aussagen verhindert oder nicht in Betracht gezogen, so treten [...] psychische Mangelerscheinungen auf.“. Vgl. Aniela Jaffé, Der Mythus vom Sinn im Werk von C. G. Jung, S. 40 f. Vgl. C. G. Jung, Die Beziehungen zwischen dem Ich und dem Unbewußten (1964-Ausgabe), S.166: „[...] die Identität mit der Kollektivpsyche bringt ein Gefühl der Allgemeingültigkeit («Gottähnlichkeit») mit sich, welche sich über die andersartige, persönliche Psyche des Mitmenschen einfach hinwegsetzt.“ Im „Homo faber“ wird der Vater- und Mann-Archetypus charakteristischerweise durch die Figur Prof. O. personifiziert, der für Faber eine „magische Stärke“ hat und ein Idealbild des Ich und des Außen symbolisiert. Vgl. C. G. Jung, Die Bedeutung des Vaters für das Schicksal des einzelnen, S. 364. Die Persona Fabers verweist auf die Introjektion dieses Idealbildes.

50 Aniela Jaffé, Erinnerungen, Träume, Gedanken von C. G. Jung, S.139.

51 Daß Fabers Gott-Komplex nur eine Illusion und eine Vorstellung ist, zeigt sich vor allem durch die Montage in Venezuela, die er als seine Aufgabe ansieht und die nur durch ihn zu vollenden ist. Dann zweifelt er daran, ob er ihr gewachsen ist. (Hf 161) Später stellt sich heraus, daß die Arbeit ohne ihn zu Ende gebracht werden kann. (Hf 170) Vgl. C. G. Jung,

Faber insisitiert auf seiner männlichen Seite und verankert sich in seiner Techniker-Persona[52], die eigentlich „ein kollektives Kompromißprodukt"[53] bzw. „ein Schein"[54] ist. Solche symptomatische Phänomene werden in der Jungschen Schule als psychische „Inflation"[55] bezeichnet. Hier geht es um die völlige Anpassung des einzelnen an die Kollektivpsyche und die Übernahme der kulturell-gesellschaftlichen Faktoren als seine eigenen. Da Faber sich nicht von der Kollektivpsyche lösen kann, verliert er seine Individualität und kann nicht wirklich leben[56]. Der Sinn und der Wert der Individualität bestehen nur in der Einzigartigkeit des einzelnen. So evoziert seine Inflation eine Deflation bzw. Destruktion des Ich. Blinderweise orientiert er sich nur nach außen und ignoriert die psychischen Vorgänge und Persönlichkeitsteile, die der Persona widersprechen.[57]

Die Bedeutung des Vaters für das Schicksal des einzelnen (urspr.: 1909). In: Ders., Freud und die Psychoanalyse (= G.W., Bd. 4). Olten und Freiburg im Breisgau: Walter, [4]1990, S. 364 f.: „Die Macht des Archetypus wird aber nicht von uns kontrolliert, sondern wir selber sind ihr in unerwartetem Maß ausgeliefert." Vgl. Hf 169: Hanna kritisiert Fabers „Manie des Technikers, die Schöpfung nutzbar zu machen, weil er sie als Partner nicht aushält, nichts mit ihr anfangen kann [...]".

52 Vgl. Martin Balle, Sich selbst schreiben - Literatur als Psychoanalyse, S. 139 - 143. Vgl. Hf 133: „[...] später hat Hanna, in irgendeinem Gespräch über Männer, meinen damaligen Ausspruch von der Gelehrten-Wohnung zitiert als Beweis dafür, daß auch ich die Wissenschaft für ein männliches Monopol halte, überhaupt den Geist [...]".

53 C. G. Jung, Die Beziehungen zwischen dem Ich und dem Unbewußten (1964-Ausgabe), S. 164. Vgl. ebd., S. 172 f.: „[...] [Die] Persona ist ursprünglich die Maske, die der Schauspieler trug und welche die Rolle bezeichnete, in der der Spieler auftrat. [...] sie ist aber [...] nur eine Maske der Kollektivpsyche, *eine Maske, die Individualität vortäuscht*, die andere und einen selber glauben macht, man sei individuell, während es doch nur eine gespielte Rolle ist, in der die Kollektivpsyche spricht."

54 Ebd., S. 173.

55 Ebd., S. 171, Anm. 1: „Die Inflation hat mit der *Art* der Erkenntnis nichts zu tun, sondern bloß mit der Tatsache, daß eine neue Erkenntnis dermaßen von einem schwachen Kopf Besitz ergreifen kann, daß er nichts anderes mehr sieht und hört. Er wird davon hypnotisiert und glaubt, soeben die Lösung des Welträtsels entdeckt zu haben. Das aber ist gleichbedeutend mit Selbstüberhebung [...] es wird etwas, das Eigentum der Unbewußten Mächte war, aus diesem naturhaften Zusammenhang herausgerissen und der Willkür des Bewußtsein unterstellt." Siehe ebd., S. 185: Jung bezeichnet diese Identifikation mit der Kollektivpsyche als Größenwahn.

56 C. G. Jung, Die Beziehungen zwischen dem Ich und dem Unbewußten (1989-Ausgabe), S. 202: „Die Konstruktion einer kollektiv passenden Persona bedeutet eine gewaltige Konzession an die Außenwelt, ein wahres Selbstopfer, welches das Ich geradewegs in eine Identifikation mit der Persona hineinzwingt, so daß es wirklich Leute gibt, die glauben, sie seien das, was sie darstellen."

57 Ebd., S. 202 f.: „Die[] Identifikationen mit der sozialen Rolle sind überhaupt ergiebige Neurosenquellen. Der Mensch kann sich eben nicht ungestraft seiner selbst zugunsten einer künstlichen Persönlichkeit entledigen. Schon der Versuch dazu löst in allen gewöhnlichen Fällen unbewußte Reaktionen aus, Launen, Affekte, Ängste, Zwangsvorstel-

Nicht sein Beruf oder Titel, sondern die kollektiven bewußten und unbewußten „Phantasien" verursachen die Inflation[58]. Auf diese Weise glaubt er sein Ich unendlich erweitern zu können. In Wahrheit sind seine persönlichen Charakteristika somit usurpiert. Um sich der Kollektivität uneingeschränkt anzupassen, muß er ebenso wie Don Juan anderen die Ansprüche des Unbewußten aufdrängen[59], „so daß es zu Verwechslungen kommt" und „Larve und Wesen nicht identisch sind"[60]. Solche „männliche Geistigkeit" gleicht einem „Affront" und kennt „ganz andere Ziele [...] als die Frau"[61]. Innerlich empfindet er wie Don Juan eine „Angst, sich selbst zu täuschen, sich selbst zu verlieren - seine Angst vor dem Weiblichen in sich selbst"[62]. Äußerlich ergibt sich, wie Jung in solchem Fall sagt, „ein rücksichtsloses Hinwegsehen über die individuellen Unterschiede sowohl wie über Unterschiede allgemeinerer Art"[63]. Faber formt unbewußt seine Angst in Machtanspruch und Haß gegen die menschliche Triebhaftigkeit sowie das andere Geschlecht um.[64] Sein Versuch, die Triebhaftigkeit und die

---

lungen, Schwächen, Laster usw. Der sozial «starke Mann» ist im Privatleben öfters ein Kind seinen eigenen Gefühlszuständen gegenüber [...]". Vgl. ebd., S. 203: „Die Widerstandslosigkeit außen, gegenüber der Lockung der Persona, bedeutet eine ähnliche Schwäche innen, gegenüber den Einflüssen des unbewußten Außen wird die wirksame und starke Rolle gespielt, innerlich entwickelt sich eine effeminierte Schwäche gegenüber allen Einflüssen des Unbewußten [...]".

58 C. G Jung, Die Beziehungen zwischen dem Ich und dem Unbewußten (1964-Ausgabe), S. 157.

59 Ebd., S. 166.

60 Max Frisch, Nachträgliches zu »Don Juan« S. 171.

61 Ebd., S. 168.

62 Ebd., S. 169. Vgl. C. G. Jung, Die Beziehungen zwischen dem Ich und dem Unbewußten (1964-Ausgabe), S. 172: „Ein *nur* persönliches Bewußtsein betont mit einer gewissen Ängstlichkeit sein Eigentums- und Urheberrecht an seinen Inhalten und versucht damit ein Ganzes zu schaffen."

63 C. G. Jung, Die Beziehungen zwischen dem Ich und dem Unbewußten (1964-Ausgabe), S. 166. Weiter lautet es: „Dieses Hinwegsehen über das Individuelle bedeutet natürlich eine Erstickung des Einzelwesens, wodurch das Element der Differenzierung in einer Gemeinschaft ausgerottet wird. Das Element der Differenzierung ist das Individuum. [...] Damit gedeiht natürlich nur die Sozietät und alles Kollektive am Einzelnen. Alles Individuelle am Einzelnen aber ist zum Untergang, d.h. zur Verdrängung verurteilt. Damit gerät das Individuelle ins Unbewußte und verwandelt sich dort gesetzmäßig in das prinzipiell Schlechte, in das Destruktive und anarchische [...]" Siehe ebd., S. 166 f.

64 Vgl. C. G. Jung, Symbole der Wandlung, S. 509: „«Übermut» treibt den Menschen von der Mutter und von der Erde weg und entfremdet ihn dem väterlichen Lichte, bis sein Trotz in Angst umschlägt. Als Kind der Natur entzweit sich der Mensch mit ihr, eben weil er und insofern er «der Göttermutter» gleicht." Fabers Abneigung gegen das andere Geschlecht wird durch den folgenden Passus ersichtlich: „[...] mehr als drei oder vier Tage zusammen mit einer Frau war für mich [...] stets der Anfang der Heuchelei [...]". (Hf 91) Vgl. Hf 109: „Sabeth fand, ich untertreibe immer, beziehungsweise ich verstelle mich."

„naturhafte Gewalt des Geschlechts"[65] zu kontrollieren und fernerhin zu annullieren, beschreibt einerseits seinen inneren Konflikt zwischen Geist und Sexualität, welche beide zu den Grundtrieben des Menschen gehören[66], andererseits die Leiden des Mannes als unvollständigen Menschen.[67] Wie Don Juan jammert Faber über seine Unzulänglichkeit als Mann:

> Im Ernst, mein Unwille gegen die Schöpfung, die uns gespalten hat in Mann und Weib, ist lebhafter als je. [...] Welche Ungeheuerlichkeit, daß der Mensch allein nicht das Ganze ist! Und je größer seine Sehnsucht ist, ein Ganzes zu sein, um so verfluchter steht er da, bis zum Verbluten ausgesetzt dem andern Geschlecht. (DJ 164)[68]

An anderer Stelle sagt der Mann (hier Don Juan) noch: „Ich verstehe die Schöpfung nicht. War es nötig, daß es zwei Geschlechter gibt? Ich habe darüber nachgedacht: über Mann und Weib, über die unheilbare Wunde des Geschlechts, über Gattung und Person, das vor allem, über den verlorenen Posten der Person -" (DJ 146). Die antifeministischen bzw. frauenfeindlichen Züge Fabers ebenso wie Don Juans werden hier sinnfälligst transparent. Aus dieser Aussage lassen sich sowohl die Klage des Mannes über die „Unvollkommenheit der Natur"[69] als auch die Degradierung des anderen Geschlechts entziffern.

Wie erwähnt ist die Omnipotenz des Mannes bei Faber mit der Unterdrückung seiner eigenen Weiblichkeit und der Frau codiert. In diesem Zusammenhang erscheint die Jungsche Konzeption über den psychologischen Zusammenhang zwischen der Persona des Mannes und der Anima ziemlich aufschlußreich:

> Dem Mann mit der Persona leuchtet natürlich der Gesichtspunkt der Existenz innerer Realitäten nicht im geringsten ein, so wenig wie dem anderen die Realität der Welt, die für ihn bloß den Wert eines amüsanten oder phantastischen Spielplatzes hat. Aber die Tatsache innerer Realitäten und ihre unbedingte

---

65 Max Frisch, Nachträgliches zu »Don Juan«, S. 173.

66 C. G. Jung, Über die Energetik der Seele, S. 68 f.: „Die Sexualität ist nicht bloß eine Triebhaftigkeit, sondern auch eine unzweifelhaft schöpferische Macht, die nicht nur Grundursache unseres individuellen Lebens, sondern auch ein sehr ernst zu nehmender Faktor in unserem psychischen Leben ist. [...] Man könnte die Sexualität den Wortführer der Triebe nennen, [...] weil der Geist in der Sexualität ein ihm ebenbürtiges, ja verwandtes Gegenstück wittert. Denn so wie der Geist die Sexualität, wie alle anderen Triebe, seiner Form unterordnen möchte, so hat auch die Sexualität einen alten Anspruch auf den Geist [...] Was ist der Geist schließlich, wenn ihm kein ebenbürtiger Trieb gegenüberstünde? Er wäre bloß leere Form." Vgl. hierzu auch C. G. Jung, Die Ehe als psychologische Beziehung, S. 223; C. G. Jung, Die Frau in Europa, S. 153 & 156. Vgl. C. G. Jung, Die Ehe als psychologische Beziehung, S. 223.

67 Bereits im Frühwerk Frischs, vor allem im Drama „Don Juan oder Die Liebe zur Geometrie" (1953), hat Frisch diese Problematik thematisiert.

68 Vgl. Doris Fulda Merrifield, Das Bild der Frau bei Max Frisch, S. 8 f.

69 W. v. Siebenthal, Schuldgefühl und Schuld bei psychiatrischen Erkrankungen, S. 143.

Anerkennung ist natürlich die «conditio sine qua non» für das Ernstnehmen des Animaproblemes. Wenn mir die äußere Welt bloß ein Phantasma ist, wie kann ich mir dann ernstlich Mühe geben, ein kompliziertes Beziehungs- und Anpassungssystem dafür herzurichten? Gleicherweise wird mich der Standpunkt «nichts als Phantasie» niemals veranlassen, meine Animamanifestationen für etwas anderes als alberne Schwächen zu nehmen.[70]

Aufgrund des Fehlens einer Beziehung zur Anima kann Faber nur mit seiner männlichen Substanz und seiner persönlichen einseitigen Erfahrung das andere Geschlecht messen und dessen Stellenwert situieren.[71] Die Zwangsläufigkeit der Persona überträgt er dann auf seine Mitmenschen.[72] Dies wird durch seinen typisch „männliche[n] Beruf" als Techniker (Hf 77, 82 & 90 ff. etc.) und seine Aufgabe in der Dritten Welt ersichtlich[73], welche das Mütterlich-Weibliche verkörpert und von ihm als „weibisch", „viel zu sanft", „geradezu kindisch" „unheimlich" und „harmlos" (Hf 38) gekennzeichnet und abgelehnt wird. Parallel zu der äußerlich räumlichen Kolonialisierung der Dritten Welt durch die Industrialisierung (Hf 106) wird die Frau in ihm und um ihn kolonialisiert und zur niederen Rasse, zum Außenseiter und Fremden degradiert. Dem patriarchalischen Wertsystem folgend macht er sich ein festgeprägtes Bildnis von ihr und verweist die Frau auf einen niederen Rang.[74] So vergleicht er die sonnengebräunte Hanna

70 C. G. Jung, Die Beziehungen zwischen dem Ich und dem Unbewußten (1989-Ausgabe), S. 208. Weiter lautet es: „[...] es wird sich ein Vakuum um ihn bilden. [...] so wird er nach einiger Zeit seine Isolierung bemerken, und in seiner Einsamkeit wird er anfangen zu verstehen, wodurch er die Trennung verursacht hat. [...] Offenbar versucht die Anima eine Trennung zu erzwingen. [...] Die Anima drängt sich dazwischen wie eine eifersüchtige Geliebte [...]".

71 Faber geht stets von seinen Bedürfnissen und seiner Erfahrung aus und glaubt die Frau zu kennen. Vgl. Mona Knapp, Moderner Ödipus oder blinder Anpasser?, S. 194: Mona Knapp kritisiert Faber, „daß er in der direkten Gegenüberstellung mit einer bestimmten Frau - durch sein Verhalten oder zumindest in Gedanken - fast zwanghaft von ihrer individuellen Persönlichkeit ab und auf den hypothetischen Gruppencharakter »alle Frauen« bzw. »jede Frau « hinschwenkt. Indem er die einzelne Frau so ihrer Individualität beraubt, entschärft er ihre Argumentation automatisch [...] [er ist der Meinung,] daß Frauen so und nicht anders denken, eben weil sie Frauen sind. Ihre Zugehörigkeit zu einer programmierbaren Minorität gewährleistet ein ganz bestimmtes Verhalten [...]".

72 Vgl. Mona Knapp, Moderner Ödipus oder blinder Anpasser?, S. 204 f.: „Blind gegenüber den Rollenzwängen, denen er selbst unterliegt, und blind für die Bedürfnisse und das Leiden derer, die nicht mitspielen wollen oder können." Er negiert „den Wert des »Anderen«".

73 Vgl. Hf 107: „Was wir ablehnen: Natur als Götze! [...] Wir leben technisch, der Mensch als Beherrscher der Natur, der Mensch als Ingenieur, und wer dagegen redet, der soll auch keine Brücke benutzen, die nicht die Natur gebaut hat." Später ergibt sich eine Versöhnung zwischen Faber und der Natur. Fabers männlicher Erfolg erweist sich damit als weniger dauerhaft und täuschend.

74 Vgl. Hf 133: Hanna sei unglücklich verheiratet, „*weil* zu intellektuell". In dieser Behauptung Fabers klingt an, daß er die Verantwortung für die Ehe allein der Frau gibt. Für ihn ist eine intellektuelle Frau nicht fähig, eine Ehe zu gestalten und zu halten. Er setzt der Ehe,

und Herbert, der für Faber bereits von der Urnatur und deren Übermacht verschlungen worden ist, mit Indios (vgl. Hf 168). Für das Gegengeschlecht, die Tiere, Gefühle und Phantasien, die er miteinander gleichsetzt, verwendet er die gleichen Begriffe wie z.B. tierisch, „epileptisch" (Hf 45, 94 & 190), „weibisch", „hysterisch" und „mystisch" (Hf 24).[75] Eigentlich lehnt er nicht nur die Frau und die „weibischen" Völker ab, sondern auch die Männer, von denen er sich ausschließt. So schreibt er: „[...] Menschen sind eine Anstrengung für mich, auch Männer." (Hf 92; dazu vgl. auch Hf 8, 17, 62 etc.) Aufgrund des Mangels an Kommunikationsfähigkeit und seiner inneren und äußeren Kontaktlosigkeit zieht er charakteristischerweise das Schachspiel allem anderen vor,

> weil man Stunden lang nichts zu reden braucht. Man braucht nicht einmal zuhören, wenn der andere redet. Man blickt auf das Brett, und es ist keineswegs unhöflich, wenn man kein Bedürfnis nach persönlicher Bekanntschaft zeigt, sondern mit ganzem Ernst bei der Sache ist - (Hf 23)

Ebenso wie Don Juan, der gerne im Bordell Schach spielt, führt Faber „das Leben eines Nur-Mannes" (DJ 171). Durch seine Identifizierung mit der Persona wird er von der ganzen Kollektivität und vom patriarchalischen System unterstützt und ist „seiner individuellen Verantwortlichkeit enthoben"[76]. Damit ist er von der Angst vor Bindung und Verantwortung gegenüber dem anderen Geschlecht befreit. Durch seine männliche Hybris der Alleinvertretung der ganzen Menschheit lädt er Schuld gegenüber der Schöpfung und der Frau auf sich.

Trotz der extremen Verdrängung der eigenen Weiblichkeit fühlt er sich von der verdrängten Schuld verfolgt, die im Text durch die Erinnyen personifiziert wird. Im Alter von fünfzig, wo er gemäß seinem Wertekanon eigentlich alles erreicht hat, holen ihn seine Schuldgefühle und seine Selbstentfremdung plötzlich ein. Die exorbitant verdrängten unbewußten Inhalte brechen über Nacht infolge der Inflation ins Bewußtsein durch. Dies entspricht genau der Jungschen Forschung: Nach der Ansicht Jungs besteht die gefährliche „Möglichkeit einer regressiven Auslösung in die Kollektivpsyche", „wenn das Ziel des Prestiges, nämlich allgemeine Anerkennung, erreicht ist."[77] Der psychologische Hintergrund besteht gemäß Jung im „Animaverlust":

---

welche für ihn zur Hauptpflicht der Frau gehört, die geistige Tätigkeit entgegen, welche für ihn männliche Arbeit ist. Faber stellt affirmative Behauptungen auf, ohne jede weitere Reflexion. Für Faber ist Hanna nicht wegen ihres Berufs „unfraulich" (Hf 143). Sie habe „immer getan, was ihr das Richtige schien, und das ist für eine Frau, finde ich, schon allerhand" (Hf 139). Ohne Zweifel setzt Faber fest, was fraulich und was nicht fraulich ist. Die Frau ist ihm nicht ebenbürtig.

75 Vgl. z.B. Hf 92: Gefühle sind für Faber „Ermüdungserscheinungen". Hf 106: Hier erwähnt Faber, daß die Frau den „Automatismus der Instinkte" schätzt.

76 C. G. Jung, Die Beziehungen zwischen dem Ich und dem Unbewußten (1964-Ausgabe), S. 167.

77 Ebd., S. 165.

> Nach der Lebensmitte [...] bedeutet dauernder Animaverlust eine zunehmende Einbuße an Lebendigkeit, Flexibilität und Menschlichkeit. Es entsteht in der Regel frühzeitige Erstarrung, wenn nicht Verkalkung, Stereotypie, fanatische Einseitigkeit, Eigensinnigkeit, Prinzipienreiterei oder das Gegenteil: Resignation, Müdigkeit, Schlamperei, Unverantwortlichkeit und schließlich ein kindisches «ramollissement» mit Neigung zu Alkohol. Nach der Lebensmitte sollte daher der Zusammenhang mit der archetypischen Erlebnissphäre möglichst wiederhergestellt werden.[78]

Wie die Erinnyen rächt sich nun die Anima, die wahrgenommen, gezähmt und akzeptiert werden möchte.

Am Anfang des ersten Teils des Berichts, den er vom 21. Juni bis 8. Juli 1957 während des Aufenthalts in Caracas verfaßt hat (Hf 160), werden die Forderungen des dynamischen Inneren nicht direkt von Faber eingesehen. Er projiziert sie nach außen und versteht sie als Anforderungen der Umwelt oder der Situation, so daß ein Kampf zwischen dem Ich und dem Schatten in Form der äußeren Konflikte entsteht, wobei er sich von außen betrachtet häufig widerspricht. Mit der Begegnung mit Herbert Hencke, dem Bruder seines ehemaligen Freundes Joachim Hencke, beginnt seine unbewußte Suche nach dem verdrängten alter ego und Hanna, seiner vergangenen Liebe. Seine plötzliche Reiseänderung kündigt bereits den ersten Schritt der Auflösung der Persona und der Scheinpersönlichkeit an. Anscheinend völlig unbegründet begleitet er Herbert Hencke in den Dschungel; vollkommen zufällig unternimmt er eine Schiffsfahrt, nachdem er die Beziehung mit Ivy und seine bisherige Lebensweise beendet hat. Zufällig lernt er seine Tochter auf dem Schiff kennen und beginnt eine Beziehung mit ihr, wobei er sich sogar Urlaub nimmt, um mit ihr eine Reise zu unternehmen, was sonst nicht seine Art gewesen ist. Die Menschen sind ihm allmählich nicht mehr so anstrengend. Beim Abschied von Sabeth auf dem Schiff ist er sogar „sentimental" geworden, was ihm vorher noch nie passiert war: „[...] es machte mir Mühe, wenn ich daran dachte, daß man nie wieder voneinander hören wird." (Hf 88), dann „würgte es mich regelrecht in der Kehle, als ich sah, wie sie einfach im Gedränge unterging. Ich hatte sie gern" (Hf 96)[79]. So zeigt er weiter seine Bedürfnisse nach menschlicher Nähe, Liebe, Wärme und Begegnung.

Dann geschieht Sabeths Unfall und die Wiederbegegnung mit Hanna. Freiwillig unternimmt er zum zweitenmal eine Expedition in den Dschungel, angeb-

---

78 C. G. Jung, Über den Archetypus mit besonderer Berücksichtigung des Animagriffes, S. 87.

79 Er versucht sogar unter die Menschen zu gehen und protestiert gegen die Gleichgültigkeit seiner amerikanischen Freunde: „In eurer Gesellschaft könnte man sterben, sagte ich, man könnte sterben, ohne daß ihr es merkt, von Freundschaft keine Spur, sterben könnte man in eurer Gesellschaft!" (Hf 67) Dann heißt es: „Ich hörte mich selber schreien." (Hf 67) Der Schrei bedeutet seine Sehnsucht nach menschlicher Wärme. So betrinkt er sich und läuft nicht mehr in der Wohnung umher, um nicht die eigenen Schritte zu hören (Hf 92). Dann schreibt er Briefe, die nie abgeschickt werden. Auf Cuba bewundert er die körperliche Schönheit der Menschen und liebt deren Natürlichkeit.

lich nur um Herbert wiederzusehen. In seinem Bericht vermeidet Faber, seine wirklichen Gefühle zu zeigen, und müht sich, möglichst sachlich und distanziert zu erzählen, wobei er immer wieder sein Nicht-Wissen-Können und die Unwahrscheinlichkeit der Geschehnisse beteuert. Dann beschreibt er in euphorisch wahnhaftem Ton den Aufenthalt auf Cuba (Hf 172 ff.), wo er vier Tage der Lebenslust gefröhnt hat und die Menschen sehr schön fand. (Hf 182: „I love it [Habana]!")

Alle äußeren und inneren Ereignisse führen zu seinem nicht gelebten Leben zurück.[80] Während er sich seiner Vergangenheit und Zukunft, die in Hanna verkörpert sind, Schritt für Schritt annähert, baut sich seine Persona graduell ab.[81] Der zweite Teil des Berichts, den Faber in einem Athener Krankenhaus („Beginn der Aufzeichnungen 19. Juli") vor der Operation vollendet hat (Hf 161), enthält eindeutig seinen Konfrontationsversuch mit der eigenen Weiblichkeit und dem anderen Geschlecht. Dort werden seine Zwiegespräche mit Hanna, die im Text kursiv hervorhoben sind, geschildert. Am Schluß des Berichts (und auch seines Lebens) hängt er mit Leib und Seele an Hanna. Die völlige „Auflösung der Persona"[82] erweist sich durch sein Testament, in dem er offenbart, daß sein gesamtes vergangenes Leben ihm nichts mehr bedeutet. Nun bevorzugt er eher ein anderes Leben, eines, das er früher für weibisch und sinnlos gehalten hat. Er erkennt seine von der Kollektivpsyche belastete Persönlichkeit, indem er die herrschende Kraft des Bewußtseins herabsetzt. Unbewußt fällt er regressiv ins

---

80 An dieser Stelle ist an das Frischsche Drama „Santa Cruz" zu erinnern, in dem zwei verschiedene Figuren zwei Seiten des Lebens vertreten. Beide sind verschiedene Wege gegangen und beide vermissen später den anderen Teil des Ich und das nicht Erlebte.

81 Vgl. hierzu Hf 161. Hier zweifelt Faber an seiner Fähigkeit, auf die er früher so stolz war: Es ist ihm mitgeteilt worden, daß die Turbinen endlich für die lange Zeit geplante Montage in Venezuela bereit sind, und er fürchtet sich nun, dieser Aufgabe nicht mehr gewachsen zu sein (Hf 163). An anderer Stelle stellt er fest, daß er, der gewohnt ist, zu planen, dennoch seinen eigenen Hausschlüssel nicht mehr finden kann und keine Möglichkeit sieht, in sein Appartement hineinzukommen. Dies veranschaulicht seinen inneren verwirrten Zustand, in dem die bisher durch die Persona garantierte Ordnung nicht mehr gilt. Siehe Hf 162.

82 C. G. Jung, Die Beziehungen zwischen dem Ich und dem Unbewußten (1964-Ausgabe), S. 176: „Mit der Auflösung der Persona erfolgt nämlich eine Entfesselung der unwillkürlichen Phantasie, welche anscheinend nichts anderes ist als die spezifische Tätigkeit der Kollektivpsyche. Diese Tätigkeit bringt Inhalte zum Bewußtsein, von deren Existenz man zuvor nichts ahnte. In dem Maße aber, in dem der Einfluß des kollektiven Unbewußten wächst, verliert das Bewußtsein seine führende Macht. Es wird unmerklich zum Geführten, indem ein unbewußter und unpersönlicher Prozeß allmählich die Führung übernimmt. So wird die bewußte Persönlichkeit, ohne es zu merken als eine Figur unter andern auf das Schachbrett eines unsichtbaren Spielers geschoben." Am Schluß des Berichts distanziert sich Faber innerlich ganz und gar von der Technik, Logik und Rationalität. Diese neu erworbene Haltung reflektiert sich in einigen Änderungen der früher bevorzugten Interessen oder Ideen. Z.B. verzichtet er völlig auf das Filmen, das Maschinenschreiben (Hf 161) und verliert das Interesse an Maschinen (Hf 197).

Mütterlich-Weibliche zurück, paßt sich ihm an und gibt sich ihm hin. Hier kehrt Faber wieder zum vorzeitlichen oder ursprünglichen Chaos zurück.[83]

Dieser Fall ist im Text bereits durch die Mondfinsternis in Avignon, wo Vater und Tochter den Inzest[84] begehen, als Vorbote angekündigt. Das Erlebnis der Mondfinsternis Fabers ist im Text folgendermaßen profiliert:

> Die bloße Tatsache, daß drei Himmelskörper, Sonne und Erde und Mond, gelegentlich in einer Geraden liegen, was notwendigerweise ein Verdunkelung des Mondes verursacht, brachte mich aus der Ruhe [...] *Ich redete vom Tod und Leben,* glaube ich, ganz allgemein, und *wir waren beide aufgeregt* [...]. (Hf 124 f.; Hervorh. d. Verf.)

Die Betroffenheit Fabers bei der Beobachtung der Mondfinsternis läßt sich psychologisch mit der Jungschen Forschung erläutern:

> Wenn die persönlichen Verdrängungen aufgehoben werden, dann tauchen, miteinander verschmolzen, Individualität und Kollektivpsyche auf und lösen die vormals verdrängten persönlichen Phantasien ab. [...] Ein untrügliches Merkmal kollektiver Bilder scheint das «Kosmische» zu sein, nämlich die Beziehung von Traum- und Phantasiebildern auf kosmische Qualitäten, wie zeitliche und räumliche Endlosigkeit, enorme Geschwindigkeit und Ausdehnung der Bewegung, «astrologische» Zusammenhänge, tellurische, lunare und solare Analogien, wesentliche körperliche Proportionsänderungen usw. Auch die deutliche Verwendung mythologischer und religiöser Motive [...] weist auf

---

83 Vgl. C. G. Jung, Die Beziehungen zwischen dem Ich und dem Unbewußten (1964-Ausgabe), S. 177 f.: „Es ist ein Zustand von Panik, ein Sichfallenlassen, angesichts einer anscheinend, hoffnungslosen Verwicklung. Meistens gingen verzweifelte Willensanstrengungen voraus, der Schwierigkeit Herr zu werden, dann kam der Zusammenbruch, in welchem der bisher führende Wille zerfällt. Die dadurch freiwerdende Energie verschwindet aus dem Bewußtsein und fällt gewissermaßen ins Unbewußte. Tatsache ist, daß in solchen Momenten die ersten Anzeichen einer unbewußten Tätigkeit auftauchen." An anderer Stelle heißt es: „Man ist ausgeliefert, desorientiert, ein steuerloses Schiff, den Launen der Elemente preisgegeben. [...] In Wirklichkeit aber ist man auf das kollektive Unbewußte zurückgefallen, das nunmehr die Führung übernimmt." Siehe ebd., S. 179.

84 Wie in der primitiven Kultur bzw. Mythologie begeht Faber Inzest. Wie bereits erläutert messen Jung und seine Schüler in der analytischen Psychologie dem Inzest einen besonderen tiefenpsychischen symbolischen Sinn bei und sehen darin eine tiefgründige Sehnsucht nach Wiedergeburt und Einssein mit sich selbst. In der Jungschen Schule handelt es sich beim Inzest nicht um einen Kohabitationswunsch, sondern um eine symbolische seelische Erneuerung und Vereinigung mit dem Selbst. Beim Inzest sucht der Mensch die nicht assimilierte Teilpsyche zu vereinigen, um eine synthetische Beziehung zu den Lebenskräften im Selbst zu erlangen. Es handelt sich um einen Prozeß der psychosexuellen Entwicklung und der Begegnung mit dem Tiefgrund der Seele. Vgl. C. G. Jung, Die Psychologie der Übertragung, S. 218: „Der Inzest symbolisiert die Vereinigung mit dem eigenen Wesen, die Individuation oder Selbstwerdung, und hat, wegen der hohen vitalen Bedeutung letzterer, eine gelegentlich fast unheimliche Faszination, wenn nicht in brutaler Wirklichkeit, so doch wenigstens in dem vom Unbewußten kontrollierten psychischen Geschehen [...]".

> die Aktivität des kollektiven Unbewußten hin.[85]

Fabers Verschlungensein vom Mütterlich-Weiblichen zeigt sich als ein „Zustand psychischer Gleichgewichtsstörung“[86], denn, um mit Jung zu sprechen, ersetzt Faber

> das versagende Bewußtsein durch die automatische und instinktive Tätigkeit des Unbewußten, welche auf die Herstellung eines neuen Gleichgewichts abzielt und dieses Ziel auch erreicht - vorausgesetzt, daß das Bewußtsein imstande ist, die vom Unbewußten produzierten Inhalte zu assimilieren, das heißt zu verstehen und zu verarbeiten.[87]

Vor dieser psychologischen Folie ist Fabers unerwartete Rede über Leben und Tod, welche für ihn zum Gegensatz seiner väterlich-männlichen Seite gehören und bisher für ihn völlig tabu waren, zu erklären. Anstatt das Mütterlich-Weibliche auszudifferenzieren und zu integrieren, wird er von ihm überwältigt , so daß er die Wandlungsfunktion der Anima, die eine Bindung zwischen dem Ich und dem Unbewußten herstellen kann, verfehlt. Seine Sehnsucht nach Hanna und seine Abhängigkeit von ihr veranschaulicht seinen Wunsch nach der Bindung mit der Anima, welche eine Korrespondenz mit der symbolischen Urerfahrung der Ganzheit bilden kann.

Darüber hinaus verfehlt Faber die Wiederherstellung der Persona, die die Mittlerfunktion zwischen dem Ich und der Außenwelt übernehmen könnte. Genau wie vorher wohnt der Person Faber nichts Individuelles mehr inne. Faber ist von der Individuation noch sehr weit entfernt, da „der Prozeß der Individuation nicht in die Vereinzelung, sondern in einen intensiveren und allgemeineren Kollektivzusammenhang“[88] führen kann. Abgesehen davon ist er nicht imstande, dem Unbewußten die Energie bis zur Unwirksamkeit zu entziehen[89]. Seine dem Mütterlich-Weiblichen verfallene Psyche erweist sich als eine andere Form der Neurose und bedeutet ein Zurückweichen vom Individuationsprozeß. In diesem Sinne apostrophiert Jung: „Der Zweck der Individuation ist nun kein anderer, als das Selbst aus den falschen Hüllen der Persona einerseits und der Suggestivgewalt unbewußter Bilder andererseits zu befreien.“[90]

Ferner spiegelt die stilistische Wandlung der Sprache Fabers ebenfalls seine Beziehung zum Väterlich-Männlichen und Mütterlich-Weiblichen wider. Am

---

85 C. G. Jung, Die Beziehungen zwischen dem Ich und dem Unbewußten (1964-Ausgabe), S. 175 f.

86 Ebd., S. 177. Vgl. Jolande Jacobi, Die Psychologie von C. G. Jung, S.107: Laut Jung ist „die Kompensation durch das Unbewußte“ „nur dann wirksam, wenn sie mit einem integralen Bewußtsein kooperiert“.

87 C. G. Jung, Die Beziehungen zwischen dem Ich und dem Unbewußten (1964-Ausgabe), S. 178.

88 Ebd., S. 169, Anm. 9.

89 Ebd., S. 183.

90 Ebd., S. 192.

Anfang des Berichts erscheint seine erzählerische Sprache einseitig logozentrisch, schablonenhaft, vereinfacht, wortkarg, bildlos, manchmal sogar grob und technisch metaphorisch; solche Sprache entlarvt seinen Mangel an Gefühlsleben und Phantasie[91], welche er für „weibisch" und „hysterisch" (Hf 24) hält. Im Verlauf der Handlung erweitert Faber allmählich mit Hilfe Sabeths besonderer Lebenslust und ihres Kunstsinns den Horizont seiner Gefühle[92] und schreibt in einer phantasiereicheren gefühlsbetonteren Sprache als zuvor. Sein späterer Schreibstil ist sogar reich an Motiven und Bildern. Er verwendet in seiner Schilderung metaphorische und symbolische Ausdrücke, bevorzugt die Synästhesie und spontane Assoziationen.

Insgesamt läßt sich schließen, daß der Introversionsprozeß des Protagonisten im „Homo faber" vom einen Pol zum Gegenpol verläuft: Hier findet keine Synthese statt. Seine Zentrierung auf den Logos wandelt sich in dessen Dezentrierung; die Stabilisierung der Persona in die Destabilisierung des Ich.

3.2.2. Körperentfremdung und körperlicher Verfall

Wie im Fall Rolfs im „Stiller" werden bei Faber abstrahierende Theorien und Prinzipien dem Körper zugeschrieben. Die väterlich-männliche Konstellation gibt dem Sterben und der Vergänglichkeit des Selbst keinen Raum, weswegen die Neurose allgemein im Patriarchat symptomatisch wird. Das Körperliche wird nicht mehr als ein Teil des Selbst identifiziert, sondern wird von ihm degradiert und abgewertet. Am liebsten wäre ein Mensch wie Faber eine Maschine oder ein Roboter (Hf 75), um keine Angst, keine Hoffnung, keine physischen und psychischen Probleme mehr erleben zu müssen.[93] Seine psychische Inflation, bewirkt durch die extreme Verdrängung des Unbewußten, verursacht gemäß der Jungschen Forschung auch physische Probleme, die er nicht wahrhaben will und nicht im Zusammenhang mit der Verdrängung des Unbewußten versteht. Jung schreibt: „Ein unrichtiges Funktionieren der Psyche kann den Körper weitgehend

---

91 Vgl. Hf 15: „Ich mache mir nichts aus Romanen - sowenig wie aus Träumen [...]". Hf 25: „Ich kann mir keinen Unsinn einbilden, bloß um etwas zu erleben."

92 Vgl. Hf 111: „Das [das Kunstwerk *Kopf einer schlafenden Erinnye*] war meine Entdeckung [...] ohne Hilfe [des Anderen] [...] Hier fand ich: Großartig, ganz großartig, beeindruckend, famos, tiefbeeindruckend." Der Techniker macht sich nicht nur Gedanken darüber, sondern ist sehr interessiert und fragt sich innerlich: „»Was sie wohl zusammenträumt -?«"

93 Hf 24: „Ich weigere mich, Angst zu haben aus bloßer Fantasie, beziehungsweise fanatisch zu werden aus bloßer Angst, geradezu mystisch." Hf 75: „Die Maschine erlebt nichts, sie hat keine Angst und keine Hoffnung, die nur stören [...] Der Roboter erkennt genauer als der Mensch, er weiß mehr von der Zukunft als wir, denn er errechnet sie, er spekuliert nicht und träumt nicht [...] der Roboter braucht keine Ahnungen." Hf 77: „Die Primitiven versuchten den Tod zu annullieren, indem sie den Menschenleib abbilden - wir, indem wir den Menschenleib ersetzen. Technik statt Mystik!"

schädigen, wie umgekehrt ein körperliches Leiden die Seele in Mitleidschaft zu ziehen vermag; denn Seele und Körper sind nichts Getrenntes, vielmehr ein und dasselbe Leben."[94] Für Jung sind, wie angeführt, Geist und Körper Tatbestände; für ihn sind das Physische und das Psychische sowohl miteinander korreliert als auch ganzheitlich identisch. An anderer Stelle notiert Jung:

> Der Ichkomplex ist beim normalen Menschen die oberste psychische Instanz: wir verstehen darunter die Vorstellungsmasse des Ichs, welche wir uns von dem mächtigen und immer lebendigen Gefühlston des eigenen Körpers begleitet denken./Der Gefühlston ist ein affektiver Zustand, der begleitet ist von körperlichen Innervationen. *Das Ich ist der psychologische Ausdruck des festassoziierten Verbandes aller körperlichen Gemeinempfindungen.*[95]

Obwohl Faber den psychosomatischen Zusammenhang nicht sieht, verbirgt sich jedoch in seiner Konstatierung, daß er selten krank war und immer sehr stolz auf seinen Gesundheitszustand gewesen ist (Hf 38, 98 f. & 164), seine unbewußte Identifikation mit dem Körper. Seine Gesundheit und körperliche Stärke sollen gerade seine Männlichkeit bestätigen und zugleich auch seine Theorie über das Körperliche legitimieren.

Die technische Arbeit gleicht einem Ritual, in dem seine Triebe und Wünsche in symbolischer Weise statthaft sind und befreit werden. Dadurch gewährt er zwar den Trieben Abfuhr, diese lauern dann allerdings sozusagen im Dunkeln weiter und schlagen gegebenenfalls plötzlich zu. Denn die Stärke der Technologie erweist sich als untauglich vor der Sinnlichkeit der dämonhaft erotischen Frau ebenso wie vor seiner eigenen Illusion. Jedesmal wenn seine Wünsche und Triebe sich manifestieren, versagt seine sonst so dominante Rationalität. (Hf 62) Wenn Faber seinen eigenen Körper nicht unter Kontrolle hat, reagiert er darauf gekränkt, und verhält sich aggressiv gegen sein Gegenüber und gegen sich selbst; er fühlt sich von seinem Körper im Stich gelassen. Infolgedessen wird der Romanprotagonist gegenüber dem anderen Geschlecht immer rücksichtsloser und empfindlicher. (Hf 62) So vergleicht er die sexuell tätige Frau mit einer Irren oder einem Tier. (Hf 99) Den sexuellen Verkehr und jede Assoziation damit verabscheut er: Er sieht darin nur Perversität und Absurdität (Hf 99); die Sexualität ermüdet ihn. Weil er sich energisch dagegen sträubt, erscheinen ihm Frau und Sexualität bedrohlich und verführerisch zugleich. Einerseits braucht er notwendigerweise die Frau als Projektionsobjekt, um seine unbewußten Konflikte zu entschärfen, andererseits stempelt er sie voller Verachtung zum negativen sexuellen Gegenstand. Ironischerweise verwickelt er sich in eine ausweglose Widersprüchlichkeit, die er gewaltig verneint und verdrängt. Seine Gefühle werden verfälscht und entfremdet. Die folgende Passage zeigt eindeutig die Unterdrückung seiner männlichen Natur: Er

---

94 C. G. Jung, Über die Psychologie des Unbewußten, S. 125.

95 C. G. Jung, Über die Psychologie der Dementia Praecox (urspr.: 1907). In: Ders., Psychogenese der Geisteskrankheiten (= G.W., Bd. 3). Olten und Freiburg im Breisgau: Walter, [4]1990, S. 45 f.

> wollte nicht daran denken, wie Mann und Weib sich paaren, trotzdem die plötzliche Vorstellung davon, unwillkürlich, Verwunderung, Schreck wie im Halbschlaf. [...] Einmal von außen gedacht: Wieso eigentlich mit dem Unterleib? Man hält es, wenn man so sitzt und die Tanzenden sieht und es sich in aller Sachlichkeit vorstellt, nicht für menschenmöglich. [...] Es ist absurd, wenn man nicht selber durch Trieb dazu genötigt ist, man kommt sich verrückt vor, auch nur eine solche Idee zu haben, geradezu pervers. (Hf 93)

Fabers übertriebene Entsexualisierung der Geschlechter und seine Versuche, die Erotik quasi auszurotten, führt zu deren sukzessiver Stärkung. So wird die Frau für ihn ausschließlich zur Repräsentation der Sexualität und sein Bild der Frau ein Bild des weiblichen Körpers. Dies erschwert ihm den Zugang zum Körper. Der eigene Körper und der Körper der Frau werden zum Ort seiner Angst und von ihm als „Fremdenlegion“ (Hf 91) bezeichnet. Solch antagonistisches Verhalten gegenüber dem menschlichen Körper und solch körperliche Selbstentfremdung zeitigen dann eine unbewußte Ausbreitung seiner natürlichen männlichen Wünsche sowie Gelüste. Auf diese Weise wird aus dem Kampf gegen einen Teil seines Selbst ein Kampf gegen das andere Geschlecht; aus der Unterjochung der eigenen Weiblichkeit, also der Anima, eine Unterjochung der Frau. Der eigene Körper und die Frau werden seine Widersacher. Der Frau feindlich gegenüberzustehen, entspricht dem rituellen Prozeß, das Weibliche in sich selbst zu kontrollieren und zu zähmen. Dadurch werden das Organische und das Triebhafte unbewußt verstärkt und wirken dann umso bedrohlicher.

Fabers körperlicher Verfall zieht sich durch den ganzen Bericht. Bereits am Anfang des Romans sucht ihn im Houstoner Flughafen ein Schwächeanfall heim, der ihm sein Bewußtsein minutenlang raubt. Das Versagen des Körperlichen gleicht hier dem Versagen seiner patriarchalischen Weltanschauung. Der Vorfall im Houstoner Flughafen bekundet ein neurotisches Symptom in dem Moment, wo sich die Libido aus dem infantil konstellierten Verhältnis zurückzieht und sich plötzlich ins Leben Fabers einmischt und ihn determiniert. Dieser Anfall verweist aus psychologischer Perspektive auf ein Werk der Großen Mutter, welche im Roman auch durch die schwarze Putzfrau inkarniert wird. Die Negerin steht vor dem Bewußtlosen, beobachtet ihn mit ihren schönen „tierischen“ Augen und lacht. Der zu Bewußtsein Kommende sieht sie an und wird von ihren besonders großen weiblichen Körperteilen überwältigt. Ihr „Riesenmaul“ (Hf 11), ihre Brust (Hf 12), Lippen (Hf 11) und Augen (Hf 12) symbolisieren für ihn auch das Verschlingende und Ernährende der Großen Mutter.[96] Auch die weibliche Stimme, die ihn überall im Flughafen erreicht - „Passenger Faber, passenger Faber“ - (Hf 12 f.), kommt ihm wie eine Stimme der Großen Mutter vor, vor der er flieht, indem er sich im „Untergeschoß“, das aus psychologischer Sicht das Unbewußte bzw. den Mutterschoß symbolisiert, versteckt.[97] Daß er der Großen

---

96 Vgl. Frederik Alfred Lubich, Max Frisch: »Stiller«, »Homo faber« und »Mein Name sei Gantenbein«, S. 126, Anm. 39.

97 Hf 13: „Ich weiß nicht, wieso ich mich eigentlich versteckte. [...] Ich blieb in meinem Versteck, bis ich festgestellt hatte, daß der Lautsprecher mich aufgab [...]“.

Mutter nicht entkommen kann, erweist sich dadurch, daß er schließlich in dem Augenblick, wo er sich in Sicherheit zu befinden glaubt, von einer Stewardeß ertappt (Hf 14) und zum weiteren Flug gezwungen wird.

Laut Jung kündigen sich die Symptome der Inflation gleichzeitig durch desorientierte Gefühle, Schwindelempfinden usw. an[98], weil die Libido im Unbewußten aufgestaut ist. Bei Faber tauchen auch diese psychosomatischen Symptome[99] auf: Er hat Magenkrebs und Schwindelanfälle, ändert seine Meinungen plötzlich und weiß nicht mehr, wie er agieren soll.

Besessen von der Persona muß Faber viele Inhalte des Selbst, die nicht dazu passen, ignorieren, ableugnen oder opfern. Unbewußt herrscht in ihm eine gewisse Ängstlichkeit, die ihn empfindlich, eifersüchtig, manchmal unsicher und machmal größenwahnsinnig macht. Das Körperliche und Sexuelle gehören beide zu diesem dunklen Raum der Ängstlichkeit.[100] Vor allem resultieren Minderwertigkeitsgefühle aus der physischen Regression, aus Neid und Eifersucht gegenüber den Jugendlichen und den Gesunden[101]. Wie im „Stiller"-Kapitel ausführlich diskutiert, entstammen diese Komplexe dem Mutterkomplex und sind hier noch durch den körperlichen Verfall und die daraus entstehende Kränkung verschlimmert[102].

Indem so ein Nicht-Ernstnehmen-Wollen (Hf 108) der Minderwertigkeitsgefühle entsteht, geht er nicht auf den Hintergrund der Eifersucht ein[103] und unter-

---

98 C. G. Jung, Die Beziehungen zwischen dem Ich und dem Unbewußten (1964-Ausgabe), S. 176.

99 Vgl. C. G. Jung, Zur Psychologie des Kindarchetypus (urspr.: 1940). In: Ders., Die Archetypen und das kollektive Unbewußte (= G.W., Bd. 9/I), S. 186 f.: „Da das Unbewußte aber die Psyche aller autonomen Funktionskomplexe des Körpers ist, so sind seine «Phantasien» von einer ätiologischen Bedeutung, die keinesfalls zu unterschätzen ist. Aus der Psychopathologie des Individuationsprozesses wissen wir, daß die Symbolbildung häufig mit psychogenen körperlichen Störungen, die sich gegebenenfalls als sehr «wirklich» anfühlen, verknüpft ist. [...] Die Symbole des Selbst entstehen in der Tiefe des Körpers und drücken dessen Stofflichkeit ebensosehr aus wie die Struktur des wahrnehmenden Bewußtseins. Das Symbol ist lebender Körper, corpus et anima [...]".

100 Vgl. C. G. Jung, Die Beziehungen zwischen dem Ich und dem Unbewußten, S. 172.

101 Jürg Wunderli, Sag ja zu dir, S. 31. Vgl. Aniela Jaffé, Erinnerungen, Träume, Gedanken von C. G. Jung, S.328: „Je mehr der Mensch auf falschem Besitz insistiert und je weniger das Wesentliche für ihn spürbar ist, desto unbefriedigender ist sein Leben. Er fühlt sich beschränkt, weil er beschränkte Absichten hat, und das schafft Neid und Eifersucht."

102 Vgl. Hf 97 f.: „Ich habe schließlich nicht nötig, Minderwertigkeitsgefühle zu haben [...]" (Hf 97); „Ich hasse Minderwertigkeitsgefühle." (Hf 98); „Ich halte nichts von schönen Männern. Daß meine Nase etwas lang ist, hat mich in der Pubertät beschäftigt, seither nicht mehr; seither hat es genug Frauen gegeben, die mich von falschen Minderwertigkeitsgefühlen befreit haben [...]". (Hf 98) Der letzte Passus zeigt eindeutig, daß Faber doch das andere Geschlecht, das stets von ihm verachtet worden ist, braucht, um seine Minderwertigkeitsgefühle zu kompensieren.

103 Hf 108: „[...] ich nahm mich selbst nicht ernst, irgend etwas machte mich immer eifersüchtig, obschon ich mir Mühe gab, jung zu sein." Vgl. Hf 109: Sabeths Lebenslust und

läßt die Gefühlsverarbeitung. Kompensierenderweise betont er, daß er keine schönen Männer schätze; er bedauert auch, daß die Jugendlichen seine beruflichen Leistungen nicht zu schätzen wüßten. In gleicher Weise hebt er andauernd gegenüber anderen Menschen seine männliche Reife hervor und fühlt sich gekränkt, wenn die anderen ihn ignorieren. Seine Eifersucht resultiert in Wirklichkeit aus der Erkenntnis der Vergänglichkeit des Selbst ebenso wie der pathologischen Verdrängung des Körperselbst. Diese Erkenntnis bedeutet Abschied von allem, was ihm bisher lieb war. Daher richtet er in narzißtischer Weise seine Aggression oder seinen Zynismus auf die Mitmenschen. Hinter der Eifersucht und seiner Aggression steht sein Sich-Gekränkt-Fühlen und die Angst vor Versagen. Zu einem solchen Fall erörtert Jürg Wunderli:

> Die narzißtische Wut ist ohnmächtig, destruktiv, rachsüchtig, aber auch charakterisiert durch eine fatale Unfähigkeit, sich in den vermeintlichen oder realen Beleidiger einzufühlen, das heißt für seine Position, seine Aussage und sein Verhalten das geringste Verständnis aufzubringen.[104]

Die Kränkung von außen und innen nimmt er nicht als Anlaß der Realitätsuntersuchung und (Selbst-)Reflexion, er weigert sich, die Inhalte der Kränkung als seine Teilpsyche aufzunehmen. Stattdessen ersetzt er sie durch seine Phantasien des Gegenteils.

In bezug auf diese psychosomatische Komplexität erlebt er seinen körperlichen Verfall in seinen besten Jahren als eine Art Kränkung, die sein narzißtisches Selbstwertgefühl und männliches Gleichgewicht, seine bisher geführte Lebensweise und Theorien in Frage stellt. Da hinter dieser Kränkung auch die Existenzproblematik Fabers steckt, muß er sich gegen den körperlichen Verfall wehren, um sein männliches Selbstwertgefühl aufrechtzuerhalten. So symbolisiert die Erscheinung des Todesboten Prof. O., der ebenfalls das patriarchalische Wertsystem versinnbildlicht, die Mahnung des Alterns, des physischen Verfalls und des tödlichen Magenkrebs. Die Symbolfigur Prof. O. veranschaulicht ebenfalls Fabers insuffiziente Fähigkeit, das Körperliche zu bewältigen und zu akzeptieren.

Aus psychologischer Sicht hat Jürg Wunderli den Zusammenhang zwischen Kränkung und Krankheit thematisiert und ist zur folgenden Schlußfolgerung gekommen:

> Zwischen *Kränkung und Krankheit* besteht eine doppelsinnige Beziehung. Einmal führt körperliches Kranksein gewöhnlicherweise zu einer narzißtischen Regression: Der Kranke zieht sich auf sich selbst, sein Leiden und seine Bedürfnisse zurück und blendet seine Umwelt in mehr oder weniger großem Ausmaß aus. Ein Hauptgrund für dieses Verhalten liegt darin, daß Krankwerden und Kranksein für den Betroffenen eine Kränkung darstelt [...] Der Kranke erlebt dann seine Krankheit um so intensiver als Kränkung, je mehr in der Krank-

---

Hoffnung auf die offene Zukunft beneidet er auch. Vgl. Hf 110: „[...] sie machte mich alt, indem sie von Morgen bis Abend überall auf meine Begeisterung wartete...". Vgl. Hf 39, 50, 67, 77, 97 & 162.

104 Jürg Wunderli, Sag ja zu dir, S. 36.

> heit der Endlichkeitsaspekt des menschlichen Daseins erkennbar wird, je mehr der Kranke seine Krankheit als Krankheit zum Tode erlebt. Die Kränkung selbst bleibt dem Kranken oft unbewußt.[105]

Jürg Wunderlis Auffassung entsprechend hat die körperliche Hinfälligkeit Fabers die regressive Suche nach dem Selbst veranlaßt. Die Krankheit trifft ihn, nicht nur weil ihm die verdrängte Unausweichlichkeit des Alterns und des Todes allmählich bewußt wird, vielmehr auch weil er ahnt, daß seine Vorstellungen der Unsterblichkeit des Ich und sein Anspruch auf Macht und Herrschaft den ewigen Stellenwert verloren haben. Was er bisher als Selbstbestätigung und Lebenssinn betrachtet hat, erweist sich plötzlich als Selbstbetrug[106]. Über Nacht wird die Vergangenheit ein Phantasma; seine Verzweiflung, Resignation und Wut darüber, daß er nie richtig gelebt hat, lassen sich nicht verkennen. Auf einen solchen Komplex weist der Jungsche Schüler Jürg Wunderli wie folgt hin:

> Die Kränkung des körperlich Kranken äußert sich aber in gewissen Symptomen, beispielsweise der Regression oder der Wut. Warum Wut? Es ist der Zorn darüber, daß der eigene Körper, das «Körperselbst» versagt [...] Die Wut ist «ohnmächtig», kann sie doch nichts verändern [...][107]

Das Sich-Gekränkt-Fühlen begleitet also das Versagen des Ich und das Minderwertigkeitsgefühl. Die Unerträglichkeit dieser Gefühle werden auf sich selbst und nach außen projiziert.[108] Oft gerät er auf begreifliche Weise in depressive Zustände. Seine anscheinend unbegründete Aggression und Depression sind Anzeichen der Selbstentfremdung und Körperentfremdung: Er kann die wirkliche psychische und physische Prozedur seines Selbst nicht verstehen. Einerseits sträubt er sich gegen den Tatbestand des Körperselbst, andererseits entsteht symptomatischerweise die Persönlichkeitskrise, die ihm zuerst unbewußt bleibt. Mit der verbitterten Erkenntnis, daß das Fleisch ein Fluch ist[109], regrediert er ebenso wie Stiller. Er versucht, zum menschlichen Anfang, also dem Mutterschoß, zurückzukehren, um seinen psychischen Zustand von Anfang an symbolisch zu verifizieren und sich dort Lebenskraft zu holen. An der Schwelle des Alters- und Todesbewußtseins steht die Notwendigkeit der Konfrontation mit der Endlichkeit und Sterblichkeit[110].

---

105 Ebd., S. 30 f.

106 Vgl. Hf 108: „Ich kam mir oft wie ein Betrüger vor."

107 Jürg Wunderli, Sag ja zu dir, S. 31.

108 Hf 108: „Noch immer fand sie mich zynisch, glaube ich, sogar schnoddrig (nicht ihr gegenüber, aber gegenüber dem Leben ganz allgemein) und ironisch, was sie nicht vertrug [...]".

109 Hf 171: „*Überhaupt der ganze Mensch! - als Konstruktion möglich, aber das Material ist verfehlt: Fleisch ist kein Material, sondern ein Fluch.*"

110 Vgl. Aniela Jaffé, Erinnerungen, Träume, Gedanken von C. G. Jung, S. 328: „Das Gefühl für das Grenzenlose erreiche ich aber nur, wenn ich auf das Äußerste begrenzt bin. Die größte Begrenzung des Menschen ist das Selbst; es manifestiert sich im Erlebnis «ich bin

Die höchste Kränkung für Faber ist Sabeths Tod. Sie ist, erschreckt durch den Anblick seines nackten alten Körpers, von einer Böschung gestürzt und tödlich verunglückt (Hf 157 f. & 159). Es geht hier nicht um den Verlust der Liebe, sondern eher um den Verlust des narzißtischen Selbstwertgefühls.[111] Die Trauerarbeit über Sabeth kann mit der Konfrontation mit dem Körperselbst gleichgesetzt werden. Durch Sabeths Tod gewinnt er allmählich auch gefühlsmäßig Abstand von ihr und von sich selbst. Während der Trauerarbeit verarbeitet er auch sein Körperselbst und nimmt sein inneres Geschehen wahr, dessen Realität er dann anerkennt.

3.3. Fabers Regression in das Mutterreich

Die symbolische Bedeutung und Wirkung der rituellen Naturerlebnisse im „Stiller" tauchen im „Homo faber" wieder auf. Bevor Stiller und Faber sich von der Außenwelt zurückziehen, um introversiv ihre Erlebnisse zu berichten, bleiben ihre Naturerlebnisse in einer extravertierten Weise äußere Beobachtungen. Der tiefenpsychologische Sinn des Territoriums der Urnatur und des rituellen Eindringens in das Mutterreich wurden bereits im „Stiller"-Kapitel so detailliert interpretiert, daß es sich erübrigt, hier näher darauf einzugehen. Es sei nur nochmals daran erinnert, daß dieser regressive Prozeß der Psyche eine Fehlentwickung der Kultur reflektiert, und daß die Heimkehr zur Mutter einen symbolischen Vorgang darstellt, psychologisch zum Ursprung der Seele zurückzukehren, um dort nachträglich in symbolischer Weise die Entstehung und Entwicklung der Psyche erneut zu erleben.[112]

Der Weg Fabers zur Erneuerung des Lebens und zur Konfrontation mit der Todesangst verläuft, wie bei „Stiller", durch die symbolische Rückkehr in die

nur das!» Nur das Bewußtsein meiner engsten Begrenzung im Selbst ist angeschlossen an die Unbegrenztheit des Unbewußten. In dieser Bewußtheit erfahre ich mich zugleich als begrenzt und ewig, als das Eine und das Andere. Indem ich mich einzigartig weiß in meiner persönlichen Kombination, d.h. letztlich begrenzt, habe ich die Möglichkeit, auch des Grenzenlosen bewußt zu werden."

111 Der Verlust der geliebten Person bedeutet normalerweise auch eine Kränkung des Trauernden. Gleichwohl kann Sabeths Tod nicht als Verlust der Lebenserneuerungsmöglichkeit und der Liebe, die eine durch sie vertretene Abstraktion oder ein Ideal ist, betrachtet werden. Denn Faber erkennt, daß seine Liebe in der Tat Hanna, der Mutter der Geliebten, gilt, nachdem er Hanna wiedergesehen hat. Daher meint er: „[...] ich habe dem Mädchen nicht nachgestellt." (Hf 123) Er entschließt sich, Hanna zu heiraten und mit Mutter und Tochter zusammenzuleben.

112 Vgl. Erich Neumann, Die Große Mutter, S. 148: „Die Phasen der Bewußtseinsentwicklung treten dabei nacheinander als embryonales Enthaltensein im Mütterlichen, als kindliches Abhängen vom Mütterlichen, als Beziehung des Sohn-Geliebten zur Großen Mutter und endlich als heroischer Kampf des männlichen Helden gegen die Große Mutter auf. Die dialektische Beziehung des Bewußtseins zum Unbewußten nimmt die symbolisch-mythologische Form einer Auseinandersetzung zwischen dem Weiblich-Mütterlichen und dem Männlich-Geborenen an [...]".

matriarchale Welt, also zuerst in die Mutternatur, dann in den Mutterschoß der europäischen Kultur (Athen), wenn auch die symbolischen und psychologischen Sinngehalte dem Protagonisten zuerst unbekannt sind. Wie bereits erwähnt, gehrören Tod, Leben und Eros zum Mütterlich-Weiblichen und zu einem unabdingbaren Teil des Selbst. Dies wird vor allem im „Homo faber" durch Marcels Spruch klar: „Tu sais que la mort est femme! [...] et que la terre est femme!" (Hf 69)[113] In dieser mystischen Welt kommen die Mütter „nicht aus dem Gebären heraus" (Hf 167), denn sie sind Erzeuger und Zerstörer, Nährende und Verschlingende zugleich.

Die Ouvertüre dieser Naturfahrt ist die Notlandung des Flugzeugs in der Wüste, die Faber zu einer Konfrontation mit dem überpersönlichen Problem der Natur zwingt. Wie der Körper versagt auch die stets von ihm vergötterte Maschine. In der Wüste beginnt seine notwendige Auseinandersetzung mit der inneren Wirklichkeit, die seinem Unbewußten gleicht.[114] In diesem Sinne bezeichnet der Protagonist die Notlandung als einen „Sturz vornüber in die Bewußtlosigkeit" (Hf 20).[115] In dieser Szene (Hf 20 ff.) steht Faber in seiner sachlichen Haltung als teilnahmslos Filmender und Beobachtender da. Er ist ganz und gar unfähig, dabei die Landschaft wie die anderen Fluggästen zu erleben, welche die Naturphänomene phantasiereich bewundern (Hf 24). Faber seinerseits hütet sich, zu phantasieren, und kritisiert mit einer ironischen Färbung die „romantischen Hirngespinste" der anderen. Dieses gefühlskalte Verhalten Fabers zeigt sich psychologisch als Mangel an Vorstellungs- und Erlebensfähigkeit[116] und als Folge der zu starken Verdrängung der Angst (Hf 25) in der „Fremdenlegion".

Dagegen ist der Romanheld während des ersten Eintauchens in die Urnatur in Guatemala, die dem chaotischen Zustand der Psyche Fabers entspricht, völlig von der Widersprüchlichkeit dieser äußeren Landschaft überfordert: „Was mir auf die Nerven ging: die Molche in jedem Tümpel, in jeder Eintagspfütze ein Gewimmel von Molchen - überhaupt diese Fortpflanzerei überall, es stinkt nach Fruchtbarkeit, nach blühender Verwesung." (Hf 51) Die Gleichgültigkeit seines Verhaltens in der Wüste schlägt hier im Dschungel, den er mit einer „feuchte[n] Grabkammer" (Hf 170) vergleicht, in affektive Feindlichkeit um. „Die fremde

---

113 Vgl. Max Frisch, Nachträgliches zu »Don Juan«, S. 173: „Und der Konflikt mit dem Weiblichen, mit dem unbedingten Willen nämlich, das Leben zu erhalten, bliebe der gleiche [...] Tod oder Kapitulation - Kapitulation jenes männlichen Geistes, der offenbar, bleibt er selbstherrlich, die Schöpfung in die Luft sprengt, sobald er die technische Möglichkeit dazu hat." Vgl. DJ 144: „Das Weib erinnert mich an Tod, je blühender es erscheint."

114 Das Kapitel 2.2.2.1. hat bereits gezeigt, daß die Wüste eine Symbolik des Unbewußten, der Großen Mutter bzw. des Großen Weiblichen bedeutet. Siehe hierzu Frederik Alfred Lubich, Max Frisch: »Stiller«, »Homo faber« und »Mein Name sei Gantenbein«, S. 65.

115 Vgl. dazu Frederik Alfred Lubich, Max Frisch: »Stiller«, »Homo faber« und »Mein Name sei Gantenbein«, S. 65.

116 Gerhard Kaiser, Max Frischs *Homo faber*, S. 269 f.

Natur wird zur feindlichen Natur."[117] Sein Ekel gegen die äußere Landschaft, in der das Mütterlich-Weibliche nur metaphorisch oder allegorisch verstanden wird, wird sinnfälligst durch seine Ausdrucksweise hervorgehoben (Hf 68 f.). Beispielsweise schreibt er:

> [...] Erde ist Schlamm nach einem einzigen Gewitter [...], Verwesung voller Keime, glitschig wie Vaseline, Tümpel im Morgenrot wie Tümpel von schmutzigem Blut, Monatsblut, Tümpel voller Molche, nichts als schwarze Köpfe mit zuckenden Schwänzchen wie ein Gewimmel von Spermatozoen, genau so - grauenhaft. (Hf 68)[118]

Hier besteht eine Analogie zwischen den Geschlechtern und den Naturereignissen. Symbolisch sieht er hier einen fruchtbaren, sich offenbarenden Schoß der Mutter, ein Imaginationsbild der Verbindung von Fruchtbarkeit und Sinnlichkeit.[119] Die Natur wird unbewußt von Faber durch die Linse seiner sexuellen Abstoßung und seiner Angst vor dem Mitgerissenwerden wahrgenommen und verstanden. Versucht Faber sich und sein Leben zu entsexualisieren, sexualisiert er ironischerweise die Naturerscheinungen und die Geschlechter. Psychologisch gesehen zielt dies auf seine wiedererweckten Inzestwünsche und seine wiedererwachende Inzestangst ab. Seine objektiven Naturerlebnisse decken sich zugleich mit seiner Konfrontation mit den längst verdrängten Phänomenen Eros und Tod. Hier in der Mutternatur werden seine gehemmte infantile Instinktsphäre und sein Schatten wiederbelebt.

In dieser das kollektive Unbewußte verkörpernden Welt, in der er sich wie in einem Labyrinth verirrt, kann er dem Äußeren nicht mehr sachlich, teilnahmslos und rational begegnen. Alles Kreatürliche und Verwesende erweckt in ihm den „Automatismus der Instinkte" (Hf 106), weil er sich hier desorientiert und unsicher fühlt. Die paradox erscheinenden Phänomene dieser Welt übertreffen sein Bewußtsein und seine Rationalität. Sein Sicherheitsgefühl in der Kultur hat keinen Halt mehr in der Urnatur[120], deren Rhythmus ihm fremd ist und die ihn

---

117 Ebd., S. 270.

118 Vgl. Erich Neumann, Die Große Mutter, S. 246: „[...] die Mischung der Elemente Wasser und Erde ist ein Urweibliches als fruchtbarkeitsquellender Sumpf und als Moor, in dessen uroborischer Natur das Wasser ebenso oft als männlich befruchtend wie als weiblich gebärend aufgefaßt wird. Bei den Germanen ist die Wasserfrau nicht nur die Urmutter, sondern auch der sprachliche Zusammenhang von Mutter, Moder, Moor, Marsch und Meer ist bei ihnen noch evident."

119 Dieses Vorstellungsbild wird in den Figuren Ivy, Juana und die Huren (z.B. in Habana) personfiziert. Sein Versuch, Ivy zu entgehen, gleicht seinem Entzugsversuch von der Natur und der Herrschaft der Mutter.

120 Vgl. Gerhard Kaiser, Max Frischs *Homo faber*, S. 271: „Es ist deutlich, wie aus dem Nichtverständnis der Natur ein Mißverständnis des Menschen herauswächst." Interessanterweise versinnbildlicht die folgende Szene Fabers unterentwickelte mütterlich-weibliche Seite und seine Sturheit ihr gegenüber: „[...] ein Büffel stand auf dem schnurgeraden Geleise [...] Er stand wie ausgestopft, weil vom Scheinwerfer unserer Lokomotive geblendet, stur." (Hf 36) In der Psychologie repräsentiert der Büffel das Tierische

mit Angst erfüllt. Seine Feindlichkeit und Aggression sind psychologisch mit der inneren Angst verknüpft. Denn hier lauern sowohl der Tod und alle Arten von Krankheiten als auch die unhaltbare Fortpflanzung verschiedenster Lebewesen (Hf 42), gegen die er mit der Technik ankämpft und die er wie ein Gott kontrollieren zu können glaubt. Dem Auf- und Untergang, dem Stirb-und-Werde-Gesetz, das er negiert, unterliegt jedes Lebewesen einschließlich Fabers selbst. Als „Beherrscher der Natur" und „als Ingenieur" (Hf 107) fühlt er sich hier Gott bzw. der Mutternatur unterlegen und sträubt sich dagegen.[121] In diesem Augenblick geht es ihm nicht nur um das Überleben oder Überwinden der Naturwelt, sondern vielmehr um die Existenzproblematik, also um die Problematik der Lebens- und Todesangst. Hinter seiner Abneigung verbirgt sich seine heimliche Angst des Väterlich-Männlichen, von der mütterlich-weiblichen Übergewalt verschluckt zu werden. Um gegen diese psychischen Inhalte zu kämpfen, betrinkt er sich (Hf 40 ff.) oder zwingt sich selbst, seine Aufmerksamkeit ausschließlich auf den Landrover zu richten (Hf 45).

Gerhard Kaiser meint zurecht, daß die Änderung von Fabers Verhalten gegenüber der Natur von einer vorherigen Gleichgültigkeit zur Abneigung nicht eine Verminderung seiner Erlebnisfähigkeit bekundet, vielmehr beweist sie den Anfang seiner Beziehung zur Natur und zum Mütterlich-Weiblichen ebenso wie zum Unbewußten.[122] Die Distanz zwischen ihm und der Natur löst sich auf. Er nimmt nun Kontakt mit ihr auf, wenn auch in negativer Weise.

Ein neuer innerer Weg wird von Faber eingeschlagen und im Bericht bildlich konturiert. So meint er, daß er sich in der Urnatur „wie [ein] Neugeborene[s]" (Hf 69) fühlt. Das Bewußtsein beginnt seine Alleinherrschaft als orientierendes Kriterium zu verlieren. Das Unbewußte mischt sich in das Bewußtsein derart widersprüchlich ein, daß der stets rational Denkende sich von seinem Unbewußten bedroht fühlt. Die bewußten und unbewußten Beweggründe gehen so ineinander über, daß Konfusion in Fabers Innerem entsteht. Das Bewußtsein gilt in dieser Urnatur nicht mehr; wie ein Säugling lernt er nun die Welt des Unbewußten kennen.

Parallel zu den regressiven Naturerlebnissen, die psychologisch dem Gedächtnis zugeschrieben sind, läuft Fabers Erinnern der vergangenen Beziehung mit Hanna, d.h. „das Zurückschauen auf ein einstmaliges Außen"[123], da der Protagonist unfähig ist, unmittelbar in seinen gegenwärtigen inneren unbalancierten Zustand einzusehen. Die innere Heimkehr zur Anima, seiner weiblichen Seite,

---

bzw. das Unbewußte des Menschen. Wie der Büffel auf dem Gleise der modernen Technologie ihm gegenübersteht, so ist Faber nun „am Ende der Welt" bzw. „am Ende der Zivilisation" (Hf 37) mit seinem von Zivilisation, Technologie und Geist überschatteten Unbewußten konfrontiert. Sein Unbewußtes wird deshalb von seinem Bewußtsein so gehemmt, daß er die Beweglichkeit und Dynamik des Unbewußten nicht mehr aus extrem logozentrischer Sicht bewerten kann.

121 Sein Widerstand läßt sich z.B. durch das Rasieren und Duschen etc. erkennen.

122 Gerhard Kaiser, Max Frischs *Homo faber*, S. 273.

123 C. G. Jung, Symbole der Wandlung, S. 512.

gleicht der wiedererwachenden Sehnsucht nach Liebe, die seiner Anima-Figur Hanna gilt. Zu dem tiefenpsychologischen Sinn einer solchen Rückblendung meint Jung:

> Das Zurückschauen führt zur Regression und bildet den Anfang derselben. Die Regression ist insofern auch ein unwillkürliche Introversion, als Vergangenheit eine Reminiszenz und damit ein psychischer Inhalt, ein endopsychischer Faktor ist. Regression ist ein Abgleiten in die Vergangenheit, verursacht durch eine Depression in der Gegenwart.[124]

Gezwungenerweise finden das regressive Naturerlebnis und der Blick in die eigene Vergangenheit zugleich statt. Faber geht auf den Zeitpunkt zurück, wo er Hanna verlassen und seinem damaligen besten Freund Joachim (Hf 59) ihr Schicksal überlassen hat. Von einem inneren Trieb gezwungen, versucht er das Vergangene bei Joachim im Dschungel zu suchen. Aus der Regression resultiert eine (vorbewußte) Konfrontation mit der verschlingenden Gefahr der mater natura und mit dem Tod Joachims im Dschungel. Beim Anblick von Joachims Leiche verhält sich Faber äußerlich gesehen sachlich, teilnahmslos und distanziert, wobei er den Toten von verschiedenen Seiten filmt. Gleichwohl ist er innerlich aber sehr betroffen. Auch wenn er später Sabeth gegenüber konstatiert, daß der Fall Joachims eigentlich nicht erwähnenswert sei (Hf 84), sind in seinen Beschreibungen des Toten jedoch die von ihm absichtlich untertriebenen Gefühle unter dem Deckmantel der Sachlichkeit sehr präzise zu spüren. So schildert er, welche Farbe das Gesicht Joachims, seine Zunge, sein Fingernägel, seine Arme, seine Hände und die Schwämme an der Leiche haben (Hf 84). Der Text deutet darauf hin, daß Joachims Tod ihm traumatisch geworden ist[125], denn er ist von seiner verdrängten Todesangst dermaßen beherrscht, daß er diese nur noch intensiver verdrängt. Innerlich verfolgt der Tote ihn überall hin (Hf 84 f. & 135): „Manchmal hing er plötzlich vor meinen Augen, mein Freund, als hätten wir ihn gar nicht begraben, plötzlich [...]“ (Hf 84) Dann betrinkt sich der Betroffene (Hf 85), um seine Angst zu vergessen. Diese Todesangst geht für Faber über die Grenze der Sprache hinaus (Hf 84): „[...] man muß es sehen, wie es ist, wenn einer so hängt.“ (Hf 84) Man hat keine Sprache für Angst, sie spricht einfach für sich selbst. Diese Angst reflektiert sich in seiner sehr widersprüchlichen Erzählung darüber und seinem grotesken Verhalten Sabeth gegenüber: „Wozu ich's erzählte, keine Ahnung, Sabeth fand mich zynisch, weil ich lachen mußte [...] Eigentlich gab es gar nichts zu erzählen, einfach ein Unglücksfall [...] Ich wollte gar nicht erzählen.“ (Hf 146)[126] Auch wenn er seine Gefühle negiert, bemerken doch die Mitmenschen, vor allem Sabeth und sein Vorgesetzter Williams, sein anormales Verhalten: Sabeth finde ihn „schnoddrig“, „zynisch“ und „ironisch“ (Hf 108) und Williams empfiehlt ihm, einen Urlaub zu machen (Hf 97).

---

124 Ebd., S. 513.

125 Martin Balle, Sich selbst schreiben - Literatur als Psychoanalyse, S. 146.

126 Vgl. ebd.

Die Tanzmusik aus dem Radio (Hf 84), die bei der Entdeckung von Joachims Leiche feierlich ertönt[127], die kleinen um Joachims Leiche wimmelnden Lebewesen und der tote Joachim selbst bilden bemerkenswerterweise eine symbolische Welt des Mütterlich-Weiblichen: Es ist die Zusammengehörigkeit von Tod - Feierlichkeit (Hochzeit) - Wiedergeburt. Diese Bilder und die Musik tauchen später immer wieder vor seinen Augen und in seinen Ohren auf, sie folgen ihm derart auf den Fersen, daß er sich oft betrinkt (Hf 85).

Diese Todesszene veranschaulicht eigentlich, um mit Erich Neumann zu sprechen, das Bemühen, „das männliche Licht-, Sonnen- und Bewußtseins-Prinzip, mit dem sich die Männergruppe identifiziert, gegenüber der vernichtenden Gewalt dieses weiblich-negativen Ungeheuers durchzusetzen."[128] Joachims Selbstmord im Dschungel muß Faber innerlich sehr bewegen, denn Joachim, Herbert und Faber gehören zusammen zu der von Neumann erwähnten „Männergruppe". Es handelt sich um ein kollektives Problem. Deshalb ist es nicht verwunderlich, daß sich Faber, der psychisch und physisch in einer kritischen Phase steckt, zuerst für Joachims und später für Herberts Aufenthalt im Dschungel interessiert. Fabers unbewußte Mitreise mit Herbert in den Dschungel und sein Versuch beim zweiten Eindringen, Herbert zum Verlassen dieser Welt zu überreden, kündigen von Fabers widersprüchlichem Verhalten zur mater natura respektive zum Unbewußten: Er fühlt sich einerseits hingezogen, zugleich sucht er vergeblich sie zu meiden. Seine Hingezogenheit zur Urnatur ist in der Tat ein Ausdruck seines inneren Verlangens nach der Bewußtwerdung des Unbewußten. Dennoch hat Faber Angst, wie Joachim im natürlichen Geist des Mütterlich-Weiblichen seinen männlichen Geist zu verlieren und sogar von der Natur verschluckt zu werden. Seine Absicht und seine Mühe, Herbert aus der Urwald zu „retten"[129], gelten in Wirklichkeit ihm selbst.[130]

Fabers Verhalten beim ersten Gang in den Dschungel von Guatemala ist gänzlich anders als beim zweiten Eindringen, obwohl „alles unverändert" (Hf 166) bleibt. Der entscheidende Punkt besteht in den Entwicklungsstufen der Psyche, die in verschiedenen Zeiten und Räumen in die wilde Natur projiziert sind. Dieser Projektionsprozeß fungiert im Grunde genommen als Kompensation für den Intellektualismus Fabers, der die natürliche Grunderfahrung des instinktiven Geistes nach langzeitiger Unterdrückung wieder gebraucht. Die natürliche Form des Geistes und der Seele wird durch den Projektionsmechanismus auf die Natur-

---

127 Hf 84. Infolge der Tanzmusik im Radio bei Entdeckung der Leiche Joachims beängstigt ihn später jede Radiomusik in der Bar.

128 Erich Neumann, Die Große Mutter, S. 170.

129 Faber repariert das Auto Herberts, damit er den Dschungel verlassen kann. Der Freund legt aber keinen Wert darauf. Vgl. Hf 167 & 169: „Ohne Nash war Herbert verloren." Dann versucht Faber, den von der Sintflut überschwemmten Wagen aus dem Schlamm zu retten und ignoriert Herberts gleichgültiges Verhalten.

130 Psychologisch ist Fabers Traum von Herbert und ihrer Heirat miteinander in diesem Sinne zu verstehen. Siehe Hf 16.

erscheinungen mittelbar wahrgenommen, deren Inhalte einschließlich seiner Sehnsüchte, Wünsche, Triebe und Intuitionen durch dieses Verfahren assimiliert werden müssen, damit die im unbewußten verborgene Libido dieser Inhalte nicht mehr wild spielt. Während der zweiten Expedition in den Urwald wehrt er die Idee der Überbevölkerung und Überproduktion der Natur nicht mehr so energisch ab wie zuvor.

Die Zuneigung zur mütterlichen Natur beginnt bereits mit der gemeinsamen Reise mit Sabeth, die Faber nicht nur die Liebe lehrt, sondern auch Lebenslust und Kunstsinn. Die gemeinsame Erfahrung der Kunst und der Natur öffnet ihm einerseits die Augen für die Sinneswahrnehmungen andererseits sein Herz für die Gefühle.

Sabeths Tod und die Wiederbegegnung mit Hanna erwecken in ihm auch die längst eingeschlafenen Gefühle. All diese Erfahrungen veranlassen Faber später zur freiwilligen Rückkehr in den Dschungel, zu seinen wollüstigen Naturerlebnissen in Habana[131] und den sprachspielerischen Alpenassoziationen im Flug (Hf 195 f.)[132].

Schließlich läßt sich Faber in das Mütterlich-Weibliche einweihen, das ihm Sicherheit und Nutrition gewährt und ihm nun aufgeschlossen erscheint. Seine Selbsthingabe an diese Welt ist im Roman rituell-mystisch durch die folgende Szene profiliert: „Ich zeichne eine Frau in den heißen Sand und lege mich in diese Frau, die nichts als Sand ist, und spreche laut zu ihr - Wildlingin!“ (Hf 177) Euphorisch versöhnt sich Faber am Schluß des Romans mit der Mutter-Erde ohne Begrenztheit.[133] Die Mutter-Erde bildet das Feld, in dem Faber sich in der Beziehung zum Körper und zu Gefühlen konstituiert. Diese Szene bringt auch sein neues Verhältnis zum Gegengeschlecht zum Ausdruck. Die Frau im Sand entspricht dem Mütterlich-Weiblichen in ihm, einem Teil seines Selbst, der ihn bis dahin gequält hat und den er in der realen Frau sieht. Abgesehen davon wiederholt sich hier eigentlich der Inzest-Fall. Wie beim Inzest mit der Tochter-Anima (d.h. deren Personifikation Sabeth), die mit dem Mütterlich-Weiblichen verwechselt und daher verkannt wird, sucht er in der Versöhnungsszene die Libido und Lebensnahrung. Fabers inzestuöse Regression richtet sich eigentlich auf

---

131 Faber genießt die Wahrnehmung der vielfältigen Naturerscheinungen in Kuba sehr: „Wie ich schaukle und schaue./Meine Lust, jetzt und hier zu sein -“ (Hf 174); „Ich hatte keinen besonderen Anlaß, glücklich zu sein, ich war es aber. Ich wußte, daß ich alles, was ich sehe, verlassen werde, aber nicht vergessen [...] mein Spaß dabei, meine Wollust [...] ich schaukle und lache [...] ich schaukle und singe. Stundenlang. [...] Ich preise das Leben!“ (Hf 180 f.)

132 Vgl. Tg I 386: „Ein Flug über die Alpen, der nach einem anfänglichen Kitzel eine gewisse Leere hinterließ, beschäftigt mich doch immer weiter. Es sind vierzehn Jahre seit dem letzten Flug, der damals vom Bosporus nach Griechenland führte [...]“.

133 Vgl. Frederik Alfred Lubisch, Homo fabers hermetische Initiation in die Eleusinisch-orphischen Mysterien. In: Euphorion 80 (1986), S. 311.

Hanna, die mit seiner Mutter eine sehr enge Beziehung hat und deshalb für ihn die besonderen Bilder seiner Mutter trägt.[134]

In dem Augenblick, wo Faber das Leben preist (Hf 181) und besingt, beginnt er, zur Welt zu gehören. Er ist sich des Sterbens völlig bewußt (Hf 192 & 198).[135] Seine Annäherung an das Leben gleicht der Annäherung an den Tod. Ein „Verhältnis zum Tod gewonnen" zu haben[136], bedeutet vielleicht auch, daß Faber ein Verhältnis zu sich selbst gefunden hat, wie Martin Balle interpretiert, dennoch zeigt sich hier eher ein Zustand des Verschlungenseins und des Unterworfenseins durch Körper und Eros, Leben und Tod, da niemand sein alter ego verleugnen und beseitigen kann[137], um zu sich selbst zu kommen. Die Identifikation mit dem mütterlich-weiblichen Archetypus bedeutet auch Entsubjektivierung des Selbst. An dieser Stelle findet keine Synthese des Selbst statt.

Fabers Scheinharmonie gleicht in der Tat einem harmonischen Zustand der Mutter-Kind-Symbiose, in der das Kind mit der Mutter identisch ist und keine Bewußtseinsentwicklung sowie keinen Kontakt nach außen hat. In dieser Hinsicht bekommt seine Aussage - „Ewig sein: gewesen sein." (Hf 199) - einen besonderen tiefenpsychologischen Sinn. Denn im Schoß der Mutter gibt es keine Zeit. Mit ganz besonderer Evidenz ist Faber am Schluß des Romans den „Naturgesetze[n] und Naturgewalten" ausgeliefert[138]. Während er am Anfang die Idee der „Natur als Götze" (Hf 107) ablehnt, akzeptiert er sie am Schluß des Berichts (Hf 176 ff.). Parallel zu seiner Hingabe an die Natur und den Tod übergibt er Hanna, seiner Athener Göttin bzw. seinem Muttersurrogat, sein Selbst und sein Schicksal ohne sie um ihr Einverständnis zu bitten. Ein äußeres Zeichen dafür zeigt sich durch seine Abhängigkeit von Hanna, mit der er für immer eine neue Lebensgemeinschaft zu bilden gedenkt[139].

---

134 Hf 183 f.: Fabers Mutter und Hanna hatten eine sehr enge Beziehung miteinander; sie hatten jahrelang einen Briefwechsel. In diesem Verhältnis sieht Faber einen *„Bund der Frau"* und empfindet eine Kränkung, daß Hanna seine eigene Mutter besser kannte. So berichtet er: *„Sie erwähnen einfach nicht, was wir nicht verstehen, und behandeln uns wie Unmündige. Meine Eltern sollen überhaupt, laut Hanna, anders gewesen sein, als ich meine* [...] *Wenn Hanna von meiner Mutter berichtet, kann ich bloß zuhören. Wie ein Blinder!"* Vgl. Hf 132 ff.

135 Vgl. Hf 192: „[...] ich möchte bloß nicht mehr da sein, nirgends sein. [...] Ich habe nichts mehr zu sehen."

136 Martin Balle, Sich selbst schreiben - Literatur als Psychoanalyse, S. 149.

137 Vgl. Hf 175 f. Er ist völlig von Zorn und Haß gegen sich selbst erfüllt. Hf 176: Fabers Aussage - „(Wenn man nochmals leben könnte.)" - zeigt seine Verzweiflung darüber, daß das vergangene Leben verfehlt ist.

138 Vgl. C. G. Jung, Die Bedeutung des Vaters für das Schicksal des einzelnen, S. 347.

139 Hf 159 & 165. Vgl. Hf 144 f.: Faber ist der Meinung, daß er zu Hanna gehört anstatt zu Sabeth.

3.4. Figurencharakterisierung und psychologische Funktion der Frau

Im „Homo faber" präsentiert der Protagonist drei verschiedene Typen des Weiblichen, jeweils verkörpert durch Ivy, Sabeth und Hanna. Fabers Frauenbild und seine Zweierbeziehungen zu den drei Figuren symbolisieren drei verschiedene Stadien seiner Selbsterfahrung. Da das Leben, der Tod und der Eros, wie erörtert, psychologisch durch die Symbolik des Mütterlich-Weiblichen charakterisiert sind[140], wird Fabers Konfrontation mit Leben und Tod gleichzeitig mit seiner Auseinandersetzung mit der Frau parallel gesetzt.

Die Frau wird in Fabers Bericht als eine ganze Gattung betrachtet, die nur marginal zur Gruppe der Menschheit gehört. In seinen Augen besitzt das andere Geschlecht weder individuellen Charakter noch subjektive Persönlichkeit. Wie dargestellt ordnet Faber der Frau einen bestimmten Wertekanon zu, der sich nicht mit seinem deckt, und beurteilt sie nur gemäß seinem eigenen.[141] In seinem Bericht wird die Frau einseitig und pejorativ dargestellt. Trotz seiner Verachtung für sie geht er eine Beziehung nach der anderen ein, obwohl er immer wieder seinen Wunsch nach Alleinsein betont. Das Bedürfnis nach Gegenwart einer Frau kontrastiert paradoxerweise mit seinen pejorativen Äußerungen über sie. Aus psychologischer Sicht signalisiert die Paradoxie zwischen seinem Handeln und seiner Behauptung im großen und ganzen das neurotische Symptom, welches dann eine besondere Funktion hat und zur Bezugsperson der Zweierbeziehung spricht. Da Faber sich dieses Symptoms nicht bewußt ist und sich nicht mit ihm identifizieren möchte, ist er nicht imstande, zu erkennen, daß der Widersacher nicht die Frau ist, sondern seine eigene Psyche. Er ist Opfer und Aggressor seines Selbst zugleich. Außerdem wird die Frau vor dieser Folie ständig als Episode eingesetzt, sie bleibt stets austauschbar.

Die Frauen-Imagines Fabers werden eingangs nur allegorisch oder als Tropen in seiner Gedankenwelt beschrieben, obwohl sie in seiner Psyche und in seinem Umgang mit ihnen eine besondere Symbolik enthalten. Die Merkmale des an-

---

140 Vgl. z.B. Aniela Jaffé, Erinnerungen, Träume, Gedanken von C. G. Jung, S. 195: „Die Seele, die Anima, schafft die Beziehung zum Unbewußten. In gewissem Sinne ist es auch eine Beziehung zur Kollektivität der Toten; denn das Unbewußte entspricht dem mythischen Totenland, dem Lande der Ahnen. Wenn also in einer Phantasie die Seele verschwindet, so heißt das, sie habe sich ins Unbewußte oder ins «Totenland» zurückgezogen. Das entspricht dem sogenannten Seelenverlust, einem Phänomen, das man bei den Primitiven relativ häufig antrifft. Im «Totenland» bewirkt die Seele eine geheime Belebung und gibt den anzestralen Spuren, den kollektiven Inhalten des Unbewußten, Gestalt."

141 Faber hält sich für sachlich und ist der Meinung, daß die Frau seiner Sachlichkeit nicht gewachsen und selbst nicht dazu fähig ist. (Hf 91) Er arbeitet aktiv nach Plan. (Hf 74) Die Frau handelt seiner Ansicht nach eher passiv und unselbständig und läßt sich vom Mann gestalten. (Hf 92). Außerdem glaubt er, daß die Frau vor allem über Gefühle verfügt und kein Verständnis für die Technologie hat. (Hf 60 & 63).

deren Geschlechts werden häufig auf einzelne Körperteile oder das Materielle reduziert (vgl. z.B. Hf 65). Im allgemeinen vergleicht er die Frau mit Tieren (Hf 79, 138 & 40), Pflanzen, Sümpfen und anderen Naturphänomenen (Hf 91 & 40). Seine Beobachtungsweise beruht auch auf den bereits von ihm stereotypisierten Bildern der Frau, die sich ebenso wie seine Instinktsphäre auf das primitive sexuelle Niveau beschränken. So skizziert er:

> Ich musterte sämtliche Damen [...] in aller Ruhe. [...] Ich schätzte ihr Alter [...] ich achtete [...] auf die Beine, die Füße [...] vor allem auf die Hände und die Lippen. Da und dort, fand ich, gab es sehr blühende Lippen, während der Hals an die gefältelte Haut von Eidechsen erinnert [...] Allerlei Verbrauchtes, allerlei, was vermutlich nie geblüht hat, lag auch da, Amerikanerinnen, die Geschöpfe der Kosmetik. (Hf 79)

Interessanterweise ist die Beobachtungsweise des Romanprotagonisten auch mathematisch orientiert. Dazu dient Sabeth als ein passendes Beispiel: „Ihre Hüften waren merkwürdig leicht, zugleich stark, anzufassen wie das Steuerrad meines Studebakers, graziös, im Durchmesser genau so [...]“ (Hf 87)

Später hingegen wird das andere Geschlecht als Symbolik der Liebe und der Erlösung dargestellt. Entsprechend Fabers psychischem Zustand und seiner inneren Bedürfnisse wird die Frau einerseits noch als fremd und rätselhafter als je zuvor dargestellt, andererseits als ein hohes Bild des Mütterlich-Weiblichen. Sie wird sogar mit der Schicksalsgöttin gleichgesetzt. Seine Hoffnung auf Erlösung der Frau und sein Glaube an sie gleichen einer Art „Aberglauben“ an das Mütterlich-Weibliche[142].

Hier sei nochmals daran gemahnt, daß es sich bei der Analyse des Frauenbildes Fabers immer um die männliche Beobachtungsweise und die psychischen Hintergründe Fabers handelt, nie um Aussagen über die reale Frau im Text. Die dargestellten Zweierbeziehungen sagen nichts über die realen Beziehungen zwischen dem Protagonisten und seiner Partnerin aus, wie Faber häufig vermerkt. Die Frauengestalten sind meistens an der geschlechtlichen Beziehung eher unbeteiligt. Er mißt ihnen in der Beziehung erst Bedeutung zu, wenn es ihn, seelisch oder körperlich, nach ihrer Person verlangt, wobei er immer wieder seine Sachlichkeit und scheinbare Unbeteiligtheit konstatiert und zugleich das Gegenüber zum Agens der Beziehung stempelt. Bei jeder Frau sucht er weder die Ich-Du-Beziehung, noch bemüht er sich, sich ihnen zu öffnen. Aus diesem Grund kann er auch keinen Zugang zur Frau finden, da er sie als Mittel zum Zweck in Anspruch nimmt. Fabers Gleichsetzung seiner Psyche mit der Partnerin verkennt gerade die Unterschiedlichkeit in der Realität, die er aus seiner Psyche drängt und beseitigt. Analysiert wird hier, wie sich die Charakterisierung der weiblichen Gestalten aus Fabers männlichem Blickwinkel und durch seine besondere Re-

---

142 Vgl. Hf 142: „Alle Frauen haben einen Hang zum Aberglauben [...] Sie [Hanna] redete von Mythen, wie unsereiner vom Wärmesatz, nämlich wie von einem physikalischen Gesetz, das durch jede Erfahrung nur bestätigt wird [...] das sind Tatsachen für sie [...]“.

deweise konstituiert und welche spezifische Rollenfunktion die Frauenfiguren in seinem Leben einnehmen.

3.4.1. Ivy

Gemäß Fabers Bericht repräsentiert die Figur Ivy einen bestimmten Elementarcharakter des Mütterlich-Weiblichen. Psychologisch gesehen ist sie eine der Psyche Fabers entsprungene Symbolfigur. Einerseits symbolisiert sie die Kehrseite seines einseitigen Bewußtseins, d.h. den Teilaspekt der negativen Anima - der Lustbarkeit, der Sinnlichkeit, des Klischeehaften, des Materiellen und der Sünden[143] -, andererseits personifiziert sie die oberflächliche Denk- und Lebensweise des Amerikanischen (Hf 50)[144]. Strebt Faber zuerst nach der Unsterblichkeit des Ich, ist er demgemäß von der Schein-Jugendlichkeit des Amerikanischen fasziniert, welches er zuerst bevorzugt, während seines inneren Wandlungsprozesses dann aber ablehnt (Hf 175 ff.)[145]. Indem Fabers Leben nur auf der oberflächlichen bzw. imaginierten Ebene bleibt, entspricht seine Darstellung der stereotypischen Weiblichkeit auch seinem inneren Niveau der Sexualität[146]: Er richtet sein Augenmerk stets nur auf Ivys Aussehen und ihre materiellen Attribute (z.B. Wagen und Kleid) und ignoriert hierbei ihre individuelle Persönlichkeit sowie ihr inneres Leben.[147] An der Sexualisierung ihres Körpers durch Faber wird Ivys Fetischcharakter erkennbar; sie wird aufgrund von Fabers Entwertung des Organischen zum Massenprodukt bzw. zur Allegorie des Amerikanischen gestaltet. Aus dem männlichen Blickwinkel wird sie als sein Gegensatz so negativ gestaltet, daß seine männliche Überlegenheit, Sachlichkeit, Geistigkeit, Rationalität und Unabhängigkeit dadurch hervorgehoben wird. Wie bereits erwähnt sind Macht und Eros aus psychologischer Sicht ein Gegensatzpaar.

---

143 Vgl. z.B. Hf 30: Für Faber ist Ivy „eine Art von Amerikanerin, die jeden Mann, der sie ins Bett nimmt, glaubt heiraten zu müssen."

144 Hf 50: „[...] *The American Way of Life*: Ein Versuch, das Leben zu kosmetisieren [...]".

145 Hf 177: „Marcel hat recht: ihre falsche Gesundheit, ihre falsche Jugendlichkeit, ihre Weiber, die nicht zugeben können, daß sie älter werden, ihre Kosmetik noch an der Leiche, überhaupt ihr pornographisches Verhältnis zum Tod [...] ihre obszöne Jugendlichkeit -".

146 Vgl. C. G. Jung, Die Ehe als psychologische Beziehung, S. 224: „Die Anima hat einen erotisch-emotionalen [...] Charakter, daher das meiste, was die Männer über weibliche Erotik und überhaupt über weibliches Gefühlsleben zu sagen wissen, auf der Projektion ihrer eigenen Anima beruht und darum schief ist."

147 Vgl. Hf 67 f.: „Sie [Ivy] stammte aus der Bronx, sonst wußte ich wirklich nichts von Ivy, anfangs hatte ich sie für eine Tänzerin gehalten, dann für eine Kokotte, beides stimmte nicht - ich glaube, Ivy arbeitet wirklich als Mannequin." Faber geht eine Beziehung mit einer Frau ein, die er persönlich kaum kennt. In Wirklichkeit sieht er in ihr nur ein Sexualobjekt, denn seine Vermutung über ihren Beruf bezieht sich nur auf das Gegenständliche und Sexuelle.

Wenn die Macht in einem Menschen herrscht, so kompensiert der Eros und vice versa. In diesem Sinne verbirgt sich Fabers unbewußter Eros Phobos hinter seiner männlichen Macht des Technikers und Bewußtseins. Gemäß der Jungschen Psychologie ist es nicht verwunderlich, daß der Eros später in ihm einen Machtanspruch erhebt, welcher auf die Frau, vor allem Ivy, projiziert ist.

An Ivy findet Faber verschiedene verderbliche Attribute des Mütterlich-Weiblichen, dessen Macht und Faszination das Väterlich-Männliche auflösen können und daher destruktiv von ihm erfahren werden. Fabers Beteuerung, daß Ivy in Wirklichkeit „ein herzensguter Kerl“ sein kann, „wenn sie nicht geschlechtlich wurde“ (Hf 65), expliziert zweifelsohne mehr seine unheimliche Angst vor dem anderen Geschlecht anstatt vor der Person Ivy. Er reduziert ihre Person ausschließlich auf die Sexualität des Mütterlich-Weiblichen, das ihm gegenüber einen Anspruch auf Macht erhebt. So verkörpert Ivy Fabers unbewußte Wünsche, deren natürliche psychologische Komponente für das Wachbewußtsein inkompatibel erscheinen; sie repräsentiert eine Gefahr für das Ich des Mannes.[148] Nach seiner Interpretation liegt der Sinn der Existenz einer solchen Frau einzig darin, den Mann mit Plan und List herauszufordern, zu desavouieren und zu zerstören. Weil er ihr sich gegenüber so unsicher fühlt, versucht er ihr möglichst auszuweichen, um seine innere Unsicherheit nicht zu verraten[149]. Im Patriarchat wird eine solche Frau wie Ivy stets mit der Undine, Hexe, Sirene, Sphinx, Nixe etc. gleichgesetzt und als Bedrohung empfunden. Auch in diesem Sinne assoziiert Faber, als er die Landschaft vom Flugzeug aus beobachtet, die unheimlichen fremden Naturerscheinungen des Wassergebiets mit Ivy:

> Ich versuchte an Ivy zu denken - [...] Unter uns immer noch Sümpfe, [...] teilweise grün und dann wieder rötlich, Lippenstiftrot, was ich mir nicht erklären konnte, [...] und wo die Sonne spiegelt, glitzert es [...] metallisch, dann wieder himmelblau und wässerig (wie die Augen von Ivy) mit gelben Untiefen [...], einmal [...] braun wie amerikanischer Milchkaffee, widerlich, Quadratmeilen nichts als Lagunen. (Hf 18)

Überdies verbindet Faber in seinem Bericht die Beschreibung über Ivy mit einer Erinnerung an Joachims Begräbnis und die Szene der Urnatur (Hf 68). Außerdem macht Faber auf den Namen Ivy aufmerksam, mit dem im Englischen auch die Schlingpflanze Efeu[150] bezeichnet wird; wie alle Frauen droht Ivy den Mann zu umranken:

---

148 Vgl. z.B. Hf 30: Aus dieser Angst wehrt Faber sich gegen seine eigenen Gefühle und projiziert sie auf die Frau. Vor dieser psychologischen Folie schreibt er, ihm sei „bewußt, daß Ivy, wie jede Frau, eigentlich nur wissen möchte, was ich fühle, beziehungsweise denke, wenn ich schon nichts fühle [...]“.

149 Fabers Versuch, sich dem anderen Geschlecht zu entziehen, läßt sich beispielhaft durch seine Vorliebe, unter Männer zu gehen (Hf 64 & 69 f.), nachweisen.

150 Die Oberflächlichkeit der Figur Ivy deckt sich gänzlich mit dem Charakter des Efeus. Der Efeu ist eine Art anspruchslose Pflanze, die weitverbreitet und immergrün ist. Wie

> [...] Ivy heißt Efeu, und so heißen für mich eigentlich alle Frauen. Ich will allein sein! Schon der Anblick eines Doppelzimmers, wenn nicht in einem Hotel, das man bald wieder verlassen kann, sondern Doppelzimmer als Dauer-Einrichtung, das ist für mich so, daß ich an *Fremdenlegion* denke - (Hf 91; Hervorh. d. Verf.)

Der psychologische Zusammenhang der Figur Ivy mit den Naturerlebnissen ist unverkennbar. Aus diesen Bildern der Natur und der Frau lassen sich Rückschlüsse auf Fabers Beziehungsvorstellungen, auf seine Ängste und Widerstände ziehen, welche aus dem „Perseverieren des Affektes“[151] entstanden sind. Die extreme Gegenüberstellung von Flugzeug und Natur und die Beobachtungsrichtung Fabers von oben nach unten signalisieren unmißverständlich die Distanz dieser zwei völlig unterschiedlichen Symbolwelten.[152] Während Faber die Kultur und Zivilisation vertritt, inkarniert Ivy die unfaßbare animalische (Trieb-)Natur, die an alle Kulturschablonen anstößt.[153] Das unterentwickelte und unterschwellige Unbewußte wird mit der Frau gleichgesetzt. Dieser innere Konflikt Fabers kann sich durch Jungs folgende Äußerung erhellen:

> Der Anspruch des Unbewußten wirkt zunächst wie ein lähmendes Gift [...] Scheinbar ist es ein dämonischer Feind, der die Tatkraft raubt, in Wirklichkeit aber eben das eigene Unbewußte [...] Die Ursache dieses Vorganges ist oft sehr dunkel, und um so mehr, als sie sich mit allerhand Umständen, Bedingungen und Nebenursachen kompliziert [...] *Nach dem Mythus aber soll es das Weib sein, das den Mann heimlich lähmt, von dem er sich nicht mehr zu befreien vermag* [...][154] (Hervorh. d. Verf.)

Aus psychologischer Sicht dirigiert eine hintergründige psychische Dynamik den geschlechtlichen Konflikt Fabers.[155] Die Hinweise auf das Physische und

---

die Anima hat der Efeu sowohl schützende als auch zerstörende Eigenschaften. Wenn er an einer rissigen Wand hochklettert, wird er sie ruinieren. Rankt er um einen Baum oder bildet er auf dem Boden einen Teppich, kann er beide schützen.

151 C. G. Jung, Über die Psychologie der Dementia Praecox, S. 47.

152 Im Tagebuch 1946 - 1949 notiert Frisch eine sehr ähnliche Erfahrung des Inneren und Äußeren während eines Fluges: „[...] aus der Höhe zeigt sich, daß wir an einer traumhaft-trüben Wildnis von Schlamm und Schlingzeug wohnen, harmlos und ahnungslos wie unserem Unbewußten gegenüber.“

153 Ohne weitere Erörterung, wird hinlänglich klar, daß sich dieser neurotische Gegensatz zwischen Kultur und Natur mit der von Rolf unterstrichenen zeitgenössischen Diskrepanz zwischen dem Bewußtsein und dem „Paket des fleischfarbenen Stoffes“ deckt.

154 C. G. Jung, Symbole der Wandlung, S. 384 f.

155 Vgl. C. G. Jung, Die Ehe als psychologische Beziehung, S. 220 f.: „[...] Menschen mit einigermaßen dissoziierter Anlage haben in der Regel auch die Fähigkeit, unvereinbare Charakterzüge auf längere Zeit hinaus abzuspalten und sich dadurch scheinbar einfach zu gestalten, oder ihre «Vielseitigkeit», ihr schillernder Charakter kann ihren ganz besonderen Reiz ausmachen. In solchen etwas labyrinthischen Naturen kann sich der andere leicht verlieren, das heißt er findet eine solche Fülle von Erlebnismöglichkeiten in ihnen, daß sein persönliches Interesse vollauf beschäftigt ist; gewiß nicht immer in angenehmer

Psychische kann er weder wahrnehmen noch damit umgehen, weil er den triebhaften Teil seiner Psyche, welcher in der Psychologie meistens durch Tiere inkarniert und von archetypischer Wertung ist, nicht mitleben läßt. Deshalb drücken sich diese animalischen Komponenten destruktiv aus. Das Innere erlebt der Techniker nicht subjektiv, sondern im außen bei Ivy, die ihm in seiner Einbildung entgegentritt und eine Wirklichkeit erhält. Während er in der Figur Ivy eine imaginäre und im Prinzip andersartige innerliche Schau ausformuliert, kann er nicht zu seinem Selbst zurückfinden. Fabers Beziehung mit Ivy ist daher von seinen ambivalenten Gefühlen überschattet, von denen er keine Kenntnis hat und welche dann wie ein Zwang und eine Demütigung von außen wirken. Der Protagonist kann seine inneren zwingenden Gefühle nicht von Ivys Person unterscheiden.[156] Durch diese psychologische Verwechslung kommt Ivy ihm wie ein Blendwerk vor, welches ihn immer wieder in den Zweifel treibt und seine männliche Autonomie herausfordert. Das Zusammensein mit ihr bringt ihn ständig in Gefahr, von ihr bzw. dem Mütterlich-Weiblichen verschlungen zu werden.

Psychologisch wird Fabers brennende Triebhaftigkeit durch sein Appartement verräumlicht[157]. Während seine Triebhaftigkeit zur Oberfläche des Bewußtseins emporsteigt, versagt sein Bewußtsein. Die Libido des Körperlichen führt ihn jedesmal wieder zu Widerstand und zu einem Wutanfall: „Ich weiß nicht, wie es wieder kam -/Ich glaube, Ivy wollte, daß ich mich haßte, und verführte mich bloß, damit ich mich haßte, und das war ihre Freude dabei, mich zu demütigen, die einzige Freude, die ich ihr geben konnte." (Hf 66) Darauf gerät er blitzschnell in brennenden Haß, verfällt in Aggression und Kränkung. So interpretiert er jeden körperlichen Kontakt als Rache der Frau (Hf 62). Obwohl er bewußt bemerkt, daß er nicht nur Ivy verachtet und haßt, sondern auch sich selbst (Hf 62), bekundet seine übertriebene Wut gegen sich selbst ausschließlich die narzißtische Liebe zu sich selbst (z.B.: Er küßt versehentlich seine eigenen Ellbogen), denn er fühlt sich von seinen unbewußten Instinkten verraten. Vor dieser Folie der Tiefenpsyche sieht er in Ivy eine Schlingpflanze. Er versucht Widerstand gegen sie und das Übermaß der von ihr verkörperten Triebhaftigkeit zu leisten. So reagiert er in einer Liebesszene mit Ivy vollkommen apathisch:

> Wenn ich Ivy umarmte und dabei denke: Ich sollte meine Filme entwickeln lassen, Williams anrufen! Ich könnte im Kopf irgendein Schach-Problem lösen [...] Ich spüre ihre zehn Finger um meinen Hinterkopf, sehe ihren epileptisch-

---

Weise, indem seine Beschäftigung öfters darin besteht, ersteren auf allen möglichen Neben- und Abwegen nachzuspüren. Immerhin ist dadurch soviel Erlebnismöglichkeit vorhanden, daß die einfachere Persönlichkeit davon umgeben, ja sogar davon gefangen ist; sie geht in der umfänglicheren Persönlichkeit gewissermaßen auf, sie sieht nicht über jene hinaus."

156 Vgl. C. G. Jung, Symbole der Wandlung, S. 369: „Die eigenen Wünsche sind es, die wie Pfeile in unserem Fleisch stecken [...]".

157 Vgl. Hf 62: „Ich [...] haßte die ganze Zeit, die ich in diesem Manhattan verbracht habe, vor allem aber meine Wohnung. Ich hätte sie anzünden wollen!"

glücklichen Mund [...] ich überlege mir, welches Datum wir heute haben [...] und schließe die Augen, um an Ivy zu denken, die ich in meinen Armen habe, und küsse aus Versehen meinen eignen Ellbogen. Nacher ist alles wie vergessen. (Hf 94)

An anderer Stelle setzt er die gleiche Widerstandsstrategie gegen seine eigenen Gefühle und das andere Geschlecht ein. Er schreibt mit einiger Übertreibung: „[...] es ekelte mich ihre Zärtlichkeit, ihre Hand auf meinem Knie, ihre Hand auf meiner Hand, ihr Arm auf meiner Schulter, ihre Schulter an meiner Brust, ihr Kuß, [...] es war unerträglich - ich sagte rundheraus, daß ich sie hasse." (Hf 62) Durch die Beziehung mit Ivy erlebt Faber die eigene Unvernunft und die Begierde, die ihn verführt[158] und bedroht[159]. Vor Ivy empfindet er sich als ein passives Opfer der äußeren Komplexität, wobei er nur auf das äußere Verhältnis mit Ivy achtet und nur sehen kann, was Ivy spielt und was ihm äußerlich zwanghaft passiert. Trotz seiner inneren Abwehr ist er nicht imstande, sich dieser Frau zu entziehen. Infolgedessen sieht er seine Affekte nur als Folge der Provokation Ivys. Greift Faber sie an, unterstützt er somit seine eigene aggressive Anima, die ihn dämonisiert und tyrannisiert, weil er ihr nicht entgegentreten will[160]. So schreibt er: „[...] ich werfe sie hinaus - mit Gewalt leider, denn sie liebt Gewalt, dann hat sie das Recht, mich zu beißen." (Hf 58) Auf diese Weise schiebt er die Verantwortung für sich selbst auf Ivy und bemüht sich nur, sich möglichst schnell von dieser zerstörenden Frau zu trennen, wobei er sich häufig über die Anstrengung der Befreiung von ihr und die Hindernisse von ihrer Seite klagt. Diesbezüglich berichtet der Protagonist z.B. Folgendes:

Ich hoffte, daß Ivy nicht mehr wartete, sondern die Geduld verloren und meine Wohnung verlassen hatte, böse auf mich, da ich mich [...] wie ein Flegel benahm; aber anders wurde ich Ivy nicht los - ich [...] ging zu Fuß, um die Chance, Ivy nicht mehr zu treffen, nochmals um eine halbe Stunde zu vergrößern; ich wußte, daß sie zähe ist. (Hf 64)

Faber möchte sie zwar möglichst bald seiner Welt entrücken, verfällt aber immer wieder ihrer weiblichen Dominanz.

Der nicht bearbeitete Konflikt ist zwar unbewußt, aber sein Lösungsversuch ist vor allem durch den spontan erstellten Brief an Ivy aus der Wüste unverkennbar. Der Protagonist möchte sich tatsächlich von dieser Schlingpflanze befreien, obwohl er nicht weiß, was ihn eigentlich bedroht und warum Ivy entfernt

---

158 Vgl. Hf 64 f.: „[...] es war ihr ein Bedürfnis, mich zu verführen [...] sie ist nicht dumm, aber ein bißchen pervers, so schien mir, komisch, dabei ein herzensguter Kerl, wenn sie nicht geschlechtlich wurde..."

159 Vgl. Hf 66: „Manchmal fürchtete ich sie."

160 Ivys Klage gegen Fabers Grobheit und Aggressivität kann als Klage der vernachlässigten Anima verstanden werden: Ivy bezeichnet ihn als einen „Egoist" (Hf 31 & 58), einen „Rohling" (Hf 31 & 58), einen „Barbar" (Hf 31) und einen „Unmensch" (Hf 31 & 58), der keine Gefühle hat (Hf 58).

werden muß. Unfähig zur Erkenntnis der unbewußten Geschehnisse ist er andauernd von infantilen Triebregungen befallen.

Martin Balle hat recht, wenn er der Ansicht ist, daß sich Fabers Wahl der Partnerinnen seit seiner ersten Sexualerfahrung mit vierzehn Jahren mit der sexuell unbefriedigten Lehrersgattin (Hf 99 f.) auch nach 25 Jahren nicht geändert hat.[161] Die Wahl der Lehrersgattin entsprach seinen Inzestwünschen, die nach dieser Beziehung noch intensiver verdrängt, traumatisiert und tabuisiert worden sind[162]. Unter dem Aspekt der negativ konnotierten Sexualität ist Faber seitdem auf biologischem Niveau und ohne Liebeskontakt geblieben.[163] Jedoch muß aber Martin Balles Behauptung - „Faber hat mit dem Mannequin Ivy von Anfang an eine Partnerin gewählt, die weder seinen geistigen noch seinen immerhin nur verschütteten emotionalen Möglichkeiten entsprechen kann“[164] - widerlegt werden. Denn, wie bereits im „Stiller“-Kapitel erläutert, kann die Partnerwahl von Mann und Frau auf der unbewußten Ebene bleiben, indem die Anima des Mannes und der Animus der Frau einander ansprechen und hervorrufen[165]. Bei Faber und Ivy geht es hier also um die psychologischen Übertragungs- und Gegenübertragungsmechanismen des Unbewußten, d.h. um eine unbewußte Verschiebung der Gefühle, die sowohl persönliche als auch archetypische Charakterelemente tragen. Wie Stiller und Julika „auf eine unselige Weise zueinander paßten“ (St 440), klammern sich Faber und Ivy unbewußt aneinander und fordern einander auf der sexuellen Ebene, da sie beide blind für ihre eigenen psychischen Vorgänge sind.

Abschließend läßt sich sagen, daß die Figur Ivy Fabers zerrissene Seele inkarniert und seine Erfahrung an der Teilpsyche des Selbst reflektiert. Sie kann Faber zwar widerspiegeln, aber nicht sein Wesen wandeln. Für Faber dient Ivy nicht als die richtige Brücke zur inneren Tiefe des Selbst.

---

161 Martin Balle, Sich selbst schreiben - Literatur als Psychoanalyse, S. 137 f.

162 Hf 99 f.: „Meine erste Erfahrung mit einer Frau, die allererste, habe ich eigentlich vergessen, das heißt, ich erinnere mich überhaupt nicht daran, wenn ich nicht will. [...] Sie starb noch im gleichen Sommer, und ich vergaß es, wie man Wasser vergißt, das man irgendwo im Durst getrunken hat. Natürlich kam ich mir schlecht vor, weil ich es vergaß, und ich zwang mich, einmal im Monat an ihr Grab zu gehen [...] dabei schämte ich mich, weil ich jedesmal froh war, daß es vorbei ist.“

163 Vgl. C. G. Jung, Die Ehe als psychologische Beziehung, S. 218: „Unbewußtheit bewirkt Nichtunterschiedenheit, unbewußte Identität. Die praktische Folge ist, daß der eine vom anderen eine gleichartige psychologische Struktur voraussetzt. [...] Die Beziehung bleibt innerhalb der Grenzen des biologischen Instinktzieles, der Arterhaltung. Da dieser Zweck kollektiver Natur ist, so ist demgemäß auch die psychologische Beziehung der Gatten zueinander im wesentlichen kollektiver Natur und kann deshalb im psychologischen Sinne nicht als *individuelle Beziehung* angesehen werden.“

164 Martin Balle, Sich selbst schreiben - Literatur als Psychoanalyse, S. 137.

165 C. G. Jung, Die Beziehungen zwischen dem Ich und dem Unbewußten (1989-Ausgabe), S. 217: Jung ist der Meinung, „daß der Animus immer die Anima hervorlockt, wodurch jede weitere Diskussion aussichtslos wird (und natürlicherweise vice-versa ebenfalls).“

3.4.2. Sabeth

Wie alle anderen Frauengestalten im Werk Frischs personifiziert die Figur Sabeth im „Homo faber" auch gewisse psychologische Merkmale, die als minderwertige Funktion dem Protagonisten zugeteilt sind. Während die weibliche Figur Ivy durch ihre verschlingenden und destruktiven Charaktermerkmale das Sexualprinzip der Anima vertritt, repräsentiert Sabeth durch ihre hellen vitalen Eigenschaften das Liebesprinzip des positiven Weiblichen, welches aber noch Züge der Tochter-Anima trägt und deshalb nur beschränkte (Geist-)Wandlungswesenszüge hat. In Sabeth sind die positiven Charakteristika der Erdmutter-Tochter zu finden (Hf 152). Während sich Fabers Beziehung zu Ivy stets auf die Ebene der triebhaften Sexualität beschränkt, so entwickelt sich sein Eros durch Sabeth fort vom „primitiven Niveau" und der rein biologischen Beziehung. Wie sich auch die Beziehung mit Ivy nicht auf die persönliche individuelle Frau bezieht, richten sich seine Gefühle zu Sabeth ebenfalls nicht auf ihre individuelle Persönlichkeit, sondern vielmehr auf die transpersonale Anima, die er mit Sabeth und Hanna verwechselt.

Mit dem symbolischen Pingpongspiel auf dem Schiff führt Sabeth ihn zu einer neuen Art der Wechselbeziehung zwischen Bewußtsein und Unbewußtem, zwischen Denken und Gefühl. In der Tiefenpsyche Fabers fungiert sie als Auslöser der Rückkehr zur vergangenen verschütteten Gefühlswelt (Hf 110). Durch die kurze Erscheinung Sabeths, die im Roman wie eine Illusion wirkt, eskaliert Fabers innere Spannung zwischen dem Väterlich-Männlichen und dem Mütterlich-Weiblichen. Sein Verhältnis mit ihr gleicht einem Versuch, das Unbewußte kennenzulernen. Durch Sabeth wird Faber mit den von ihm abgewehrten Gefühlen konfrontiert, beginnt sie wahrzunehmen, damit umzugehen und die Gefühle des Gegengeschlechts kennenzulernen. Durch sie erfährt die Beziehung Fabers zur Frau eine weitere Wandlung.

In diesem Roman deckt sich die weibliche Gestalt Sabeth als junges Mädchen mit dem noch kindlichen Bild, das Faber von seiner noch unterentwickelten weiblichen Seite in sich trägt. Obwohl sich der Berichterstattende über Sabeths Jungweiblichkeit, Unmündigkeit und Töchterlichkeit (Hf 114) völlig im klaren ist, versucht er zugleich, in ihr eine richtige Frau zu sehen. Denn er sehnt sich nach der Liebe einer Frau, die ihn zu einer Begegnung leiten kann. Gleichwohl zweifelt er an seiner Hingezogenheit zu Sabeth und fragt sich, ob Sabeth „ein Kind" sei, „das ich als Frau behandelte, oder eine Frau, die ich als Kind behandelte [...]". (Hf 114) Dieses Bild der Anima entspricht dem der jungen Hanna. Die in der Vergangenheit mit Hanna erlebten Gefühle werden unbewußt in der Aktualität an Sabeth erlebt, und seine Sehnsucht nach verlorener Jugendlichkeit und Lebendigkeit werden auf sie übertragen. Deshalb sieht er in Sabeth viele Züge der jungen Hanna (Hf 78, 79, 80 & 94), welche seine einst verdrängte Lebensangst symbolisiert. Ebenso wie ihre Mutter verfügt Sabeth über eine besondere Spontaneität[166], eine neue Unmittelbarkeit, Unbekümmertheit, Impulsivität, Naivität; sie symbolisiert Unschuld, Vitalität, Freiheit, Beweglichkeit und Lebensfreude. Sie erwartet nur Gutes vom Leben und von der Welt. In dieser Gestalt sind Gefühle und Energie vereinigt. Der Techniker fühlt sich zum einen von Sabeths Fröhlichkeit und Natürlichkeit angesteckt, zum anderen beneidet er sie um ihre Jugendlichkeit (Hf 73) und Lebenskraft, um ihre Lust nach Abenteuern und Erlebnissen.[167] Durch sie lernt er das Leben und die Mitmenschen lieben, die sonst für ihn „anstrengend" sind. Durch sie verharrt er nicht mehr so sehr auf der Persona und dem väterlich-männlichen Wertekanon. Durch ihre Ablehnung seines Rollenzwangs und seiner Rollenschablone beginnt er Schritt für Schritt, an seinem Techniker-Leben zu zweifeln. Sabeth ist voller Lebenslust[168] und möchte den reifen Mann Faber zum Infantilismus verlocken. So berichtet Faber von ihr: „Für Sabeth war alles ganz anders. Sie freute sich auf Tivoli, auf Mama, auf das Frühstück, auf die Zukunft, wenn sie einmal Kinder haben wird, auf ihren Geburtstag, auf eine Schallplatte, auf Bestimmtes und vor allem Unbestimmtes: auf alles, was noch nicht ist." (Hf 109)

Charakteristischerweise gleicht Sabeth dem Ewigen Mädchen, der Puera aeterna, die „ein archetypisches Bild" ist, „das für den einen Teil eines in der menschlichen Psyche wirkenden Paares von Extremen steht, das nach Vereinigung sucht."[169] Während Faber wegen seiner körperlichen Verwelkung seinen inneren Puer aeternus, der sein Altern kompensieren soll, nicht mehr hervorheben kann, verschiebt er seine Sehnsüchte nach den psychologischen Attributen des Puer aeternus nach außen auf die Puera aeterna, die für ihn in seiner wiederkehrenden Imagination der ehemaligen Geliebten Hanna entspricht und die er in jeder Frau suchte, bis er Sabeth gefunden hat[170]. An dieser Stelle handelt es sich wie erörtert um eine unbewußte Begegnung zwischen Anima und Animus. Durch die Erscheinung der Puera aeterna fühlt sich Faber verjüngt wie ein Puer aeternus und zieht mit ihr abenteuerlich durch Südeuropa. Durch Sabeth bekommt er „das Gefühl von Bestimmung und Sinnhaftigkeit."[171] Diese junge

---

166 Sabeths Spontaneität ist auch in ihrer Ablehnung, sich Fabers festen Kategorien von Mann und Frau unterzuordnen, zu erkennen.

167 Sabeths jugendliche Offenheit und Lust auf Abenteuer und Erlebnisse reflektiert vor allem ihr Traumberuf Stewardeß.

168 Hf 109 & 110: „Ich staunte manchmal, wie wenig sie brauchte, um zu singen, eigentlich überhaupt nichts; sie zog die Vorhänge auseinander und stellte fest, daß es nicht regnete, und sang."

169 Andrew Samuels, Bani Shorter & Fred Plaut, Wörterbuch Jungscher Psychologie, S. 183. In der Jungschen Psychologie wird Puer aeternus oder Puera aeterna mit der „Senex-Pathologie" zusammengebracht. Siehe ebd., S. 202.

170 Vgl. Hf 95: Faber bittet um die Hand Sabeths und ist der Ansicht, daß sein Leben in ihrer Hand liegt. Ohne Zweifel spiegelt diese Aussage Fabers seine unbewußte Verschiebung der Verantwortung für sein eigenes Leben auf Sabeth wider.

171 Andrew Samuels, Bani Shorter & Fred Plaut, Wörterbuch Jungscher Psychologie, S. 183.

Figur verhilft ihm zur Nivellierung seines Alterns, seiner körperlichen Hinfälligkeit und seiner psychischen Gleichgewichtsstörung, wobei er sich des Altersunterschieds wohl bewußt ist (Hf 116).

Daß Sabeth irgendein Mädchen und ersetzbar ist, erweist sich durch Fabers Änderung des Heiratsantrags auf Hanna, der vor der Wiederbegegnung mit ihr Sabeth[172] gilt, und durch seine folgende Aussage: „Ich war nicht verliebt in das Mädchen mit dem rötlichen Roßschwanz, sie war mir aufgefallen, nichts weiter [...] Ich war nicht verliebt, im Gegenteil, sie war mir fremder als je ein Mädchen [...]" (Hf 95; vgl. Hf 123). Immer wieder hebt er die Zufälligkeit der Beziehung zu Sabeth hervor, ist blind für seine unbewußte Sehnsucht nach Liebe, die angeblich seine „falschen Minderwertigkeitsgefühle[]" (Hf 98) kompensieren kann und hier in Sabeth verkörpert ist.

Die Verwechslung von Sabeth und Hanna spielt auf Fabers Verwechslung von der Großen Mutter und der Anima an, die wiederum durch die Zeichnung der Frau im Sand, welche er „Wildlingin" (Hf 177) nennt, bestätigt wird. Diese Verwechslung wird besonders augenfällig durch Fabers Zwiegespräch mit dem Freudenmädchen Juana in Habana. Faber erzählt Juana vom Inzest mit seiner eigenen Tochter, mit der er eine Hochzeitsreise unternommen hat und die inzwischen gestorben ist, und von seinem Heiratsplan mit Hanna (vgl. z.B. Hf 165), der Mutter seiner Geliebten. Er sagt zu Juana: „»I'm going to marry her.«" (Hf 180), wobei Juana nicht weiß, von welcher er nun erzählt, der Mutter seiner Geliebten oder der Tochter seiner Geliebten.

So wie Faber, ohne auf ihren Protest zu achten[173], Sabeth meist durch die Linse einer Kamera distanziert fast wie einen Gegenstand betrachtet (Hf 85 & 189), wird sie stets von ihm auch allegorisiert. Ihre besonderen Merkmale faßt er in verschiedenen Allegorien zusammen, betont stets ihre Körperteile und die Dinge, die sie am Körper trägt, wie z.B. ihren „Pferdeschwanz" bzw. „Roßschwanz" (Hf 70 & 123), ihren „grüne[n] Kamm", den „schwarzen Pullover mit Rollkragen" (Hf 70), die „Halskette aus gewöhnlichem Holz" (Hf 70), die „Cowboy-Jeans" oder die „schwarzen Cowboy-Hosen" (Hf 70 & 81), die „Espadrilles" (Hf 70) usw. Diese stereotypisierten Allegorien werden ständig von ihm in Worten und Gedanken wiederholt. Kennzeichnenderweise reduziert er nach seinem eigenen Gefühl Sabeths Vornamen.[174] Abgesehen davon betrachtet er sie als einen schönen Besitz- und Beobachtungsgegenstand. Beispielsweise

---

172 Siehe Anm. 170.

173 Hf 85: „»Sie beobachten mich die ganze Zeit, Mister Faber, ich mag das nicht!«"

174 Später bei der Wiederbegegnung mit Hanna und ihrer Frage, warum er ihre Tochter Sabeth statt Elisabeth nennt, weiß er diese Namenabkürzung auch nicht zu begründen. Hinter solcher Beobachtungsweise und Allegorisierung des Menschen verbergen sich sicher verschiedene von ihm festgelegten Kategorien und Kriterien, mit denen er die Menschen messen kann, um sie zu klassifizieren sowie zu situieren. Mit dieser Voreingenommenheit werden nicht nur seine menschlichen Beziehungen gehemmt, damit beabsichtigt er ebenfalls, seine Überlegenheit und seine männliche dominante Position zu stärken.

beschreibt er: „Ich hielt den Kopf so, daß sie sich nicht rühren konnte, mit beiden Händen, wie man beispielsweise den Kopf eines Hundes hält. [...] meine Hände wie ein Schraubstock." (Hf 119 f.) Der Protagonist hat nicht die Absicht, sie als Individuum kennenzulernen, sondern hält sie bloß für eine Spiegelung seines Selbst und ein distanziertes Liebesobjekt. In diesem Sinne verfolgt er sie, „bloß um in ihrer Nähe zu sein, um Sabeth wenigstens zu sehen *in der Spiegelung einer Vitrine*". (Hf 109; Hervorhebung d. Verf.) Seine Aussage - „[...] ich kann nur sagen, daß ich glücklich gewesen bin, weil auch das Mädchen [...] glücklich gewesen ist [...]" (Hf 107; vgl. Hf 104 f.) - beweist einerseits, daß er seine Gefühle immer noch auf das äußere Obejkt bezieht[175] und sich nicht der inneren Freude subjektiv hingeben kann, andererseits daß Sabeth für ihn nur ein Mittel zur Selbstbestätigung als Mann ist. Sabeth steht also im Dienste seines inflatorischen Größenwahns.

Im Gegensatz zu Sabeth ist der „Senex" Faber „überaus konservativ, autoritär, allzu abgesichert, melancholisch und imaginationslos."[176] Diese extremen Merkmale Fabers sind im Text unverkennbar. Die Verbindung mit Sabeth bezeugt einerseits seine vom übermäßig akzentuierten Geist verursachte Persönlichkeitsstörung sowie seine Unfähigkeit zur unmittelbaren Wahrheitswahrnehmung und zur Selbstfindung, andererseits seine Sehnsucht nach Einssein mit sich selbst. Die Rückkehr zur ungelösten Vergangenheit und Jugend, zu den Anfängen der Lebensoffenheit und -möglichkeit bedeutet in der Psychologie zwar eine Regression, aber auch einen Versöhnungsversuch mit dem in der Vergangenheit verdrängten Schatten der Psyche, der sich in der Gegenwart auswirkt. Zur Konfrontation Fabers mit seinen schattenhaften Charakteristika führt die unschuldige, seinen unbewußten Vorstellungen entsprechende Figur Sabeth.[177] Das langsame Erwachen von seiner unbewußten Lebens- und Todesangst beunruhigt, demütigt und kränkt ihn zwar, aber es zwingt ihn auch zur umgehenden Wandlung. Faber, der Hunger nach Leben und menschlicher Nähe hat, hofft, daß Sabeth ihn durch ihre symbolisch erotisierte Beziehung zu einer tieferen Psychologie initiieren kann. Sabeth übt tatsächlich eine psychologisch tiefgehende Wirkung auf ihn aus, wenn man bemerkt, wie er seinen Zynismus gegen das Leben, seine distanzierte Beobachtungsweise, Gefühlskargheit und den Sinn für Kunst während der Beziehung mit Sabeth ändert. Seine Wandlung mit Hilfe der künstlerischen Aufklärung durch Sabeth kennzeichnet sich beispielsweise durch seine neu entdeckte Faszination für das Relief „Geburt der Venus" (Hf 110 f.) Weiterhin zwingt ihn die als gescheitert zu bezeichnende Beziehung zu Sabeth zur introversiven Innenschau: Er trauert um sie und um das vergangene Erlebnis mit ihr (Hf 189 - 191). Seine Trauerarbeit gleicht dem Prozeß, sich nach all den

175 Vgl. Hf 109 f.: „Was mich am meisten freute, war ihre Freude."

176 Andrew Samuels, Bani Shorter & Fred Plaut, Wörterbuch Jungscher Psychologie, S. 202.

177 Vgl. C. G. Jung, Die Frau in Europa, S. 135: „[...] die Frau steht immer dort, wo der Mann seinen Schatten hat, weshalb er sie nur allzuleicht mit diesem verwechselt [...]".

Erlebnissen in der äußeren Welt dem wesentlichen Bereich seines Inneren wieder zuzuwenden.[178] So fungiert Sabeth als Wiederanschluß an die innere Welt.

Fernerhin personifiziert Sabeth Fabers Schuldkomplexität bezüglich der vergangenen Beziehung zu Hanna, dem Vater-Tochter-Inzest und der katalysatorisch zum Inzest führenden verfehlten Existenz[179]. Daß Fabers Liebesbeziehung mit Sabeth stets von den Erinnyen begleitet ist, versinnbildlicht bereits das Bild Sabeths vor der Venus und der Erinnye im *Museo Nazionale*: Tiefsinnig erscheinen Sabeths Worte zu Faber: „Wenn du dort [vor der Venus] stehst, ist sie viel schöner, die Erinnye hier, unglaublich, was das ausmacht!" (Hf 111) Wie immer gibt es für diese Worte Sabeths laut Faber nur eine technische Erklärung: Es sei eine Belichtungssache (Hf 111). Ebenfalls entsteht eine besondere Wirkung, wenn Sabeth zwischen der Venus und der Erinnye steht, wie Faber bemerkt: „Wenn Sabeth [...] bei der Geburt der Venus steht, gibt es Schatten, das Gesicht der schlafenden Erinnye wirkt, infolge einseitigen Lichteinfalls, sofort viel wacher, lebendiger, geradezu wild." (Hf 111) Fabers Selbstrechtfertigung bleibt nur auf der äußeren Ebene. Andauernd schiebt er die Verantwortung für seine eigenen Gefühle und seine Affäre mit Sabeth auf sie oder auf den Zufall, als ob er ein passives Opfer der äußeren Umstände wäre. So akzentuiert er z.B.: „Jedenfalls war es das Mädchen, das in jener Nacht [...] in mein Zimmer kam -" (Hf 125). Er objektiviert die Beziehung mit ihr und ihren Tod; ihm fehlt das subjektive (Mit-)Erleben von Vergangenheit und Gegenwart. Erst durch die Trauerarbeit um Sabeth lernt er langsam dem anderen Geschlecht verantwortlich gegenüberzutreten.

Sabeth spielt in diesem Roman zwar die Rolle des Katalysators und der Vermittlerin zwischen den gegensätzlichen Wertsystemen und psychischen Komponenten, jedoch fungiert diese Figur nicht als ein neues Kombinationselement für Fabers entgegengesetzte psychische Faktoren zur Verbindung der männlichen und weiblichen Teile.[180] Als kindliche Frau vermag sie den Protagonisten nicht zur Synthese des Selbst und der Geschlechter führen. Die gesuchte Coniunctio durch den Inzest führt psychologisch gesehen zu keiner legiti-

---

178 Die Szene der Filmaufführung Fabers in der Firma Herberts und das Gespräch mit Juana über Sabeths Tod und Hannas Person veranschaulichen in deutlicher Form seine Trauer um Sabeth.

179 Vgl. Hannas Äußerung zu Fabers Fehlverhalten in bezug auf Sabeth: „Mein Irrtum mit Sabeth: Repetition, ich habe mich so verhalten, als gebe es kein Alter, daher widernatürlich. Wir können nicht das Alter aufheben, indem wir weiter addieren, indem wir unsere eigenen Kinder heiraten." (Hf 170) Faber prägt ein festes Bild von sich selbst und von den anderen und zwingt sie in eine bestimmte Rolle. Diese Egonzentrik macht ihn schuldig an den Mitmenschen.

180 Während das Kind in Fabers früherem Leben ein Hindernis der Selbstentwicklung war und seine Angst vor enger Bindung und Verantwortung versinnbildlichte, wird das Kind nun ironischerweise zu seiner Hoffnung auf Wandlung und Selbstentwicklung.

men Vereinigung, sondern zur Schuld[181]. Von der Großen Mutter verführt, ist der Vater-Geliebte dem Inzest nicht gewachsen. Das Ziel der Coniunctio vermag er lediglich durch eine menschliche echte Begegnung mit innen und außen zu erlangen, anstatt durch eine „Utopie der freien Liebe“[182]. In der Jungschen Sprache heißt dies: „Befriedigende Lösungen gibt es nur, wo ein Ganzes geleistet wird.“[183] Fabers Projektion jener archaischen Phantasiebilder auf Sabeth und seine Liebessehnsucht, die in Wirklichkeit Hanna gilt, verhindern eine echte Begegnung mit Sabeth. Psychologisch formuliert überträgt er seine Phantasiebilder, sein Gefühl für Hanna und das Gefühl, das Hanna in der Vergangenheit in ihm hervorrief, auf Sabeth. Angeregt durch die Erscheinung Sabeths blickt Faber zurück auf die verlorene Liebe und kann ihr nur mit dem bereits auf Hanna fixierten Wert der Anima begegnen.

Sabeth hingegen identifiziert sich mit der personalen Mutter und deren Zügen der Großen Mutter. Für sie übernimmt die Mutter ebenfalls die Rolle des Animus, die sie in ihrer Vergangenheit vermißt hat. Sie überträgt ihre idealisierte Vater-Imago[184], welche offenkundig nicht direkt vom persönlichen Vater stammt, auf Faber, verhält sich ihm gegenüber kindlich und jungweiblich, läßt sich von ihm väterlich behandeln. Faber schenkt ihr die von Kindheit an vermißte väterlich-männliche Bestärkung und Anteilnahme, befriedigt ihre Bedürfnisse nach väterlicher Liebe.[185] Sabeth liebt ihn nicht um seiner individuellen Züge willen, sondern überträgt ihre archaische Vater-Imago auf ihn, ist deshalb blind

181 Vgl. C. G. Jung, Die Psychologie der Übertragung, S. 215 & 258: Jung ist der Ansicht, „daß der Tod gewissermaßen eine (unausgesprochene) Strafe für den begangenen Inzest sei, denn «der Tod ist der Sünde Lohn». [...] Die coniunctio war als Inzest schuldhaft und hinterläßt eine Verunreinigung.“ Vgl. Aniela Jaffé, Erinnerungen, Träume, Gedanken von C. G. Jung, S. 171. Wie erwähnt ist die Mondfinsternis in Avignon (Hf 123 f.) der symbolische Vorbote des Inzests zwischen Vater und Tochter. Sabeths Tod erweist sich psychologisch gesehen als Fabers Wiedergeburt aus der Unreinheit und als bewußtes Erwachen der eigenen Schuldkomplexität gegenüber. Durch die Opferung der Tochter-Geliebten wird psychologisch eine Transformation des Unbewußten ermöglicht.

182 C. G. Jung, Die Liebesproblem des Studenten, S. 131. Vgl. Hf 139: „»[...] wir können das Leben nicht in unseren Armen behalten [...] wir können uns nicht mit unseren Kindern nochmals verheiraten.«“ Vgl. Aniela Jaffé, Erinnerungen, Träume, Gedanken von C. G. Jung, S. 355 f.: „Der antike Eros ist sinnvollerweise ein Gott, dessen Göttlichkeit die Grenzen des Menschlichen überschreitet und deshalb weder begriffen noch dargestllt werden kann. [...] Wir sind nämlich im tiefsten Verstande die Opfer oder die Mittel und Instrumente der kosmogonen «Liebe» [...] Der Mensch als Teil begreift das Ganze nicht. Er ist ihm unterlegen. Er mag Ja sagen oder sich empören; immer aber ist er darin befangen und eingeschlossen. Immer hängt er davon ab und ist davon begründet. Die Liebe ist sein Licht und seine Finsternis, deren Ende er nicht absieht.“

183 C. G. Jung, Die Liebesproblem des Studenten, S. 131.

184 Vgl. C. G. Jung, Aion, S. 23.

185 Vgl. C. G. Jung, Die Ehe als psychologische Beziehung, S. 216 f.

für seine Persönlichkeit[186] und sein Alter. Dies wird besonders ersichtlich durch ihren Schrecken vor dem Anblick von Fabers nacktem Körper, der sich dann als die Ursache des zu ihrem Tod führenden Sturzes über die kleine Böschung erweist. (Hf 160)

Insgesamt läßt sich abschließen, daß für Faber die Figur Sabeth als Mittel zum Zweck der Korrektur bzw. Revision des Lebens und der Erlebnisse dient: In ihr sucht Faber eine Vermittlerin des Geistwandelnden. In dem Augenblick, wo seine rationale Weltanschauung erschüttert wird und er das Gefühl der eigenen Inkompetenz fühlt, kompensiert er unbewußt diese innere Lage durch ein anderes Ideal, die Liebe. So definiert und situiert er Sabeth auf der Ebene der Zukünftigkeit[187] und fixiert sich fest darauf. In der Beziehung mit Sabeth spiegelt sich das Gefühl des Versagens und daher der Schuld des Verfehlens der Existenz wider.

3.4.3. Hanna

Im „Homo faber" personifiziert die weibliche Figur Hanna wie die anderen weiblichen Figuren verschiedene Aspekte der inneren weiblichen Seite Fabers, die er meistens in seiner Persönlichkeit verneint. Der innere Entwicklungsprozeß der Anima Fabers entspricht genau der Beziehungsentwicklung zu Hanna. Die Paradoxie von Fabers Verhalten gegenüber Hanna liegt darin, daß er sie einerseits kritisiert, andererseits aber ihr nacheifert. Diese Paradoxie charakterisiert im wesentlichen die pathologische Phase seiner Psyche, in der er sich zwar vom sexuellen Prinzip des Mütterlich-Weiblichen gefesselt sieht, aber ständig unbewußt nach dem von Hanna verkörperten Geistprinzip des Mütterlich-Weiblichen trachtet. Im Gegensatz zu Ivys Elementarcharakter der numinosen Faszination und Macht, der ihm das Bewußtsein aufzulösen droht, verfügt die Symbolfigur Hanna für Faber über den Wandlungscharakter des Mütterlich-Weiblichen. Als positive Animagestalt steht Hanna wie Sabeth der Kunst und der Natur sehr nahe; sie verkörpert in Fabers Tiefenpsyche sowohl mater natura als auch mater spiritualis, die Faber zur Weisheit der Ganzheit leiten kann[188]. In Griechenland, in dem sich ein Bild jenseits der Zeit und des kulturell Entwickelten zeigt, lebt die Symbolfigur Hanna als Göttin der Wirklichkeit der mütterlich-weiblichen Welt. Einer Mittlerin gleichend hat sie die Aufgabe des Wegweisers,

---

186 Sabeth glaubt nicht an Fabers Unfähigkeit zur Kunstwahrnehmung und ignoriert seine Unlust an der Kunst. Ganz im Gegenteil bewundert sie seine väterlich-männliche Reife und schaut häufig zu ihm auf. Vgl. Hf 109: „Sabeth glaubte nicht, daß ich nichts davon [von Kunst] verstehe, und hatte einerseits ein maßloses Vertrauen zu mir, bloß weil man dreißig Jahre älter ist, ein kindisches Vertrauen [...]".

187 Vgl. Hf 109: „Überhaupt zählte für sie nur die Zukunft, ein bißchen auch die Gegenwart; aber auf Erfahrung ließ sie sich überhaupt nicht ein, wie alle Jungen. [...] Ich achtete drauf, was sich Sabeth eigentlich von der Zukunft versprach, und stellte fest: sie weiß es selbst nicht, aber sie freut sich einfach. [...] Das machte mich eifersüchtig [...]".

188 Vgl. Erich Neumann, Über den Mond und das matriarchale Bewußtsein, S. 113 f.

der den Protagonisten psychologisch-mystisch in die Welt der Götter[189] und der archetypischen Bilder einweisen kann.

Im Stadium des psychischen Umbruchs Fabers träumt er von Hanna, die im Traum „als Krankenschwester zu Pferd“ (Hf 28) erscheint. Hier taucht Hanna im Unbewußten Fabers auf, das aus psychologischer Sicht durch das Pferd symbolisiert ist, wie eine mütterliche und zugleich heilige Figur, die ihm Geborgenheit und seelische Nahrung gewähren kann. Darauf sucht er, die „magisch-mantische Wirksamkeit und Möglichkeit“ des Mütterlich-Weiblichen ersehnend[190], in jeder Frau nach Hanna (Hf 78). Auch wenn er sie 21 Jahre nicht gesehen hat, empfindet er bei seiner Wiederbegegnung mit ihr eine innere Verwandtschaft mit ihr: „[...] als hätte man diese ganze Zeit trotz Trennung durchaus gemeinsam verbracht. Was wir nicht voneinander wußten, waren Äußerlichkeiten, nicht der Rede Wert.“ (Hf 145) Diese Aussage Fabers expliziert, daß Hanna ihn (wie seine Anima) auf der psychologischen Ebene nie verlassen hat.

Von Anfang an differenziert Faber auf der Ebene des Bewußtseins seine eigene Rolle vom anderen Geschlecht und stempelt Hanna ironischerweise zu seinem Gegensatz, beispielsweise zur „Schwärmerin und Kunstfee“ (Hf 47), wobei er besonders ihre charakterliche Tendenz zum „Kommunistischen“ (Hf 47; vgl. Hf 35), zum „Mystischen“ (Hf 47) und zum weiblich „Hysterischen“ (Hf 47) unterstreicht. Nach seiner Beschreibung ist Hanna „empfindlich und sprunghaft, ein unberechenbares Temperament; [...] manisch-depressiv“ (Hf 46 f.). Aus Mangel an Kenntnissen der Kunst[191] und der Frauenemanzipation beurteilt er die Sinngehalte der Weltanschauung Hannas als untauglich und wertlos. Zynisch

---

189 Hf 142: „Hanna arbeitet in einem Archäologischen Institut, Götter gehören zu ihrem Job [...]“.

190 Erich Neumann, Die Große Mutter, S. 276 f. Erich Neumann deutet darauf hin, „daß überall auf der Erde der Frau eine besondere magisch-mantische Wirksamkeit und Möglichkeit zugesprochen wird. Das ist auch psychologisch durchaus verständlich, denn während die Männerwelt in der Entwicklung des männlichen Bewutßseins und des rationalen Geistes zu ihrer spezifischen Eigenleistung gekommen ist, ist die Psyche der Frau in weit höherem Maße auf die Produktivität des Unbewußten angewiesen, die mit einem von uns deswegen als «matriarchal» bezeichneten Bewußtsein eng zusammenhängt.“ Vgl. ebd., S. 275: „Für das Grundverständnis der magischen Wirksamkeit der Frau und der Frau als Mana-Figur ist es bedeutsam, daß diese sich mit Notwendigkeit selber als Objekt und Subjekt rätselhaft-numinosen Geschehens und als Gefäß der Wandlung erfahren mußte. Die geheimnisvollen Ereignisse ihrer Körperlichkeit - die Instinktmysterien ihres Daseins - sind ausschließlicher Besitz des Weiblichen. Ihnen vermochte das Männliche außer seiner technischen Kraft und Geschicklichkeit nichts entsprechendes entgegenzusetzen; erst mit der Entwicklung des spezifisch männlichen Bewußtseins wurde das anders.“ Vgl. ebd., S. 276: „Das Weibliche [der Geistseite] erfährt, daß es das Licht und den Geist zu gebären imstande ist, und zwar als einen Lichtgeist, der trotz aller Wandlungen und Untergänge ein Dauerndes und Unsterbliches ist.“

191 Vgl. Hf 142: Faber gesteht, er sei „in Mythologie und überhaupt in Belletristik nicht beschlagen“.

nennt er ihre Rede über die geschlechtliche Ungerechtigkeit eine „Backfisch-philosophie"[192]. Obwohl Hanna in seinen Augen anders als andere Frauen erscheint, vergleicht er in einem pejorativen Ton ihre Art des Kritisierens der Geschlechterrollen mit dem Gackern einer Henne (Hf 137 & 201). Dadurch kann er sich seiner eigenen Stellung vergewissern und die Argumentation des anderen Geschlechts entkräften. (Vgl. Hf 169) Trotz der Sachlichkeit und Kühnheit Hannas (Hf 125 f., 127 & 156), Eigenschaften, die Faber im allgemeinen als männliche Fähigkeiten betrachtet, hat Faber Angst vor ihrer Unberechenbarkeit, denn Hanna weigert sich, den männlichen Kategorien zu entsprechen und geht stets ihre eigenen Wege.

Psychologisch gesehen erscheint Hanna für Faber in einem vielfältigen Licht; sie besitzt sowohl nährende, mütterliche, geistweisende als auch rätselhafte und drohende Funktionen[193]. Symbolisch ist sie für Faber die „Mutter meiner Geliebten, die selbst meine Geliebte ist" (Hf 141). Bei ihr erlebt Faber den innerseelischen Tod und die Wiedergeburt. Während er bei Hanna badet, bezeichnet er metaphorisch und symbolisch „die Badewanne als Sarkophag" (Hf 136) und assoziiert damit, daß Hanna sich für den Verlust der Tochter rächen würde[194]. Vom Schuldgefühl gepackt überkommt ihn eine furchtbare Todesdrohung, welche in Hanna inkarniert ist.[195] Daraufhin liegt er „gekrümmt" im Bett der Geliebten bzw. der Tochter seiner Geliebten wie ein „Fötus" (Hf 148), wobei seine seelische Wiederbelebung noch von einem Gefühl der Todesangst begleitet ist (Hf 149). Seelisch möchte er von der Vergangenheit erwachen (Hf 149) und im Schoß der Mutter wiedergeboren werden. Deshalb versucht er in Hannas Zimmer einzubrechen, während sie ihm den Zutritt verbietet (Hf 149 f.). Dieser Prozeß spielt ohne Zweifel auf Fabers Sehnsucht nach der Mutter-Kind-Symbiose an[196]; er sehnt sich nach der Ganzheit der Psyche und nach der Synthese der Ambivalenz von außen und innen. In Hanna sucht er die Möglichkeit des psychischen Brückenschlags zur Urerfahrung der Ganzheit.

---

192 Hf 140: „[...] Ich fand sie komisch, eine Frau von fünfzig Jahren, die wie ein Backfisch philosophiert [...]".

193 Fabers ambivalente Darstellung von Hannas Zügen erinnert an die weibliche Figur Lynn in „Montauk", welche dort zugleich einen Charakter zwischen „Undine" und „Nurse" hat. Vgl. Erich Neumann, Die Große Mutter, S. 277: Die Frau als „Mana-Figur" hat die „positiven und negativen magischen Wirkungen"; sie erscheint „als Priesterin ebenso wie als Hexe".

194 Hf 136: „Ich hatte die Badezimmertür nicht abgeschlossen, und Hanna (so dachte ich) könnte ohne weiteres eintreten, um mich von rückwärts mit einer Axt zu erschlagen [...]".

195 Frederik Alfred Lubich, Homo fabers hermetische Initiation in die Eleusinisch-Orphischen Mysterien, S. 307.

196 Vgl. C. G. Jung, Zur Psychologie des Kindarchetypus, S. 186: „Die Phänomenologie der «Kind»-Geburt weist immer wieder zurück auf einen psychologischen Urzustand des Nichterkennens, also der Dunkelheit oder Dämmerung, der Nichtunterscheidung von Subjekt und Objekt, der unbewußten Identität von Mensch und Welt."

Abgesehen davon werden seine Mutter-Imagines, wie erörtert, noch mit den Anima-Bildern vermischt[197], welche er durch die Konfrontation mit Hanna dann als seine Teilpsyche wahrnimmt. Faber erkennt, von der Anima gezähmt, schließlich die Wichtigkeit, mit der Anima und der Anima-Figur Hanna zusammenzuleben, denn sie gehört zu ihm, ohne sie ist er nicht identisch mit sich selbst: „Wir beide [er und Hanna] werden hier bleiben." (Hf 203) Der männliche Eingeweihte ist am Schluß des Romans einig mit dem Unbewußten und erlebt durch Hanna im wahrsten Sinn die Erfahrung der wandelnden bzw. wiedergebärenden Kraft des Großen Weiblichen.

In diesem Zusammenhang dient Hanna für Faber als Projektionsobjekt seiner Liebessehnsucht ebenso wie seiner Überwindung der Todesangst. In der Liebe sucht er die Hoffnung auf eine neubelebte Zukunft und damit die Erlösung von der Todesangst. Den tiefenpsychologischen Hintergrund dieser Problematik thematisiert Jung wie folgt: „Aus einer bloßen Projektion kann Liebe mit ihrer ganzen Schicksalsmacht entstehen: etwas, das sie mit verblendender Illusion aus ihrem natürlichen Lebensgang herausreißen könnte."[198] So werden die Liebe zu Hanna und ihre Liebe zu ihm eine Art Phantasma. Der vom Tod Bedrohte fällt in den Kern des Mütterlich-Weiblichen in ihm und außerhalb von ihm und kann nicht mehr daraus entkommen.[199] Psychologisch kennzeichnet dies den symptomatisch kritischen Zustand Fabers.

Im folgenden wird die weibliche Figur Hanna noch aus ihrer Position heraus interpretiert. Gemäß dem Bericht Fabers verkörpert Hanna eine andere Art der geistigen Haltung; sie strebt nach absoluter Autonomie der subjektiven Individualität und ist sich ihrer weiblichen Selbständigkeit bewußt. In einer radikalen Weise macht sie sich zum Mittelpunkt ihres eigenen Lebens und verfolgt ihre eigenen Interessen und Gesetze. In dieser Hinsicht ist sie sich ihrer eigenen Individualität und der Projektionsbedürfnisse des Mannes bewußt und weigert sich, Projektionsobjekt des Mannes zu werden. Sie legt ihre eigene feministische Perspektive fest, befaßt sich mit feministisch-selbstreflexiver Wissenschaft und auch mit feministischer Patriarchatskritik. Laut Faber ist Hannas feministisches Beziehungsgeflecht bereits von Kindheit an geprägt:

---

197 Vgl. C. G. Jung, Die Beziehungen zwischem dem Ich und dem Unbewußten (1989-Ausgabe), S. 206: „Der Schutz gegen das Unbewußte, den ihm die Mutter bedeutet, ist dem Modernen nicht ersetzt worden, weshalb er sein Eheideal unbewußt so gestaltet, daß seine Frau womöglich die magische Mutterrolle übernehmen muß. Unter dem Deckmantel der ideal exklusiven Ehe sucht er eigentlich bei der Mutter Schutz und kommt so dem Besitzinstinkt der Frau verführerisch entgegen. Seine Angst vor den dunkeln Unberechenbarkeiten des Unbewußten verleiht der Frau eine illegitime Macht [...]".

198 C. G. Jung, Über die Psychologie des Unbewußten (1964-Ausgabe), S. 111.

199 Mit den psychotherapeutischen Termini von Juana Danis ausgedrückt muß Faber die „Muttersprache" lernen und darauf verzichten, um zur eigenen Sprache zu kommen. Siehe dazu Juana Danis, Psychosymbolik in der psychoanalytischen Psychotherapie. München 1989, S. 68.

> *Einmal, als Kind, hat Hanna mit ihrem Bruder gerungen und sich geschworen, nie einen Mann zu lieben, weil es dem jüngeren Bruder gelungen war, Hanna auf den Rücken zu werfen. Sie war dermaßen empört über den lieben Gott, weil er die Jungens einfach kräftiger gemacht hat, sie fand ihn unfair, nicht ihren Bruder, aber den lieben Gott. Hanna beschloß, gescheiter zu sein als alle Jungens von München-Schwabing, und gründete einen geheimen Mädchenklub, um Jehova abzuschaffen. Jedenfalls kam nur ein Himmel in Frage, wo es auch Göttinnen gibt.* (Hf 182 f.)

Seitdem entwickelte sie sich zu einer Kämpferfigur; sie sieht im Mann zwar einen ebenbürtigen Partner, aber auch ein Gegenbild zu ihr. Scharfsinnig übt Hanna Kritik an der Ungerechtigkeit der zeitgenössischen Mann-Frau-Beziehung:

> [...] der Mann [...] will die Frau als Geheimnis, um von seinem eigenen Unverständnis begeistert und erregt zu sein. Der Mann hört nur sich selbst [...] Der Mann sieht sich als Herr der Welt, die Frau nur als seinen Spiegel. Der Herr ist nicht gezwungen, die Sprache der Unterdrückten zu lernen; die Frau ist gezwungen, doch nützt es ihr nichts, die Sprache ihres Herrn zu lernen, im Gegenteil, sie lernt nur eine Sprache, die ihr immer unrecht gibt. [...] Solange Gott ein Mann ist, nicht ein Paar, kann das Leben einer Frau [...] nur so bleiben, wie es heute ist, nämlich erbärmlich, die Frau als Proletarier der Schöpfung, wenn auch noch so elegant verkleidet [...] (Hf 140)

Wenn Hanna ihre Meinung über Mann und Frau ausdrückt, kann Faber sie nicht verstehen. Sein Blickwinkel richtet sich vordergründig auf das Biologische und ihre Berufstätigkeit; er lenkt den Akzent eher auf ihr Ansehen in der Gesellschaft und auf ihr Aussehen: Hanna sei für ihn „eine Frau, die noch tadellos aussieht [...] geradezu attraktiv, dazu eine Persönlichkeit [...] eine Dame von ihrem Ansehen [...] geradezu wie eine Professorin, eine Nobelpreisträgerin!“ (Hf 140) An anderer Stelle meint er, Hanna sei nobler, schöner, fraulicher als Sabeth (Hf 154).

Indem die wissenschaftlichen Modelle des Väterlich-Männlichen Fabers Lebens- und Denkweise vorwiegend bestimmen, gehen Hannas wissenschaftliche Modelle im wesentlichen von ihrer feministischen Perspektive aus; sie bestimmt selbst ihre Forschungsgegenstände, die Art ihrer Betrachtung, die Interpretation und Bewertung ihrer Tätigkeit. Auch Faber bewundert Hannas Erfolg als Forscherin und ihren ideologiekritischen Diskurs über seine Lebensproblematik aus ihrer weiblichen Perspektive, wobei er noch anmerkt, daß Hannas Intelligenz und Geistesfähigkeit nicht ihrer Weiblichkeit schaden und daß sie „fraulich“ und „hochgebildet“ zugleich ist (Hf 143).

Nicht nur im Beruf, sondern auch durch ihre Mutterschaft versucht Hanna das andere Geschlecht zu übertreffen. Völlig bewußt versucht sie in ihrem Leben ein „Bündnis der Frau“ zu gründen[200]. Entgegen der Abmachung mit Faber, die Schwangerschaft zu unterbrechen, hat sie sich entschlossen, das Kind auszu-

---

200 Hannas Absicht der Gründung einer Frauenwelt zeigt sich vor allem durch die Mädchengruppe in ihrer Jugend, die enge Beziehung zu Fabers Mutter und ihre Mutter-Tochter-Einheit.

tragen und allein aufzuziehen. Sie handelt dabei nicht nur aus reinem Mutterinstinkt heraus, sondern ist auch wütend auf Fabers Gleichgültigkeit und Selbstverständlichkeit, mit der er das Kind ohne schlechtes Gewissen abtreiben lassen wollte. Sie zürnt über seinen einseitigen männlichen Geist und seine Unfähigkeit, zu lieben. Die Mutterschaft, die der Mann nie erleben kann, wird für sie eine Art weibliche Macht, den Mann zu unterwerfen.[201] Hanna heiratet Joachim und später Pipermann, nur um ihrem Kind einen Namen zu geben. In der Ehe verhindert sie aus narzißtischem Stolz in ihrer Funktion als Mutter eine Annäherung zwischen Stiefvater und Tochter, obwohl Joachim sich bemüht, ein guter Vater zu sein. Ihr mütterlicher Narzißmus behindert stets die Entwicklung ihrer eigenen Geschlechtsbeziehung. In einer extremen Art trachtet Hanna danach, einen weiblichen Kult, eine matriarchale Mutter-Tochter-Einheit zu bilden[202], die aber aufgrund ihrer mütterlich-weiblichen Beharrlichkeit zum Scheitern verurteilt ist. Der Vater-Tochter-Inzest und Sabeths durch Faber herbeigeführter Tod bedeuten den Raub der Tochter und den männlichen Einbruch in die Frauenwelt. Im symbolischen Sinne opfert sich das Weibliche für die Wandlung Fabers.

Ihre Abwehr gegen die traditionellen patriarchaischen Wertnormen führt sie nicht zu Objektivität und Selbstverwirklichung, sondern zu einer gewissen Männerfeindlichkeit, obwohl sie grundsätzlich fähig ist, jeden Mann als selbständiges Individuum zu betrachten.[203] Weil sie versucht, geistig mit Männern zu konkurrieren und die Umwelt zu verändern[204], wobei sie im anderen Geschlecht den Widersacher sieht, gerät sie in Gefahr, von der Idee des männlichen Prinzips besessen zu werden. Laut Faber ist Hanna gewohnt, alle Sachen intellektuell auf die

---

201 Hf 200 f.: Hanna betont Faber gegenüber: „Das Kind, als es dann da war, hat mich nie an dich erinnert, es war mein Kind, nur meines. In bezug auf Joachim: Ich liebte ihn, gerade weil er nicht der Vater meines Kindes war [...] Hanna meint, unser Kind wäre nie zur Welt gekommen, wenn wir uns damals nicht getrennt hätten. [...] als ich [Faber] verschwunden war, entdeckte sie, daß sie ein Kind wünschte [...] ohne Vater, nicht unser Kind, sondern ihr Kind." Hanna opfert sich für ihr Kind, erzieht es allein. Faber berichtet: „Nichts ist Hanna zuviel, wenn es um ihr Kind geht." (Hf 202)

202 Frederik Alfred Lubich hat diese Mutter-Tochter-Einheit mit der Demeter-Persophone-Einheit verglichen und eingehend thematisiert. Siehe dazu Frederik Alfred Lubich, Homo fabers hermetische Initiation in die Eleusinisch-Orphischen Mysterien. Vgl. dazu Erich Neumann, Die Große Mutter, S. 288: „Die enge Beziehung zwischen Mutter und Tochter, welche den Kern der Frauengruppe bilden, ist durch die Erhaltung der «Urbeziehung» zwischen Mutter und Tochter charakterisiert. Diesem Weiblichen gegenüber ist das Männliche ein Fremdes, das am Ort der Frauengruppe bleibt, wieviel mehr, wenn es die Frau in seine eigene Gruppe entführt."

203 Hf 140: Faber hebt hervor, „daß sie [Hanna] jeden von uns [...] für eine Ausnahme hielt."

204 Vgl. Hf 183. Hf 140: „Hanna bereut, daß sie Dr. phil. geworden ist." Hanna erkennt, daß der Titel und das Ansehen die Frau nicht von ihrem „erbärmlichen" Zustand in der Gesellschaft erlösen können.

sprachliche Ebene zu beschränken[205] und rechthaberisch zu werden; sie insistiert nach der Beobachtung Fabers ständig auf Diskussionen über Nebensächlichkeiten[206]. Im Bericht ist diese Problematik Hannas vor allem gekennzeichnet durch ihr wörtliches Verstehen der Äußerung Fabers, der, ohne zu überlegen, „dein Kind", anstatt „unser Kind" sagte, als sie Faber ihre Schwangerschaft mitteilte. Diese Verhaltensweise Hannas bestimmt die Beziehung zu Faber und zu ihrem Leben in negativer Weise und führt schließlich zu ihrem eigenen Lebensversäumnis. Um Fabers „männliche Rechthaberei, die stur und tumb [...] und vielleicht gewaltsam" ist (Tg I 494), zu widerlegen, fixiert sie sich auf ihre „weibische Rechthaberei, die anders ist, eifernd und kleinlich." (Tg I 494). Diese von Frisch wortwörtlich betonte „weibische Rechthaberei" entspricht genau Jungs Begriff des Animus, mit dem jede Frau während der Individuation konfrontiert wird und der vom Selbst integriert werden soll. In der Jungschen Psychologie handelt es sich in einem solchen Fall um die *„Extraversion des Animus"*[207]; dazu thematisiert Jung:

> [...] er [Der Animus] sollte die Beziehung zum Unbewußten ermöglichen. Statt daß man sich zu äußeren Situationen Meinungen einfallen läßt - zu Situationen, über die man *bewußt nachdenken* sollte -, müßte der Animus als Einfallsfunktion nach innen gekehrt werden, wo er die Inhalte des Unbewußten einfallen lassen könnte. Die Technik der Auseinandersetzung mit dem Animus ist im Prinzip dieselbe wie im Fall der Anima, nur sind es *Meinungen*, welche die Frau kritisch von sich halten sollte, nicht um sie zu verdrängen, sondern um durch die Erforschung ihrer Herkunft in ihren dunkeln Hintergrund einzudringen, wo sie dann auf die Urbilder stoßen würde [...] Wie der Mann sein Werk als ein ganzes Geschöpf aus seinem inneren Weiblichen hervorgehen läßt, so bringt das innere Männliche der Frau schöpferische Keime hervor, welche das Weibliche des Mannes zu befruchten vermögen. Das wäre die «femme inspiratrice», die - wenn falsch aufgezogen - die Möglichkeit hat, auch zum schlimmsten Rechthaber und Prinzipienschulmeister [...] zu werden.[208]

Weiter meint Jung:

---

205 Hf 144: „Hanna [...] weiß genau, was man meint. Ihre Lust an Worten! Als käme es auf die Worte an. Wenn man es noch so ernst meint, plötzlich verfängt sie sich in irgendeinem Wort."

206 Hf 133: „Sie hatte immer schon diese Art, geradezu eine Manie, noch in Nebensachen ganz genau zu sein [...]".

207 C. G. Jung, Die Beziehungen zwischen dem Ich und dem Unbewußten (1989-Ausgabe), S. 216.

208 Ebd. Vgl. C. G. Jung, Aion, S. 25: Der Animus hat auch einen positiven Aspekt, d.h. daß „sich in der Gestalt des Vaters nicht nur hergebrachte Meinung ausdrückt, sondern ebenso sehr auch das, was man 'Geist' nennt, und zwar insbesondere philosophische und religiöse Allgemeinvorstellungen, beziehungsweise jene Haltung, die sich aus solchen Überzeugungen ergibt. So ist der Animus ebenfalls ein Psychopompos [ein Seelenführer], ein Vermittler zwischen Bewußtsein und Unbewußtem [...] [und] verleiht [als Logos] dem weiblichen Bewußtsein [...] Überlegung und Erkenntnis."

> Eine vom Animus besessene Frau ist immer in Gefahr, ihre Weiblichkeit, ihre angepaßte weibliche Persona zu verlieren [...] Solche psychischen Geschlechtsverwandlungen rühren einzig und allein daher, daß eine Funktion, die nach innen gehört, nach außen gekehrt wird. Der Grund für die Perversion ist natürlich die mangelhafte oder gar fehlende Anerkennung einer der Außenwelt autonom gegenüberstehenden Innenwelt, welche ebenso wichtige Forderungen in puncto Anpassung stellt, wie die Außenwelt.[209]

Auch wenn Hanna meistens die positive Seite des Animus, d.h. Verstand und Geist, die sie von der Kindheit an bewußt entwickelt, zeigt, identifiziert sie sich manchmal blind mit dem Animus und wird einseitig gefesselt, wobei sie unbewußt ihre weiblichen Instinkte in jenem Augenblick vernachlässigen muß. Laut W. v. Siebenthal hat eine vom Animus besessene Frau wie Hanna, „durch ihr Eingehen auf den Machtkampf des Mannes, im Bemühen, den Mann «herunterzuholen», gerade seine Fassade ernst genommen und ihr Tun und Lassen auf sie eingestellt, nicht aber auf die eigentliche Person."[210] Aus diesem Grund ist Hanna wie Faber nicht imstande, den realen Partner zu erfahren und ihm zu begegnen.

Abgesehen davon hat auch Hannas Beruf als Archäologin, die die Scherben der Vergangenheit zusammenklebt, einen tiefenpsychologischen Sinn. Ihre Beschäftigung mit der Mythologie impliziert, daß sie psychologisch von der Vergangenheit gefesselt ist und nicht die Gegenwart erleben kann. Diese seelische Lage Hannas gemahnt an die folgende Jungsche Konzeption: "Ein Mehr an Mythologie wäre [für den Menschen] geradezu gefährlich, weil noch ein großes Stück äußeres, bisher ungelebtes Leben [vor allem] steht. [Er] ist noch zuwenig im realen Leben, um allbereits eine Umkehrung des Standpunktes riskieren zu können."[211]

Erst durch Sabeths Tod erkennt sie, daß ihre Beharrlichkeit nicht nur sich selbst ad absurdum führt, sondern auch für den Tod ihrer Tochter verantwortlich ist. Hanna hält die Trauerarbeit um Sabeth durch, beweint den Verlust der Tochter und ihr eigenes Leiden aus. Zugleich trauert sie um ihr vergangenes Leben. Laut Jürg Wunderli spielen bei der Trauer vor allem die „Gefühle der Ohnmacht, des Verlassenseins, der inneren Leere, verbunden mit Scham- und Schuldgefühlen"[212], welche zur Wandlung führen können, eine wesentliche Rolle. Durch

---

209 Ebd., S. 217 f. Vgl. hierzu Erich Neumann, Die Große Mutter, S. 278. Vgl. Erich Neumann, Die psychologischen Stadien der weiblichen Entwicklung, S. 23 f.; Erich Neumann, Über den Mond und das matriarchale Bewußtsein, S. 85 f.

210 W. v. Siebenthal, Schuldgefühl und Schuld bei psychiatrischen Erkrankungen, S. 73.

211 C. G. Jung, Über die Psychologie des Unbewußten (1964-Ausgabe), S. 109.

212 Jürg Wunderli, Sag ja zu dir, S. 100. Vgl. ebd., S. 106: „Jede Wandlung ist Sterben und Werden zugleich; ohne Sterben gibt es kein Werden, und zum Sterben gehört Trauern. Wer gegenüber dem seelischen Selbstwerdungs- und Wandlungsprozeß offen ist und versucht, ihn bewußt zu leben, kann immer wieder erfahren, daß Sterben, Resignation und Erlöschen nicht das letzte sind, sondern die Hoffnung und Zuversicht dem Neuwerden gilt."

den Verlust der Tochter wandelt sich das Weibliche entscheidend zur weiblichen Geistseite der Großen Mutter. Hanna kommt zu der Erkenntnis, daß ihre Liebe zu Sabeth irrtümlicherweise zu einer Idee der Macht der Frau gegen den Mann geworden ist, und daß ihre eigensinnige Selbstbehauptung die Mann-Frau-Beziehung verfehlen muß. In Erkenntnis ihrer Schuld weint sie und bittet Faber, vor ihm kniend, um Verzeihung (Hf 202 f.). In dieser Selbsterkenntnis gelingt es ihr, nicht nur sachlich zu werden, sondern auch ihren Animus, der hier durch Faber personifiziert ist, bewußt zu integrieren. Dadurch findet sie wieder zu einer wirklichen Beziehung zu sich selbst und zum Mann zurück. Hanna möchte auch nochmals leben können (Hf 176). Für sie ist ein Leben ohne Partner ebenfalls verpfuscht (Hf 140); sie würde von nun an die Männer ganz anders lieben (Hf 140). So versucht sie Faber nicht mehr zu verurteilen, sondern ihn derart zu verstehen, daß er sich von ihr verstanden fühlt und langsam die Realität ins Auge faßt, wobei seine infantile Psyche nachreifen kann. Durch sie entdeckt Faber die Freundschaft zum anderen Geschlecht (Hf 198)[213], an die er vorher nie geglaubt hätte. Dergestalt findet Faber in Hanna seine innere Begleiterin, die in der Jungschen Psychologie durch die archetypische Alte Weise inkarniert ist.[214] In dieser Hinsicht freut er sich auf das neue Leben mit Hanna.

Abschließend läßt sich feststellen, daß Fabers Bild von Hanna vom einen Pol in den gegensätzlichen umschlägt. Da Faber ihre Person zur Erlösung und zur „Geistwandlung" in Anspruch nimmt und seelisch von ihr abhängig ist, werden Hannas Souveränität und Weltanschauung nicht mehr von ihm in Frage gestellt. Fabers Hanna-Bild fußt stets auf seiner eigenen psychischen Lage. Aus tiefenpsychologischer Perspektive interpretiert, entspricht die Beziehung zwischen Hanna und Faber einem psychotherapeutischen Verfahren der Spiegelübertragung, welche Jürg Wunderli folgendermaßen erörtert:

> Die Spiegelübertragung als therapeutische Wiederbelebung des Größen-Selbst. Der Analytiker ist dem Patienten in der Spiegelübertragung nur wichtig, insoweit er dessen narzißtische Bedürfnisse befriedigt, ihm Geborgenheit, Anteilnahme und Spiegelung scheint. In der regressivsten Form (Symbiose) wird der Analytiker nicht als eigene Person, sondern lediglich als eine Erweiterung des Größen-Selbst des Patienten wahrgenommen.[215]

Psychologisch betrachtet spielt Hanna in der Zweierbeziehung die Rolle des Analytikers und wird gezwungen, für Faber als Spiegel seines Selbst zu dienen. Diesen Rollenzwang, hinter dem die konventionellen männlichen Kategorien und

---

213 Hf 198: „[...] ich bin nicht allein, Hanna ist mein Freund, und ich bin nicht allein."

214 In der Jungschen Psychologie läßt sich der Archetypus der Alten Weisen bei einem Mutterkomplex des Mannes hinter der mütterlichen Figur erkennen, die zur Loslösung des Mannes von Komplexen und Problemen verhelfen kann. Demnach ist Hanna als die Alte Weise für seine psychische Krise zu betrachten. Fabers innere Lage zeigt, daß er die Auseinandersetzung des Ich-Komplexes mit dem Mutterkomplex trotz der Hilfe Hannas verfehlt und sich deshalb auch nicht aus dem Mutterkomplex herausentwickeln kann.

215 Jürg Wunderli, Sag ja zu dir, S. 96.

ihre verborgene Strategie steht, widerlegt Hanna wohl bewußt[216]. Während Hanna, die Rolle des Analytikers spielend, die psychologischen Übertragungsmechanismen Fabers wahrnimmt, reflektiert sie dabei auch über ihr eigenes Leben und erkennt ihre Selbstverblendung. Daß Faber dem Mütterlich-Weiblichen verhaftet ist, ist nicht als Triumpf der Frau zu verstehen. Denn sie hat ihr Leben ebenfalls verfehlt und muß in ähnlicher Weise nach ihrem eigentlichen Selbst suchen.

216 Hf 140: „Der Mann sieht [...] die Frau nur als seinen Spiegel [...]".

4. Schlußwort

Der Schwerpunkt der vorliegenden Untersuchung war, Frischs Frauenbild anhand der Romane „Stiller" und „Homo faber" unter Berücksichtigung der analytischen Psychologie Jungs herauszuarbeiten. Das Ziel der Anwendung der Jungschen Psychologie bestand darin, einen strukturschaffenden Blickwinkel anzubieten. Wie erörtert hatte Frisch sich mit Jung beschäftigt und war geistig sehr von ihm beeinflußt. Außerdem zeigt die Untersuchung ebenfalls, daß viele Züge der (kollektiven) Unbewußten im Sinne Jungs im Werk Frischs zu finden sind.

Weiter wurde aufgezeigt, daß das Oeuvre Frischs psychologisch gesehen um eine Doppelbeziehung des Selbst kreist. Gemäß der Jungschen Psychologie sind zwei Dimensionen dynamisch miteinander verwoben: Das Ich und dessen weibliche Seite einerseits und die Beziehung zwischen dem Ich und dem Gegenüber andererseits. Beide Dimensionen verlaufen parallel zueinander und sind miteinander verknüpft.

Ebenfalls wurde ausgeführt, daß Frisch gemäß der Erzählung „Montauk" und seiner Tagebücher 1946 - 1949 einerseits die Gegenwart der Frau braucht, andererseits die Frau als literarisches Material benutzt. Dabei wurde nachgewiesen, daß die Frau bei Frisch einerseits als zweitrangiges Wesen charakterisiert, andererseits als hohes Bild verehrt wird. So bestimmt die Paradoxie seines Verhaltens gegenüber dem anderen Geschlecht das Frauenbild in den autobiographischen Werken Frischs. Wie die Untersuchung andeutet, ist dieses ambivalente Bild der Frau bei Frisch sowohl autobiographisch als auch psychologisch auf den Mutterkomplex zurückzuführen, der sein Leben auf ein Abbild eines archetypischen Geschehens reduziert und die unlösbare Konfliktsituation zwischen dem Ich und dem Selbst und zwischen Mann und Frau verursacht. Frisch selbst war sich dieser Paradoxie zwar bewußt, aber er konnte seine Haltung und sein Verhalten im wesentlichen nicht ändern. Deshalb sah er sich stets Schuldgefühlen sich selbst und der Frau gegenüber ausgesetzt, was zu einem circulus vitiosus seiner ambivalenten Einstellungen gegenüber der Frau führte. Die Schuld gegenüber der Frau war zudem mit der „existenziellen Schuld" Frischs verflochten und verwoben.

Eine dualistische Welt- und Geschlechterbeziehung sowie ein dissoziiertes Verhältnis zwischen dem Ich und dem Selbst kennzeichnen den Schriftsteller Frisch. Er verstrickt sich im Netz dieser Komplexität und konzentriert sich nur auf diese verengte Perspektive und deren Auslegung, so daß das Leben reduziert wird. Das ausgeschlossene Leben wirkt deshalb faszinierend, und je stärker seine Sehnsucht danach wird, desto verbitterter sieht er das Verfehlen des gelebten Lebens. So wird die Frau zur Spiegelung seiner Sehnsucht nach einem neuen Leben und zugleich seines Wunsches nach der Loslösung von ihr, die nach der Interpretation Frischs Katalysator seines Kummers ist. Indem er sein Leben in einer ernsthaften Weise als verfehlt beurteilt, versteht er selbiges paradoxerweise als ein Spiel. Dies impliziert seine Ohnmacht und Hoffnungslosigkeit.

Weiter wurde das Bild der Frau im „Stiller“ und „Homo faber“ mit Hilfe der Jungschen Psychologie analysiert. Es wurde dargestellt, daß die Protagonisten beider Romane nicht im Einklang mit ihrem Selbst stehen, weil sie sich nicht vom Mutterkomplex loslösen und keinen Unterschied zwischen dem Ich und dem Nicht-Ich erkennen können. Ferner wurde aufgezeigt, daß die männliche Konfrontation mit der Mutter und der Frau psychologisch gesehen mit der Auseinandersetzung mit dem Unbewußten gleichgesetzt werden kann, und daß die unbewußte Suche nach der Ganzheit des Selbst gleichzeitig mit der Konfrontation der eigenen verdrängten Weiblichkeit und der Großen Mutter beginnt. Im Individuationsprozeß geraten die Protagonisten in eine psychologische Regression in das Mutterreich, d.h. die mater natura, in der sie symbolisch-mystisch die Phantasiebilder des ursprünglichen Zustandes der Mutter-Kind-Symbiose nochmals erleben und verifizieren, um eine seelische Wiedergeburt zu ermöglichen. Dieser Prozeß zielt auf eine Möglichkeit zur Ausdifferenzierung der Großen Mutter von der Anima. Parallel zu dieser Regression ist die Auseinandersetzung mit der Anima auch ein unbewußter Prozeß, weshalb sie ihn im außen in den Partnerinnen wahrnehmen. Damit wird die Dissoziation des männlichen Ich ständig von der äußeren Gegensätzlichkeit von Mann und Frau übertönt, wobei Stiller und Faber sich als Opfer der Zweierbeziehung sehen. (Dabei erscheinen ihnen die Frauen selbstbewußt und fähig zur Selbstverwirklichung.) Es erwies sich, daß die psychische Loslösung von der Mutter und der Frau nur durch erleuchtende Bewußtwerdung von deren unbewußten Komponenten ermöglicht werden kann. Dies gilt sowohl für die psychische Wiedergeburt und die Ganzheit des einzelnen als auch für die echte Begegnung zwischen Mann und Frau.

Zugleich wurde dargestellt, daß die Frau in den beiden analysierten Romanen nur als Mittel zum Zweck dient, den Protagonisten die eigene männliche Existenz zu bestätigen. Da die Helden stets das andere Geschlecht benötigen, mit dem sie aber aufgrund ihrer männlichen Fehlentwicklung der Sexualität und Psyche keine Begegnung durchsetzen können, kann deshalb keine Ich-Du-Beziehung zwischen Mann und Frau im Buberschen bzw. Jungschen Sinne entstehen. Die Frau wird entweder als Sexualobjekt oder als seelische Wiedergeburtshelferin und Geistwandelnde in Anspruch genommen. Damit werden den weiblichen Gestalten ambivalente Charakteristika zugeordnet und ihnen ausschließlich der Raum zwischen der imaginierten Welt und der realen Welt des Mannes zugewiesen. Die männlichen Protagonisten verwandeln das Gegengeschlecht in ein zugleich faszinierendes und furchtbares Rätsel, idealisieren oder dämonisieren es, um ihre eigenen Phantasien anzureichern. Andererseits analysieren, dekonstruieren und rekonstruieren die Protagonisten den Charakter der Frau, um sie in eine stereotypisierte Schablone einzuordnen und zu verstehen, womit wiederum das von ihnen geschaffene Rätselhafte an ihr widerlegt wird. Durch diesen Prozeß usurpieren sie das Wesen des anderen Geschlechts und können deshalb die Frauen nicht als individuelle Persönlichkeiten sehen und behandeln. Die Gestaltung der

Frau in den beiden Romanen hat zwar ein typisches Muster, aber keine Transparenz, weil sich das Bild der Frau je nach den psychischen Lagen des Bildmachenden ändert. Das schablonenhafte Frauenbild entspricht nur den Impressionen der Helden. Nur das männliche Subjekt nimmt einen Platz in der Zweierbeziehung ein. Das andere Geschlecht und die Interaktion zwischen Mann und Frau erscheinen nicht als ein veritabler Teil der Beziehung. Aus diesem Grund kann sich die Mann-Frau-Beziehung in den Romanen nicht von der rein männlichen Sphäre lösen.

Das Scheitern der Zweierbeziehung besteht jeweils darin, daß die Protagonisten bzw. der Schriftsteller das andere Geschlecht aus dem Blickwinkel des rein Männlichen und des Patriarchats betrachten. So übertragen sie die männliche Psychologie auf den weiblichen Kontinent. Dadurch werden verschiedenartige Varianten von Licht- und Schattenspielen zweier inkommensurabler Welten gezeitigt. Abgesehen davon wird das Mütterlich-Weibliche aus der Erkenntnis des Lebensversäumnisses des Mannes und aus deren Angst vor Altern und Tod nicht bewußt angenommen, sondern als Refugium und Wandlungsmittel betrachtet, wobei das andere Geschlecht dann mit den archetypischen Charaktermerkmalen des Mütterlich-Weiblichen ausgestattet und verwechselt wird.

Es wurde augenfällig, daß Frischs Oeuvre in einen zeitgenössischen Problematisierungsprozeß der Geschlechter und Identität eingebettet ist. Aus dem inneren Konflikt, der zu einem mütterrechtlichen Mythos führt, ist in den Romanhelden Frischs ein Zweifel an der zivilisatorischen männlichen Welt entstanden. Diese Entwicklung im Werk Frischs entspricht genau der weltweiten In-Frage-Stellung der männlichen Herrschaft. Diese Thematik hängt auch mit den psychologischen, kulturellen und gesellschaftlichen Verhältnissen zusammen. So ließ sich auslegen, daß Frischs Schaffen als besonderer Ausdruck seiner Zeit zu verstehen ist und er versuchte, auf seine eigene Weise eine Antwort auf seine Identitäts- und Frauenproblematik und damit auch auf verschiedene Dimensionen des Zeitgeistes zu finden. Dabei kritisiert Frisch in seinem Werk auch die passiven anpassenden erotischen Eigenschaften der Frau im Patriarchat und zugleich die emanzipierten Einstellungen der Frau (Hanna z.B.), deren Einseitigkeit auch zum Uneinssein mit ihrem Selbst führen kann. Diese Kritik Frischs zeigt vielmehr wieder eine imaginierte Vorstellung des Mannes. Gleichwohl ist das Werk Frischs jedoch als Versuch einer solchen Auseinandersetzung zu betrachten.

Zusammenfassend läßt sich feststellen, daß das Frauenbild Frischs und der beiden Romanhelden im Rahmen der Jungschen Psychologie identisch ist. In der Lebensphase Frischs von den ersten Tagebüchern 1946 - 1949 über den Roman „Stiller“ (1954) und „Homo faber“ (1957) bis zur Erzählung „Montauk“ (1975) hat sich das Bild der Frau bei Frisch nicht geändert.

Mit dieser Arbeit wurde ein neuer Weg beschritten. Erstmals war es möglich, sich dem Frauenbild bei Frisch mittels der Jungschen Psychologie zu nähern.

Mögen weitere Forschungsarbeiten diese Idee aufgreifen und mit der gleichen Methodik das Untersuchungsspektrum ergänzen und ausbauen.

5. Verzeichnis der Titelabkürzungen

DJ	Don Juan oder Die Liebe zur Geometrie. In: Max Frisch, G.W., Bd. 3.
G	Mein Name sei Gantenbein. In: Max Frisch, G.W., Bd. 5.
GnG	Unsere Gier nach Geschichten. In: Max Frisch, G.W., Bd. 4.
Hf	Homo faber. In: Max Frisch, G.W., Bd. 4.
M	Malina. In: Ingeborg Bachmann, Werke, Bd. 3.
Mon	Montauk. In: Max Frisch, G.W., Bd. 6.
SC	Santa Cruz. In: Max Frisch, G.W., Bd. 2.
St	Stiller. In: Max Frisch, G.W., Bd. 3.
Tg I	Tagebuch 1946 - 1949. In: Max Frisch, G.W., Bd. 2.
Tg II	Tagebuch 1966 - 1971. In: Max Frisch, G.W., Bd. 6.

6. Literaturverzeichnis

a) Die Texte Max Frischs sind folgender Ausgabe entnommen:

Frisch, Max: Gesammelte Werke in zeitlicher Folge. Jubiläumsausgabe in sieben Bänden. Hrsg. von Hans Mayer und unter Mitwirkung von Walter Schmitz. Frankfurt am Main: Suhrkamp, 1986.

b) Literaturwissenschaftliche Forschungen über Max Frisch:

Arnold, Armin: Näher mein Ich zu Dir: Die Problematik des Alterns, des Sterbens und des Todes bei Max Frisch. In: *Knapp, Gerhard P. (Hrsg.)*: Max Frisch. Aspekte des Prosawerks. Bern/Frankfurt am Main/Las Vegas: Peter Lang, 1978, S. 249 - 265. (= Studien zum Werk Max Frischs, Band 1)

Arnold, Heinz Ludwig (Hrsg.): Gespräche mit Schriftstellern. München: Beck, 1975.

Balle, Martin: Sich selbst schreiben - Literatur als Psychoanalyse. Annäherung an Max Frischs Romane „Stiller", „Homo faber" und „Mein Name sei Gantenbein" aus psychoanalytischer Sicht. [Diss.] München: Iudicium, 1991.

Bänziger, Hans: Leben im Zitat. Zu *Montauk*: ein Formulierungsproblem und dessen Vorgeschichte. In: *Knapp, Gerhard P. (Hrsg.)*: Max Frisch. Aspekte des Prosawerks. Bern/Frankfurt am Main/Las Vegas: Peter Lang, 1978, S. 267 - 284. (= Studien zum Werk Max Frischs, Band 1)

Bauer, Conny: Max Frischs „Homo faber". Versuch einer psychoanalytischen Auslegung. In: Text & Kontext. Hrsg. von Klaus Bohnen & Conny Bauer. Kopenhagen/München: Wilhelm Fink, 1983, S. 324 - 340.

Blair, Rhonda L.: ›Homo faber‹, ›Homo ludens‹ und das Demeter-Kore-Motiv. Aus dem Englischen übersetzt von Walter Schmitz. In: *Schmitz, Walter (Hrsg.)*: Frischs »Homo faber«. Frankfurt am Main: Suhrkamp, 1983, S. 142 - 170.

Braun, Karlheinz: Max Frischs »Stiller«. Sprache und Stil - Zwei Beispielanalysen. In: *Schmitz, Walter (Hrsg.)*: Materialien zu Max Frisch ›Stiller‹. Frankfurt am Main: Suhrkamp, 1978, S. 39 - 51.

Butler, Michael: Die Funktion von Stillers Geschichten: Isidor. In: *Schmitz, Walter (Hrsg.)*: Materialien zu Max Frisch ›Stiller‹. Frankfurt am Main: Suhrkamp, 1978, S. 140 - 144.

Butler, Michael: The Novels of Max Frisch. London: Oswald Wolff, 1976.

Cauvin, Marius: Max Frisch, das Absolute und der »nouveau roman« In: Schmitz, Walter (Hrsg.): Über Max Frisch II. Frankfurt am Main: Suhrkamp, ^{2}1976, S. 335 - 344.

Cunliffe, W. Gordon: Die Kunst, ohne Geschichte abzuschwimmen. Existenzialistisches Strukturprinzip in *Stiller, Homo faber* und *Mein Name sei Gantenbein*. In: *Knapp, Gerhard P. (Hrsg.)*: Max Frisch. Aspekte des

Prosawerks. Bern/Frankfurt am Main/Las Vegas: Peter Lang, 1978, S. 103 - 122. (= Studien zum Werk Max Frischs, Band 1)

Cunliffe, W. Gordon.: Existentialistische Elemente in Frischs Werken. In: *Schmitz, Walter (Hrsg.)*: Über Max Frisch II. Frankfurt am Main: Suhrkamp, ^{2}1976, S. 158 - 171.

Dürrenmatt, Friedrich: »Stiller« Roman von Max Frisch. Fragment einer Kritik. In: *Beckermann, Thomas (Hrsg.)*: Über Max Frisch I. Frankfurt am Main: Suhrkamp, ^{9}1979, S. 7 - 15.

Eifler, Margret: Max Frisch als Zeitkritiker. In: *Knapp, Gerhard P. (Hrsg.)*: Max Frisch. Aspekte des Prosawerks. Bern/Frankfurt am Main/Las Vegas: Peter Lang, 1978, S. 173 - 189. (= Studien zum Werk Max Frischs, Band 1)

Friedrich, Gerhard: Ein Beitrag zur Interpretation von Max Frischs Roman 'Homo faber'. In: Studia Neophilologica 49, 1977, S. 101 - 117.

Franz, Hertha: Der Intellektuelle in Max Frischs *Don Juan* und *Homo faber*. In: *Schmitz, Walter (Hrsg.)*: Über Max Frisch II. Frankfurt am Main: Suhrkamp, ^{2}1976, S. 234 - 244.

Frisch, Max: Konfrontation mit Julika. Aus dem Roman »Stiller, Aufzeichnungen im Gefängnis« In: *Schmitz, Walter (Hrsg.)*: Materialien zu Max Frisch ›Stiller‹. Frankfurt am Main: Suhrkamp, 1978, S. 35 - 36.

Gesing, Fritz: Die Psychoanalyse der literarischen Form: „Stiller“ von Max Frisch. Würzburg: Königshausen und Neumann, 1989. (= Epistemata: Reihe Literaturwissenschaft, Bd. 42; zugleich: Freiburg im Breisgau, Univ., Diss., 1988.

Gnüg, Hiltrud: Das Ende eines Mythos: Max Frischs *Don Juan oder Die Liebe zur Geometrie.* In: *Schmitz, Walter (Hrsg.)*: Max Frisch. Frankfurt am Main: Suhrkamp: 1987, S. 160 - 173.

Gontrum, Peter: Die Sage von Rip van Winkle in Max Frischs »Stiller« In: *Schmitz, Walter (Hrsg.)*: Materialien zu Max Frisch ›Stiller‹. Frankfurt am Main: Suhrkamp, 1978, S. 158 - 165.

Grimm, Reinhold: Mosaike eines Statikers. In: *Knapp, Gerhard P. (Hrsg.)*: Max Frisch. Aspekte des Prosawerks. Bern/Frankfurt am Main/Las Vegas: Peter Lang, 1978, S. 191 - 204. (= Studien zum Werk Max Frischs, Band 1)

Gühne-Engelmann, Kerstin: Die Thematik des versäumten Lebens im Prosawerk Max Frischs am Beispiel der Romane „Stiller“, „Homo faber“ und „Mein Name sei Gantenbein“. [Diss.] Freiburg im Breisgau 1994.

Hage, Volker: Max Frisch. Mit Selbstzeugnissen und Bilddokumenten. Hamburg: Rowohlt, ^{7}1991.

Hanhart, Tildy: Max Frisch: Zufall, Rolle und literarische Form. Interpretationen zu seinem neueren Werk. Kronberg/Ts.: Scriptor, 1976.

Hartung, Rudolf: ›Schreibend unter Kunstzwang‹. In: *Schmitz, Walter (Hrsg.)*: Über Max Frisch II. Frankfurt am Main: Suhrkamp, ^{2}1976, S. 435 - 442.

Hedin, Sven: Ein nordamerikanisches Märchen. In: *Schmitz, Walter (Hrsg.)*: Materialien zu Max Frisch ›Stiller‹. Frankfurt am Main: Suhrkamp, 1978, S. 144 - 152.

Heidenreich, Sybille: Max Frisch. Mein Name sei Gantenbein, Montauk, Stiller. Untersuchungen und Anmerkungen. Hollfeld/Ofr.: Joachim Beyer Verlag, ^{5}1992. (= Analysen und Reflexionen, Band 15)

Hilty, Hans Rudolf: Ein Buch aktiver Erinnerung. In: *Schmitz, Walter (Hrsg.)*: Über Max Frisch II. Frankfurt am Main: Suhrkamp, ^{2}1976, S. 398 - 406.

Hofe, Gerhard vom: Zauber ohne Zukunft. Zur autobiographischen Korrektur in Max Frischs Erzählung *Montauk*. In: *Schmitz, Walter (Hrsg.)*: Max Frisch. Frankfurt am Main: Suhrkamp: 1987, S. 340 - 369.

Honsza, Norbert: Auf der Suche nach neuer Ich-Erfassung. Zur Kommunikativität und Applikation der Prosa von Max Frisch. In: *Jurgensen, Manfred (Hrsg.)*: Frisch. Kritik - Thesen - Analysen. Beiträge zum 65. Geburtstag. Bern/München: Francke, 1977, S. 67 - 80. (= Queensland Studies in German Language and Literature, Bd. VI)

Jens, Walter: Erzählungen des Anatol Ludwig Stiller. In: *Beckermann, Thomas (Hrsg.)*: Über Max Frisch I. Frankfurt am Main: Suhrkamp, ^{9}1979, S. 16 - 23.

Johnson, Uwe: Zu Montauk. In: *Schmitz, Walter (Hrsg.)*: Über Max Frisch II. Frankfurt am Main: Suhrkamp, ^{2}1976, S. 448 - 450.

Jurgensen, Manfred: Max Frisch: Die frühen Schriften. In: *Knapp, Gerhard P. (Hrsg.)*: Max Frisch. Aspekte des Prosawerks. Bern/Frankfurt am Main/ Las Vegas: Peter Lang, 1978, S. 25 - 36. (= Studien zum Werk Max Frischs, Band 1)

Jurgensen, Manfred: Max Frisch. Die Romane. Interpretationen. Zweite, erweiterte Auflage. Bern; München: Francke, 1976.

Kähler, Hermann: Max Frischs »Gantenbein«-Roman. In: *Beckermann, Thomas (Hrsg.)*: Über Max Frisch I. Frankfurt am Main: Suhrkamp, ^{9}1979, S. 198 - 204.

Kaiser, Gerhard: Max Frischs Farce *Die chinesische Mauer*. In: *Schmitz, Walter (Hrsg.)*: Max Frisch. Frankfurt am Main: Suhrkamp: 1987, S. 106 - 125.

Kaiser, Gerhard: Max Frischs *Homo faber*. In: *Schmitz, Walter (Hrsg.)*: Über Max Frisch II. Frankfurt am Main: Suhrkamp: 1976, S. 266 - 280.

Kaiser, Joachim: Max Frisch und der Roman. Konsequenzen eines Bildersturms. In: *Beckermann, Thomas (Hrsg.)*: Über Max Frisch I. Frankfurt am Main: Suhrkamp, ^{9}1979, S. 43 - 53.

Kieser, Rolf: Das Tagebuch als Idee und Struktur im Werke Max Frischs. In: *Knapp, Gerhard P. (Hrsg.)*: Max Frisch. Aspekte des Prosawerks. Bern/ Frankfurt am Main/Las Vegas: Peter Lang, 1978, S. 157 - 171. (= Studien zum Werk Max Frischs, Band 1)

Knapp, Gerhard P.: Noch einmal: Das Spiel mit der Identität. Zu Max Frischs *Montauk*. In: *Knapp, Gerhard P. (Hrsg.)*: Max Frisch. Aspekte des Prosawerks. Bern/Frankfurt am Main/Las Vegas: Peter Lang, 1978, S. 285 - 307. (= Studien zum Werk Max Frisch, Band 1)

Knapp, Mona: „Die Frau ist ein Mensch, bevor man sie liebt, manchmal auch nachher..." Kritisches zur Gestaltung der Frau in Frischtexten. In: *Knapp, Gerhard (Hrsg.)*: Max Frisch. Aspekte des Bühnenwerks. Bern/Frankfurt

a. M./Las Vegas: Peter Lang, 1979, S. 73 - 105. (= Studien zum Werk Max Frischs, Bd. 2)

Knapp, Mona: Moderner Ödipus oder blinder Anpasser? Anmerkungen zum *Homo faber* aus feministischer Sicht. In: *Schmitz, Walter (Hrsg.)*: Frischs »Homo faber«. Frankfurt am Main: Suhrkamp, 1983, S. 188 - 207.

Kohlschmidt, Werner: Selbstrechenschaft und Schuldbewußtsein im Menschenbild der Gegenwartsdichtung. *Eine Interpretation des »Stiller« von Max Frisch und der »Panne« von Friedrich Dürrenmatt*. In: *Schmitz, Walter (Hrsg.)*: Materialien zu Max Frisch ›Stiller‹. Frankfurt am Main: Suhrkamp, 1978, 180 - 194.

Konstantinovic, Zoran: Die Schuld an der Frau. Ein Beitrag zur Thematologie der Werke von Max Frisch. In: *Jurgensen, Manfred (Hrsg.)*: Frisch. Kritik - Thesen - Analyse. Beiträge zum 65. Geburtstag. Bern/München: Francke, 1977, S. 145 - 155. (= Queensland Studies in German Language und Literature, Bd. VI)

Kranzbühler, Bettina: Mythenmontage im *Homo faber*. In: *Schmitz, Walter (Hrsg.)*: Max Frisch. Frankfurt am Main: Suhrkamp: 1987, S. 214 - 224.

Krapp, Helmut: Das Gleichnis vom verfälschten Leben. In: *Schmitz, Walter (Hrsg.)*: Über Max Frisch II. Frankfurt am Main: Suhrkamp, [2]1976, S. 299 - 304.

Latta, Alan D.: Die Verwandlung des Lebens in eine Allegorie. Eine Lektüre von Max Frischs Roman *Homo faber*. Aus dem Englischen übersetzt von Walter Schmitz. In: *Schmitz, Walter (Hrsg.)*: Frischs »Homo faber«. Frankfurt am Main: Suhrkamp, 1983, S. 79 - 100.

Lenzen, Barbara: „Homo Faber" - Einmal anders betrachtet. Anmerkungen zum Bild der Frau in Max Frischs Roman. In: Deutschunterricht 38 (1986), S. 23 - 34.

Lubich, Frederick Alfred: Homo fabers hermetische Initiation in die Eleusinisch-Orphischen Mysterien. In: Euphorion 80 (1986), S. 297 - 318.

Lubich, Frederik Alfred: Max Frisch: »Stiller«, »Homo faber« und »Mein Name sei Gantenbein«. München: Fink, [2]1992. (= UTB 1564)

Lusser-Mertelsmann, Gunda: Die Höhlengeschichte als symbolische Darstellung der Wiedergeburt. In: *Schmitz, Walter (Hrsg.)*: Materialien zu Max Frisch ›Stiller‹. Frankfurt am Main: Suhrkamp, 1978, S. 165 - 172.

Lusser-Mertelsmann, Gunda: Geschlechterproblematik und Identität im Werk Max Frischs. In: *Cremerius, J. (Hrsg.)*: Psychoanalytische Textinterpretation. Hamburg: Hoffmann und Campe, 1974, S. 181 - 207.

Lusser-Mertelsmann, Gunda: Max Frisch. Die Identitätsproblematik in seinem Werk aus psychoanalytischer Sicht. Stuttgart: Hans-Dieter Heinz, 1976. (= Stuttgarter Arbeiten zur Germanistik, Nr. 15)

Lusser-Mertelsmann, Gunda: Selbstflucht und Selbstsuche. *Das »Psychoanalytische« in Frischs »Stiller«* In: *Schmitz, Walter (Hrsg.)*: Materialien zu Max Frisch ›Stiller‹. Frankfurt am Main: Suhrkamp, 1978, S. 594 - 616.

Lüthi, Hans Jürg: Max Frisch. „Du sollst dir kein Bildnis machen". München: Francke, 1981. (= UTB 1085)

Marchand, Wolf R.: Max Frisch. »Mein Name sei Gantenbein« In: *Beckermann, Thomas (Hrsg.)*: Über Max Frisch I. Frankfurt am Main: Suhrkamp, [9]1979, S. 205 - 234.

Marchand, Wolf R.: Max Frisch. »Mein Name sei Gantenbein« In: *Schmitz, Walter (Hrsg.)*: Max Frisch. Frankfurt am Main: Suhrkamp: 1987, S. 295 - 324.

Mayer, Hans: Anmerkungen zu »Stiller« In: *Beckermann, Thomas (Hrsg.)*: Über Max Frisch I. Frankfurt am Main: Suhrkamp, [9]1979, S. 24 - 42.

Mayer, Hans: »Die Geheimnisse jedweden Mannes« In: *Schmitz, Walter (Hrsg.)*: Über Max Frisch II. Frankfurt am Main: Suhrkamp, [2]1976, S. 443 - 447.

Mayer, Hans: Max Frischs Romane. In: *Knapp, Gerhard P (Hrsg.)*: Max Frisch. Aspekte des Prosawerks. Bern/Frankfurt am Main/Las Vegas: Peter Lang, 1978, S. 53 - 75. (= Studien zum Werk Max Frischs, Band 1)

Mayer, Hans: Mögliche Ansichten über Herrn Gantenbein. In: *Schmitz, Walter (Hrsg.)*: Über Max Frisch II. Frankfurt am Main: Suhrkamp, [2]1976, S. 314 - 324.

Mayer, Sigrid: Die Funktion der Amerikakomponente im Erzählwerk Max Frischs. In: *Knapp, Gerhard P. (Hrsg.)*: Max Frisch. Aspekte des Prosawerks. Bern/Frankfurt am Main/Las Vegas: Peter Lang, 1978, S. 205 - 235. (= Studien zum Werk Max Frischs, Band 1)

Merrifield, Doris Fulda: Das Bild der Frau bei Max Frisch. Freiburg im Breisgau: Becksmann, 1971.

Meurer, Reinhard: Max Frisch. Homo faber. 2., überarb. u. erg. Aufl. München: Oldenbourg, 1988. (= Oldenbourg-Interpretation; Bd. 13)

Muschg, Adolf: Vom Preis eines Preises oder Die Wohltat des Zweifels. In: *Schmitz, Walter (Hrsg.)*: Über Max Frisch II. Frankfurt am Main: Suhrkamp, [2]1976, S. 19 - 25.

Naumann, Helmut: Max Frischs „Stiller" oder das Problem der Kommunikation. Berlin: Schäuble, 1991. (= Theater unserer Zeit; Bd. 24)

Petersen, Jürgen H.: Wirklichkeit, Möglichkeit und Fiktion in Max Frischs Roman *Mein Name sei Gantenbein*. In: *Knapp, Gerhard P. (Hrsg.)*: Max Frisch. Aspekte des Prosawerks. Bern/Frankfurt am Main/Las Vegas: Peter Lang, 1978, S. 131 - 156. (= Studien zum Werk Max Frischs, Band 1)

Pickar, Gertrud Bauer: „Kann man schreiben, ohne eine Rolle zu spielen?" Zur Problematik des fingierten Erzählens in *Stiller*. In: *Knapp, Gerhard P. (Hrsg.)*: Max Frisch. Aspekte des Prosawerks. Bern/Frankfurt am Main/ Las Vegas: Peter Lang, 1978, S. 77 - 102. (= Studien zum Werk Max Frischs, Band 1)

Poser, Therese: Max Frisch, Stiller: Interpretation. 2., überarb. u. erg. Aufl. München: Oldenbourg, 1988. (= Oldenbourg-Interpretation, Bd. 14)

Pütz, Peter: Das Übliche und das Plötzliche. Über Technik und Zufall in *Homo faber*. In: *Knapp, Gerhard P. (Hrsg.)*: Max Frisch. Aspekte des Prosawerks. Bern/Frankfurt am Main/Las Vegas: Peter Lang, 1978, S. 123 - 130. (= Studien zum Werk Max Frischs, Band 1)

Ramer, Ulrich: Max Frisch. Rollen-Spiele. Frankfurt am Main: R. G. Fischer, 1993.

Reich-Ranicki, Marcel: Max Frisch. Aufsätze. Zürich: Ammann, 1991.

Reich-Ranicki, Marcel: Plädoyer für Max Frisch. In: *Schmitz, Walter (Hrsg.)*: Über Max Frisch II. Frankfurt am Main: Suhrkamp, ²1976, S. 325 - 334.

Roisch, Ursula: Max Frischs Auffassung vom Einfluß der Technik auf den Menschen - nachgewiesen am Roman »Homo faber« In: *Beckermann, Thomas (Hrsg.)*: Über Max Frisch I. Frankfurt am Main: Suhrkamp, ⁹1979, S. 84 - 109.

Schaefer, Heide-Lore: Max Frisch: *Santa Cruz*. In: *Schmitz, Walter (Hrsg.)*: Über Max Frisch II. Frankfurt am Main: Suhrkamp, ²1976, S. 183 - 206.

Schäfer, Andreas: Rolle und Konfiguration: Studien zum Werk Max Frischs. Frankfurt am Main: Peter Lang, 1989. (= Hamburger Beiträge zur Germanistik, Bd. 10; zugleich: Hamburg, Univ., Diss., 1988)

Schenker, Walter: Mundart und Schriftsprache. In: *Schmitz, Walter (Hrsg.)*: Max Frisch. Frankfurt am Main: Suhrkamp: 1987, S. 47 - 59.

Schimanski, Klaus: Ernst genommene Zeitgenossenschaft - subjektiv gespiegelt. In: *Schmitz, Walter (Hrsg.)*: Über Max Frisch II. Frankfurt am Main: Suhrkamp, ²1976, S. 385 - 397.

Schmitz, Walter (Hrsg.): Materialien zu Max Frisch ›Stiller‹. Frankfurt a. M.: Suhrkamp, 1987.

Schmitz, Walter: Max Frisch: Das Spätwerk (1962 - 1982). Eine Einführung. Tübingen: Francke, 1985. (= UTB 1351)

Schmitz, Walter: Max Frisch: Das Werk (1931 - 1961). Studien zu Tradition und Traditionsverarbeitung. Bern/Frankfurt am Main/New York: Peter Lang, 1985. (= Europäische Hochschulschriften: Reihe 1, Dt. Sprache u. Literatur; Bd. 570)

Schmitz, Walter: Max Frischs Roman *Homo faber*. Eine Interpretation. In: *Schmitz, Walter (Hrsg.)*: Frischs »Homo faber« Frankfurt am Main: Suhrkamp, 1983, S. 208 - 239.

Schuhmacher, Klaus: „Weil es geschehen ist". Untersuchungen zu Max Frischs Poetik der Geschichte. Königstein/Ts.: Hain, 1979. (= Diskurs: Forschungen zur deutschen Literatur, Bd. 1)

Schwenke, Walburg: Leben und Schreiben: Max Frisch - e. produktionsästhet. Auseinandersetzung mit seinem Werk. Frankfurt am Main/Bern: Peter Lang, 1983. (= Europäische Hochschulschriften: Reihe 1, Dt. Sprache u. Literatur; Bd. 589)

Schwenke, Walburg: Was bin ich? - Gedanken zum Frühwerk Max Frischs. In: *Schmitz, Walter (Hrsg.)*: Max Frisch. Frankfurt am Main: Suhrkamp: 1987, S. 63 - 91.

Stine, Linda J.: Chinesische Träumerei - amerikanisches Märchen: Märchenelemente in *Bin* und *Stiller*. In: *Knapp, Gerhard P. (Hrsg.)*: Max Frisch. Aspekte des Prosawerks. Bern/Frankfurt am Main/Las Vegas: Peter Lang, 1978, S. 37 -51. (= Studien zum Werk Max Frischs, Band 1)

Struck, Karin: Der Schriftsteller und die Frauen. In: *Schmitz, Walter (Hrsg.)*: Max Frisch. Frankfurt am Main: Suhrkamp: 1987, S. 11 - 16.

Tank, Kurt Lothar: Schuld: Ein Weg zur Wirklichkeit. »*Stiller*« ein Roman wider die Selbstreflexion. In: *Schmitz, Walter (Hrsg.)*: Materialien zu Max Frisch ›Stiller‹. Frankfurt am Main: Suhrkamp, 1978, 448 - 450.

Waldmann, Günter: Das Verhängnis der Geschichtlichkeit. In: *Schmitz, Walter (Hrsg.)*: Über Max Frisch II. Frankfurt am Main: Suhrkamp, ^{2}1976, S. 207 - 219.

Tomann, Lore: „Bachmanns 'Malina' - und Frischs 'Gantenbein': Zwei Seiten des gleichen Lebens". In: Literatur und Kritik, 12 (1977), S. 107.

Weisstein, Ulrich: *Stiller*: Die Suche nach der Identität. In: *Schmitz, Walter (Hrsg.)*: Über Max Frisch II. Frankfurt am Main: Suhrkamp, ^{2}1976, S. 245 - 265.

Wintsch-Spiess, Monika: Zum Problem der Identität im Werk Max Frischs. Zürich: Juris-Verlag, 1965.

Wolf, Christa: Max Frisch, beim Widerlesen oder: vom Schreiben in Ich-Form. In: *Schmitz, Walter (Hrsg.)*: Über Max Frisch II. Frankfurt am Main: Suhrkamp, ^{2}1976, S. 11 - 18.

c) Psychologische Forschungen:

Arnold, Wilhelm; Eysenck, Hans Jürgen und Meili, Richard (Hrsg.): Lexikon der Psychologie. Band 1 - 3. Freiburg/Basel/Wien: Herder, ^{10}1993.

Baumgardt, Ursula: König Drosselbart und C. G. Jungs Frauenbild. Kritische Gedanken zu Anima und Animus. Olten und Freiburg im Breisgau: Walter, ^{2}1988.

Balmer, Heinrich H.: Die Archetypentheorie von C. G. Jung. Eine Kritik. Berlin/Heidelberg/New York: Springer, 1972.

Battegay, Raymond: Narzißmus und Objektbeziehungen: über das Selbst zum Objekt. 3., vollst. rev. und erw. Auflage. Bern/Stuttgart/Toronto: Huber, 1991.

Brumlik, Micha: C. G. Jung zur Einführung. Hamburg: Junius, 1993.

Castillejo, Irene Claremont de: Die Töchter der Penelope. Elemente des Weiblichen. übersetzt v. Ute Evertz. Olten und Freiburg im Breisgau: Walter, 1979. (Original: Knowing Woman - A Feminine Psychology. London 1973)

Danis, Juana: Das Wort in der Psychotherapie. München 1985.

Danis, Juana: Hysterie und Zwang. Narzißmus und Abhängigkeit. München 1981.

Danis, Juana: Narzißmus bei Mann und Frau. München 1987.

Danis, Juana: Psychosymbolik in der psychoanalytischen Psychotherapie. München 1989.

Evers, Tilman: Mythos und Emanzipation: Eine kritische Annäherung an C. G. Jung. Hamburg: Junius, 1987.

Freud, Sigmund: Die Weiblichkeit (urspr.: 1933). In: *Ders.*: Studienausgabe. Bd. I. Frankfurt am Main: Fischer, S. 544 - 565.

Freud, Sigmund: Einige psychische Folgen des anatomischen Geschlechtsunterschieds (urspr.: 1925). In: *Ders.*: Studienausgabe. Bd. 5. Frankfurt am Main: Fischer, S. 253 - 266.

Frey-Rohn, Liliane: Von Freud zu Jung. Eine vergleichende Studie zur Psychologie des Unbewußten. 2. überarbeitete Ausgabe. Zürich: Daimon, 1969.

Friedan, Betty: Der Weiblichkeitswahn oder Die Mystifizierung der Frau. Hamburg: Rowohlt, 1966. (Original: The Feminine Mystique. New York 1963)

Fromm, Erich: Die Kunst des Liebens. [Übers. von Liselotte und Ernst Mickel]. Frankfurt am Main/Berlin: Ullstein, 1993.

Fromm, Erich: Märchen, Mythen, Träume. Eine Einführung in das Verständnis einer vergessenen Sprache. [Deutsch von Liselotte und Ernst Mickel]. Hamburg: Rowohlt, 1983.

Gay, Peter: Freud. Eine Biographie für unsere Zeit. [Aus dem Amerikanischen von Joachim A. Frank]. Frankfurt am Main: Fischer, 1995.

Jacobi, Jolande: Die Psychologie von C. G. Jung. Eine Einführung in das Gesamtwerk. Mit einem Geleitwort von C. G. Jung. Frankfurt am Main: Fischer, 1994.

Jacobi, Jolande: Komplex, Archetypus, Symbol in der Psychologie C. G. Jungs. Zürich und Stuttgart: Rascher, 1957.

Jacoby, Mario: Individuation und Narzißmus. Psychologie des Selbst bei C. G. Jung und H. Kohut. München: Pfeiffer, 1985. (= Reihe leben lernen; Nr. 60)

Jacoby, Mario: Übertragung und Beziehung in der Jungschen Praxis. 2., erneut rev. dt. Aufl. Solothurn/Düsseldorf: Walter, 1993. (Original: The Analytic Encounter. Transference and Human Relationship. Toronto 1984)

Jaffé, Aniela: Der Mythus vom Sinn im Werk von C. G. Jung. Olten und Freiburg im Breisgau: Walter, 1978.

Jaffé, Aniela (Hrsg): Erinnerungen, Träume, Gedanken von C. G. Jung. Erweiterte Auflage. Olten und Freiburg im Breisgau: Walter, 1987. (Erste Ausgabe in Englisch: New York 1961)

Jung, C. G.: Aion. Beiträge zur Symbolik des Selbst (urspr.: 1951) (= G.W., Bd. 9/II). Olten und Freiburg im Breisgau: Walter, ^{8}1992.

Jung, C. G.: Analytische Psychologie und Erziehung (urspr.: 1924). In: *Ders.*: Über die Entwicklung der Persönlichkeit (= G.W., Bd. 17). Solothurn und Düsseldorf: Walter, ^{7}1993, S. 77 - 153.

Jung, C. G.: Anpassung, Individuation und Kollektivität (urspr.: 1916). In: *Ders.*: Das symbolische Leben (= G.W., Bd. 18/II). Solothurn und Düsseldorf: Walter, ^{2}1993, S. 481 - 486.

Jung, C. G.: Bewußtsein, Unbewußtes und Individuation (urspr.: 1939). In: *Ders.*: Die Archetypen und das kollektive Unbewußte (= G.W., Bd. 9/I). Olten und Freiburg im Breisgau: Walter, [8]1992, S. 291 - 307.

Jung, C. G.: Bibliographie (= G.W., Bd. 19). Olten und Freiburg im Breisgau: Walter, 1983.

Jung, C. G.: Das Liebesproblem des Studenten (urspr.: 1924). In: *Ders.*: Zivilisation im Übergang (= G.W., Bd. 10). Olten und Freiburg im Breisgau: Walter, [4]1991, S. 115 - 133.

Jung, C. G.: Das Seelenproblem des modernen Menschen (urspr.: 1928). In: *Ders.*: Zivilisation im Übergang (= G.W., Bd. 10). Olten und Freiburg im Breisgau: Walter, [4]1991, S. 91 - 114.

Jung, C. G.: Der archaische Mensch (urspr.: 1939). In: *Ders.*: Zivilisation im Übergang (= G.W., Bd. 10). Olten und Freiburg im Breisgau: Walter, [4]1991, S. 67 - 90.

Jung, C. G.: «Der Aufgang einer neuen Welt.» Eine Besprechung von H. Keyserling: «Amerika. Der Aufgang einer neuen Welt» (urspr.: 1930). In: *Ders.*: Zivilisation im Übergang (= G.W., Bd. 10). Olten und Freiburg im Breisgau: Walter, [4]1991, S. 531 - 537.

Jung, C. G.: Der Begriff des kollektiven Unbewußten (urspr.: 1936). In: *Ders.*: Die Archetypen und das kollektive Unbewußte (= G.W., Bd. 9/I). Olten und Freiburg im Breisgau: Walter, [8]1992, S. 53 - 66.

Jung, C. G.: Der Kampf mit dem Schatten (urspr.: 1946). In: *Ders.*: Zivilisation im Übergang (= G.W., Bd. 10). Olten und Freiburg im Breisgau: Walter, [4]1991, S. 245 - 254.

Jung, C. G.: Der therapeutische Wert des Abreagierens (urspr.: 1921). In: *Ders.*: Praxis der Psychotherapie (= G.W., Bd. 16). 5. vollständig revidierte Aufl. Olten und Freiburg im Breisgau: Walter, 1991, S. 135 - 144.

Jung, C. G.: Die Bedeutungen des Vaters für das Schicksal des Einzelnen (urspr.: 1909). In: *Ders.*: Freud und die Psychoanalyse (= G.W., Bd. 4). Olten und Freiburg im Breisgau: Walter, [4]1990, S. 345 - 370.

Jung, C. G.: Die Bedrohung des Individuums in der modernen Gesellschaft (urspr.: 1957). In: *Ders.*: Zivilisation im Übergang (= G.W., Bd. 10). Olten und Freiburg im Breisgau: Walter, [4]1991, S. 275 - 284.

Jung, C. G.: Die Beziehungen zwischen dem Ich und dem Unbewußten (urspr.: 1928). In: *Ders.*: Zwei Schriften über analytische Psychologie (= G.W., Bd. 7). Zürich und Stuttgart: Rascher, 1964, S. 131 - 327. (Diese Ausgabe wird in der Untersuchung als „1964-Ausgabe" gekennzeichnet.)

Jung, C. G.: Die Beziehungen zwischen dem Ich und dem Unbewußten (urspr.: 1928). In: *Ders.*: Zwei Schriften über analytische Psychologie (= G.W., Bd. 7). Olten und Freiburg im Breisgau: Walter, 4. vollständig revidierte Auflage 1989, S. 127 - 247. (Diese Ausgabe wird in der Untersuchung als „1989-Ausgabe" gekennzeichnet.)

Jung, C. G.: Die Ehe als psychologische Beziehung (urspr.: 1925). In: *Ders.*: Über die Entwicklung der Persönlichkeit (= G.W. 17). Solothurn und Düsseldorf: Walter, [7]1993, S. 213 - 227.

Jung, C. G.: Die Frau in Europa (urspr.: 1927). In: *Ders.*: Zivilisation im Übergang (= G.W., Bd. 10). Olten und Freiburg im Breisgau: Walter, 41991, S. 135 - 156.

Jung, C. G.: Die Freudsche Hysterietheorie (urspr.: 1908). In: *Ders.*: Freud und die Psychoanalyse (= G.W., Bd. 4). Olten und Freiburg im Breisgau: Walter, 41990, S. 11 - 28.

Jung, C. G.: Die Hysterielehre Freuds. Eine Erwiderung auf die Aschaffenburgsche Kritik (urspr.: 1906). In: *Ders.*: Freud und die Psychoanalyse (= G.W., Bd. 4). Olten und Freiburg im Breisgau: Walter, 41990, S. 1 - 10.

Jung, C. G.: Die praktische Verwendbarkeit der Traumanalyse (urspr.: 1931). In: *Ders.*: Praxis der Psychotherapie (= G.W., Bd. 16). 5. vollständig revidierte Aufl. Olten und Freiburg im Breisgau: Walter, 1991, S. 145 - 165.

Jung, C. G.: Die Probleme der modernen Psychotherapie (urspr.: 1950). In: *Ders.*: Praxis der Psychotherapie (= G.W., Bd. 16). 5. vollständig revidierte Aufl. Olten und Freiburg im Breisgau: Walter, 1991, S. 64 - 85.

Jung, C. G.: Die Psychologie der Übertragung (urspr.: 1946). In: *Ders.*: Praxis der Psychotherapie (= G.W., Bd. 16). 5. vollständig revidierte Aufl. Olten und Freiburg im Breisgau: Walter, 1991, S. 167 - 319.

Jung, C. G.: Die psychologischen Aspekte des Mutterarchetypus (urspr.: 1938). In: *Ders.*: Die Archetypen und das kollektive Unbewußte (= G.W., Bd. 9/I). Olten und Freiburg im Breisgau: Walter, 81992, S. 89 - 123.

Jung, C. G.: Die Psychotherapie in der Gegenwart (urspr.: 1941). In: *Ders.*: Praxis der Psychotherapie (= G.W., Bd. 16). 5. vollständig revidierte Aufl. Olten und Freiburg im Breisgau: Walter, 1991, S. 103 - 118.

Jung, C. G.: Die träumende Welt Indiens (urspr.: 1939). In: *Ders.*: Zivilisation im Übergang (= G.W., Bd. 10). Olten und Freiburg im Breisgau: Walter, 41991, S. 563 - 574.

Jung, C. G.: Ein moderner Mythus: Von Dingen, die am Himmel gesehen werden (urspr.: 1958). In: *Ders.*: Zivilisation im Übergang (= G.W., Bd. 10). Olten und Freiburg im Breisgau: Walter, 41991, S. 337 - 473.

Jung, C. G.: Einige Aspekte der modernen Psychotherapie (urspr.: 1929) In: *Ders.*: Praxis der Psychotherapie (= G.W., Bd. 16). 5. vollständig revidierte Aufl. Olten und Freiburg im Breisgau: Walter, 1991, S. 41 - 47.

Jung, C. G.: Gesamtregister (= G.W., Bd. 20). Solothurn und Düsseldorf: Walter, 1994.

Jung, C. G.: Grundfragen der Psychotherapie (urspr.: 1951). In: *Ders.*: Praxis der Psychotherapie (= G.W., Bd. 16). 5. vollständig revidierte Aufl. Olten und Freiburg im Breisgau: Walter, 1991, S. 119 - 132.

Jung, C. G.: Grundsätzliches zur praktischen Psychotherapie (urpsr.: 1935). In: *Ders.*: Praxis der Psychotherapie (= G.W., Bd. 16). 5. vollständig revidierte Aufl. Olten und Freiburg im Breisgau: Walter, 1991, S. 15 - 32.

Jung, C. G.: Komplikationen der amerikanischen Psychologie (urspr.: 1930). In: *Ders.*: Zivilisation im Übergang (= G.W., Bd. 10). Olten und Freiburg im Breisgau: Walter, 41991, S. 547 - 561.

Jung, C. G.: Medizin und Psychotherapie (urspr.: 1945). In: *Ders.*: Praxis der Psychotherapie (= G.W., Bd. 16). 5. vollständig revidierte Aufl. Olten und Freiburg im Breisgau: Walter, 1991, S. 94 - 102.

Jung, C. G.: Psychologische Typen (urspr: 1921) (= G.W., Bd. VI). 17. vollständig überarbeitete Auflage. Solothurn und Düsseldorf: Walter, 1994.

Jung, C. G.: Psychotherapie und Weltanschauung (urspr.: 1942). In: *Ders.*: Praxis der Psychotherapie (= G.W., Bd. 16). 5. vollständig revidierte Aufl. Olten und Freiburg im Breisgau: Walter, 1991, S. 86 - 93.

Jung, C. G.: Symbole der Wandlung (urspr.: 1952. Eine Neubearbeitung von «Wandlungen und Symbole der Libido». 1912) (= G.W., Bd. 5). Olten und Freiburg im Breisgau: Walter, ^{5}1988.

Jung, C. G.: Typologie (urspr: 1921). München: dtv, 1990. (= Eine gekürzte Ausgabe von G.W., Bd. 6)

Jung, C. G.: Über den Archetypus mit besonderer Berücksichtigung des Animabegriffes (urspr.: 1936). In: *Ders.*: Die Archetypen und das kollektive Unbewußte (= G.W., Bd. 9/I). Olten und Freiburg im Breisgau: Walter, ^{8}1992, S. 67 - 87.

Jung, C. G.: Über die Archetypen des kollektiven Unbewußten (urspr.: 1934). In: *Ders.*: Die Archetypen und das kollektive Unbewußte (= G.W., Bd. 9/I). Olten und Freiburg im Breisgau: Walter, ^{8}1992, S. 11 - 51.

Jung, C. G.: Über die Psychologie der Dementia Praecox (urspr.: 1907). In: *Ders.*: Psychogenese der Geisteskrankheiten (= G.W., Bd., 3). Olten und Freiburg im Breisgau: Walter, ^{4}1990, S. 1 - 170.

Jung, C. G.: Über die Psychologie des Unbewußten (urspr.: 1943). In: *Ders.*: Zwei Schriften über analytische Psychologie (= G.W., Bd. 7). Zürich und Stuttgart: Rascher, 1964, S. 7 - 134. (Diese Ausgabe wird in der Untersuchung als „1964-Ausgabe“ gekennzeichnet.)

Jung, C. G.: Über die Psychologie des Unbewußten (urspr.: 1943). In: *Ders.*: Zwei Schriften über analytische Psychologie (= G.W., Bd. 7). Olten und Freiburg im Breisgau: Walter, 4. vollständig revidierte Auflage 1989, S. 11 - 125. (Diese Ausgabe wird in der Untersuchung als „1989-Ausgabe“ gekennzeichnet.)

Jung, C. G.: Über Grundlagen der analytischen Psychologie (urspr. 1935). In: *Ders.*: Das symbolische Leben (= G.W., Bd. 18/I). Solothurn und Düsseldorf: Walter, ^{2}1993, S. 21 - 198.

Jung, C. G.: Über Wiedergeburt (urspr.: 1939). In: *Ders.*: Die Archetypen und das kollektive Unbewußte (= G.W., Bd. 9/I). Olten und Freiburg im Breisgau: Walter, ^{8}1992, S. 125 - 161.

Jung, C. G.: Versuch einer Darstellung der psychoanalytischen Theorie (urspr.: 1913). In: *Ders.*: Freud und die Psychoanalyse (= G.W., Bd. 4). Olten und Freiburg im Breisgau: Walter, ^{4}1990, S. 107 - 255.

Jung, C. G.: Vom Werden der Persönlichkeit (urspr.: 1932). In: *Ders.*: Über die Entwicklung der Persönlichkeit (= G.W., Bd. 17). Solothurn und Düsseldorf: Walter, ^{7}1993, S. 189- 211.

Jung, C. G.: Was Indien uns lehren kann (urpsr.: 1939). In: *Ders.*: Zivilisation im Übergang (= G.W., Bd. 10). Olten und Freiburg im Breisgau: Walter, 41991, S. 575 - 580.

Jung, C. G.: Was ist Psychotherapie? (urspr.: 1935) In: *Ders.*: Praxis der Psychotherapie (= G.W., Bd. 16). 5. vollständig revidierte Aufl. Olten und Freiburg im Breisgau: Walter, 1991, S. 33 - 40)

Jung, C. G.: Ziele der Psychotherapie (urspr.: 1929). In: *Ders.*: Praxis der Psychotherapie (= G.W., Bd. 16). 5. vollständig revidierte Aufl. Olten und Freiburg im Breisgau: Walter, 1991, S. 48 - 63.

Jung, C. G.: Zwei Schriften über analytische Psychologie (= G.W., Bd. 7). Zürich und Stuttgar: Rascher, 1964. (Diese Ausgabe wird in der Untersuchung als „1964-Ausgabe" gekennzeichnet.)

Jung, C. G.: Zum psychologischen Aspekt der Kore-Figur (urspr.: 1941). In: *Ders.*: Die Archetypen und das kollektive Unbewußte (= G.W., Bd. 9/I). Olten und Freiburg im Breisgau: Walter, 81992, S. 197 - 220.

Jung, C. G.: Zur Empirie des Individuationsprozesses (urspr.: 1950). In: *Ders.*: Die Archetypen und das kollektive Unbewußte (= G.W., Bd. 9/I). Olten und Freiburg im Breisgau: Walter, 81992, S. 309 - 372.

Jung, C. G.: Zur Psychologie des Kindarchetypus (urspr.: 1940). In: *Ders.*: Die Archetypen und das kollektive Unbewußte (= G.W., Bd. 9/I). Olten und Freiburg im Breisgau: Walter, 81992, S. 163 - 195.

Jung, C. G.; Franz, Marie-Louise von; Henderson, Joseph L.; Jacobi, Jolande und Jaffé, Aniela: Der Mensch und seine Symbole. Solothurn und Düsseldorf: Walter, 131993. (= Sonderausgabe)

Jung, C. G; Kerényi, K.: Einführung in das Wesen der Mythologie. Das göttliche Kind/Das göttliche Mädchen. Hildesheim: Gerstenberg, 31984.

Jung, Emma: Animus und Anima. Zürich und Stuttgart: Rascher, 1967.

Kast, Verena: Imagination als Raum der Freiheit. Dialog zwischen Ich und Unbewußtem. Olten: Walter, 1988.

Lacan, Jacques: Das Spiegelstadium als Bildner der Ich-Funktion (urspr.: 1949). In: *Ders.*: Schriften. Bd. I. Weinheim/Berlin 21986, S. 61 - 70.

Laplanche, Jean & Pontalis, J.-B.: Das Vokabular der Psychoanalyse. [Aus dem Franz. von Emma Moersch]. Frankfurt am Main: Suhrkamp, 111992. (Original: Presses Universitaires de France. Paris 1967)

Laplanche Jean & Pontalis, J.-B.: Urphantasie. Phantasien über den Ursprung, Ursprünge der Phantasie. [Aus dem Französischen von Max Looser]. Frankfurt am Main: Fischer, 1992. (Original: Paris: Hachette, 1985)

Neumann, Erich: Amor und Psyche: Eine tiefenpsychologische Deutung. Olten und Freiburg im Breisgau: Walter, 21979.

Neumann, Erich: Die Grosse Mutter. Eine Phänomenologie der weiblichen Gestaltungen des Unbewußten. Olten und Freiburg im Breisgau: Walter, 81988.

Neumann, Erich: Die psychologischen Stadien der weiblichen Entwicklung. In: *Ders.*: Zur Psychologie des Weiblichen. Zürich: Rascher, 1953, S. 1 - 65. (= Umkreisung der Mitte. Aufsätze zur Tiefenpsychologie der Kultur, II)

Neumann, Erich: Über den Mond und das matriarchale Bewußtsein. In: *Ders.*: Zur Psychologie des Weiblichen. Zürich: Rascher, 1953, S. 67 - 122. (= Umkreisung der Mitte. Aufsätze zur Tiefenpsychologie der Kultur, II)

Riemann, Fritz: Grundformen der Angst. Eine tiefenpsychologische Studie. München/Basel: E. Reinhardt, 1991.

Samuels, Andrew; Shorter, Bani und Plaut, Fred: Wörterbuch Jungscher Psychologie. [Übers. aus d. Engl.: Matthias von der Tann]. München: Kösel, 1989. (Original: A Critical Dictionary of Jungian Analysis)

Sborowitz, Arie: Beziehung und Bestimmung. Die Lehren von M. Buber und C. G. Jung in ihrem Verhältnis zueinander. In: Psyche. Heidelberg 1948, S. 4 - 56.

Seifert, Friedrich: Tiefenpsychologie. Die Entwicklung der Lehre vom Unbewußten. Düsseldorf/Köln: Eugen Diederichs Verlag, 1955.

Siebenthal, W. von: Schuldgefühl und Schuld bei psychiatrischen Erkrankungen. Ein Beitrag zur anthropologischen Begründung der Geisteskrankheiten. Zürich: Rascher, 1956.

Trüb, Hans: Heilung aus der Begegnung. Eine Auseinandersetzung mit der Psychologie C. G. Jungs. Mit einem Geleitwort von Martin Buber. Stuttgart: Ernst Klett, ^{2}1962.

Wehr, Gerhard: C. G. Jung. Mit Selbstzeugnissen und Bilddokumenten. Hamburg: Rowohlt, ^{16}1993.

Winnicott, D. W.: Reifungsprozesse und fördernde Umwelt. The Maturational Processes and the Facilitating Environment. [aus dem Engl. übers. von Gudrun Theusner-Stampa]. München: Kindler, 1974.

Wunderli, Jürg: Sag ja zu dir. Vom tragischen zum positiven Narzißmus. Olten und Freiburg im Breisgau: Walter, ^{2}1983.

Zielen, Viktor: Psychose und Individuationsweg: Darst. e. Theorie u. Praxis d. Psychotherapie von Psychosen. Fellbach-Oeffingen: Bonz, 1987. (= Therapeutische Konzepte der analytischen Psychologie C. G. Jung, Bd. 7)

d) Sonstige Quellen, Beiträge und Apparate:

Albrecht, Monika: »Bitte aber keine Geschichten«. Ingeborg Bachmann als Kritikerin Max Frischs in ihrem »Todesarten«-Projekt. In: Text + Kritik. Hg. von Heinz Arnold Ludwig. Heft 6 (1995), S. 136 - 153.

Albrecht, Monika: Die andere Seite: Untersuchungen zur Bedeutung von Werk und Person Max Frischs in Ingeborg Bachmanns „Todesarten". Würzburg: Königshausen und Neumann, 1989.

Bachmann, Ingeborg: Werke. Vier Bände. Hrsg. von Christine Koschel, Inge von Weidenbaum & Clemens Münster. München & Zürich: Piper, ^{4}1993.

Baeumer, Max L.: Zur Psychologie des Dionysischen in der Literaturwissenschaft. In: *Paulsen, Wolfgang (Hrsg.)*, Psychologie in der Literaturwissenschaft. Heidelberg: Lothar Stiehm Verlag, 1971, S. 79 - 111.

Bartsch, Kurt: „Schichtwechsel"? Zur Opposition von feminin-emotionalen Ansprüchen und maskulin-rationalem Realitätsdenken bei Ingeborg Bachmann. In: *Jurgensen, Manfred (Hrsg.)*, Frauenliteratur: Autorinnen - Perspektiven - Konzepte. Bern/Frankfurt am Main: Peter Lang, 1983, S. 85 - 100.

Beicken, Peter: Ingeborg Bachmann. 2., verb. und um bibliogr. Nachtr. erw. Aufl. München: Beck, 1992.

Bußmann, Hadumod: Lexikon der Sprachwissenschaft. Stuttgart: Kröner, 1983. (= Kröners Taschenausgabe; Bd. 452)

Bußmann, Hadumod/Hof, Renate (Hrsg.): Genus. Zur Geschlechterdifferenz in den Kulturwissenschaften. Stuttgart: Kröner, 1995. (= Kröners Taschenausgabe; Bd. 492)

Culler Jonathan: Der Leser und der Akt des Lesens. In: *Ders.*, Dekonstruktion. Derrida und die poststrukturalistische Literaturtheorie. Hamburg: Rowohlt, 1994, S. 33 - 69.

Eichner, Hans: Dichterische Absicht und literarische Deutung. In: *Paulsen, Wolfgang (Hrsg.)*, Psychologie in der Literaturwissenschaft. Heidelberg: Lothar Stiehm Verlag, 1971, S. 56 - 78.

Frenzel, Elisabeth: Stoffe der Weltliteratur. Stuttgart: Kröner, ^{6}1983. (= Kröners Taschenausgabe; Bd. 300)

Harding, Esther: Der Weg der Frau: Eine Psychologische Deutung. Mit einer Einleitung von C. G. Jung. Zürich: Rhein-Verlag, ^{5}1962. (Original: The Way of all Women)

Hotz, Constance: »Die Bachmann«. Das Image der Dichterin: Ingeborg Bachmann im journalistischen Diskurs. Konstanz: Faude, 1990. (Zugl.: Konstanz, Univ., Diss., 1988)

Jurgensen, Manfred: Deutsche Frauenautoren der Gegenwart. Bern: Francke, 1983, S. 23 - 52.

Langner, Ralph: Literatur in der Sicht der Komplexen Psychologie. In: *Langner, Ralph (Hrsg.)*, Psychologie der Literatur: Theorien, Methoden, Ergebnisse. Weinheim/München: Psychologie-Verlags-Union, 1986, S. 46 - 77.

Luce, Irigaray: *Das Geschlecht, das nicht eins ist.* Berlin 1979.

Moi, Toril: Feminist Literary Criticism. In: *Jefferson, A & Robey, D. (Hrsg.)*: Modern Literary Theory. A Comparative Introduction. London ^{2}1986, S. 204 - 221.

Reh, Albert: Psychologische und psychoanalytische Interpretationsmethoden in der Literaturwissenschaft. In: *Paulsen, Wolfgang (Hrsg.)*, Psychologie in der Literaturwissenschaft. Heidelberg: Lothar Stiehm Verlag, 1971, S. 34 - 55.

Riedel, Ingrid: Traum und Legende in Ingeborg Bachmanns ›Malina‹. In: *Urban, Bernd/Kudszus, Winfried (Hrsg.)*, Psychoanalytische und psychopathologische Literaturinterpretation. Darmstadt: Wissenschaftliche Buchgesellschaft, 1981, S. 178 - 207.

Rippl, Gabriele: Feministische Literaturwissenschaft. In: *Pechlivanos, M. u.a. (Hrsg.)*: Einführung in die Literaturwissenschaft. Stuttgart 1995, S. 230 - 240.

Toman, Lore: Bachmanns „Malina" und Frischs „Gantenbein": Zwei Seiten des gleichen Lebens. In: Literatur und Kritik, 12 (1977), S. 274 - 278.

Vinken, Barbara: Dekonstruktiver Feminismus oder Frauenforschung? In: Frankfurter Rundschau, 1991.

Wehr, Gerhard: Der deutsche Jude. Martin Buber. München 1977.

Weigel, Sigrid: Der schielende Blick. Thesen zur Geschichte weiblicher Schreibpraxis. In: *Stephan, I. & Weigel, S. (Hrsg.)*: Berlin 1983, S. 83 - 137.

Wilpert, Gero von: Sachwörterbuch der Literatur. 6., verb. u. erw. Aufl. Stuttgart: Kröner, 1979.

Wyatt, Frederick: Das Psychologische in der Literatur. In: *Paulsen, Wolfgang (Hrsg.)*, Psychologie in der Literaturwissenschaft. Heidelberg: Lothar Stiehm Verlag, 1971, S. 15 - 33.

Peter Lang · Europäischer Verlag der Wissenschaften

Michel Vanhelleputte

Engagement, Formgefühl, Humanität

Ausgewählte literaturwissenschaftliche Studien

Festschrift hrsg. von Monique Boussart, Madeline Lutjeharms, Heidy Margrit Müller und Mireille Tabah

Frankfurt/M., Berlin, Bern, New York, Paris, Wien, 1997. 153 S., 1 Abb.
ISBN 3-631-31111-7 · br. DM 42.–*

Diese Sammlung von Aufsätzen des belgischen Germanisten Michel Vanhelleputte erscheint anläßlich seines 65. Geburtstags. Sie vereinigt eine breitgefächerte Auswahl aus den Veröffentlichungen des Jubilars und umfaßt Studien über Werke und Autoren der deutschsprachigen Literatur von der Aufklärung bis zur Gegenwart. Mehrere der Beiträge werden hier erstmals in deutscher Übersetzung publiziert. Der Sammelband soll Einblick in das Œuvre und die Persönlichkeit eines Gelehrten geben, der in den Jahrzehnten seiner intensiven Lehrtätigkeit viele Generationen von Studierenden für die deutsche Literatur zu begeistern verstand.

Aus dem Inhalt: Hofmannsthals Patriotismus · Hebbels Judithgestalt · Die Brüder Mann · Lessing und die Intoleranz seiner Zeit · Der Hedonismus des jungen Brecht · Metrum und Zeilenausgang als Motive bei C.F. Meyer · Der Rhythmus bei M.L. Kaschnitz

Frankfurt/M · Berlin · Bern · New York · Paris · Wien
Auslieferung: Verlag Peter Lang AG
Jupiterstr. 15, CH-3000 Bern 15
Telefax (004131) 9402131
*inklusive Mehrwertsteuer
Preisänderungen vorbehalten